新世界秩序

21世紀の"帝国の攻防"と"世界統治"

ジャック・アタリ

山本規雄 訳

作品社

［日本語版序文］

三〇年後の新世界秩序はどうなっているか？

——帝国の攻防と世界のカオス化のなかで

ジャック・アタリ

人類の歴史とは、帝国による世界支配の歴史であり、世界秩序の変遷の歴史です。現在、帝国の攻防は激化し、世界はカオス化し、世界秩序は大きく転換しようとしています。二〇世紀にアジアの小国から世界の主役の一人と言われるようになった日本は、いかに二一世紀の新世界秩序に対応していくべきか。今こそ、明治維新以来の智慧と決断が求められているでしょう。

世界の状況は、日を追って不安の度を増しています。

その理由はまず第一に、アメリカの孤立主義にあります。これはブッシュ（子）政権時代に始まり、オバマ政権で確立し、トランプ政権時代に完全に勝利を収めた方針です。この方針によって、アメリカの同盟国は、安全保障上、重大な危機に直面しています。アメリカがその防衛の傘を、誰とも共有する気がなくなったからです。

この孤立主義はまた、経済の分野でも押し進められています。ＦＴＡの見直し、新たな関税や制裁など、あからさまな保護主義政策が推進され、アメリカの同盟国もその攻撃対象になっています。アメリカは、世界で活動しているアメリカ系の多国籍企業には、利益を本国に還流させようとしています。為替相場の安定などには目もくれず、もしもアメリカへの投資が増えるなら、また世界中にアメリカ製品の消費を強いることにつながるなら、ドルの急落も放置することでしょう。

現在、トランプも含めて、三つの大国の頂点に立つ三人は、誰もが長い任期をもち、その戦略はどれもはっきりしています。プーチンのロシアは、チェスの名人のように防衛拠点を固め、経済的にも軍事的にもロシアの邪魔をさせないようヨーロッパを封じ込めることによって、超大国の地位を取り戻すことを望んでいます。また、習近平の中国はと言えば、こちらは碁の達人のように地球全体でさまざまな同盟関係を結び、自らの力を見せつけ、資源調達の道を確保しようとしています。そしてユーラシアに壮大な経済圏を構築し、かつての中華帝国を再興しようとしています。

今後、これまでの世界秩序は崩壊し、たとえ同盟国であっても、容赦のない攻撃を受けることになります。日本やヨーロッパがそうです。とくにヨーロッパに対しては、この三つの超大国はもはやパートナーと見ることはなく、単なる餌食の一つとしか思っていません。ヨーロッパを弱体化させるためなら、三国は何でもするでしょう。もちろん、口では正反対のことを言いながら。

こうした状況に対応して、多くの国々でナショナリズムの影響力が強くなっています。世界中で、ポピュリズムや原理主義の台頭がさらに進んでいくでしょう。世界から協調性は失われ、さまざまな問題に共同して対処する能力も失われていきます。世界は今後、経済、通貨、軍事、生態環境、人口、倫理、政治などすべての分野において、巨大なカオスに陥っていく可能性があります。そうなると、世界が最悪の事態に陥る可能性も無視できません。たとえば大規模な経済・金融危機、地球規模の戦争といったことです。

このように世界が危機へと転落しそうな状況にあって、新たな世界秩序について考察することは重要なことでしょう。

人類は永きにわたって、世界秩序について思いめぐらし、恐れ、試みてきました。本書に示したように、世界の統治について、ときに薔薇色の夢を見たり、ときに暗黒の悪夢にうなされたりするのは、今に始まったことではないのです。これまで多くの征服者たち、外交官たち、政治家たち、哲学者たち、経済学者たちが、それを探究・試行してきました。

そして、人類がその共通の課題にともに立ち向かい、解決する手段をともに講じることを避けようとするときには、それぞれが自分の殻に閉じこもり、お互いに対立し、ついに戦争に至るのが常だったことは、歴史を見れば明らかです。

現在、共同して対処しなければならない重大問題は、かつてないほど山積みになっています。気候変動を、一国で解決できるなどと思う人はいないでしょう。フェイク・ニュース、サイバー犯罪、闇サイト、タックス・ヘイヴンなどの問題、そして新たに発生する可能性がある世界金融危機など、すべてそうでしょう。さらに国内問題のように見えるものであっても、たとえば原子力発電所の重大事故の影響であるとか、火山の爆発の影響も、やはり同じではないでしょうか。たとえ日本のような極東の島国に生きていても、世界のほかの場所で起きている問題を無視することはできないのです。

日本は、今日の世界の状況において、さらに重要な役割を果たすべき立場にあると思います。本書が、新たな世界のあるべき秩序について、日本のみなさんがともに考えてくれる一助になること願っています。

コラム

新たなる民主主義に向かって――マクロンの大統領就任にあたって

マクロン大統領◆の誕生に、私は大いに喜びを感じている。彼は今後、多くの難題に直面することになろうが、私は今この興奮のなかで、今回の大統領選挙から七つの教訓を引き出したい。この七つの教訓は、私自身その重要性に十分に気づいていなかった事柄に関することである。

◆**マクロン大統領**　エマニュエル・マクロンに政治家の道を歩ませたのは本書著者のジャック・アタリその人である。アタリは、前々大統領サルコジに、フランスの成長戦略のための提言を依頼され「アタリ委員会」を組織した。そのとき財政監査総局に勤務していたマクロンをスカウトして委員に加えた。さらにマクロンは、前大統領オランドのもとで経産大臣に任命されたが、これはアタリの強い推薦によるものだった。フランスの新聞は、アタリのことを「フランスの真の大統領」と書き立て、またアタリ自身も「マクロンを見出し、つくり出したのは私だ」と語っている。アタリは、初めてマクロンに会った頃、「チャンスを引き付ける磁石のような若者で、いつか大統領になるかもしれない」と思ったという。しかし一方で、「自己愛が強く」「世界観がない」と手厳しい非難もしている。

(1)　フランスの状況は、とても悪化しようとしている。貧困が広がり、不安定雇用が蔓延し、能力主義も機能していない。大統領選挙の期間中、統計の数字をはるかに超える規模で、失業や貧困に関するデモ活動が無数にあった。

(2)　フランスは今、ひどく苦しみ悩んでいる。自分自身が苦しんでいるわけではなくても、この国の貧困状態を憂慮する国民が多数存在する。やがてそれが、自らの問題となることを心配している国民もあれば、子どもたちの未来として心配している国民もいる。また、それほどの貧困が存在する国に、自分が生きていることが悲しいと考える者もいる。

(3) フランスは今、まっ二つに分断されている。一方には、未来は明るいと考える国民がいる。もう一方には、過去に逆戻りしない限り、われわれのアイデンティティを救うことはできないと考える者がいる。また一方には、悪いのは特権的な富裕層だと考える者がいて、もう一方には、悪いのは努力しない貧困層だと考える者がいる。このような事態が原因となって、成功のための努力をあきらめたり、またそれがいかがわしいことであると見なす風潮が生まれたりしないようにしなければならない。

(4) フランスは今、民意を代弁すべきシステムが機能不全に陥ってしまっている。フランスの倫理意識はもはや存在しない。われわれを一つにまとめあげていた原理は、すべて疑問符を付されている。一世紀来存在してきた政党が、個人的なタレント性だけで存立している三つの政党を前に、崩壊してしまった。

(5) ソーシャル・メディアでは、暴力が野放しの状態になっている。そうした暴力は匿名ではあるが、一面の真実を語ってもいる。弱い立場にある人は、自らの声を届けるために声を荒らげ、他人を攻撃することが必要になることもある。しかし、既存のメカニズムを補完して、民主主義を尊重したうえで、ソーシャル・ネットワークから蔓延している嘘や中傷を、一刻も早く排除する措置を講ずる必要があるだろう。

(6) どんな発言も、ここで述べたような状況を考慮に入れて慎重に言葉を選ぶ必要がある。また、文脈を無視してその言葉を受け取ったり、あるいは悪意からゆがんだ解釈をする者たちのことも警戒しなければならない(このことは、もちろん私の発言についても当てはまる。私の発言が間違った解釈をされて、意図せず人を傷つけてしまうことがないようにしたい)。

(7) 未来は暗いかもしれない。もしも今回のこの機会に、新たな政治階級が誕生し、しっかりと歩み始める姿を、見出そうとしないなら。それはあらゆる思想、あらゆる信条の若者たちからなる政治階級だ。

それはすべての政党に、そしてとりわけ新しい大統領の政党に、見ることができるだろう。

われわれすべてが、以上の七つの教訓を肝に銘じることができるなら、エマニュエル・マクロンが、将来のさまざまな課題に立ち向かうために、この国をまとめる術を手中にすることができるだろう。さらに、フランス国民が、フランスの民主主義という最も美しく最も貴重なものに、改めて意味を見いだすことができるであろう。

（二〇一七年五月）

ジャック・アタリ

新世界秩序

21世紀の"帝国の攻防"と"世界統治"

第Ⅱ部　資本主義による世界秩序の進展

第Ⅲ部　世界秩序の現在

第7章 世界秩序の現状 217

第Ⅳ部 21世紀の新世界秩序はどうなるのか？

［凡例］
一 引用文中の〔 〕は、著者アタリによる補足である。
一 本文中の［ ］は、訳者による補足である。
一 本文中に◆印を付けた語句には訳注を施した。訳注は見開き左端に配した。

物事を深く考える人であれば、
人類という究極の国家が、
今からもう垣間見えているはずだ。
かすかな光をじっと見つめる人であれば。

ヴィクトル・ユゴー「将来」1867

［序文］

人類の世界秩序の歴史を振りかえりながら、二一世紀の新世界秩序を構想する

人類は、その歴史において今日まで、世界の秩序について常に考察し、また試行錯誤をくり返してきた。最も初期には、自然を統治しているのは神々で、人間は何もすることができないと考えた。次に人間自身が、つまり祭司や軍人や少数の有力者が、われこそは統治者であると名乗りをあげ、世界の一部を、次いでいくつかの世界を、そして最後に世界全体を支配するために、征服をくり返してきた。信仰を通して、武力を通して、そして市場を通して。

三〇年後の世界を統治しているのは、アメリカだろうか。アメリカと中国のG2体制だろうか、中国単独だろうか。またはインドか、ヨーロッパだろうか。あるいは多国籍企業か、はたまたマフィアか、原理主義者か。

おそらく、そのどれでもないだろう。たとえアメリカが超大国であり続けても、または新たな超大国が誕生したとしても。なぜなら、すでに世界は帝国の支配下に置かれるようなものではなくなってきているのと同時に、市場の支配下に置かれるようになってきているからである。

しかしながら市場は、法の支配なしには持続的に機能することができない。法の支配は、国家なしには適用されないし遵守もされない。国家は、その基礎に民主主義がなければ、長続きはできない。

そのうえ、帝国にせよ、市場にせよ、今日の世界全体が抱えている数多くの重大な問題を解決する能力

を持たないのである。したがって今後、新たな世界秩序が求められることにならざるを得ないだろう。この新たな世界秩序を統治するシステムは、連邦制に近い形態を持つものになる可能性が高いと思われる。欧州連合（EU）などは、おそらくその実験の一つと見なすことができる。この連邦的な統治システムに求められるのは、市民の権利や文化の保護については各国政府に任せ、自らは地球全体の利益を図り、各国がその国民を、人類の一員として尊重しているかどうか監視することを使命とすることである。

世界は今後、経済、通貨、軍事、生態環境、人口、倫理、政治などすべての分野において、巨大なカオスに陥っていく可能性がある。新たな世界秩序とは、こうしたカオス的世界への対処として誕生すると思われる。カオスに陥る前に誕生する可能性もあるかもしれないが、確率は低いだろう。つまり、人類史における大きな変革や革命がそうであるように、危機的状況に対するショック療法のようなものとして、新たな世界秩序も生まれるだろうということである。それは、無政府状態の隙間で、国家・企業・組合・政党・NGO・個人がつむいでいくネットワークの積み重ねの努力を通して、徐々に形成されていくだろう。この新世界秩序は、全体主義的なものになるかもしれないし、民主主義的なものになるかもしれない。それは構築のされ方次第である。新世界秩序が望ましいものになるよう、いかに構想していくかが喫緊の課題なのである。

人類の世界秩序の歴史

人類は、数千年にわたって集団を形成してきた。最初は部族であり、次いで村落共同体に、そしてだんだんと巨大な共同体に。人類は最初、自分たちより優れた力、自然、神々、あるいは唯一の神に支配されていて、自分たちはその支配者から、生命も、食糧も、健康も、死も、すべてを授かっていると想像した。目に見えないものが、世界を支配していると考えたのだ。こうして神々による統治が、最初の世界秩序となったのである。

その後、人類は、神々の観念から自立し始めた。自分たちは、すべてが自然や神に支配されているわけではないと考え、自らと世界を統治する自由と責任を、わが身に取り戻したのである。なかでも、バビロン王国、エジプト、アッシリア、中国の王たち、あるいはアフリカ、アメリカ、アジアのその他の王たちは、神々の名のもとで自分が世界の主人であると考え、またそうなりたがった。それは少なくとも、彼らが想像し得るかぎりでの世界、いくつもあるうちの一つの世界の主人、ということである。彼らは、神々との同盟関係を強固なものにするために、宗教を組織化し、その祭司を支配下に置いた。彼らは貢ぎ物を徴収し、軍と行政機関を整備し、自分たちの世界以外の世界を監視し、自分たちなりの正義による支配を行き届かせ、遠隔地にも命令を伝達し、新たに領土を拡大した者を重用し、征服した王族の子を人質に取り、同盟関係の駆け引きをくり広げ、ライバル国たちのあいだに紛争の種を播いた。

そうした王のうち、ある者は固定した首都を設け、また別の者は絶え間なく移動をくり返すことを選んだ。統治空間は拡大していったが、数千年のあいだは馬と戦闘馬車以外の手段を持たなかったので、拠点としている地から遠く離れると、むしろ新たに征服した者との関係が親密になった。王が死ぬと、あるいは数世代を経ると、その帝国は崩壊し、また別の帝国が登場した。かくして数千年のあいだに、世界はいくつかの帝国に切り分けられて統治されることになる。そうした帝国の頂点に立ったのは、それぞれにたぐいまれなエネルギーと傲慢さを備えた英雄たちだった。

ヘブライ人［ユダヤ人］は、おそらく史上初めて、自らが想像した唯一神以外に、世界に神はいないと考えた。そして人間は、ただ一つの種しか存在しないと考えた。ヘブライ人は、いわゆる「約束の地」以外には征服の意志を持たず、他者への統治も欲してならないという、ただ一つの法をつくり出した。ヘブライ人からすれば、「ノアの七つの戒め」は、すべての人間が遵守すべき規則である。さもなくば、全人類を救い、全人類を統治してくれる救世主は降臨しないのだから。これが地球規模の法の支配と世界秩序について、史上初めて与えられた定義である。

ほぼ同じ時期、紀元前五世紀に、ヘブライ人の隣の土地では、ギリシア人の哲学者、すなわちソフィスト、次いでストア派――彼らもまた地中海世界を縦横に往き来する旅行者だった――が、やはり人間を「世界市民」（「コスモポリテス」の文字通りの意味）と捉えた。彼らは、ギリシア人とギリシア人以外のすべての人間――「野蛮人《バルバロイ》」と呼ばれた――は、平等であると主張する。紀元前四世紀には、ギリシアに隣接する小国の若き王アレクサンドロスが、この哲学に基づいて世界秩序を構築しようと考えた。彼は、何年もかけてアルバニアから現在のパキスタンにまで、またマケドニアからエジプトにまで遠征し、華々しい勝利によって征服した諸国民のすべてを、彼の帝国によって統治した。

その少しのち、ギリシア世界の衣鉢を継ぐ新たな帝国が、ローマを出発点にして世界の三分の一以上を征服し、統治した。ローマ帝国による秩序は、先行する諸帝国と同じ規則が適用された。また、中国、インド、アフリカ大陸、アメリカ大陸でも、帝国による秩序が構築されている。

キリスト教の出現によって、西洋と中東では、新興勢力である教会が、ローマ帝国と競うようになった。どちらもが唯一神とその子から、人類の全体の先頭に立つ使命を授かったと思い込んでいた。

他の地域では、他の帝国が、中国からハンガリーまで、アフリカ大陸からアメリカ大陸まで、自らを世界の主であると考えていた。そうした帝国は、ヨーロッパの帝国に比べてはるかに広大で、はるかに文明化していて、はるかに強力であった。これらの帝国は、すべてが同じ原理を採用し、同じ手段を用い、同じ戦略に訴え、同じタイプの権力を行使した。ある者は信仰に、ある者は軍事力に支えられていたとは言うものの、どれもが富を管理する術《すべ》を知り、どれもが際限なく野心的な指導者を備えていたのである。

八世紀には、東ローマ帝国と西ローマ帝国という二つのキリスト教帝国に対峙していたイスラームが、新たな軍事的・普遍的帝国の礎となるものとして、ウンマ［イスラーム共同体］を構想する。中国とインドは、経済力と人口の点で世界最大を競っていたが、それぞれの国境から外への拡大を目指したことはなかった。

一〇〇〇年以降、アジアの巨大帝国、たとえば中国のティムールの帝国、モンゴルのチンギス・ハーンの帝国は、戦いのなかで疲弊していった。ヨーロッパでは、商業都市が新たな様態の世界秩序を形成するようになる。世界のどこの帝国であっても、その存続には戦争が不可欠であったが、市場は平和を求める。西洋では資本主義による世界システムが発展し、そのシステムの中心となる「中心都市」が形成される。中心都市は、ブリュージュ［フラマン語でブリュッヘ］、ヴェネツィア、アントウェルペン［英語でアントワープ］、ジェノヴァと移転をくり返しながら、自分たちの法を世界に押しつけていった。そして中心都市は、ヨーロッパを超えて他の地域をも統治するようになり、その領域は世界に拡大していく。

一五世紀の終わり、ヨーロッパ人が新大陸を「発見」し、また地球が球体であることが認識される。東西ローマ帝国のさまざまな残骸は、東では完全に、西でもほぼ消滅した。アメリカ大陸の先住民の帝国は破壊されていった。アジアの帝国は拡大をめざすことなく、内に引きこもったままだった。カトリック（「普遍的」という意味）教会は、いまだに自らの権力を強大であると考えていたので、地球の海と陸地を、二つの新たなキリスト教帝国、すなわちスペインとポルトガルに分配した。一六四八年にヨーロッパで三〇年戦争が終結すると、ローマ教会の権力が弱まり、ヨーロッパの大国の権力が維持されたかのように見えたが、実際に勝利を収めたのは資本主義であり、その「中心都市」が、帝国と諸国家に対する影響力を強めていった。アムステルダムが、リスボン、マドリード、パリ、ウィーンに対して勝利を収め、オランダが世界の中心を自認する番となったのである。

中国とインドのムガル帝国は、まだGDPで世界全体の半分を生産し、人口も世界全体の半分を上回っていた。しかしながら、そのどちらも、もはや世界全体の統治に影響を与えることはなくなっていた。西洋のそれぞれの「中心都市」では、理論家たちが――たとえば一八世紀末であればサン＝ピエールやカント、ヘーゲルが――、世界秩序の構築や世界統治機関の建設、それが無理ならせめて世界条約を締結して、何とか諸国間に平和を確保しようと構想を練った。

アメリカが地球規模のヘゲモニーの担い手の新たな候補者として浮上する一方で、一八一五年、人権の名の下に起こした革命［フランス革命］の夢が破れたあとのヨーロッパで、「ヨーロッパ協調」［ナポレオン戦争以降のヨーロッパで見られた、大国間の合議と協調によって国際紛争の処理を行なうシステム］と呼ばれる秩序が誕生する。しかし、この名の下で、イギリスが、カナダからインドに至る広大な領域の権力を握っていった。そして、金本位制という見せかけによって、英ポンドがグローバル通貨体制の覇者となったのである。

一九世紀終わりには、人と思想を運ぶテクノロジーが爆発的な飛躍を見せ、世界一周に八〇日間しかかからなくなる。ダーウィンは、人類の種としての単一性を宣言する。自由貿易が、国家の軛《くびき》を逃れて、人間どうしの友愛を実現する手段として称揚された。市場が最大限の効率で機能するために、国境をなくし、国を超えた規範を創設しようという声が、資本主義企業とユートピアンの双方から同時に発せられる。大国にとっても、世界秩序を構築することが必要になっていき、これについて構想するのは空想家だけの仕事ではなくなる。幸せなグローバリゼーションの陶酔感が溢《あふ》れる時代となったのである。

初期の国際機関が登場する。一八六四年にはマルクスの進言で労働者インターナショナルが結成され、一八六五年には万国電信連合が設立され、一八九六年には近代オリンピックが開催される。西洋では平和が確保されたように見えた。なぜならそこでは、平和が進歩を追求するための必須条件だったからである。ヨーロッパのＧＤＰが、史上初めてアジアを上回った。ヨーロッパ列強は、自ら理想に仕立て上げた文明の名の下に、相変わらず植民地を支配し収奪していた。

二〇世紀の世界秩序

二〇世紀の幕開けとともに、世界では新たな経済危機と政治危機が相次いで発生し、大西洋を越えて保護主義が蔓延し、史上初めて「世界」という形容詞が付けられた大戦が勃発する。そして、世界を支配する帝国の座を争っていた独仏は、第一次世界大戦によって消耗し、戦争からは基本的に身を引いた立場をとった第三国のアメリカが、最終的に世界的覇権を握る。「中心都市」は、ロンドンから大西洋を渡ってボストンに移動したのである。

そして、さらに新たな世界大戦が勃発し、国家主義を掲げる情け容赦ない独裁者たち、憎むべきイデオロギーの数々が世界を侵していく。彼らもやはり、新たな世界秩序を標榜していた。

世界統治機関の試みが二つ登場した。どちらも世界大戦の終結後に、再び戦争が発生しないようにと構想された。国際連盟と国際連合である。そして、どちらも挫折した。国際連盟はナチズムの出現に直面し、国際連合は「冷戦」によって、である。

一九四五年以降、中心都市は、ボストンから、アメリカ国内の別の都市に移動する。まずニューヨークに、そして次にカリフォルニアに、である。世界通貨は、英ポンドから、米ドルに代わる。米ソという敵対するカップルが世界を支配し、核兵器を持った人類は、史上初めて、種として自殺する手段を手にしたことになった。資源の希少性が意識されるようにもなった。

一九八九年に東側ブロックが解体すると、唯一の超大国となったアメリカが単独で世界を支配する。アメリカは、これを〝新たなる世界秩序〟であると宣言した。そして、一九世紀末と同じように、楽観的なグローバリズムが地球を席巻していく。個々の大陸が門戸を開き、市場はグローバル化され、企業活動は地球大の規模になる。インターネットのようなテクノロジーが、人や物や思想を、はるか遠くまで行き渡らせるために必要なコストと時間を削減していく。西洋の価値観、とくに個人の自由と、その具現化である市場と民主主義とが、全世界的な要求事項となった。比較的最近の例では、チュニジアやエジプトでの「アラブの春」のように。文化における差異は消滅し、世界は画一化されたように見える。

アジア、ラテンアメリカ、東欧、アラブ世界では、貧困層の一部が中流階級に上昇する。公的なもの、民間のもの、公式のもの、非公式のものなど、数え切れないほどの国際組織が、地球の技術的・政治的・経済的・文化的・社会的な諸問題のすべてにうまく対処しているように見える。それらが、多極的で不分明な世界行政機関のようなものを形成している。もはや「政府」という言葉は使われなくなり、代わりに「ガバナンス」が語られるようになる。今日では、全部で約二〇〇人いる世界中の国家元首が、それぞれの立ち位置に応じて年間四〇〇〇も開かれている会議のどこかに出席している。一九世紀には、年間平均で二つぐらいしか開催されていなかったのである。そのうえそうした会議は、毎年その数を増やし続け、参加する国も増え続けているのだ。

しかしながら、やはり、うまくいっていることは何一つない。すべてはバラバラになってしまっている。世界を網羅した金融システムは、制御不能のままになっているように見える。国際組織は、どんな性質のものであれ貧弱である。その取り組みは、対象がどんな課題にせよ、各国政府がそこに行使している影響力の〇・五%を超えることすら稀というありさまである。市場はグローバル化された。しかし、グローバルな法の統治は確立しない。ましてや地球規模の民主主義など望むべくもない。超大国は法を尊重させることができなくなっている。できたとしても、せいぜい自国の領域内だけだ。あとには法を迂回することのできる空間が、世界では口を開けたままになっている。

アメリカは弱体化した。しかし、グローバルな問題への対処という点でアメリカに取って代わろうという態勢のできている国は一つもない。古くからの国家システムは解体しつつある。自分たちのアイデンティティを守る術も失い、自国内で弱者を守るための最低限の連帯さえ確保できなくなってしまった国が、一〇ヶ国ほども出現してきている。地域全体が無法地帯と化しているところも一つだけではない。

金融・保険・娯楽がいたるところで権力を握り、実体経済と全体の利益がないがしろにされている。各国の通貨は、大騒ぎをしながら戯れあっている。不平等は拡大する一方だ。移民は増大している。環境は破壊されるばかりだ。飲用水は地球規模で不足してきている。核・生物学・化学・遺伝子工学などによる、人類を絶滅させる手段は蔓延している。人類全体に影響を及ぼすリスクは増殖する一方だ。そして、あらゆる種類の災厄が到来する。二〇一一年に日本を襲った大地震・津波・核惨事はその端緒だった。そうなって初めてわれわれは、自然災害がもたらす地球規模の影響力を前に、自分たちには何もなす術がないことを思い出すのである。

二一世紀の新世界秩序――次なる「中心都市」はどこか？

世界は現在、グローバル化による成長と同時に、カオス化の瀬戸際に立っている。今日のわれわれの未来に対する考え方、またその未来をコントロールする方法については、これまで述べてきた長い歴史からの教訓をもとに考察していかなくてはならない。

二一世紀世界では、誰が新たな超大国となり得るのか。経済、軍事、金融、人口、文化、イデオロギーなどのあらゆる面で世界を統治するのに必要な手段を、すべて手にしている者は誰なのか。それを手にしたいと望んでいるのは誰なのか。今日でも、一九七〇年代のドルショックの時代に多くの者が論じたように、再びアメリカの没落を予言することができるだろうか。できるとして、では次に誰が勝利するのか。地球規模の難題を、誰が解決し得るだろうか。過去三〇〇〇年の歴史は、これから三〇年間についてのこうした問いに、どのように答えてくれるのだろうか。

歴史はくり返されるというなら、アメリカはまだ長きにわたって、軍事、テクノロジー、金融、政治、文化の面で、地球随一の強国であり続けるであろう。ただしその後退は、少なくとも相対的には止まらない。そのため新たな「中心都市」が、いずれ誕生するであろう。そしてグローバル・システムは、その都市を中心に再編されるだろう。新たな「中心都市」は、これまでの、ブリュージュ［ブリュッヘ］、ヴェネツィア、アントウェルペン［アントワープ］、ジェノヴァ、ロンドン、ボストン、ニューヨーク、カリフォルニアがしたように、自分たちの規則や統治を世界に押しつけるであろう。この「中心都市」がアメリカ国内になるのか、中国になるのか、インドかヨーロッパになるか、まだわからない。しかしまた「中心都市」だからと言って、それが新世界秩序を安定的に構築する手段を持ち合わせているとは限らないし、さらに人類全体への脅威に対処する能力を備えているとは、また対処する意志があるとは限らないのだ。そのための手段を、今のところいかなる国も、いかなる国家同盟も、いかなる国際機関も、持ち合わせてはいないのである。

しかし歴史は、まったく同じシナリオをくり返しはしない。世界の舵《かじ》を取る手段を持つ強国は現われないだろう。その重荷を引き受けることは誰にもできないだろう。中国がその手段を持ち合わせることはないだろうし、望みもしないだろう。ヨーロッパもしかり、G20もそうである。アメリカと中国からなるG2体制は、現在のアメリカの絶対的権力を弱めていくだろうが、アメリカに代わって世界を統治することはできないだろう。新たな強国――なかでも、インド、ブラジル、インドネシア、メキシコ、トルコ、南アフリカ、ナイジェリア――も、世界統治することなど拒むだろう。むしろ彼らは、自国の権利や利益だけを主張することの方を選ぶだろう。

市場、すなわち全能なる企業――基本的には保険会社――による世界秩序の構築が進むと、世界は中心をいくつも持ったカオスとなるだろう。法の支配はすべての面において次第に消滅していき、危険をはらんだ無政府状態が席巻し、不平等は極端なまでに進み、多くの人びとが移動し、資源の希少性は増し、大きな暴力を伴う地域紛争が多発し、金融の無秩序も、気候の変調も、深刻化するだろう。既存の国際機関――国連・G8・G20――のどれ一つ、市場の力に対処できないし、このカオス状態に対処できない。犯罪経済、武器の蔓延、生態環境の破壊、テクノロジーの無秩序などを食い止めることのできる技術も人もいないだろう。

二〇世紀初めのグローバル化が挫折した後に国家の規模で起きたことが、二一世紀には地球規模で発生するかもしれない。つまり、民族への回帰である。そのアイデンティティと文化を守り、世界を統治するという大義を宣言し、領土的野心をもった独裁者の再登場である。いくつかの潜在的に全体主義的なイデオロギーが、野心を掲げて登場しようとしている。一つは宗教原理主義、もう一つはナショナリズムを掲げるポピュリズムである。

世界のカオス化や危機的状況に対処する新秩序は構築できるか？

世界のカオス化が進み、そして世界的課題・人類的課題に対処できない状態が出現し、さらに新たなる「中心都市」の見通しも立たないとすると、世界の未来のために、「世界統治機関」と言えるものを、われわれは構想していかなくてはならないだろう。

しかし、この認識を世界が持つためには、金融、生態環境、人口、保健衛生、政治、倫理、文化などさまざまな面でカタストロフが勃発し、われわれの運命が世界の人びととつながっていることを、思い知るまで待たなくてはならないのかもしれない。非常に残念なことであるが。そうなれば世界は、来たるべき脅威にともに対処する必要性を自覚するだろう。グローバル市場はグローバルな法の支配なくして持続的に機能し得ないし、法の支配は国家なくして適用され得ないし、国家は民主的でないかぎり長期的には存続し得ない、ということを悟るだろう。そしてまた、人類はその未来を切り開くためのさまざまな方策も持っていることにも気がつくだろう。そのためのテクノロジー、専門的能力、人的・財政的・物質的資源などは多数存在する。欠けているのは、その認識と、それを実行する民主的なシステムや機関なのだ。

世界統治機関の構想については、多くの疑問が湧いてくるはずだ。そのような民主的かつ超国家的な機関をいかに組織するのか。地球上に数えきれないほど、法がおよばない地域や場所が存在しているのに、世界全体の秩序を構築できるのか。既存の権力よりも腐敗せず、官僚主義にも陥らず、そのうえ高い実効性を求めることなど、どのように可能なのか。これからますます希少になっていく資源を、どうやって公平に分配できるのか。地球規模の戦争のリスクを減らすことができるのか。世代を超えた長期的な利益を考慮することができるのか。アメリカ流の自由民主主義、ヨーロッパ流の社会民主主義、さらに中国の長期的思考能力を上手に組み合わせることなどできるのか。

そして最後の疑問は、その世界統治機関は、どうやって新たな絶対権力の追認であることを免れるのか、ということであろう。そのような絶対権力は、国家であるかもしれないし、企業であるかもしれない。いずれにせよ、独裁にあえぐ最後の人びとがようやく解放されようとしているこの時代に、また新しい形態の全体主義が発生してしまうかもしれない。

こうした問いについては、多くの人びとが、何世紀にもわたって考察を重ねてきた。とくに、国際的な平和を維持する仕組みをつくりだすために。しかし今日では、もちろん戦争というテーマが大きな重要性を持つことに変わりはないが、もはや戦争だけが問題なのではない。人類は、武力以外にも多くの手段で滅ぼし合うことができるのである。

人類の歴史において、世界統治機関の計画は数えきれないほど存在する。その考察の歴史に、ヨーロッパの比重が大きいことは驚くには当たらない。少なくとも八ヶ国——ギリシア、ローマ、スペイン、ポルトガル、オランダ、フランス、ドイツ、イギリス——が、かつて世界を統治する野望を持った帝国であったからである。ヴァチカンとアメリカの発想の源も、ヨーロッパ流のグローバル化の夢にあると言える。その意味ではヨーロッパは、帝国の発祥地であるとともに、民主主義の揺りかごでもあったと言えるだろう。今日でもヨーロッパは、地球規模の民主主義的な秩序をつくりだそうという動きが、きわめて盛んな地域である。もちろん、言うまでもなくヨーロッパだけではなく、中国でも、インドでも、アフリカでも、それを志向し活動している多くの人びとや動きが存在する。

最良の世界統治機関は、定義上、地球全体の利益、人類全体の利益を考慮しなくてはならない。したがって、単に多数国参加型《マルチラテラル》であるというだけでは駄目である。ある種の超国家的次元を備えていなければいけない。それをデザインするためには、国家システムを改善するというのでは十分ではない。今日では、バスティーユ監獄があるわけではないし、廃位すべき君主もいない。占拠すべき庁舎や宮殿があるわけでもない。この飛行機には、パイロットがいないというだけでなく、操縦室そのものがないのだ。したがって既存の権力装置の内部で権力を奪取するとか、そこに介入するといったことでは駄目なのだ。

すべての人が自由に移動する権利を享受している理想の世界であれば、地球規模の民主的政府を想像することは可能だろう。それは、議会、複数の政党、行政機関、裁判所、警察力、一つの中央銀行、単一通貨、社会保障システム、軍縮を担当する機関、権力を監視し批判するシステムも備えていることができるだろう。それは地球全体の利益に関わる任務しか引き受けず、個々の人びとの特定の権利が尊重されるようにする仕事は各国政府に任せ、それでも最も弱い者たちがアイデンティティや文化を守れるよう援助し、各国および各大陸グループが、人類の一員としてのその市民の権利を遵守しているか監視する。

しかし現実の世界では、そのような統治機関を設置することは不可能だ。それとは別の、もっと慎ましく、もっと実際的な、既存の組織を徐々に変更して理想のモデルに近づけるような統治機関であれば、実現は可能である。破局への道を回避するためには、ほんの少しの改革でも十分である。たとえば、G20を国連安全保障理事会と合体させ、地球規模の管轄権を持つ組織、たとえばIMFや世銀などをすべてその傘下に置き、その全体を国連総会のコントロールに従わせるようにすればよい。そのための条約は一〇行で済むし、一日あれば採択できるはずだ。

そのような国際機関は、地球規模の独裁体制になるという危惧もあるかもしれない。しかし、投票にかければ、人類は独裁に反対することは明らかである。そしてむしろ、人類が一つの種として一体であり、連帯することを謳《うた》った条項に、おそらく賛成票を投じるであろう。そしてさらに、世界全体会議の開催を求めるだろう。したがって、まずは、それを開催するところから始めなければならない。

第I部

古代・中世の世界秩序

武力と宗教による統治

彼らは［多くの民は］その剣を打ち替えて鋤となし、
その鎗を打ち替えて鎌となし、
国は国に向かいて剣をあげず、
戦いのことを再び学ばざるべし。

旧約聖書『イザヤ書』第２章４節
（国連本部の正面に、この言葉が刻まれている）

第1章 人類が初めて創り出した世界秩序――紀元前

世界を統治したのは、最も古くは神だった。次いで人間が、神の名の下に世界を統治した。人間は、自ら統治する世界を、世界の全体と信じていた。あるいは少なくとも、それが世界の主要な部分だと信じていた。そうやって、それぞれの世界を統治した者たちは、帝国を創設し、それを徐々に拡大していった。帝国は自らの創設のいきさつを、それぞれの宇宙誕生神話のなかで語り伝えたから、帝国の拡大は宗教的な意味を帯びることになった。

その長大な物語は、語り、また理解するに価する。なぜなら世界のゆくすえに関する最新の考え方も、この物語に決定づけられているからである。今後どのような帝国が創設されていくかということも、歴史をめぐる最新の哲学も、それによって説明できるのである。こうした物語は、過去においてある人びとが世界の主人であった理由をこと細かに語っている。もちろんそれは、歴史上のある一定の時期における、ある一つの世界の主人ということでしかないけれども。しかし今日の世界が、どのように統治されているか？　また将来それがどのように統治され得るか？　よりよく統治するためにはどうすべきか？　またどうすべきではないか？……といった問題は、こうした物語によって条件付けられているのである。

世界初の統治機関である〝神〟

すべては神々から――すなわち世界を創造し、それを統治する者としての神々から始まった。

世界の起源について語る物語のほぼすべてが、一神ないし複数の神が混沌《カオス》から宇宙を創造し、世界に秩序を与え統治するという場面を語っている。初めに卵があり、やがてこれが孵化した後に、神が宇宙を統治することになる。その神を構成する要素は、ことごとく始原の卵に胚胎されていた。このように語る宇宙誕生神話は数多い。中国では盤古という神が、一万八〇〇〇年のあいだ始原の卵のなかで成長し、ついに自らその殻を破って天地となったとされている。インドのヴェーダ文献では、世界に秩序をもたらす神プラジャーパティが、始原の水を漂う黄金の卵から生まれ出たと語られている。エジプトでは、ヌンという始原の水から一つの丘が現われ、その丘の上に一つの卵が出現する。この卵が割れると、なかから創造主が生まれ出た、とされる。メソポタミアでは、アプスー（甘い水）とティアマト（辛い水）が始原の神々を生み出した。なかでもエア神は、キング神の血から人類を創造した。キングを殺したマルドゥクは、ほかのすべての神々から傑出した神であったとされる。現存する神話文献のなかでは最古のものの一つであるヘシオドスの『神統記』によれば、ギリシアでは世界とともに神々もまた創造された。地母神ガイアは自分が「生み出した」天の神ウラノスと結婚して巨神族《ティタン》をもうけ、この巨神族《ティタン》が、川や風などさまざまな自然の構成要素と、さらに他の神々も生み出したとされている。ゼウスの父クロノスも、巨神族《ティタン》の神々の一柱である。

神々が創造し、統治し、時に勝手気ままに破壊しもする世界のなかでは、人間は、神々の創造物の一つであったり（メソポタミアの場合）、ほかにもいろいろいる生き物の一種であったり（エジプトの場合）、あるいはまた、その座を追われた神であったりする。いずれにせよ一般的に、「人間」という名は、その宇宙誕生神話そのものを構想した者だけに用いられる呼称である。

アフリカのドゴン人の創造神アンマは、土器職人のように太陽や月やあらゆる生き物を創ったあと、大地を創って妻とし、双子の男の子をもうけた。この双子は人間と自然との融和を象徴している。同じくアフリカのバンバラ人にとって、原初は「フ」すなわち無だった。「フ」はやがて「グラ」すなわち智恵を生む。「フ」と「グラ」の結びつきから宇宙創造の最初の力が誕生し、「ヨ」すなわち思考が発生するに至った。「ヨ」は物質的な世界を創った。そのなかには「ペンバ」と呼ばれる「重い物質」すなわち大地、「ファロ」と呼ばれる「軽い物質」すなわち天、そしてあらゆる生き物が含まれていた。「ファロ」はその後双子の女の子を産んだ。この双子は人間を身ごもり、やがて人間を統治することになった。

ギリシアでは、プロメテウスが天の火を盗んで人間に与えたことを怒ったゼウスの仕返しとして、人間は日々の糧を得るために働かなければならなくなり、また死を運命づけられた。ゼウスはさらに、ヘファイストスに命じて、最初の人間女性であるパンドラを創らせた。やがてパンドラは、すべての災厄を解き放つことになる。

当時は、中国からアメリカ大陸、インドからヨーロッパ、アフリカ大陸からシベリアまで、どこへ行っても神々が、すべてを決めていた。雨も風も豊かさも、愛も生命も健康も、そして死も。人間にとっては謎でしかない神々の気まぐれ――それは後に、キリスト教世界では「神の摂理《プロヴィデンス》」、イスラーム世界では「神の予定《カダル》」と呼ばれることになる――のために、人間は神々との駆け引きを強いられることになる。たとえば平和や健康や豊かさ、あるいは死後の世界に安住する特権などを得ようと思えば、神々に供物を捧げねばならなかった。

神の位置に立った人間

その後おおよそ六〇〇〇年が過ぎると、人間のなかから、世界を統治する権力を持つと僭称する、祭司や軍人が現われる。そうなると、神と皇帝とが同じ家系のなかに交じり合い、互いが互いの後継者として、広大な世界を統治するようになる。〝帝国〟である。

そうやって新たに出現した帝国は、中国、メソポタミア、エジプト、インド、アメリカ大陸、アフリカ大陸において、それぞれがそれぞれの世界を統治した。初期の君主たちが自らの権力を強化するためにとった手段は、どの帝国でもほとんど変わることはなく、また数千年という時が経過しても同じだった。彼らは自らを神の子孫と称し、祭司を従え、自然資源も収穫物も独占した。軍隊と行政機関を設置し、隣接する領土を征服し、自らの法を公布し、世界の隅々に監視の目を行き渡らせ、遠く隔てた地にも命令を伝達し、服従する住民からエリートを登用し、競争相手どうしがいがみあうように仕向けた。一ヶ所に定住して首都を構える者もいれば、絶えず移動する者もいた。統治する世界が次第に拡大していくにつれ、自らの出自を断ち切って、新たに征服した相手に歩み寄った。そうやって諸文化、諸言語が混交した。皇帝とは、混交を旨とする世界の創始者たらんとする者だった。皇帝が死ねば、あるいは数世代は存続することがあったとしても、その帝国は滅び、他の帝国が出現した。新たに出現した帝国も、同じ規則、同じ戦略に従って盛衰した。

紀元前三千年紀のアジアにおいて、馬と車輪と冶金技術が組み合わされることで、政治上の一大革命が引き起こされる。当初は荷物や天幕を運ぶ荷役用だった馬が、初めは二輪の戦車に、次いで四輪の戦車につながれることによって、その所有者に権力をもたらしたのである。それが最初に起こったのが、ヒマラヤ山脈やヒンドゥークシュ山脈に接する広大な平原だった。かくして馬車の所有者は、いかなる歩兵にも防ぎようのないほど強力な武器を持つこととなった。彼らは初期の都市を取り囲んでいた城壁を打ち崩し、そこに蓄積されていた富を収奪した。中国のように、限られた領域で満足する者もいれば、もっと広大な領域の征服に乗り出す者もあった。

中国の皇帝は、天子、すなわち「天の息子」と呼ばれ、神々のなかでも至上の天帝と同等と見なされる。宇宙は天子の家であり、大地は天子の車である。天子は天下を統治する。「天下」という言葉は、「帝国」

と翻訳しても良いが、むしろ文字通り「天の下に生きるすべてのもの」と解すべきである。皇帝は暦の唯一の支配者として、人間と自然の調和を図《はか》る。自ら祭儀の日付を定めたのである。また彼は、外部との戦争の指揮官であり、中国内部の平和を司《つかさど》る。天子の役割は、太陽と同じように世界に秩序をもたらすことであって、世界を支配することではない。

メソポタミアでも、帝国が次々に現われて、世界の支配者を自認した。そうした帝国は、一柱の神、一つの法、一つの暦から成る一つの国家宗教を基盤とし、創設者の死を超えて存続することはほとんどなかった。紀元前二三四〇年頃、サルゴンがシュメールとアッカドを統一した。次いで、ウル・ナンムが登場した。前一七八八年頃には、ハンムラピがマルドゥク神の名において「世界の四つの地方を支配する王」を自称した。「マルドゥク神がわれに与えた使命は、わが民に秩序をもたらし、わが国をつつがなき行く末に導くことだった。そこでわれは、法と秩序を築き、それによってわが臣下に繁栄をもたらしたのである」。ハンムラピは主要都市に石碑を設置して自らの法典を自らの世界に周知させた。「それはこの世界に法を公布して諍いを解決し、過ちを正すためである」。ハンムラピのあと五人の後継者が続いたが、ヒッタイト人、カッシート人の侵入を受けたのち、紀元前一五三〇年頃、彼の王国は消滅した。次いでメソポタミアを支配したのが、トゥクルティ＝ニヌルタ一世、ティグラトピレセル三世、サルゴン二世、アッシュールバニパルといったアッシリア人の帝国で、さらにそのあとにネブカドネザル二世のバビロン王国が続いた。しかし、メソポタミアの帝国は、ペルシア王キュロス二世によって、紀元前五三九年にアケメネス朝ペルシアに征服されたのを最後に姿を消す。しかし、アケメネス朝ペルシアも、さらにその二世紀後にはギリシア人によって滅ぼされることになる。

エジプトでも、紀元前三千年紀のメネス王から始まる歴代ファラオが、「神の子として宇宙開闢以来、その帝国を受け継いできた」と自称した。地方には州が置かれ、州知事がファラオの名の下に行政に当たった。しかし、忠誠の確認のために州知事を訪問したのは、ファラオの方だった。紀元前一七世紀には、アジアからやって来た異民族ヒクソス人によって主権を奪われ、エジプトの帝国は崩壊する。アアフメス一世が帝国を再建したのは、それから約一世紀にわたる混乱を経たあとのことだった。前一四世紀、アアフメス一世の後継者の一人イクナートンが、人間はすべて平等であるが、自身は太陽神の地上における代理人であり、太陽神の名において世界を統治すると宣言した。その少し後、エジプト第一八代王朝が現在のスーダンを併合したときは、各地の長の息子たちを人質としてエジプトに連れ帰った。紀元前一〇〇〇年頃、エジプトの帝国は再び崩壊する。その原因は内的なものもあれば（官僚の腐敗、飢餓、略奪等）、外的なものもあった（「海の民」の攻撃）。当時、ファラオによって奴隷として留め置かれていたヘブライ人がエジプトを脱出したのは、この衰退を象徴する出来事であった。

ユダヤ人・ギリシア人による世界秩序

エジプトで奴隷とされていたヘブライ人は、かつて、その祖先の一人アブラハムに「約束されていた」土地へ逃れることに成功した。アブラハムはノアの子孫であり、ノアはその三人の息子に世界を分け与えた。一人がアフリカ、もう一人がアジア、三人目がヨーロッパを受け取ったのである。したがって彼らの考えからすれば、人間は一人の同じ人間を出自としている限りすべて平等であり、彼らの唯一神は、あらゆる種類の人類にとっても唯一の神であるはずだ、ということになる。ヘブライ人に言わせれば、すべからく人間は、いわゆる「ノアの七つの戒め」に従わなければならない、正しき人びとに加わり、救世主の到来を促すためである。やがて来る救世主は世界を統治し、旧約聖書の『イザヤ書』の一節にある預言が実現するよう世界を導くとされている。この一節は、現代の国連本部の建物のファサードにも刻まれている。「彼らは［多くの民は］その剣を打ち替えて鋤《すき》となし、その鎗《やり》を打ち替えて鎌となし、国は国に向かいて剣をあげず、戦いのことを再び学ばざるべし」［第二章四節］。

この教理を実践するべく、ヘブライ人はまず士師と呼ばれる指導者を持ち、次いで王を戴いた。今から

二九世紀前、第三代の王ソロモンが、救世主の到来を促すために世界の首都を建設するという考えを持つ
に至った。エルサレムである。ソロモンの考えでは、ヘブライ人は世界を統治することを目指すべきでは
なく、まして世界を征服することなど論外であり、ただ正しくあればそれで良いのだった。だからそのた
めには、ヘブライ人自身よりも、それを取り巻く七〇の民（つまりヘブライ人以外の人間すべてという意味だ）が、
まず幸福であるようにしなければならない、というのが彼の考えだった。
今から二五世紀前、イベリア半島から中国にまで離散することになったユダヤ人（ヘブライ人の末裔）は、自分たちの団結を、せめて宗教的な面だけでも維持しようと、最高法院《サンヘドリン》を設置した。それは初めエルサレムに、次いでバグダードに置かれた。これは、散り散りになった世界を統治する中央機関の唯一の事例と言える。分散しているユダヤ人コミュニティのそれぞれの法院は、この最高法院の法解釈に従わねばならなかった。彼らはそうやって、全人類を統治する救世主《メシア》の到来を待望したのである。

その頃ギリシアでは、神々が、もはや人間を統治せず、それどころか人間を蔑み、しかしかえってこの蔑みこそが、人間にとっては解放の源だったことが、複数の物語に説かれている。人間はそれによって、自らを統治するようになったのだ。ここに個人の自由の時代が到来したのである。ただしそれは、自由な身分の極めて限られた男性だけのものではあったが。

紀元前五世紀のアテネで、ソフィストと呼ばれる弁論術の教師たちのなかから、人間はギリシア人であろうとなかろうと、自由であり平等だと主張する者が出てくる。そのなかでも、プロタゴラスやゴルギアス、エリスのヒッピアスなどは、各地を遍歴して一つ所に留まることがなかった。たとえばプロタゴラスは、ペリクレスから政治制度改革を託されて、アテナイの植民地トゥリオイに派遣されている。そのように各地を経《へ》めぐった結果、彼らは諸民族を相対的に見るようになり、各民族の知恵や信仰は、それぞれの固有の文化であると捉えるようになったのである。彼らにとって人間はすべて、同じ一つの種に属しているのであって、ギリシア人であることは、何の特権にもならなかった。プラトンの『ゴルギアス』におい

て、カルリクレスが表明しているような類いのアテナイへの愛国心は、彼らに言わせれば馬鹿げた話だった。同じくプラトンの『プロタゴラス』で、ソクラテスと論じ合っているヒッピアスは、自民族中心主義を批判し、普遍的な道徳規範は個々の法や慣習よりも優先されるべきだし、人が自然に備えていてけっして失われることのない友愛でもって、すべての人間は団結すべきだと説いた。「似た者が似た者と親しくなるのは自然によってであって、法によってではない。法は人間にとって専制君主でしかなく、法は幾度となく自然に逆らうのである」。ヒッピアスは別のところで、この信念を次のように表現している。「アジアとヨーロッパは、どちらも同じ大海から生まれた二人の娘である」。ヒッピアスと同時代のアンティフォンも、ギリシア人と非ギリシア人（野蛮人《バルバロイ》）との区別を改めて問題にしている。「われわれは、誰もが口と鼻で息をしている。また、われわれは誰もが、手を使って物を食べる〔……〕。物事の本質を誤って理解するから、人びとは互いに心を閉ざし、わかり合うことができないのである」。同じくソフィストで小アジアのエライア出身のアルキダマス〔前四世紀〕も言う。「神はすべての人間を自由な存在として誕生させた。自然は何人をも奴隷としない」。さらにエラトステネス〔前二七六頃～前一九六頃の天文学者・数学者のことと思われる〕は、ヘレネス（ギリシア人）とバルバロイは、「一つの普遍的な愛の盃のなかで混じり合うように」混じり合うべきだと説いた。

それから一世紀後の紀元前三五〇年頃、犬儒学派《キュニコス》を代表するディオゲネスが、以上のような考え方から「世界市民《コスモポリテス》」の概念を創出した。ディオゲネスにとっての「世界市民主義《コスモポリタニズム》」――この語はもちろんずっと後に造られた――は、人類の正真正銘の連帯を意味するのであって、ソフィストたちが言うような単なる民族主義の拒否ではなかった。人類は誰もが普遍的な理性（ロゴス）を備えているのであり、兄弟として平等かつ連帯すべき存在であると彼は考えた。人類は、理性的思考の具現である一つの宇宙に、皆等しく属している。そこですべてが調和するように、万物に秩序を与えているものを、ディオゲネスは「神の働き」と呼んだ。人類は一つの理性的生活共同体システムを創り、そこでは誰もが「自然との調和という一つの同じ義務に従う」。ディオゲネスにとって世界統治の根拠はこれしかない。同時期にアテナイで、プラトン一門とライバル関係にある学塾を率いていたイソクラテスはこう言った。「ギリシアをつくっているのは血ではない。精神である」。

同じ時期に、アテナイには、もう一人のギリシア哲学の巨人がいた。初めイソクラテスの、後にプラトンの弟子となった、アリストテレスである。彼はソフィストをほとんど評価しなかったが、それでも彼らと同じように、人間はギリシア人であろうとなかろうと、皆「ポリス的動物〔国家をもつ動物〕」であり、動物としてはただ一つ、言論《ロゴス》をもつ種であると規定した。「言論というものは、利害を明らかにするためのものであり、したがってまた、正邪を明らかにすることにもなるのである。というのは、善悪正邪その他のことを感じ得るという、このことだけですでに人間は、他の動物に対して独特のものをもつことになったのである。そしてこれらの利害正邪の共同がもとになって、家族や国家がつくられるのである」〔『政治学』第一巻1253a〕。

人間は世界市民として普遍的存在である、というこの考え方は、アリストテレスの弟子の一人がいち早く採用することになった。自ら世界皇帝を名乗った彼は、自身が世界を統治するための政府の設置という着想を得、実際にそれをやってのけ、世界の歴史始まって以来初めて、三大陸にまたがる領土を支配した。このときギリシア人は、アフリカ大陸はリビアまで、インドはガンダーラという中国に接する地域までの、広大な領域を覆い尽くしたのである。紀元前三三六年、マケドニアという小国の王位と、ギリシアの諸ポリスとのあいだで交わされた頼りにならない同盟とを、二〇歳で父親から継承したアレクサンドロスが、当時の知識で世界とされていたすべてを統治したいという願望を持ったのである。思い上がりだけで出来ているような彼の人格に匹敵するほど風変わりな人格の持ち主は、その後の歴史を見渡しても、せいぜい一〇人程度しか見つからないだろう。アレクサンドロスは、アキレウスとヘラクレスの血を引く神であると自称した。瞬く間に全ギリシアを征服し、次いで小アジアを、さらに東方も手中に収めた。エジプトを征服したときには、自らを「アモン神の子」と称し、またギリシアの各都市に対しては、「無敵の神」として自らを祀《まつ》るよう求めた。アレクサンドロスは、その後数年のうちに、ユダヤ地方、サマリア地方、ペルシア帝国、イラン東部、現在のアフガニスタンなどを次々と征服し、ヒンドゥークシュ山脈にまで至り、さらにスキタイ人の帝国や、アラル海の南に位置する強大なホラズム王国なども一掃した。彼は、自らの帝国の住人に、帝国内のさまざまな言語を学ばせた。また各地に都市を建設し（そのうち七つがアレクサンドロスにちなんだ名を持つ）、ギリシア人だけでなく現地人にも市民権を与えた。ギリシア人はオリエントの身なりや習慣を採り入れ、現地人は言語や行動の面でギリシア風を採り入れた。

三〇をわずかに過ぎた年齢でバビロンに帰還したアレクサンドロスは、アラビア遠征と、エジプトとのあいだのペルシア湾航路確保とのために、軍を再編成した。ペルシア帝国を始め、アジアの他の国々から五万人の若者を徴募し、ギリシア語とマケドニア流の戦術を学ばせたのである。この若者たちは軍の新しい幹部となり、後に「エピゴノイ」と呼ばれることになる。アレクサンドロスは征服したバクトリアの豪族の娘〝オリエントの真珠〟ロクサネーと結婚した後、前三二四年には、スーサでダレイオス三世の長女バルシネ〔スタテイラ二世〕、およびもう一人のペルシア王族の女性とも結婚している。このときスーサでは、彼の将兵九〇人がペルシア人・メディア人と、また二〇〇〇人のギリシア人兵士がペルシア人と結婚した。この結婚から生まれる子どもたちが、来たるべき帝国の指導者、軍の幹部となっていくことであろうと、アレクサンドロスは述べた。このエピソードについて、プルタルコスは次のように記している。「アレクサンドロスは世界中のあらゆる民を一つにまとめあげた。まるで混酒器《クラテル》で酒を混ぜるように〔……〕。人は誰もがこの大地を祖国と見なさねばならぬと、彼は命じた」。しかし「オリエントかぶれ」の体制は、マケドニア人からは良いこととは受け取られなかった。そのために軍隊の反乱が起こることになる。

アレクサンドロスは前三二三年に、三二歳で亡くなった。彼の子どものうち、この時点で成人している者は一人もいなかった。異母兄フィリッポス三世アリダイオスは、あまりに力不足で、帝国の崩壊を食い止めることはできなかった。帝国は、かつての将軍たちの手に、すなわちエジプトはプトレマイオス、シリアはセレウコス、メソポタミアやペルシアは他の将軍たち、といったぐあいに分割されることになった。アレクサンドロスがスーサで行なった合同結婚も解消された。彼の帝国は、完全に、そして永遠に消滅したのである。

それから約半世紀後の紀元前二八〇年頃、ストア派の始祖キティオンのゼノンは、われわれが直接その作品を読むことはできないが、伝えられるところによれば、次のように繰り返し述べていたという。全人類は同じ一つの法に従うべきである。なぜなら人類は平等だからである。誰もが同じロゴスを備えていて、それによって世界の秩序のなかに、平等に一つの場が与えられているのである。プルタルコスは、のちにこう記している。「ゼノンは『共和国』を著わした。この著はたいへん評判が良かった。その要諦はこうだ。人類は、独自の法を備えたポリスや民族に分割されるべきではない。なぜなら人類にとって生はただ一つであり、また事物の秩序も一つしかない。それはまるで共通の法則に従う一まとまりの群れのようなものなのだ。だから、全人類が同胞であるということになるのだ」。

同じ頃、中国を統治していたのは漢である。この国は当時、地球上で最も巨大な人口を擁し、世界の四分の一の領域を治め、国境を越えて外へ侵出することは眼中になかった。インドのマウリヤ朝も同じ時期に、巨大な人口を治め、世界のまた別の四分の一、すなわちチベットからスリランカ、アフガニスタンからビルマという広大な領域に広がっていた。紀元前三世紀、マウリヤ朝の王の一人アショーカは、仏教に帰依し、優れた行政機構によってこの帝国を統治した。彼は自身の発する法勅を、帝国各地、あるいはときにその領域外にも建立させた石柱に、さまざまな言語で刻ませ、周知させた。

ローマによる秩序、ローマによる平和

ローマは、アレクサンドロスの存命中からその帝国の後継者たらんと目論んでいたが、とくにアレクサンドロスの死後、その傾向を強めることになった。ローマが統治する世界は次第に拡大していき、地球

上のかなりの部分を占めるまでになる。紀元前四世紀半ばから前一世紀までのあいだに、ローマの支配領域は五倍にもなったが、その後も拡大は止むことなく、面積も人口も中国やインドをしのぐまでに至った。西ではガリア人、東ではパルティア人を蹴散らす過程で、ローマも先行する諸帝国にならって、税・軍・行政機構・同盟関係・服従関係などを次々に整えていった。イタリア半島の住人の大部分に市民権が与えられ、ローマ法が適用された。そのほかのローマの支配地域では、ローマ法が適用されたり、土着の法が適用されたりと、まちまちだった。属州は、数年単位で任命される総督によって統治されていた。中央からの命令を伝達したり、武器や商品を運んだりするに当たっては、奴隷ないし解放奴隷が徒歩で一日に三〇キロも駆け回った。場合によってそれは、騎乗で日に六〇キロ、二輪馬車で七〇キロ、船で二二〇キロの距離を進むこともあった。船を使えばローマはアンティオキアから三九日、アレクサンドリアから五四日の距離だった。ローマはまた、ミトリダテス支配下のボスポロス王国やコルキス王国、クレオパトラのエジプトなど、他の帝国と同盟関係を結んだ。

　紀元前五八年から前五一年にかけて、ガリア・キサルピナ〔ローマから見てアルプスより手前のガリアの意〕総督だったユリウス・カエサルは、ローマの領土をライン川および大西洋にまで押し広げ、さらにはイングランドにも侵入した。その後ローマに戻った彼は、権力を掌握するにいたる。また彼は、エジプトを保護領とし、ポントスとヌミディアを併合した。自分の配下の軍を退役した者たちを使って、そうした土地の植民地化を推し進めた。たとえば現在のフランスのリヨンも、そうやって建設された植民都市の一つである（前四三年）。前四〇年代半ば頃、スエトニウスは海外入植者の数は八万人に上るとしている。権力の座に着いたカエサルは、金と、娯楽と、同盟によって統治を進めた。また彼は、一八世紀も前のハンムラピ王にならって、法典と暦の編纂に乗り出した。また自らを神の系譜に連なる者と自称したのは、三世紀前のアレクサンドロスにそっくりである。カエサルの場合は、ウェヌスそしてアエネアスの末裔であると称した。カエサルとほぼ同時代の詩人ウェルギリウスは、ローマ人の祖アエネアースを主人公とする建国神話『アエネーイス』のなかで、ローマ人の運命を次のようにユピテルに語らせている。◆「わたしは彼らローマ人の支配に、境界も期限も定め置かぬ。限りのない支配を与えたのだ。〔……〕だがローマ人よ、そなたが覚えるべきは諸国民の統治だ。この技術こそ、そなたのもの、平和を人びとのならわしとせしめ、従う者には寛容を示して、傲慢な者とは最後まで戦い抜くことだ」。カエサルは、腐敗した元老院議員を解任し、征服した国々の王族を新たに元老院議員にしたり、属州総督の地位に据えたりした。また、すべての行政官を自分で選抜した。ただし護民官は別で、これだけは引き続き選挙で選ばれた。その威光は全世界に達した。オロシウスはその著『異教徒に反論する歴史』〔四一八年頃完成〕に、「インド人やスキタイ人の外交官が世界の端からはるばるやって来て」カエサルに表敬したと記している。カエサルは前四八年に一年任期の独裁官《ディクタトル》に就任、その後、任期は一〇年（前四六年）、終身（前四四年）と延長されていく。

　この頃になるとカエサルも、アレクサンドロス同様、初期の友人たちの離反を経験する。前四四年三月一五日、ちょうどパルティア人との戦いを準備しているとき――この戦いに勝利すればローマ帝国はアレクサンドロスの帝国に匹敵する規模になるはずだった――、カエサルは暗殺された。加担した者は六〇名に上った。後を継いだのは、オクタウィアヌス、レピドゥス、マルクス・アントニウスの三頭政治で、それぞれ西方、アフリカ、東方を治めた。その後、前二七年にオクタウィアヌスは初代皇帝の地位に就き、アウグストゥスの尊称〔「崇高なる者」の意〕を受けた。彼は帝国中に配置した自身の役人たちとの連絡のために、「公共便《クルスス・プブリクス》」という名の駅伝制度を設置した。

　帝政ローマはその後、自らの命令権《インペリウム》が及ぶ範囲を、いわゆる「文明化された」世界全域に拡大するという野心を持った。当時のローマ人は、サハラ以南のアフリカについてはきわめて限られた知識しか持ち合

◆ユピテルに語らせている　正確には、前半（第一歌二七八～九行）はユピテルが娘のウェヌス（アエネアースの母親）に語った言葉、後半（第六歌八五一～三行）はアエネアースの父アンキーセスが息子に語った言葉。

わせていなかった。紀元前二〇年、コルネリウス・バルブスが帝国の最南端に一〇度ほど遠征し、現在のリビアの遊牧民族ガラマンテス人と戦闘を交え、その首都ガラマを征服している。しかし彼らは、アフリカ大陸をさらに南下しようとはしなかった。というのも、当時のローマ人は、サハラを越えた先に力を注ぐ必要性を感じていなかったのである。それはあまりにコストがかかりすぎるし、何より危険が大きすぎた（その地方の住人たちはローマに敵対的で、容易に同化しようとはしなかった）。しかも、アフリカ大陸の富が、おのずからローマ帝国の諸港に押し寄せるようになってきていたため、そのような危険な遠征はますます無駄に思われるようになったのである。そのためアフリカ大陸の内部は、ローマ人にとって大部分が未知の暗黒大陸であり続けたのである。また中国人については、古代ローマ人はセレス人、すなわち絹の国の民と呼んでいたが、その国は、すでに知られている世界の終わりという意味を持つ「果て《ウルティムス》」という言葉で言い表されるような、神秘の領域に位置していると考えていた。ローマ人の地理学者として名前を知られている者のなかで最も古いポンポニウス・メラは、世界が五つの気候区分に分けられると考えた。二つは寒さで凍えてしまう両極地方、中心は暑さに苛《さいな》まれる地方で、残りの二つのみが人間が生活し得る地域である、と。そして、この二つのうちの一つはアンチクトンと呼ばれる土地で、未知の人びとが暮していると想像し、もう一つが、既知の世界の住人の暮す地域である、とした。さらにメラは、この既知の世界を三地域に分け、一つ目をアフリカすなわちナイル川まで、二つ目をヨーロッパすなわちタナイス川（現在のロシアのドン川）まで、そして「それより向こうはすべてアジアと呼ぶ」と、その著『世界地誌』に記している。当時の中国人の方も、ローマ帝国のことを知っていたらしい。中国人はローマのことを「富の帝国」と呼んだり、「大秦」と呼んだりした。「大秦」という呼び名からは、中国人がローマを自分たちの対を成す存在と考えていたことが読み取れる。

紀元一世紀後半、トラヤヌス帝の時代に、ローマ帝国はアラビア、ダキア［中欧］、メソポタミアを征服してその版図を最大にし、ローマ皇帝は宇宙の主《コスモクラトル》と呼ばれた。一六六年、インドとの交易を専《もっぱ》らにしていたローマの船団が、「天の息子」の宮廷にいたったが、中国側の文献では正式な外交使節であるかのように記録されている。紀元二世紀、いわゆる「五賢帝時代」に、ローマは一〇〇万近い住人を擁する世界最大の都市となった。帝国全体の人口は約八〇〇〇万で、これは当時の人類の三分の一以上の数である。この時期の漢帝国は、ローマに比べて境界がはるかに曖昧ではあるけれども、それでもその人口は約五〇〇〇万に過ぎなかったと考え得る。インドもほぼそれと同じであろう。つまり人類全体で、やっと二億という人口に達したところだった。

この時期、ローマ帝国の属州は、元老院管轄の「元老院属州」——行政官は文民のみで、総督には執政官代理《プロコンスル》が就いた——と、比較的ローマへの同化が進んでいない国境地帯の「皇帝属州」——駐屯軍隊の司令官が統治に当たった——に分けられていた。これらの属州出身のエリートはローマに流れ込み、商人や詩人、元老院議員、そして後には皇帝までをも輩出した。五賢帝のなかにもイベリア半島出身の皇帝がいるし、続くセウェルス朝は北アフリカ出身の系統である。征服した民族の神々も、徐々にローマのパンテオンに合祀されるようになっていく。そもそもローマのパンテオン自体が、ギリシアのそれをそっくり真似たものだった。ストア派の世界市民的精神は、この時期マルクス・アウレリウス、エピクテトス、セネカなど、数多くの偉大な哲学者を介して流布した。セネカは次のように記している。「世界がわが祖国であり、その統治者は神々であることをわきまえ、その神々が自分の言動に目を光らせる監察官として、頭上に、また四囲にたたずみたまうと自覚しよう」〔『幸福な生について』第二〇章第五節〕。ローマの市民権が付与される範囲も、しだいに拡大していった。ギリシア出身の弁論家アエリウス・アリスティデスは二世紀にローマ市民となったが、彼はその作品『ローマ頌詩』で次のように記している。「寛大なる貴殿らは、惜しみなく市民権を与えて下さる。〔……〕そうやって皆を帝国の住人にふさわしい者にしようとなされた。それによって貴殿らは、ローマ人という名を、単なる一都市の住人という意味ではなく、一つの団結した一民族の名としたのだ」。

二一二年、カラカラ帝は「神々に感謝を捧げ」、「言いがかりや苦情の数々」に終止符を打つために、帝国内のすべての自由民にローマ市民権を付与すると告示した。ただし、その目的は何よりも、納税義務者の数を飛躍的に増大させるところにあった。

それから約二世紀後、西ローマ帝国皇帝ホノリウスの将軍スティリコの庇護をローマで受けたアレクサンドリア出身の詩人クラウディアヌスの詩は、やがて滅びるローマ帝国のもてなしを褒《ほ》め称えるものとしては、掉尾を飾るものの一つとなった。「ローマだけが、自ら打ち負かした者をその胸に迎え入れた。それはまるで母のごとき振る舞いであり、支配者のそれではない。ローマだけがあらゆる種類の人間に、同じ一つの名前を与えた。ローマは征服した者たちを、市民と成したのだ。ローマは聖なる絆によって、遠く離れた民を一つにした。私たちが至るところに祖国を見出すことができるのは、ローマが平和を愛するおかげだ。だからこそ私たちの国家は、ただ一つしかないと言えるのだ。ローマの支配は、永久に終わることはないであろう」。

これこそが、帝国のかかる古典的な病である。自らを永遠に続く世界の統治者であると思い込む、というのがその症状だ。

第2章　宗教による世界秩序——1世紀〜12世紀

　第一千年紀の初め、世界は一〇〇ほどもの帝国に分かれ、それぞれの帝国が自らの世界を治め、お互いのことは何も知らずにいた。北米にはアナサジ、中米にはオルメカ、南米にはチムーその他の人びとがいた。アフリカではガーナやドゴン人の帝国が出現した。アジアでは絶大な権力を持つ中国が、漢人の支配の下で太平をむさぼり、マウリア朝が支配していたインドは分裂した。

　ヨーロッパでは、ローマ帝国があいかわらず優勢を保っていたが、少なくとも見かけ上、早晩消滅することは、それ以前の、またその後の他の帝国と何ら変わるところはなかった。見かけ上と言ったのは、西洋だけでなくそれを越えた世界の大きな部分を占める領域が、精神や慣習の面で、一体としてローマ化していたからである。ただしそれは、実のところギリシア化と言った方が正しい。

　いやむしろギリシア＝ユダヤ化と言うべきか。というのも、ユダヤ教に由来するもう一つの宗教が、その頃から以後、世界を支配するに足ると自認するようになるからである。この宗教はその目的のために、ローマ帝国治下のたび重なる災難をかいくぐって、人びとの精神を、次いで人びとの身体をも支配する権力を握ることになる。

カトリックの「普遍性」による世界秩序

ユダヤ教に取り囲まれていた当初、イエスの教えは「地の果てまで」征服することを目指していた。イエスの死の直後にその教えを担った人びとは、すぐに世界中のあらゆる人びとの魂を、それどころかさらには霊的なものをも支配するという野望を持った。「汝ら行きて、もろもろの国人を弟子となし、父と子と聖霊との名によりてバプテスマを施せ」(『マタイによる福音書』二八章一九)。パウロは、かつてのソフィストが説いたように、『ガラテヤ人への手紙』に、人間は誰もが神の子であると書いている〔三章二六〜二八〕。なぜなら「汝らは信仰によりキリスト・イエスにありて、みな神の子たり。おおよそバプテスマによりてキリストにあいし汝らは、キリストを着たるなり。今はユダヤ人もギリシア人もなく、奴隷も自由人もなく、男も女もなし、汝らは皆キリスト・イエスにありて一体なり」。「汝らはもはや旅人また寄寓人《やどりびと》にあらず、聖徒と同じ国人また神の家族なり」〔『エペソ人への手紙』二章一九〕。人は誰でも神の子になる。ただし、カトリックの、すなわち普遍的なキリスト教に改宗すれば、である。キリスト教史の歴史家が初期の時代から繰り返し述べてきた伝統に従うなら、使徒は福音を伝える土地を分担していたのであり、またイエス自身は教会設立についてはっきり語ったことはなかったが、使徒たちに取り巻かれていたこと、そしてとりわけペテロに特別な役割を担わせたことを見れば、彼が一つの教会による世界中の信徒の統治を考えていたということもあり得ない話ではない。

使徒の後継者となった初期の司教たちは、自分たちの権威と正統性を確立することに腐心し、次々と現われる異説を喧伝する宗派と戦った。彼らは、アンティオキアやスミュルナから、各地の教会の指導に当たった。彼らにとって個々の教会は、「普遍的かつ絶対的な〈教会〉の具現化したもの」であり、なかでもローマの教会は、福音書にその正統性が記されていることから(「われこの岩の上にわが教会を建てん」(『マタイによる福音書』一六章一八))、早くからその優位性が認められていた。各地の教会は互いに独立していたけれども、連絡は取り合っていたことが、アンティオキアのイグナティオス司教［三五～一一〇頃］が二世紀初頭に書いた手紙を見てもわかる。イグナティオスは、自分たちの教団を言い表わす言葉として、「カトリック」（語源的な意味は「普遍的なるもの」）という語を用いることを広めた人物である。こうした初期の司教たちが教会に求めていたのは、ユダヤ人に取って代わり、神の王国の地上における代表となること、新しい世界統治機関となることであった。だから彼らは教会に、地上のあらゆる民を改宗させ支配することを使命として与えた。司教たちはその使命は当然果たされるものと考えた。そしてそれに先だって敵はことごとく屈服するであろうと。なぜなら教会は神の恩寵に浴しているのだから。イエスがそうであったのとまったく同じように。この新興宗教は、あの世を二つに分割して、「神の王国」と「ゲヘナ」（地獄）があるとした。「神の王国」は宇宙のなかの限られた領域であり、そこでは「神はすべての人の救われて、真理を悟るに至らんことを欲したまう」［『テモテへの手紙一』第二章四］。そこは神の愛をそれと認める場である。「ゲヘナ」は燃えさかる業火であり、神の愛を認めない場である。アレクサンドリアで紀元一九〇～二〇〇年頃に書かれた『ディオグネトスへの手紙』によれば、キリスト教徒は「この世でその人生を生きるが、天国の住人である」。地上の法に従うが、「それを越える、自分たちの霊的な共和国の法に従う」。

　この世の統治者であるだけでなく、あの世の統治者でもあろうとしたキリスト教は、ローマ帝国のなかでだんだんと多数派の宗教という位置を占めるようになっていく。もちろんその過程で、神学的な論争が幾度となく繰り返された。とくにキリストの本質をめぐる論争（神であるのか、神となった人間なのか、神たる聖霊の子なのか）は、なかなか決着を見なかった。キリスト教は、ローマ帝国をそっくり丸写しにして自らを組織化した。すなわち、ローマに中心を据え、その他のキリスト教世界はピラミッド状に配置された司

◆ペテロに特別な役割を担わせたこと　『マタイによる福音書』一六章一八～一九にこうある。「われはまた汝に告ぐ、汝はペテロなり、われこの岩の上にわが教会を建てん、（……）われ天国の鍵を汝に与えん」。

教と司祭によって統治させた。聖人たちは、キリスト教に先立つ諸宗教の神々の役を引き継いだ。エルサレム、アンティオキア、アレクサンドリア、コンスタンティノポリス（英語でコンスタンティノープル。コンスタンティヌス一世が三三〇年にローマから遷都したビュザンティオンの別称）は聖地となった。

三世紀の終わりには、教会はもはや人びとの魂を支配することに飽き足りず、敵に抗って自らの組織をもっと盤石のものにするために、人間世界の全体を統治しなければならないと考えるようになっていた。教会は、やろうと思えばいつでも軍事権力に変身することができたはずである。キリスト教会が実際にそうなったあと、すぐにイスラームも続いた。キリスト教会がしばらくのあいだ――つまり十字軍の出現まで――そうしなかったのは、単にその代わりにローマ帝国の力に寄りかかっていただけにすぎない。

キリスト教会と帝国権力は、同盟を結んだり、対抗したりしつつ、一体となってその支配する世界をどんどん拡大していった。両者のうちの一方であるローマ帝国が完全に消滅するまでには、それから何世紀もかかったし、もう一方のキリスト教会がヨーロッパにおいて、自らの地位を他の世俗の統治者に譲るまでには、さらに一千年紀が経過しなければならなかった。

三世紀にはすでに、両者の和解が始まっていた。帝国のエリート層の一部がキリスト教に改宗し、帝国の基盤を揺るがすようになる。ローマ皇帝コンスタンティヌス一世〔二八〇頃～三三七、在位三一〇頃～三三七〕の改宗――おそらくは三一二年のミルウィウス橋の戦いの際のことである――は、ローマ帝国とキリスト教団の関係を初めて公認することになった。

コンスタンティヌス帝は、翌三一三年にはもう、ミラノ勅令を発してキリスト教徒を寛容に処する旨を説いている。教会もやはり同年に、ローマ皇帝の世界支配権力を認めている。カエサリア司教でコンスタンティヌス帝の顧問でもあったエウセビオスは、ロゴスすなわち神の言葉がイエスというペルソナに受肉したことから、人類の歴史の意義が明らかになった、したがって、ローマ皇帝が世界を支配する権力を持つことには合理性があると説いた。「神の単独支配が万人に宣せられることによって、一なるローマ帝国が確立され、花開く〔……〕。そして深い平和が全宇宙を包み込むのです」。エウセビオスの考えによれば、世界を統治するのはローマ帝国でなければならない、それはアントニヌス朝の時代から変わらぬ神の計画である、世界中にパクス・ロマーナがゆき渡ることによって、初めてマタイに与えられた使命が、地球規模で実現する環境が整えられるのである。

ローマ帝国の首都、ローマとラヴェンナ〔四〇二年から西ローマ帝国の首都〕、のちにはコンスタンティノポリスは、時を経るに従って対立を深めていったが、同時に、キリスト教の中心地としても競い合う関係になった。コンスタンティヌス帝は、キリスト教以外の異教にも寛容であり、自らも最高神官《ポンティフェクス・マクシムス》として古来の神事を司りながら、まったく同時に唯一の普遍的《カトリック》宗教の長にもなった。彼は、地上における神の似姿だったのだ。「神から愛された王は、天の王国の似姿たる地上の王国を掌握し、全能の父なる神を模倣して、地上にあるすべてのものの舵取りをされることになったのです」。皇帝の座は司教たちに取り巻かれた。コンスタンティヌスは教会も帝国の一部として、それを統治することを望んだ。しかし司教の側にも、たとえばポワティエのヒラリウス〔三一五頃〜三六七〕のように、ラヴェンナやコンスタンティノポリスの皇帝権力からの教会の独立を主張する者もいた。皇帝と教会のどちらが上に立つのか、また東西の皇帝のどちらが上に立つのか、さらには数あるうちのどの教会が上に立つのかという問題は、いつまでたっても解決を見なかった。そのために互いの関係は何世紀にもわたって悪いままだった。

当時ローマ帝国は、東西で他からの攻撃に晒されていた。ペルシア、スキタイ、フン、フランク、アレマン、ゴート、クァディ、マルコマンニの人びとである。三三七年に副帝ダルマティウス〔コンスタンティヌス一世の甥〕が暗殺されてからは、ローマ帝国は三つに分割されることになった。ブリタニア、ガリア、ヒスパニアはコンスタンティヌス二世が、イタリア、イリュリクム、アフリカはコンスタンス一世が、東方をコンスタンティウス二世が治めた。三四〇年にコンスタンティヌス二世が弟のコンスタンス一世との戦いで亡くなると、ローマ帝国の西方は弟の手に再統合される。東方では、コンスタンティウス二世のあとを継いだ皇帝ユリアヌスが、カトリック教会の特権を剥奪し、ローマの伝統的な神々を祀ったが、三六三年にペルシアとの戦いで命を落とす。わずか二年の治世だった。後を継いだヨウィアヌスは、カトリック信者だった。ペルシアとの戦いを継続したが、すぐに屈辱的な和議を結び、その直後に亡くなる。さらなる後継者ウァレンティニアヌス一世は、弟ウァレンスに東方を任せ、自らは西方を統治することを選んだ。兄弟の治世は、ペルシア人およびゲルマン諸族とのあいだに新たな戦いが始まったことで記憶される。その後、三七五年に四歳で西帝となったウァレンティアヌス二世に対し、三八六年、ミラノの司教アンブロシウスは、次のように説いている。「皇帝も教会に属するのであって、教会の上に立つわけではありません。〔……〕司教らは、皇帝を裁く立場にあり」、逆ではない、と。ウァレンティアヌス二世は、西方におけるキリスト教の多くの教会と、異教徒の貴族エリート階級とのあいだの紛争を収めようとした。三七九年に東帝の座についたテオドシウス一世は、その後、かつてのように東西の別なくローマ帝国全体を支配することになる。その治世下で、帝国市民としての身分を十全に享受するためには、キリスト教徒であることが必要条件となった。非キリスト教徒は単なる「国民」でしかなく、「キリスト教国民」と区別された。そして各都市の司教たちは、キリスト教への改宗を拒む者が市民権を与えられることのないよう監視する役割を担ったのである。

三九五年にテオドシウス帝が亡くなると、その遺志に基づいてローマ帝国は再び分割され、西方は弟のホノリウスが、東方は兄のアルカディウスが治めることになる。

ローマ帝国は西方で、フン、西ゴート、ヴァンダル、スエビ、アランといった諸民族から攻撃を受けていたが、だんだん内部まで侵されるようになり、ついに四一〇年には西ゴートのアラリック一世によってローマ市が陥落する。あのローマが、蛮族によって占拠されるという事態は、衝撃的な出来事だった。

異教徒から見れば、ローマという中心地が崩壊した理由は、キリスト教のようなものに肩入れしたせいだ、ということになる。こうした考え方に対して、現在のアルジェリア出身のキリスト教神学者アウグスティヌスは、「神の国」と「地上の国」を区別して、次のように書いている。「このようにして、二種の愛が二つの国をつくったのであった。すなわち、この世の国をつくったのは神を侮るまでになった自己愛であり、天の国をつくったのは自己を侮るまでになった神の愛である」［『神の国』第一四巻第二八章］。アウグスティヌスによれば、キリスト教だけが神の国を打ち立てることができ、そこにはキリスト教に改宗したあらゆる民族が集結する。それは地上のいかなる形態の国家よりも優れている、いやそのようなものを超越した国である。キリスト教は「あらゆる民族からその国の民を召し出し、〔……〕集め」［同、第一九巻第一七章］、「終わりなき王国へと」◆導く。地上の国でも、平和と融和によって治めることは可能だが、永遠不滅を保証するにはまったく足らない。人類をあの世に永久に集結させることができるのは、神の国だけなのである。

　西ローマ帝国は、いわゆる「蛮族」と言ってもその多くはすでにキリスト教――ただしその形態はさまざまだった――に改宗した諸皇帝のあいだでいくつにも分割され、次第に弱体化していき、四七六年に消滅する。

　ローマの教皇の座は、何とか持ちこたえた。そして皇帝が果たしていた機能のうちのいくつか、とりわけ最貧層を支援する役割を再び果たすようになる。だが、東ローマ帝国の皇帝と教皇の関係を定めるという難題は未解決であった。四九四年、教皇ゲラシウス一世は、ビザンティン皇帝アナスタシオス一世に書簡を送って次のように述べた。この書簡はのちに教皇勅令となるものである。「皇帝陛下、世界を統治する権力には二種類あるということをご理解ください。すなわち教皇の権力と、国王の権力です。ただし教皇は、最後の審判に際して、国王たちのことも神にご説明するのでありますから、それだけ彼らの権威は大きいと言わざるを得ません」。教会と帝国は分離しなければならない、皇帝は世俗的権力しか手中にし

◆**「終わりなき王国へと」**『神の国』第二二巻第一章。『ルカによる福音書』一章三三の「その国は終わることなかるべし」が引用されている。

ていない、ということである。皇帝を神の似姿としたカエサレアのエウセビオスの説と、ゲラシウス一世のこの言葉のあいだに見られる摩擦は、この後八世紀にもわたって解消されることなく残ることになる。

東ローマ帝国は、六世紀にユスティニアヌス一世が引き継いだ頃には安定を見せていた。帝国はいくつもの属州から成っていて、各属州には文民の長としての総督と、軍人の長としての軍司令官《ドゥクス》が置かれていた。しかしユスティニアヌス帝はこの二つの役職を兼務させ、たとえばエジプトのように軍人の総督を置くこともあった。帝はまた、「ローマ法大全」(別名「ユスティニアヌス法典」)の確立にいそしんだ。この法典では私法に重きが置かれている。さらには教会の上に立つことを望み、自らは「神の命令に従ってわれらが帝国を統治するのである。われらが帝国は天の権威によってわれらに託されたものなのである」、皇帝は「神によって、生ける〝法〟として神に遣わされたのである」と公言した。教会の側は、「良き皇帝」による保護を享受するため、おとなしくその権力を認めた。帝は聖職者の叙任に介入し、帝国中にキリスト教への改宗を求める使節を送った。エジプトのイシス神崇拝を弾圧し、ヘルリ人やガダミス〔現リビア〕のムーア人を改宗させた。またヴァンダル人から北アフリカを、東ゴート人からイタリアを、西ゴート人からスペインを奪い返し、失われたローマ帝国の統一を部分的ながら再建した。その影響力はコーカサス地方のアルメニアにまで及んだ。ベリサリウスを始めとする将軍たちが、帝のために北アフリカやコルシカ島、サルデーニャ島、バレアレス諸島などを再征服した。ユスティニアヌス一世は宝珠〔頂点に十字架が乗った球体〕を持った姿で自らを描かせた。それは神と皇帝の普遍的な権力を象徴している。その後七世紀にわたって、ローマ帝国の皇帝およびその後継者たちも、このシンボルを手にすることになる。王《バシレウス》〔東ローマ帝国皇帝の称号〕でありかつ司祭であり、世界全体を統治する者であることをそうやって標榜したのである。

ローマ帝国から派生した東西二つの帝国はこうして一応の統一を見たものの、西ではゲルマン諸族の侵攻をたびたび受け、東ではササン朝ペルシアの攻撃に晒されたため、その結束は非常にもろかった。まずイタリアを再び失い、ついで七世紀にエジプトを失うと、東ローマ帝国(ビザンティン帝国)は徐々に弱体化していく。とはいえ、その晩期はさらに一〇〇〇年も続くのである。

“蛮族”による粗暴な世界秩序

ローマ帝国以外の、世界中の至るところで、また別の「世界秩序」がまた別の帝国の統治によって組織された。

中国は、いまだに人類の全人口の四分の一を擁し、その生活水準は非常に高かった。しかし西暦二二〇年に漢が滅びると、長いあいだ不安定な時期が続いた。二六五年に成立した晋王朝が帝国統一を果たすまでは、魏、呉、蜀が分立する「三国時代」である。四世紀初めには内乱が起き、晋の人びとは江南に避難、いくつかの家系がその帝位を継承していくことになる〔東晋〕。華北では、複数の小国が互いに覇を競いあった〔五胡十六国時代〕。そうした国々の大半は、漢時代に制定された統治構造をそのまま保っていて、地方は州・郡・県という階層状の権力組織になっていた。五八九年、隋の初代皇帝楊堅〔文帝〕が、再び中国を統一した。文帝は大運河〔中国東部平原を縦断し、最終的には北京と杭州を結んだ運河〕の整備に着手し、長城を延長し、土地の配分を改め、貨幣を統一した。六一八年には唐が隋の後を継いだが、中国が自国の範囲を越えてその外に野心を見せたことは一度もなかった。

マウリヤ朝滅亡以降のインドでは、四世紀のグプタ朝の成立が際立っている。この統一王朝は、その後一世紀以上にわたって安定と繁栄を誇った。帝国の版図はヒマラヤ山脈から亜大陸中央部を流れるナルマダー川までの広大な地域で、その一体性は、行政機構の緻密なネットワークによって支えられていた。地方は、郡《ブクティ》・県《ヴィシャヤ》・村落《グラーマ》の順に分割され、それぞれをある種の議会が治めた。同業者を統率するギルドもあった。この時期、ヒンドゥー教が、王朝を後ろ盾に発展し、今日見るような形態を整えた。またカースト制に基づく社会構造が標準となり、北部では被差別者である「不可触民」も現われた。十進法が確立されると同時に、芸術・文学の分野が聖俗を問わず飛躍的な発展を遂げた。アジャンター石窟寺院を見ればそれは明らかである。

六世紀初頭、中央アジアから来たエフタルの侵入に晒され、グプタ帝国は分裂した。その後、六〇七年にヴァルダナ朝のハルシャが北部を再統一するが、六四七年に彼が亡くなるとインドは長い分裂の時期を迎えることになった。


アジアのその他の地域では、五世紀半ばに、世界の、少なくとも一つの世界の統治者として名乗り出る者が現われた。アジアからやって来て、ウラル山脈［現ロシア中央部］からカルパティア山脈［カルパチ山脈。現東欧］にまで広がる広大な領域を支配した帝国の後継者、アッティラ大王である。アレクサンドロスやカエサルなど、数少ない先例と同じように、アッティラも激しい権力志向と、このうえなく多彩な戦術を操る能力を兼ね備えていた。自らの出自であるフン人と、他の民族、とりわけ東ゴート人やゲピド人とのあいだに連合関係を結んだ。同時代のギリシア人の歴史家プリスクスによれば、アッティラは「世界全体を支配すること」を望むと語ったが、ユーラシアを越えて領土を拡大することまでは考えていなかった。あらゆる部族の長を統括する頭領、戦いの旗頭として「大王」だった。アッティラは、ガイセリック王の支配下にあったヴァンダル人の援護のもと、西ゴート人を攻めるよう、ガイセリック王からそそのかされた。アッティラは首都を固定しなかった。絶えず移動しながらその時々の野営地の中心に、王宮にしつらえたテントを建て、そこで外交使節を接見したり、命令を発したりしていた。身辺には、ギリシア人やゲルマン人の書記など、異人の「文官」を置いた。その戦術の基本はテロだった。都市を徹底的に破壊し、住民の集団殺戮もやってのけた。そのあとで自身の軍事侵略を法的に正当化することに腐心した。

四四一年、アッティラは東ローマ帝国に対して侵攻をちらつかせ、貢納を求める交渉を有利に運ぼうとする。しかし四五〇年になると、一転して西ローマ帝国への侵入を開始した。これは、皇帝の実の姉との結婚を妨害されたことを口実とするものだった。アッティラは、敵である西ローマ帝国・東ローマ帝国・

西ゴート王国のあいだの不和につけいり、また西ローマ帝国でのホノリウス帝の後継者争いや、東ローマ帝国でのテオドシウス二世の後継者争いを利用した。一時は、ローマ市への侵攻も視野に入っていたが、躊躇し、西ローマ帝国の半分を獲得して退却、その後、ガリアの地カタラウヌムの戦いで生涯唯一の敗北を喫した。四五三年に亡くなるときには、東ローマ帝国に改めて侵攻することを目論んでいた。それから二〇年後、西ローマ帝国は消滅した。

アッティラの帝国は、その息子たちに分割するまでもたなかった。長男のエラクは、パンノニアの戦いで戦死、もう一人の兄弟デンキジックは東ローマ帝国に攻め入ろうとしたが、その地で命を失った。その首は、コンスタンティノポリスの円形競技場の真ん中に晒された。

しかしこれは、モンゴル人による世界秩序の、かりそめの終焉に過ぎなかった……。

この頃、西アフリカ初の一大商業帝国だったのが、ガーナ王国である。その版図は、サハラ南部からセネガル川・ニジェール川の水源地域へと広がるサヘル地域の一部（現在のマリ西部およびモーリタニア南部）に広がっていた。ガーナ王国は、多数の金鉱と、アラブ人が支配する北アフリカと南部を行き来する隊商たちの交易ルートを支配した。この交易で最も重要だったのは、金および塩だった。

ウンマ——イスラーム共同体による世界秩序

六二二年、アラビア半島で宗教上の新たな大事件が発生する。このときもまた、世界——ここでもやはり、すでに知っている範囲の世界、という意味だ——を統治する使命を授かった、と自称する者が出現したのである。しかしこのときは、イエスや仏陀とは違って、預言者ムハンマドは一つの宗教の創始者であるだけでなく、同時に、一つの国家いやむしろ一つの共同体《ウンマ》の創設者でもあった。モーセと異なるところは、ムハンマドは単に「約束の地」だけではなく、この地上すべてを求めたところである。『コーラン』一一〇章《スーラ》にあるように、ムスリム共同体とは地理的にも政治的にも境界のない「最良の共同体《ウンマ》」であり、ムスリムであるかぎり民族の違いに関わりなく、すべてを結集する共同体である。それは神によって創られた共同体であり、「われは、あなたがたを中正の共同体《ウンマ》とする。それであなたがたは、人びとに対し証人であり、また使徒は、あなたがたに対し証人である」（二章《スーラ》一四三節）。

六三二年、ムハンマドは亡くなる。男子の子孫はなく、後継者の指名もせず、またウンマをどのように統治すべきかということについても、何一つ指示を残さなかった。そのために後継者間での争いが始まり、それが今でも継続しているのである。ムハージルーン〔「移住者」の意〕らは、自分たちが移住《ヒジュラ》に参加したことを前面に押し立てた。一方、アンサール〔「助ける人」の意〕らは、自分たちが預言者を迎え入れたメディナの住人であったことに価値を置いた。激しい論争ののち、預言者にその最初期から寄り添ったアブー・バクルが後を継いだ。アブー・バクルは、「神によって正しく導かれたカリフ」と呼ばれた四人の正統カリフの初代である。その後継者ウマル一世は、六三四年に遠征に発ち、北東部（現シリアおよびイラン）、北アフリカ、アンダルシアにおもむいた。六五一年、アラブ軍はササン朝ペルシアの軍隊を打ち負かし、最後の王ヤズダギルド三世を暗殺した。こうした征服行為は、六六一年、四代目正統カリフのアリーが亡くなるまで続けられることになる。アリーは、預言者ムハンマドの従兄弟であり、娘婿でもあるが、本当の意味でウンマを統治する政治組織を何一つ残せずに亡くなった。

それが緒に就くのは、アリーと対立してこれを破ったムアーウィヤ一世が、ダマスクスを首都としてイスラーム史上初めて王朝を建設したときだった。これがウマイヤ朝である。ムアーウィヤにとって何よりも優先すべきことは、アラブ人を支配階級とする世俗国家の創設だった。エルサレム、エジプトを手中に収めたのち、ムアーウィヤの遠征は、東はインダス川流域の平原、いわゆるトランスオクシアナ◆と呼ばれる中央アジアの一部まで、西はスペインまで達した。征服地には総督を配置し、首都と帝国内の主要都市のあいだには、通信網を張り巡らした。

六八五年、第五代カリフとなったアブド・アルマリクは、国庫と軍を組織し、文書庁を設置して行政文書をアラビア語に統一し、イスラーム国家として初の貨幣であるディナール金貨とディルハム銀貨を発行した。地方州の統治はワーリーと呼ばれる総督が監督した。ワーリーは、文官の場合も軍人の場合もあった。その下に司法責任者であり「法の番人」であるカーディー、財政責任者たるアミールが配置された。被征服民族は、宗教の面では比較的自由であったが、その代わり絶対的な服従と特別な税の負担を強いられた。アラブ人はどこに住んでいようと、イスラームの教義に従って〝十分の一税〟だけ支払えばよく、地租は免除された。またアラブ人は征服による獲得物を分け合ったが（とくにペルシアやビザンティンでは広大な土地が奪取された）、それはカティーアと呼ばれる小作地の形をとった。カティーアは徐々に私有財産化していき、売買することも可能になった。アラブ人の周辺にはマワーリーと呼ばれる非アラブ人イスラーム教徒がいた。マワーリーは、一般には戦争捕虜が解放されたのちにイスラームに改宗した場合を指す。このようにして、一つの宗教を中心に一つの帝国が建設された。そしてすぐに、同じような帝国が追随することになる。

同じ預言者ムハンマドの信者でも、別系統の集団に属する人びとからすれば、七〇五年にアブド・アルマリクが亡くなったあともウマイヤ朝は簒奪者と見なされたままだった。ササン朝ペルシアを滅ぼされたのち、バグダード近辺に住み着いたアッバース家もそうだった。アッバース家の人びとは、七五〇年にウマイヤ朝の一族全員を暗殺し、権力を奪取した。虐殺を免れたただ一人のウマイヤ家の生き残りアブド・アッラフマーン一世は、北アフリカを経てアンダルシアにたどり着いて、コルドバに有力な国家を建設した（後ウマイヤ朝）。かくしてイスラームのウンマは分裂してしまったのである。

バグダードに首都を構えたアッバース朝は、そのウンマを治めるに当たって、ウマイヤ朝時代よりも宗

◆**トランスオクシアナ**　オクサス川（ヒンドゥークシュ山脈に発しアラル海に注ぐアム川のこと）より向こう、という意味で、アラビア語の表現マー・ワラー・アンナフル（「川のかなた」）と同義で、アム川とシル川に挟まれた、現在、トルキスタンと呼ばれる地域を指している。

教的性格の色濃い行政機構を整備した。ウマイヤ朝時代のやり方で踏襲されたのは、カリフが金曜礼拝を主宰すること、裁判をすること——ただし次第に見世物的性質を帯びていったが——、異教徒と戦うことだった。しかし、ウマイヤ朝時代のようにカリフは単なる世俗の君主《マリク》ではもはやなく、アミール・アルムーミニーン、すなわち「信者の長」と見なされるようになった。その意味でカリフは、神の法を実行すること以外に何の権力も持たなかった。そのためカリフは、シャリーア［イスラーム法］の専門家であるウラマーと連携を密にする必要があった。ウマイヤ朝の王家は他のムスリムとの交流があったが、アッバース朝は、カリフおよびそのハレムや宮廷、護衛、中央行政機関を、人びとから隔てておくための要塞都市としてバグダードを構想した。ウマイヤ朝では、行政機構はアラブ人特権階級に独占されていたが、もはやそうではなくなった。むしろ非アラブ人ムスリムの役人が、各ディーワーン（官庁のこと。軍務庁、印璽庁、税務庁、情報庁、文書庁など）に組織されて行政が維持されたのである。役人はしばしばペルシア人だった。またディーワーンの宰相ワジールも一般的にはペルシア人で、そもそもワジールは、ペルシア帝国の最後の王朝ササン朝にならって設置された役職である。アッバース朝は税の徴収を確かなものにするため、アーミル、すなわち税務長官を各地に派遣した。ムスリムが支払うのは、救貧税（信徒の義務とされている喜捨）だけだった。ユダヤ教徒やキリスト教徒といったジンミー、すなわち非ムスリムは、人頭税《ジズヤ》と地租《ハラージュ》を支払う義務を負った。実際の徴税業務は、すべてダーミンと呼ばれる徴税請負人が請け負った。ダーミンはしばしばユダヤ人であった。ダーミンは決まった額を前払いで国庫に納め、徴収額がもしも超過した場合はそれを自らのものとした。イスラームは利息を禁じていたので、銀行家になったのはユダヤ人だけだった。銀行家は現金の長距離輸送を避けるために、信用状や約束手形を用いた。かくして、バグダードが本部、カイロは第二本部、イスファハーンを支部のようにして、ユダヤ人コミュニティが、アッバース帝国全体の貨幣流通の調整役を務めることになったのである。そしてヨーロッパでも、すぐに同じことが起こることになる。同時に、バグダードはユダヤ人世界の中心となったので、ユダヤ教のラビの権威者たちは、コルドバから中国に至る世界中のユダヤ人コミュニティに、バグダードから宗教上の指示を発していたのである。

地方政治の権力は総督《アミール》の手中に握られていた。アミールは軍の司令官でもあった。駅逓制度によって設置された宿駅の長は、駅逓庁ないし情報庁を通じて、バグダードのカリフに地方情勢を報告する役目も負った。首都から発せられた命令は、馬または駱駝を使った駅伝方式で地方に届けられた。このための宿駅が四〇キロごとに整備されていたのである。チュニスからカイロまで、あるいはイスファハーンからイズミルまでが、三ヶ月近い道のりだった。これはローマ帝国時代と変わらぬスピードである。インドに向かう道にも宿駅は配置されたので、香辛料を産出する地域は大いに潤うことになった。

軍隊についても、ペルシアの技術が受け継がれた。兵士の身元と装備は事細かに管理された。また初めて弩《おおゆみ》や投石機《カタパルト》が用いられた。七五一年には、アッバース軍が唐の軍勢をタラス地方（現キルギス）で破っている。ここがアラブ人による遠征の最東端で、アッバース軍はそこから先へは進まず退却した。この戦いでアラブ側は中国人の戦争捕虜を得たが、それによって絹と紙の製法が伝えられた。そこで『コーラン』が史上初めて文字に書き起こされることになったのである。

七九七年、アッバース朝第五代カリフのハールーン・アッラシードは、ビザンティン帝国領内のルーム（アナトリア）に遠征し、時のビザンティン帝国女帝イレーネは、貢納金の支払いに同意することを余儀なくされた。当初ペルシア語で書かれた船乗りシンドバッドの物語は、アッバース朝の船乗りが東アフリカや南アジアを航海する旅を描いている。ムスリム商人は、今やインド、中国を相手に商売をし、ヨーロッパはバルト海やロシアまで北上し、西アフリカまで足を伸ばしていた。ギリシア、ペルシア、インド、中国の知が流通し、混ざり合ったことについては、彼らの貢献が大きかった。

第七代カリフ、マームーンは、八三〇年、バイト・アルヒクマすなわち「知恵の館」という意味の名を持つ翻訳センターを建設した。そこにはギリシアの哲学や天文学の写本、ペルシアの宇宙論や歴史の概論などが収集され、組織的に翻訳され、帝国中に拡散された。

その後、アッバース朝の力は衰えていく。八三三年にカリフ位を継いだ第八代のムータシムは、トルコ人の奴隷兵を近衛兵として身辺に置いた。彼らが政治の実権を徐々に奪い取っていく。九四六年、イラン系のブワイフ朝がバグダードを占領すると、アッバース朝は世俗権力を諦めて、それをアミール・アルウラマー（大アミール）に委譲した。宗教的・政治的権威としてのカリフを保護する立場に立つ大アミールの地位は、それから一世紀近くのあいだ、イラン系ブワイフ朝の手に握られることになる。ウンマは弱体化する一方であった。地方諸州はアッバース朝の監督を免れるようになり、自身の王朝を建設した。一〇五五年、ブワイフ朝はセルジューク朝トルコに滅ぼされた。

神の代理である王による統治――カール大帝の野心

西欧では、ネウストリア（現イル＝ド＝フランス）を本拠地とする新たな王朝であるカロリング朝が、ある種のローマ帝国、すなわちキリスト教徒による世界統治を再興することを夢見ていた。メロヴィング朝最後の王ヒルデリ三世を退位させると、ピピン三世短躯王は、教皇ステファヌス二世〔先代を勘定に入れる場合は三世とも〕に願い出て、サン＝ドニ修道院で聖別を受けた。王はローマ帝国の相続人であることを望み、レス・プブリカ〔共和国。原義は「公共のもの」〕というローマ時代の概念を再び持ちだしてきたのだが、これにクリスティアーナという形容詞を付け加えた。すなわち「キリスト教共和国」という意味でローマ的な共和国、というわけである。そしてアウグスティヌス神学に着想を得て、こんなふうに主張した。政治の役割は神の国を地上の国に実現することではない。地上の国を、神の国の前触れのような立派なものにすることだ。彼の長男で、七七四年にランゴバルドの王位も手中にしたカール〔仏語でシャルル〕が、くりかえし正義や平和、融和や一体性といった道徳的価値を称揚したのも、父親のこのような考え方に淵源がある。しかしカール自身もまた、アレクサンドロスやカエサル、アッティラに肩を並べる人物であった。七七五年、教皇ハドリアヌス一世に願い出て、自身の名に「偉大なる《マグヌス》」という形容詞を付加し、カロルス・マグヌス、すなわちカール大帝〔仏語でシャルルマーニュ〕となった。カール大帝としての彼に与えられた使命は、「外には、あらゆる土地でキリストの教会を異教徒の攻撃から守護し、内にはカトリックの信仰をあまねく認めさせるよう目を光らせること」だった。しかし彼自身が使命としたことは、それではなかった。彼の印璽《いんじ》に刻印された次のスローガンからも、それははっきりしている。「ローマ帝権革新」。彼がなりたかったのは、「世界の頂点、ヨーロッパの長」だったのだ。ザクセン（七八二）、バイエルン（七八八）、アヴァール（現在のオーストリアのドナウ川流域およびハンガリー西部）、カタルニャなどを次々に征服していき、七九四年にエクス＝ラ＝シャペル〔アーヘン〕に首都を置いたときには、早くも西欧の土地を集められるだけ集めた広大な帝国の頂点に立つことになった。その支配下にある領土は、一五〇〇万の人口を擁し、一二〇万平方キロに及んだ。当時のカール大帝は、ビザンティン帝国の権威を形式的には十分に認識していたが、繁栄という点においてエクス＝ラ＝シャペルがビュザンティオンに肩を並べることを望んでいた。毎年、聖俗の高位・高官を集めた会議を首都で開催し、「伯」を行政官とする五〇〇の伯管区に帝国を分割、その上で国王巡察使《ミッシ・ドミニキ》に全国をまわらせ、「伯」の監視に当たらせた。また遠隔国境地域には「マルク」と呼ばれる辺境領を設置し、辺境伯に、たとえばアヴァール人、ヴェンド人、デーン人、ブルトン人、スペインのムスリムなどからの脅威に備えさせた。大帝はこれらの伯や辺境伯に勅令を送達して、法を周知させた。この勅令は「カピトゥラリア」と呼ばれ、世俗的な規定もあれば、キリスト教会に関するものもあり、また両者が混ざり合ったものもあった。当時の遠距離通信の速度は、最速でもアレクサンドロスやカエサルの時代とあまり変わらず、騎馬で一日に五〇キロ、商品を満載した荷車に混載する場合は二〇キロしか進めなかった。官吏は帝国全体で五〇〇〇人程度しかいなかったし、各地の伯も、一〇人程度の下僚に頼って地方を治めるしかなかった。

反抗はいかなる場合も厳しく弾圧された。たとえばカールは、七八二年、反乱のかどで捕らえられたザクセン人四五〇〇人の斬首刑に自ら立ち会っている。自由民は主人すなわち伯ないし辺境伯への服従を誓い、求められれば戦争に参加しなければならなかった。その代わりに「恩給地《ベネフィキウム》」が与えられたが、死ねばその所有権は領主に返された。カール大帝も自身の家臣団を持っていて、そのなかには司教や司祭も含まれた。西欧で、封建制が始まっていたのである。

カール大帝は、西欧のキリスト教世界全体のただ一人の長になろうとした。権力を教皇と分かち合うことなど、想像だにしなかった。いわゆる「政治的アウグスティヌス主義」または「皇帝教皇主義」と呼ばれる説に依拠して、教会内部の問題に直接介入した。それはビザンティン帝国の歴代皇帝にならってのことであり、とりわけ教会会議の最中は、そのような傾向が著しかった。カールは帝国領土をキリスト教施設のネットワークによって結びつけた。征服地の戦略上の重要地点に、五〇〇以上もの王立教会および修道院を建設し、そこで采配を振るう司祭については、自身の家臣団のなかから慎重に人選して任命した。

カール大帝は、同盟によってもその影響力を拡大した。その相手は、たとえばイングランドのマーシア王オファ、スペインのアストゥリアス王アルフォンソ二世、エルサレムの族長たち、アッバース朝カリフのハールーン・アッラシードなどである。

八〇〇年、カール大帝は降誕祭の折りにローマに赴《おもむ》いた。すると教皇レオ三世が、西ローマ皇帝の冠を授けたのである。群衆はこう叫んだ。「神によって加冠されたカール、ローマ人の偉大で平和的な皇帝、万歳！」。スペインでは、コルドバを首都とする後ウマイヤ朝に、ピレネー山中のロンスヴォーで敗れて前進を阻まれていた。そんななか、大帝は、ビザンティン帝国に自身を認めさせること、自分のあとの継承を確かなものにしておくことに晩年を捧げた。大帝は、実の息子たちを各地の権力の座に据えた。たとえばピピンはランゴバルド［イタリア］の王に、ルートウィヒ［仏語でルイ］をアクイタニア王にというぐあいに。しかし、八一四年の大帝の死の時点で生き残っていた嫡子は、ルートウィヒ一人だった。彼には死の前年に、エクス＝ラ＝シャペルで王冠を授けていた。「敬虔王」の異名もあるこの息子は、八一七年には早くも帝国遺贈令を発し、次男のピピンをアクイタニア王、末子のルートウィヒをバイエルン王に据え、帝国の残りの領地は長子ロタールに継承するとした。しかし八二三年に、四人目の子が生まれたことで、敬虔王はすべてをご破算にする。それによって内戦が勃発するのである。八四〇年に敬虔王が死んだときには、遺贈令は無視され、四人目の継承者シャルル［独語でカール二世］（のちに「禿頭王」と呼ばれる）と三男ルートウィヒ二世は、フォントノワ＝アン＝ピュイゼの戦いで長男ロタール一世を破る。その結果、三兄弟のそれぞれの家臣が参加した百人を超える委員会が帝国分割案を延々と議論、八四三年八月、ヴェルダン条約として実を結んだ。これによってロタールは皇帝の地位と、帝国の中央部分、のちにその名をとってロタランジー［ロートリンゲン］と呼ばれるようになる地域、ブルゴーニュ、イタリアを手に入れた。エクス＝ラ＝シャペルとローマもそこに含まれた。ここからのちに、ドイツ人の神聖ローマ帝国が出現することになる。シャルル禿頭王は、西フランク王国（のちにフランスとなる）を、ルートウィヒ二世は東フランク王国（ライン川以東）を受け取った。しかしこの分割が広く受け入れられたわけではなかった。地方の伯や辺境伯はシャルル禿頭王の権威を認めなかった。地中海沿岸地域はムスリムの侵攻を受け、ノルマンディ地方は、海軍力に秀でたノルウェー人・スウェーデン人・デンマーク人らが侵入する格好の標的となった。

カロリング朝帝国は、創設一〇〇年足らずでかくも混沌とした状態に陥ったのである。

皇帝と教皇の覇権争い——神聖ローマ帝国の盛衰

西欧では、九六二年二月二日、教皇ヨハネス一二世が、東フランク王国［ドイツ王国］の国王オットー一世に対して、ローマにおいて「フランク王国」の帝冠を授けた。これをもって神聖ローマ帝国が誕生したと言われる。オットー一世は、有力諸侯からドイツ国王に選出されていたのだが、それを教皇が皇帝にしたというかたちである。帝国の初期に、教皇との論争が再び巻き起こった。皇帝は、政治的権力《ポテスタス》の名において、一方の教皇は、霊的権威《アウクトリタス》を根拠にして、両者いずれもが、この〝キリスト教共和国〟の長であると主張したのである。オットー一世は、新任のローマ司教は誰であっても、自らの前で宣誓することを義務づけようとした。自分は神から権力を授かったのだと主張した。これとは逆に教会は、自ら絶対選挙王制的な組織をつくりあげ、その頂点に立つ教皇にはすべての権力（至上権）が備わっていると主張し、世俗権力の行為を裁く権力もそこには含まれているとした。ただしこの時点では、教会は軍隊を持っているわけではなかった。

九八三年に即位した孫のオットー三世は、カール大帝の帝国の復活をめざし、大帝の印璽（「ローマ帝権革新」）を用いることによって、世界支配の野心を象徴的に公言した。ただし、ここで言う世界支配は、もちろん全キリスト教徒という意味であり、たとえばハンガリーとポーランドには、教皇シルウェストル二世の後押しを得てそれぞれ独自の司教座の設置を認め、神聖ローマ帝国の権威を印象づけた。オットー三世は、一〇〇一年に発した王令で、教会を支配するという意思を示している。「われわれは、ローマを世界の首都であると宣し、ローマの教会を全教会の母であると認める。しかしローマの聖職者たちの怠惰と無能により、その輝きはすでに長いあいだ曇らされてきたと言わねばならない」。

ザクセン朝の最後の王ハインリヒ二世は、跡取りを遺さず一〇二四年に亡くなった。そこでマインツで開かれた諸侯会議で、コンラート二世が国王に選ばれ、ザリエル朝［フランケン朝］（一〇二四〜一一二五）が開かれた。一一世紀の半ばには、教皇レオ九世が、あらためて教会の独立を確認する。教皇グレゴリウス七世は、『教皇令二七ヶ条』のなかで、ほかの司教や世俗の権力者に対する自らの権威を明言した。いわく、「ローマの教皇だけが、普遍的と呼ばれる正当な資格を持つ」、「教皇の足下にのみ諸国の国王はひざまずく」、さらには教皇には「皇帝を解任することも許される」と。

一〇九五年、教皇ウルバヌス二世は、教皇権の正当性を主張する目的もあり、初めて十字軍の遠征を公に宣言した。遠征先は、ムスリムによってキリスト教徒の立ち入りが禁じられるようになった各地の聖地であった。一一二二年には、ヴォルムス協約が結ばれ、皇帝は、教皇による司教の叙任に介入することを諦めた。その少しのち、スペインのイスラーム領土のなかでは穏健だった最後の王朝であるコルドバのムラービト朝が、南モロッコから来たムワッヒド朝の熱狂的なイスラーム信徒たちの攻撃にあって滅ぼされた。

皇帝と教皇のあいだの対抗関係は、一二世紀のあいだも解消されることはなかった。具体的には、シュタウフェン［ホーエンシュタウフェン］朝の神聖ローマ皇帝（フリードリヒ一世赤鬚王、ハインリヒ六世、フリードリヒ二世）と、教皇アレクサンデル三世、インノケンティウス三世、グレゴリウス九世、インノケンティウス四世のあいだの対立である。フリードリヒ二世が幼いうちに、父ハインリヒ六世が亡くなると、一一九八年に別々の家系から二人の皇帝が選ばれ、争うようになる。その後、成人して帝位に就いたフリードリヒ二世は、自分は神の法を地上で体現する〝新たなメシア〟であるとさえ考えた。一二五四年にホーエンシュタウフェン朝の最後の皇帝コンラート四世が亡くなると、皇帝の地位は二度と世襲されることはなくなった。このとき以来、ドイツ国王の選挙権を持つ選帝諸侯は、一つの家門が帝位を独占することが二度とないよう心を配り、同一家系（たとえばルクセンブルク家、ハプスブルク家、ヴィッテルスバハ家など）から連続して国王を選出することはなかった。

一方、東欧では正教会が、一〇五四年にローマ教会と断絶した。東ローマ帝国は弱体化し、聖地を奪還する力を失っていた。ローマ教皇は東欧を奪還するために、自らの軍隊を徴募することを決めた。これはそれまでの教皇が、けっして自らに許さなかったことだった。一一三九年には、教皇インノケンティウス二世が、エルサレムへ向かって旅する巡礼者の護衛役として、テンプル騎士団を追認し、さまざまな特権を付与した。当時テンプル騎士団は、十字軍遠征によって地中海東部沿岸地域に成立した十字軍諸国家の常備軍の役割を果たし、またヨーロッパ中に修道院ネットワークを形成し、「言語」（国家）ごとに管区長を配置していた。騎士団は〝十分の一税〟を徴収し、団員に死者が出れば自分たちの墓に葬った。またカトリック教会のみならず、数多くの諸侯・諸王の金融係も務めた。とくに東方貿易に関する金融手続きは一手に引き受けていた。かくして聖地は再び奪還されたが、それもまた、一二九一年に再び失うことになる。

一三〇二年、教皇ボニファティウス八世は『ウナム・サンクタム（唯一聖なる）』という教皇回勅を発して、世俗的権威は霊的権威に服従しなければならないと改めて確言し、「ローマの教皇に従うことは、あらゆる人間にとって救済のために必要なことである」と結論づけた。

神聖ローマ皇帝◆の任命に関する規則は、一三五六年に皇帝カール四世が発布した金印勅書で事細かに定められた。しかしここには、教皇による皇帝の承認に関して、ひと言の言及もない。この勅書によって、選帝侯は七名と定められた（聖界からケルン大司教、マインツ大司教、トリール大司教の三名、俗界からボヘミア王、ザクセン大公、ブランデンブルク辺境伯、ライン宮中伯の四名）。皇帝は多数決によって選ばれる。この時期以降、神聖ローマ皇帝はもはや単なる名誉称号となり、ドイツにおける実際のいかなる権力も意味しないようになった。

同時期、バルカン半島では、ステファン・ドゥシャン王のセルビア王国が、マケドニア、テッサロニキ、エピロス、アルバニアをも含む、スラヴ＝ギリシア系小帝国と呼び得るほどの版図にまで拡大した。

トルコ系の新たな勢力であるオスマン朝が、バグダードのアッバース朝カリフや、キリスト教徒の眼前にまで迫ってくるのもこの時期である。オスマン朝の頂点に立つスルタンは、俗権の長であり、かつ教権の長でもある。配下には、各地から徴用されたイエニチェリと呼ばれる精鋭軍団があり、トルコ人の遠征に参加した。

トルコという新たなこの脅威に直面した東ローマ帝国の残骸にとって、唯一の解決策は西方カトリック教会への接近しかなかった。しかし、ミハエル八世、マヌエル二世、ヨハネス八世ら、歴代のビザンティン帝国皇帝の試みも、自国の聖職者と国民から敵意をもって迎えられるばかりだった。彼らは、一二〇四年に十字軍によってコンスタンティノポリスが蹂躙されたことを忘れていなかったのである。東ローマ帝国は弱体化していく過程で、アッバース朝や、ついにはオスマン朝とも妥協を重ねていった。西方から見れば、東方の扉が次第に閉ざされていくようなものだった。テンプル騎士団は存在理由を失い、教皇ももはや擁護しなくなった。一四世紀初めには、フランス王フィリップ四世美男王が、騎士団の財産を横領しようとし、その要請に屈した教皇クレメンス五世は、一三一二年にテンプル騎士修道会解散を宣した。これをもって、世界統治のための世俗機関設立という教会の試みは潰《つい》えることになる。

当時、物質的世界とは、神が意図した観念的世界の単なる反映としか思われていなかった。この世の姿に重要性はほとんどなく、その住人の大多数が、自分が住む土地の形など問題にしなかった。地図は、世界の外観を描いたものであると同時に、神の創造を表わしたものだった。地図にはたとえば、アダムとエバ、あるいはキリストを表わす像が、大陸を取り囲む大洋の上から世界を明るく照らしているさまが描かれていたりする。また、神が世界を支配するさまを描く図もある。そこでは神が、この世を表わす球体に、コンパスを当てている。「TO図」と呼ばれる地図が描かれ始めるのもこの時代である。それは、円のなかにT字が書かれているように見える図で、T字が世界を三つの地域に分割している。T字の垂直の線は地中海で、左側のヨーロッパと右側のアフリカを分けている。T字の横棒の上部はアジアで、その左半分は黒海［およびそれへ注ぐドン川］、右半分がナイル川を表わす。そして全体が丸い大洋に囲まれている。この分割は、ノアが三人の息子たちに土地を分け与えた物語を想起させたにちがいない。

◆**神聖ローマ皇帝**　選挙で選ばれたドイツ国王は教皇によって戴冠されることで初めて皇帝に即位するので、ここでは正確にはドイツ王（皇帝位に就くべきローマ人の王）。

スイスの自主的な政治同盟

同じ時代に中欧では、征服者に統合を迫られたわけではなく、有志の地域共同体が自主的に集まって、政治同盟を結成する初の試みが見られた。スイスのことである。以後この国は、数々の世界秩序のプランのひな形と目されるようになる。

一二九一年、シュヴィーツ、ウーリ、ウンターヴァルデンの三州《カントン》は、ヨーロッパ列強が、アルプス越えルートとしての戦略的重要性に目をつけ、自分たちの領土に侵入してくるのではないか、とりわけ、時の神聖ローマ皇帝であったハプスブルク家のルドルフ一世が、自分たちの現在謳歌している権利と自由を奪いにかかってくるのではないか、という恐れがあり、のちに「四つの森の州《カントン》の湖」と名付けられることになるルツェルン湖の湖畔で、相互援助条約を結び、この「永久同盟」をシュヴィーツ州の名から取って「スイス」と名付けることを決定したのである。

州《カントン》のあいだで交わされたこの盟約は、すぐさまヨーロッパの他の地に住む同時代人も熱中させた。中世で最も重要な神学者の一人で「精妙博士」の異名を取るヨハネス・ドゥンス・スコトゥスは、すぐさまこの条約を政府の鑑《かがみ》と見なし、さらにそこから演繹して世俗権力あるいは政治的権威の普遍的必要性を説いた。「人間の悪意」が「家族間の連帯の劣化」を早めるので、なおさらそれが必要である、と。またこの条約は、「人が人を支配することは自然に反している」と述べた大聖グレゴリウスの考えにならったものであると述べ、「人間はすべて自然の法に従って平等に生れてくるのだ」と確言した。スイスの条約が意味しているのは、「お互いに異邦のさまざまな民が、どれ一つとして他に従うことを強いられることなく」、連合しようとする意思であると、ドゥンス・スコトゥスは説いた。

スイスの「永久同盟」は次第に拡大されていく。一三三二年にはルツェルン、一三五一年にはチューリヒ、一三五二年にグラールスおよびツーク、一三五三年にベルンが加わった。こうした山間の自立した諸都市が同盟を構成する「州《カントン》」となり、相互救援を約束し、紛争が発生した場合には解決のために互いに仲裁する義務を負った。この連邦には共通の財政機関も、印璽も、旗もなく、構成する「州《カントン》」の独立ははっきりしていて、各州はそれぞれ独自に運営される。ただし共通の利益にかかわる問題で議論を要するさいには、いずれかの州の要請により開かれる「議会」に各州から代表を二名ずつ派遣する。重要な議案は満場一致で採択される。これは、「多用であり続ける権利を共同で擁護する」ためである。

スイスは今日まで、良き世界秩序のひな形として参照され続けている。

アジアの世界秩序――チンギス・ハーンとティムールの帝国

中華帝国は、九六〇年に宋王朝のもとに再編されたが、専《もっぱ》ら中華世界にのみその支配を集中させていたことに変わりはなかった。皇帝は相変わらず「天ほども遠くへだたった存在」であり続け、宮廷より外に出ることは滅多になかった。二〇〇〇人もの官僚集団が儒教的価値観にのっとった科挙制度によって登用され、一八の州およびその下位区分である県を、村落の長の助けを得つつ治めた。これらの「高級官僚《マンダリン》」は税を徴収したが、司法と軍事に関しては権限を持たなかった。司法と軍事の地域区分は同じではなかった。これは、反乱の素地が形成されることを避けるためであった。中国人にとって、世界に遠征に出ることなどあり得なかった。旅行すら行なわれていなかったのである。他者のほうが自国を訪れ、交易することを待つばかりだったのだ。

この時期、アジアのほかの帝国の存在も西洋世界で知られるようになり、また西洋にまで覇権を求めて遠征してくる者すらいた。

一三世紀初め、モンゴルの一人の部族長が、世界の統治者となることを望んだ。チンギス・ハーン（幼名テムジン。チンギスの文字通りの意味は「万物の長」または「世界の征服者」であるという）という名の、もう一人の世界史上の巨人である。チンギス・ハーンはモンゴル高原を支配下に置くと、単なる不安定な部族の寄せ集めだったものを、一つの国に仕立てあげた。早くも世界を支配し統治することを目指して構想された、いまだかつてないほどの規模を持つ軍事国家の基礎を作りあげた。この国の民は奇妙なことに、若いうちに自分の先祖のすべての名前を暗記することを義務づけられる。誰が自分の味方で、誰が敵、ということまで含めて。チンギス・ハーンは息子たちにこう説いた。「ヴィジョンのない人間には、自分の人生を統治することはできない。まして他人の人生となればなおさらである」。

この国の長もまた、奇妙な人物であった。そのとてつもない野心は、アレクサンドロスやカエサルに似る。彼のヴィジョンは、地中海から極東まで、全世界を統合する帝国を建設することにあった。この使命を先祖の精霊から授かった、と彼は語っていた。

世界を統治したほかの統治者も皆そうだったように、チンギス・ハーンもまた、税を徴収し、駅伝ネットワークを整備し、忠実な部下を側近とした（とりわけ「四駿四狗」と呼ばれる八将軍――四頭の駿馬すなわちムカリ、ボオルチュ、チラウン、ボロクルと四匹の狗すなわちジェルメ、ジェベ、スブタイ、クビライ――は名高い）。司法の最高位大断事官《イェケ・ジャルグチ》には、敵であったタタール人の孤児で、兄弟のように育ったシギ＝クドゥクを任命した。チンギス・ハーンはシギ＝クドゥクにこう命じた。「私の代わりに見る目、聞く耳となれ。〔……〕そなたの決定に誰も逆らわないようにせよ」。チンギス・ハーンは部族間戦争に終止符を打ち、近東から中国までの道を再開した。一二一〇年から一二二〇年までの一〇年間に、チンギス・ハーンはシベリアの一部を征服し、北京を落とし、満州《マンチュリア》、次いで朝鮮半島、イランやアフガニスタンの諸都市、インダス川流域、そして最後にトルキスタンを併合した。この広大でたぐいまれな帝国を支配するために、チンギス・ハーンは法令集（民法と行政法）を整備した。「大法令《イェケ・ヤサ》」と呼ばれるのがそれで、「世界統治機関にふさわしい訓令」とされた。征服地から次々に特権を略奪して帝国を形成していくことによって、モンゴル人はシルクロードの支配者となった。彼らはこの交易ルートを、西洋の商人にも開放した。そのうちの一人マルコ・ポーロは、皇帝について「誠実かつ賢者」と描写している。

チンギス・ハーンは西欧にその進路を転じた。しかし一二二七年、息子たちの軍勢がブルガリアに侵入したとき、中国の現甘粛省で亡くなった。七二歳だった。その遺体はモンゴルに運ばれ、聖なる山ブルカン・カルドゥン近くに埋葬された。チンギス・ハーンは、ヨーロッパにも太平洋にも国境を接する帝国を遺した。

この広大な世界帝国は、彼の死後すぐに解体を始めた。息子の一人オゴタイは、軍をウィーンの目前まで遠征させたが、一二四一年に亡くなった。その望みは、大西洋まで征服することであった。孫の一人フビライ・ハーンは中国征服を達成し、一二七一年に元朝を開き中国を支配した。

それから一世紀後の一三七〇年前後、大旅行家イブン・バットゥータが世界探検を終えた頃、テュルク化したモンゴル人の長ティムール（「鉄人」の意。別名タメルラン）は、自らの支配の正当性をチンギス・ハーンとイスラームの二つに求めた。チンギス・ハーンの末裔であると主張し〔末裔を名目的にハンの位に据え、自らはアミールを名乗ったという説あり〕、また一三九七年にやはりチンギス・ハーンの末裔である女性と結婚しているのだ。ティムールはまた、天使が自分のもとを訪れ、天から下りてきた階段を使って天国まで昇ったとも語っていた。人民に適用するイスラーム法に加えて、官僚と「国家の敵」に適用すべき刑法および行政法を体系化した。これはチンギス・ハーンの「大法令《イエケ・ヤサ》」から着想したものであった。

ティムールは、聖戦《ジハード》によって、「異教徒」のあいだにイスラームを広めること、また「堕落した」ムスリムの信仰を立て直すことを望んだ。たとえばデリーのスルタンを、ヒンドゥー教に寛容だと言って非難した。ティムールはみごとに規律統制の行き届いた軍を率い、東へ（ホラズム、トルキスタン東部、中央アジアからヒマラヤ山脈にかけて、インド）西へ（アフガニスタン、ペルシア、イラク、アゼルバイジャン、ジョージア、アルメニア、アナトリア東部、シリア）と征服してまわった。ティムールの通ったあとには、人間の首が積み上がってピラミッドのようになったという。バグダードを陥落させたときは、数万の犠牲者が出た。デリーでも、アレッポでも、ダマスクスでも同じだった。ティムールは自分自身の名で征服地の権力を奪取したことはなかった。表向きは、あくまで在地の伝統的な領主に統治権を譲るのである。ティムールは、征服した地に安定した秩序を建設しようとしなかったので、しばしば再征服の必要に迫られた。

一四〇一年、ティムールは自らの帝国を四州に分割し、親族をその総督に任命した。また現在のウズベキスタンのサマルカンドを、世界の首都と定めた。ティムールはこの地に、中国風のモザイクを施した豪華なモスクや塔を建設した。ダマスクスやデリーからは、ガラス、絹織物、陶器製造、武器製造の職人を連れてきた。文人や知識人も集めた。たとえば、ペルシアの詩人ハーフィズ、博識な学者タフターザーニー、アラビア語辞典編者フィールーザーバーディー、そのほか歴史家としてサラーフ・アッディーン・アリー・ヤズディ、ニザーム・アッディーン・シャーミー、アフマド・イブン・アラブシャーらがサマルカンドを訪れている。

彼以前の皇帝たちがそうだったように、ティムールも慎重に後継者を準備していた。最高司令官の地位は、孫の一人ピール・ムハンマド・ジャハーンギールに譲ることになっていた。そのほかの孫と息子には、領土はいくつかに分割して分け与えた。一四〇二年七月二〇日、オスマン朝スルタンのバヤジト一世を打ち負かしたが、その後、中国への遠征の途上で、オスマン朝の騎兵に弓で射られ、亡くなった。

一四〇五年、もう一人の孫ハリールが、サマルカンドに入城し、権力を奪取する。しかしその強引なやり方が災いして、有力者らの反抗を招いて地位を追われ、代わりにティムールの四男のシャー・ルフが即位した。しかしシャー・ルフは、もはや父ティムールの築いた帝国のほんの一部分しか支配下に置くことができなかった。帝国はティムールの死後すぐに、マー・ワラー・アンナフル［トランスオクシアナ］およびホラーサーン地域まで縮小していたのである。シャー・ルフの将軍たちは、シルクロード沿いに点在する小王国、すなわちサマルカンド、コーカンド、ヘラート、ヒヴァなどの長として各地を治めるにとどまった。それでも、アジア、イラン、インド北部、ロシア、アルメニア、中国に対するモンゴル系トルコ人の優位は、その後も続くのである。

シャー・ルフ即位のおおよそ一〇年前の一四〇一年、外交官であり歴史家としても名高いチュニス出身のイブン・ハルドゥーンが、ティムールに面会している。ハルドゥーンはティムールの求めに応じて、『歴史序説』◆を著わした。

そのなかでハルドゥーンは、人類史の基本的な定義の一つを次のように提示している。「歴史はまさに、人間社会――それこそ世界の文明である――についての報告である。また歴史は文明の本質にかかわる諸状態、たとえば野蛮性（原始生活）と社交性（文明生活）、連帯意識、人間のある集団が他の集団を支配するためのさまざまな方法」などを取り扱う。

◆『歴史序説』　邦訳版（岩波文庫）もローゼンタールによる英訳版も、この著作の執筆時期を一三七七年とし、またティムールの命で書いたのは『マグリブ事情』という別の著作であるとしている。

第II部

資本主義による世界秩序の進展

神の創造以来、
一度も存在したことのないような、
自由のための帝国を
われわれは手に入れることになる。

トマス・ジェファソン
（第３代アメリカ大統領）

第3章 商人による世界秩序——14〜16世紀

それまで帝国拡大の一番の手段は戦争だった。しかし、平和が商人の世界を拡大する条件となってくる。軍隊は、富を勝ち取るために使われ、商業ネットワークを保護する役割も担う。世界統治は、兵士の手からブルジョワの手に移ったのである。

中国の皇帝も、トルコやマリ、アステカ、インカ、ガーナなど、ほかの多くの皇帝たちも、世界の一部を統治していた。

キリスト教世界では、教皇、東ローマ皇帝、神聖ローマ皇帝、ヨーロッパのその他の君主たちが、世界秩序らしきものをめぐって相も変わらず競い合っていた。しかし実のところ、世界秩序は、もはやすでに彼らの手のうちにはなかったのである。東ローマ帝国は、衰退の一途をたどっていたが、それでも西ローマ帝国が崩壊して一〇〇〇年が過ぎても、まだ生き残っていた。その戦略はずっと変わらない。すなわち、他者を知り尽くすこと、隣人を豪勢にもてなすこと、世界中を魅了すること、ライバルどうしのあいだに諍《いさか》いの種を播くこと、戦うことがあるとしても、局地的な軍隊しか用いないこと、しかしもしも戦争が不可避となれば、大がかりな手段を用いること、敗れた者を辱《はずかし》めないこと、しかしその敗北が決定的なものになるよう、とことんまで打ち負かすこと、といったことだ。

西洋では、神聖ローマ帝国と教会といくつかの国が、世界秩序だと思い込んでいるものをめぐって、いまだに競い合っていた。しかし実際のところは、世界秩序の采配は、徐々に、目立たぬように、しかし後戻りのできないかたちで、ヨーロッパの特定の商人の手に移行していたのである。それはフランドル［フラマン語でフランデレン］や地中海沿岸の小さな都市、多くの場合は港町の商人であり、彼らは次第に広がりつつある世界を見据え、交易を差配した。彼らは、自分たちにとって大事なのは利益であるという方針を曲げなかった。こうした都市は、徐々に、世界の経済的権力を独占するようになり、それが金融権力、軍事的権力、文化的権力、政治権力と広がっていった。沈みゆく帝国に残されたものは、見せかけの権力の頽廃的な壮麗さだけであった。

より精確に言うなら、世紀ごとに異なる西洋の一都市が、通信ネットワークと市場を統括する権力を奪取していくのだ。市場はどんどん拡大し、陸路も海路もどちらも駆使して、東洋の中国、アフリカ、そしてすぐにアメリカと名付けられる大陸にまで達することになる。

世紀ごとに、支配的となる都市が現われ、それが市場世界の統治の中心となっていく。世界の「中心都市」が登場したのである。中心都市から、船団やキャラバンが旅立っていった。こうした中心都市では市《いち》が立ち、金融市場が世界に向かって物価・流行・思想の傾向を指図し、また自らの都合のままに同盟関係を結んだ。

初期の中心都市はすべて、地理的にその都市を包含し、その都市を支配下に置いていると思い込んでいる帝国の軍隊に依存していた。しかしその後、中心都市は、独自の軍隊を所有し、政治権力をも奪取する。それぞれの「中心都市」は、秩序維持に必要な資源を準備する手段を失えば、消滅した。そうなれば商人による世界秩序の中心は、また別の権力、すなわち別の「中心都市」に移行することになる。商人の世界は空間的にも時間的にも、どんどん巨大化し、また浸透力も増していった。

一四〜一六世紀のヘゲモニーは、そのように、ブリュージュ［フラマン語でブリュッヘ］からヴェネツィア、アントウェルペン［英語でアントワープ］、ジェノヴァへと受け継がれていったのである。

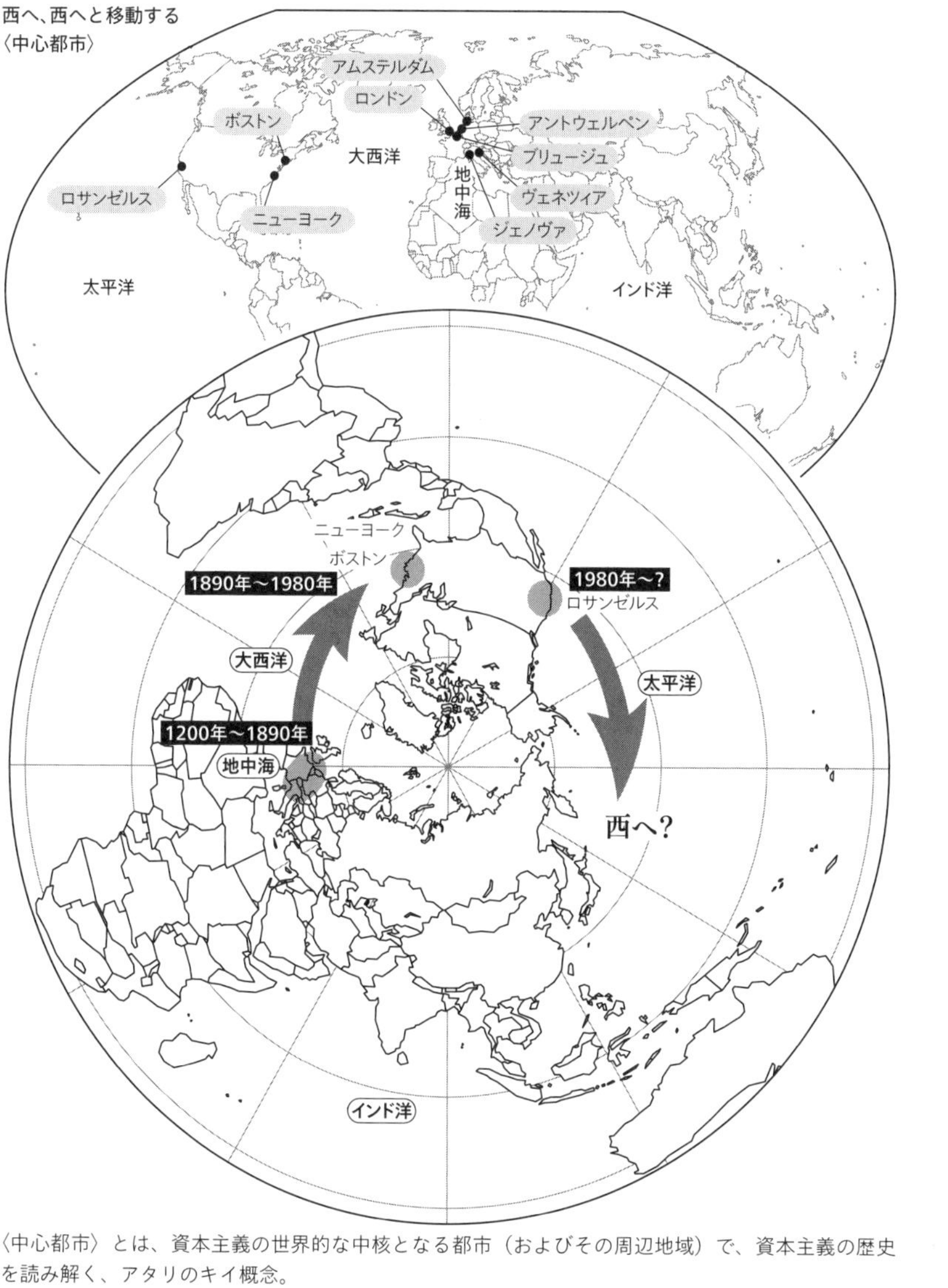

〈中心都市〉とは、資本主義の世界的な中核となる都市（およびその周辺地域）で、資本主義の歴史を読み解く、アタリのキイ概念。
〈中心都市〉には頭脳やお金が集積し、経済危機や戦争によって他の都市へと移動する。
歴史上、これまで９つの〈中心都市〉が存在し、以下のように東から西へと移動してきている。

(1) ブリュージュ（現ベルギー）1200-1350年
(2) ヴェネツィア（現イタリア）1350-1500年
(3) アントウェルペン（現ベルギー）1500-1560年
(4) ジェノヴァ（現イタリア）1560-1620年
(5) アムステルダム（現オランダ）1620-1788年
(6) ロンドン　1788-1890年
(7) ボストン　1890-1929年
(8) ニューヨーク　1929-1980年
(9) ロサンゼルス　1980年〜？

「中心都市」の誕生と普遍的な社会秩序

北海に面する小さな都市ブリュージュは、一二世紀初頭にフランドル伯から自治権を獲得したことで、その重要性を発揮することになった。行き届いた統治によって、この町は西洋における貿易の中心都市となった。そのうえ後背地の毛織物工業は、ヨーロッパ随一を誇った。それで一二世紀には、絶大な力を確固たるものとした。ブリュージュはジェノヴァ、ニュルンベルク、ヴェネツィアのほか、ロシアや中国とも関係を結び、ヨーロッパで最も強力な都市、商業分野の世界初の「中心都市」になった。複数の封建権力のあいだで板挟みになったり、紆余曲折のすえに再び神聖ローマ帝国の支配下に入ったりなどがあり、ブリュージュの「世界統治」は、たしかに臆病で控えめなものだった。しかしそうは言っても、契約が締結されたり破棄されたり、また財の価格が決定された場所は、ある一定の期間、まさにここブリュージュだったのであり、それが皇族の命運をも左右していたのである。

同時期のイタリアに、ブリュージュと競い合う都市がいくつか現われた。ヴェネツィアは、フランドルやドイツと、オリエントの諸帝国のあいだを往き来する際に、自然と立ち寄る経由地となった。北部および中部イタリアの、ほとんどの都市の商人ブルジョワジーは、教皇庁および神聖ローマ帝国の軛《くびき》から逃れるために、きわめて早い段階から独自の組織を作りあげていた。ヴェネツィアでは、一二人の護民官からなる委員会が結成されていた。パドヴァやフェラーラは、一人の有力者に統治を委《ゆだ》ねる道を選んだ。フィレンツェは、まだ神聖ローマ帝国の支配下にはあったが、教皇と神聖ローマ皇帝のあいだの叙任権闘争のおかげで［フィレンツェは教皇派の中心都市］、一一一五年に自治権を獲得した。さらに一一九七年には、帝国からの統制に対抗するために、トスカーナ同盟を結成しその盟主となった。一三世紀には、フィレンツェの有力家門が二つの陣営に分裂した。ギベリン［伊語でギベリーニ］と呼ばれた皇帝派と、ゲルフ［伊語でグエルフィ］と呼ばれた教皇派である。教皇派《グエルフィ》はさらに、教皇派黒党《グエルフィ・ネーリ》と呼ばれた過激主義派と、皇帝派《ギベリーニ》との妥協も辞さない穏健主義の教皇派白党に二分した。一三〇一年、黒党が白党の領袖を追放すると、追放された者たちは皇帝ハインリヒ七世に期待をかけた。皇帝は、一三一一年にフィレンツェを襲撃したが、ついに攻囲しきれずに諦めたのち、わずか数年で亡くなった。

一三〇二年、ブリュージュは、市内のフランス人を殺戮して、フランス王フィリップ四世美男王に対する反抗の口火を切った。コルトレイクでの和睦（同年に署名された）ののち、ブリュージュの商業はかつてないほどの飛躍的発展を遂げ、貿易を営む者がヨーロッパ中からこの都市に支店を開いた。

その頃フィレンツェでも、ヴェネツィアやビュザンティオンから資財が一気呵成に流入してきていた。戦争は帝国の支配空間を増大させる手段ではあるが、商業空間を拡張するためには平和が必要であるということを、フィレンツェの人びとは悟ったのである。

かのダンテ・アリギエーリは、教皇派白党《グエルフィ・ブランキ》の領袖の一人で、フィレンツェの行政長官《プリオーレ》を務めていたが、追放され、シエーナやボローニャなどを経て、ヴェローナに滞在していた。その滞在中の一三一三年に書き始めた『帝政論』によって、「世界統治機関」について世界で初めて語った人物となった。名高い『神曲』と並行して執筆されたこの著作のなかで、ダンテは改めて皇帝への支持を表明している。人はたとえキリスト教徒でなくとも、社会のなかで生きたいと思うのが自然である、とダンテは説く。そして、市民共同体的な性質を持つ地球規模の帝国があれば、戦争に終止符を打つことができるかもしれない、と論を進める。この「世俗の世界統治機関」、「全世界的規模の人類社会」が理性に基づいて建設されれば、市民権《キウィタス》すなわち人びとの権利が拡大するに違いない、と。キリスト教世界において、世俗の世界統治機関について語られるのは、これが史上初のことである。ダンテにとって神聖ローマ帝国は、そのような世界帝国の萌芽なのである。神聖ローマ帝国は、ローマ法の支配を世界的に拡大し、人類統合を実現することが可能であろう、それこそが「世界平和」の前提条件である、と。ただし、歴史上、一つの民族が勝利したときはどの場合でも、実を言えば神の審判によるのであり、それぞれが「世界帝国」へ向かう不可避的な進歩の一歩を刻んでいるのである、とダンテは言う。平和はたしかに、世界統治機関が必要であることの、差し迫った理由なのだ。

ダンテにとって古代ローマ帝国は、この世界規模の帝国建設への最初の第一歩だった。そして次に、ローマ帝国がキリスト教の発展を容認した。これが世界統治機関への第二段階だった。そして今日、神聖ローマ皇帝が体現しているものこそ、同じその方向に向かって加えられる、さらなる一歩なのだとダンテは説く。だからこそ、皇帝に対して承服する必要がある。ただしそれは、(領主に対する臣下の服従のような)服従に基づく承服ではなく、理性に基づく承服、政治的秩序への同意、歴史が進む「方向」に向かっての進歩に対する同意に基づく承服でなければならない、と。まさにここに、ダンテの考察の新しさのすべてが詰まっている。皇帝の側では、その役割が正当と認められるために自ら模範を示し、理性を発揮する義務がある、と。このようにダンテは、世界的規模の理性に基づく帝国を賞賛しているのだが、それによって本当に望んでいたのは、フィレンツェ政権の独立への意思を正当化することだった。

しかし、ダンテのこの巧みな合理化は、フィレンツェの自主独立には役に立ったかもしれないが、遅すぎた。神聖ローマ帝国は、もはやすでに世界統治機関の当事者《アクター》ではなくなっていたのだ。それはあたかも、ユーラシア大陸の反対側で、中国が世界統治機関の当事者《アクター》たることを放棄したのとまったく同じなのであった。

中国による間接的な世界統治

同じ頃、中国帝国は、相変わらず自らの「世界」だけを支配していた。それも経済力と約一億二〇〇〇万というその人口とが、地球上の他の世界に与える間接的な影響力によって統治するのみで、そのことは二〇〇〇年前から何も変わっていなかった。中国人は地図製作術や羅針盤、船尾舵などに通じてはいたが、それを用いて何をするというわけでもなく、輸出産業を発達させもしなかった。国境からほとんど出ることすらなかったのである。

一二三四年、チンギス・ハーンの息子の一人オゴタイが、金国を滅ぼして華北を征服し、一二七九年には、フビライが南宋を征服した。フビライが建国した元朝は、首都を現在の北京に置いた。多くの西洋人がこの首都に歓迎を受けている。一三〇七年には、ジョヴァンニ・ダ・モンテコルヴィーノが、教皇クレメンス五世からこの地の大司教に任命されているほどである。

しかし元朝に対する反乱が勃発し［紅巾の乱］、一三六八年には新たに明朝が建国され、チンギス・ハーンの末裔たちは北に追いやられる。この新王朝は首都を南京に改めた。明朝は中央集権主義をとり、権力の中枢を宦官《かんがん》に委ねた。宦官らは、灌漑、運河建設、植林、国勢調査などを実施し、住民をある地域から別の地域に移住させたりもした。明朝の最初の二人の皇帝は、帝国の外に一歩も出ることなく、インドからやってくる商人を受け入れるだけで満足していた。彼らが運んできたものは、スパイス、香料、宝石、象牙、香などであった。

明朝の開祖である洪武帝は、一三九八年、死に際して権力を孫の建文帝に直接移譲した。しかしこのことが、新帝の叔父、のちの永楽帝の怒りを買う。永楽帝は、自分は玄武の神［玄天上帝］の命によって皇帝の地位に就くのだ、世界を統治する「天の命令」を授かったのだと主張して、甥の即位を認めず、自らを皇帝と宣言した。

しかしティムール朝が勢力を拡大し、インドのデリーにまで略奪の手を伸ばすようになると［一三九六〜七］、明朝にとって生命線である通商路が脅かされる事態が引き起こされる。宮廷すなわち皇帝にとって不可欠でありながら、国内で産出できない産品を調達するために、海路を選ぶしかなくなってしまったのである。

そこで永楽帝は、大がかりな遠征隊を組織し、インド洋から紅海方面へ西に向かって海路を探検させることにした。皇帝はこの探検の指揮を託すため、ムスリムであることを公言していた宦官の鄭和《ていわ》を提督に任命した。鄭和は、九本マストの帆船を二〇〇隻も建造させた。これは、それまでに造られた木造船のなかで最大だった（それから約一世紀後にヴァスコ・ダ・ガマが指揮をした探検隊の船の五倍の大きさ）。船の建造のために鄭和が伐採させた木材は、数百万本という規模に達した。「宝船《ほうせん》」と呼ばれた最大の船を始めとするこの大船団に乗り組んだのは、皇帝の使節［「正使太監」「副使監丞」］一七名、侍従［「少監」「内監」六三名、将軍「都指揮」「指揮」］九五名、大小の部隊長［「千戸」「百戸」］二〇七名、書記官［「戸部郎中」「舎人」］三名、儀式を司る者［「鴻臚寺序班」］二名、占い師［「陰陽官」「陰陽生」］五名、医師一八〇名、そのほか官吏、兵士、料理人、法学者、通訳などが二万六八〇三名だった。一回の航海に平均二年が費やされ、インドシナ半島、ジャワ島、スマトラ島、セイロン島、モルディヴ諸島、オマーン、ソマリア、ケニア、ザンジバルと、遠征隊は徐々に西へ航路を開いていった。中国はこれによって、アジア、アフリカの三五の国々と新たに接触を持つことができた。鄭和は単に儀礼的な訪問をしただけではなく、相手国の恭順の意思を確認し、貢物や本国の宮廷にはない産物を献上させ、ときには相手国の使節を連れ帰り、次の航海でまたその国まで送り届けるということもあった。たとえば、アフリカのマリンディ王国（現ケニアの港町）の使節がその例で、このときはキリンを永楽帝に献上した。中国新王朝の持つ力をこれによって見せつけられた形となった訪問地の国々は、それまでは「世界統治」を行なっていると自認していた国も、進んで明朝に朝貢するようになった。

一四二四年に永楽帝が亡くなると、諸国の王室から派遣された六七人もが北京を訪れ［明朝は一四二一年に南京から北京に遷都した］、後を継いだ洪熙帝に弔意を表した。洪熙帝は、鄭和に遠征を続けさせた［その後、正式に中止を決定した］。続く宣徳帝の時代、一四三三年に、モンゴル人が再び明に侵攻してきた。皇帝は、全兵力をもって防衛に当たる必要ありと判断し、ちょうど第七回遠征に出ていた提督鄭和の船団を呼び戻し、南京守備の責任者に据えた。◆

そして中国は、再び自国に引きこもることになる。対外交易は中断される。一四三六年には、遠洋航海が可能な船舶の新造が禁じられた。一四七七年、国防を司る兵部の次官［兵部侍郎の劉大夏］が、鄭和のような対外遠征が二度と企てられぬよう、その公式記録を焼き捨てすらしたようである。一五二五年には、二本以上のマストを備えたジャンク船をすべて打ち壊すよう命令が下った。外洋へ出ようとしたところを取り押さえられた中国人は、すべて反逆の罪に問われ死刑に処された。

一五六〇年以降は、国際交易がわずかばかり復活するが、それはマニラを本拠地とするスペイン人と、マカオのポルトガル人を相手にするものだけだった。これが明王朝の衰退の端緒だった。史上初の経済的世界権力となった中国は、その後、世界史上から長いあいだ退場したままになる。

その中国に取って代わることができる状態にある国は、アメリカ大陸やアフリカ大陸には明らかに存在していなかった。

南米大陸では、アマゾン熱帯密林から来て、一二〇〇年頃、クスコ周辺に定住し、一四五〇年頃にはパチャクテクの支配のもと、インカ帝国が勢力を拡大しようとしていた。パチャクテクは、もとはクシ・ユパンキという名だったが、チャンカとの戦いに勝利して、パチャクテク・インカ・ユパンキを名乗った。パチャクテクは「世界の改革者」、インカは「王」、ユパンキは「気高い」を意味するので、「世界の開拓者たる気高き王」となる。だがここでも、パチャクテクは世界が自らの領土に限られていると考えていた。

そこよりさらに北では、一四世紀初頭、アステカ人が現在のメキシコ盆地を支配下に置いた。それから一世紀後、アステカの王イツコアトルが帝国建設に着手する。アステカ人は自らを〝太陽に選ばれた民〟と考えていた。この帝国は、ほかの部族との同盟から成っていて、巧みに組織された行政機構をともなっていた。テノチティトラン（現メキシコシティ）は、二世紀のあいだずっと二五万の住人を擁する、真に首

◆**一四三三年に、モンゴル人が再び明に侵攻……鄭和の船団を呼び戻し、南京守備の責任者に据えた**　日本語で読める参考書には、鄭和が呼び戻されたこと、南京守備に就かされたことについて書かれたものを見出すことはできなかった。一四三三年のモンゴル人による明侵攻の史実の詳細も不明。エセン・ハーンによる「土木の変」は一四四九年で、宣徳帝も鄭和自身もすでに亡くなっている。

都の名にふさわしい都市となった。この都市はもともと沼沢地の湖のなかに自然にあった複数の島――のちには埋め立てて築いた島――の上に建設されたもので、運河が縦横に走り、それに沿って庭園や宮殿、神殿が建ち並んでいた。

アフリカ大陸では、西アフリカ初の大商業帝国だったガーナ王国が、一三世紀には衰退した。その頃、南隣りに新しく興ったのがマリ帝国だった。マリ帝国は一四世紀に全盛を迎え、その勢力はニジェール川流域の、現在のマリとニジェール国境付近にまで達した。

これらの地域的な帝国は、まだ誰も存在を知らなかったアメリカ大陸の帝国を除いて、どれもがお互いに物と情報を交換しあっていた。

しかしそうした帝国も、ヨーロッパの「中心都市」の持つ活力と創造力は備えていなかった。ヨーロッパの「中心都市」は、今やもはや、独自の一つの世界を支配するのではなく、文字通り全世界を征服しようとしていた。

ヴェネツィアへの中心都市の移行

ヨーロッパでは、一四世紀終わりにブリュージュの港が泥で埋まるようになり始め、ブリュージュを含むフランドル地方による、膨大な東方貿易の支配は、終焉を迎えた。アジアとヨーロッパの交差点に位置するヴェネツィアが、ブリュージュに代わって、世界商業の「中心都市」の座に就いた。

ヴェネツィアは、軍事力を備えていた点でブリュージュとは違っていた。当初はコンスタンティノポリスの支配下にあったが、九世紀にはすでに自治権を獲得し、旧主に従わないようになった。一二〇四年、ヴェネツィアは、第四回十字軍とともにコンスタンティノポリスを攻略し、その後、イオニア海の島々、エウボイア島、ロードス島、クレタ島などのエーゲ海の島々、ペロポネソス半島の複数の要塞、ヘレスポントス［英語でダーダネルス海峡］、トラキア［バルカン半島南東部］を手に入れた。ヴェネツィアは、地中海東部沿岸地域と西欧を結ぶ航路では、必ず通過する要所となった。かつての巨大で栄光に満ちた東ローマ帝国は、もはや三つのそれぞれ独立したギリシア人国家しか存続していなかった。エピロス専制公国、トレビゾンド帝国、ニカエア帝国である。ニカエア帝国を治めていた摂政ミハエル八世パレオロゴスは、一二六一年、コンスタンティノポリスを西欧人の手から奪還し、ジェノヴァに接近する。そこからジェノヴァがヴェネツィアのライバルとなっていくのである。

一二九七年、「セッラータ・デル・マッジョール・コンシリオ〔大評議会の閉鎖〕」と呼ばれる法手続きによって、ヴェネツィア共和政体の特質が確立される。まず、この都市国家の政務を司《つかさど》る貴族階級の定義が明確化された。もともとあった市民総会《コンキオー》は、一〇〇〇人以上の貴族を議員とする大評議会に、すでに取って代わられていた。大評議会は、総督《ドージェ》を選任し、高位の行政官を任命する最高決定機関である。その大評議会議員の議席が、世襲に改められた。一三一〇年には、大評議会のなかから選出される十人委員会が設置される。この委員会は外交問題を監督する役割を担ったことから、情報機関の代わりにもなっていく。また大評議会とは別に貴族院《コンシリオ・ディ・プレガディ》も設置されていて、対外政策の監督や使節の任命などの役を担った。

総督《ドージェ》の地位は、ほとんど神聖不可侵なまでに高められるようになり、その特性はビザンティン皇帝の焼き直しと言えた。ビザンティン皇帝に取って代わることこそが、まさに総督《ドージェ》の望んだことだった。ヴェネツィアは、世界を股にかける新たなローマ帝国の様相を呈してくるのだ。フランチェスコ・フォスカリ、アンドレア・グリッティ、レオナルド・ドナートといった総督《ドージェ》たちは、いくつかの重要な委員会の長を務め、その任を死ぬまでわがものとしたが、総督《ドージェ》の権力は、その後縮小され、その力を行使できるのは執政府《シニョリーア》内だけとなった。執政府《シニョリーア》は、総督《ドージェ》、六名の小評議会、司法を担う四十人委員会の代表三名の、計一〇名からなる組織だった。

ヴェネツィアは、インド洋やレヴァント〔地中海東部沿岸地域〕からやって来る胡椒その他のスパイス、オリエントやエジプトから来る絹織物を買い付け、それをヨーロッパに転売した。この一都市だけで三〇

○○隻の商船と三○○隻の軍艦を擁し、また国家所有の三○○～五○○トンのガレー船が民間に貸し出され、オリエント、アフリカ北部、エジプトに出航し、イングランドやフランドルの港（ブリュージュ、アントウェルペン）に戻ってきた。ヴェネツィアは世界中の市場を統治し、軍隊を備えていたおかげで、ほかのどの帝国よりも大きな力を備えていた。

それでも強力なライバルの出現がはっきりしてくる。オスマン帝国である。一三二六年、オスマン帝国はコンスタンティノポリスからほど近いブルサに首都を構える。コンスタンティノポリスは、当時まだ、ビザンティン帝国の後継者の手にあった。一三三〇年、オスマン帝国はニカエアの都市を攻略、一三五三年にはマルマラ海［ボスポラス海峡とヘレスポントスすなわちダーダネルス海峡に挟まれた内海］の対岸、すなわちヨーロッパ側に渡って拠点を築き、一三五七年、海峡を制圧、一三六五年にはヨーロッパ側の都市ハドリアノポリスを占領してここに遷都する。バルカン半島におけるキリスト教連合軍との戦いは、一三八九年、オスマン帝国がコソボの戦いに勝利して終わった。ハンガリー王率いる十字軍の試みは、一三九六年に、ニコポリスの戦いにおいてオスマン帝国スルタンのバヤジト一世が圧勝して潰《つい》えた。

ヴェネツィアは不安に陥れられる。もしもオスマン帝国が、コンスタンティノポリスを陥落するようなことがあれば、チンギス・ハーンによって開かれたシルクロードは封鎖され、中国との交易は途絶えてしまう。そうなれば、ヴェネツィアの富と権力も終焉の時を迎えることになる、と。

しかしヴェネツィア共和国は、それを食い止めるだけの軍事力を持ち合わせていなかった。一四三〇年、オスマン帝国はテッサロニキを奪取し、一四五三年五月二九日の払暁、ついにスルタン、メフメト二世は、パレオロゴス朝の最後の皇帝コンスタンティノス一一世の手から、コンスタンティノポリスを奪い取った。皇帝は英雄的な死を遂げた。それから三日後、最初の金曜礼拝が、聖ソフィア大聖堂で執り行われた。そこは早くもモスクに衣替えしていた。ローマ諸帝国のこれが本当の最期だった。

ヴェネツィアは後退せざるを得なかった。メフメト二世は、一四七五年にクリミア半島のクリム・ハン国を攻撃した際にも、次いで一四八〇年にペロポネソス半島のモレアス専制公領と、イタリア半島南端部のオトラントを攻撃した際にも、ヴェネツィア艦隊を撃破した。さらに、シリアやエジプトもオスマン帝国に併合され、ヴェネツィアは一五七一年のレパントの海戦で勝利を収めたものの、大勢を逆転させることにはならず、海上から退却して国家を陸の上に据え、最小限でもアルプス越えの通商路の支配と後背地の河川交通だけは確保する必要があった。

ヴェネツィアの絶対的な権力はもはや消滅した。まもなく、アントウェルペンとジェノヴァが優位に立つ時がやってくる。

同じ頃、スイスにおける失地回復を試みるハプスブルク家出身の神聖ローマ皇帝マクシミリアン一世が、シュヴァーベン戦争をしかけてくると、自由を失うことを恐れたスイス側は、のちにグラウビュンデン州《カントン》となる地域を支配していた三つの都市連盟と同盟関係を結ぶ。スイスはこのように拡大してきたのである。シュヴァーベン戦争がスイス側の勝利に終わると、一四九九年九月二二日、バーゼルで和約が交わされ、神聖ローマ帝国からの実質的な独立が認められた。

東方は閉ざされた。西方は扉を開こうとしていた。「中心都市」は地中海を離れ、大西洋岸に移行した。アントウェルペンが権力を摑んだのだ。

新たな「世界」の発見――グローバルになった「世界」

アジアからスパイスをもたらしてくれる陸上通商路が遮断されてしまったため、スペインとポルトガルは、探検隊を派遣して、アフリカを南回りの海路で迂回するという、これまでにない冒険ルートを探さねばならなくなった。同時に西進して〝ジパング〟すなわち日本に到達することも試みられた。ここへ来て、地理に関するあの古代ギリシア人の偉大なる直観が確証されようとしてしていた。すなわち世界にはいまだ知られざる陸地が無数に存在し、その全体は球体である、という直観である。今や統治すべき世界とは、そのような世界となったのだ。

コロンブスによる新大陸発見の直後の一四九三年五月、スペインのボルハ〔伊語でボルジア〕家出身の教皇アレクサンデル六世が、大教書『インテル・ケテラ』を発布し、新大陸をカトリック両王〔アラゴン王フェルナンド二世とカスティーリャ女王イサベル一世〕に有利なようにスペイン・ポルトガルで分割した。それによれば、アゾレス諸島とベルデ岬の西方一〇〇レグア〔約五六〇キロ〕を通る子午線〔教皇子午線〕より西がスペインの領土となる。ポルトガル王ジョアン二世はこれを不服とし、一四九四年七月七日、改めてトルデシーリャス条約を結ぶよう、イサベル女王に迫った。この条約によって、分割子午線はベルデ岬の西方三七〇レグア〔約二〇七〇キロ〕に移動され、それより東で発見された土地はすべてポルトガルに、それより西で発見された土地はすべてスペインに帰属することが決定された。この結果、ブラジルはポルトガル領となった。この協定はアレクサンデル六世にとっては屈辱であったが、次の教皇ユリウス二世が一五〇六年に新たな大教書を発布して追認した。トルデシーリャス条約も教皇大教書も、海上の主権をスペインなりポルトガルなりに付与するというはっきりした文言はなく、ただ陸地の帰属を示しているだけである。他のヨーロッパ諸国はこの条約を認めたくなかったかもしれないが、スペイン・ポルトガル両国は軍事的優位にものを言わせて、それから一世紀のあいだ、条約の文言どおりに世界を支配することができたのである。分割線を厳密にどこで引くのか、その詳細は両国共同の探検によって決定されることになっていたのだが、それが実施されることはなかった。

アメリカ大陸では、一五一九年を皮切りに、スペイン人が大帝国を発見して唖然とすることになる。当時、少なくとも二つの大帝国が栄えていた。数千年にわたって、その閉ざされた世界を支配してきた一〇ほどの王国を引き継いだ、アステカ帝国とインカ帝国である。アステカの帝国としての機能は、弱体化してはいた。原因は、人身供犠に捧げるのに必要な被征服民の犠牲が増える一方だったこと、貴族階級と商人階級のあいだの緊張が増しつつあったこと、帝国を構成する民族に文化的な差異があったこと、などである。一五二一年八月、エルナン・コルテスが、三ヶ月の攻囲のすえにアステカの首都テノチティトランを陥落させた。コルテスは、神聖ローマ皇帝カール五世に宛てた書簡のなかで、この都を「世界で最も美しい町、新たなるヴェネツィア」と述べている。コルテスの勝利を助けたのは、アステカによる征服民が彼の味方になったこと、また、アステカ人のなかに彼を神ケツァルコアトル（「羽毛ある蛇」の意）の再来と間違え、王国を取り返しにやって来たと思い込んだ者がいた（皇帝モクテスマ二世もその一人だった）ことだった。アステカの最後の皇帝クアウテモックは、それから四年後に処刑された。スペイン人は、インディオ［ラテン・アメリカ先住民］に魂が備わっているのか否かを検証するための調査委員会を派遣した。一方、インディオの方は、煮えたぎった湯に白人を入れ、その死体も腐敗するのか否か確かめようとした。

中心都市アントウェルペン——印刷技術によって打ち砕かれた帝国と教会の夢

一五世紀半ば、ヴェネツィアは、オスマン帝国のために窒息し始める。その地位を引き継いだのはアントウェルペン［英語でアントワープ］であった。アントウェルペンは、神聖ローマ帝国の残された港のなかでは最大級ではあったが、独自の軍隊を持っているわけではなかった。それなのに、その後この町が世界を支配していったのは、それ以前の「中心都市」も、以後の「中心都市」も同じだが、金融市場を管理し、それを私物化する能力が備わっていたからだった。

アントウェルペンは豊かな後背地に恵まれていた。とくにそこで飼育された羊から採れた羊毛をこの町が織っていた。アントウェルペンはすでに二世紀も前から、フランドル［フラマン語でフランデレン］の毛織物とガラス、オランダの陶器、ゼーラントの塩、イングランドの刃物、ドイツの金属と、東洋の産物とを交換する取引を行なっていた。この町から輸出された品が、遠くインド北西部のラージャスターンの宮廷でも見つかっている。一四五〇年前後にヴェネツィア・ルートが封鎖されると、アフリカやアジアからの香辛料は、今やポルトガルやスペインの船舶が持ち帰るようになった。アントウェルペンは、その香辛料と、ヨーロッパ北部の産物との交換の中心都市になったのである。アントウェルペンの証券取引所は、ヴェネツィアの証券市場に取って代わり、史上初の世界金融センターとなった。取引相場が厳格に統制された新しい銀貨を用いることで、洗練された銀行ネットワークもこの地に築かれていった。

アントウェルペンはまた、ほかで達成された大きな技術革新を産業に応用した最初の都市であり、その後の「中心都市」も皆同じことをすることになる。アントウェルペンの場合、それは活版印刷技術であった。この技術はもともとは中国で発明され、一四五〇年頃、ドイツのマインツ［グーテンベルク生誕地］で再発見された。

お互いに自身の絶対権力を確信して疑わない教会と神聖ローマ帝国は、この新しいコミュニケーション技術によって、世界に対する自身の権力を完全に揺るぎないものにできると考えた。民衆はすぐにも皆ラテン語を読み、話すようになるだろう、そうなれば帝国にとっては自身の言語をあまねく行き渡らせることになるし、教会にとってはあまねく聖書を知らしめることになる、という思惑だった。

実際、最初のうちはその通りになった。しかしすぐに、土地土地の言語の文法書が印刷されるようになり、また逆にそれによって文法そのものが確立していくと、それまで排他的に用いられていたラテン語の地位や、帝国の一体性が疑問に付されるようになったのだ。かてて加えて新しい読者層は、聖書について神父が話していることが、必ずしもそっくりそのまま聖書に書かれているわけではないということ、この世には、ユダヤ、ギリシア、ローマ、アラブ、ペルシアなど、他にも知識が存在し、そしてそれが注意深く自分たちから隠蔽されてきたということを発見してしまった。

自らを中心に全ヨーロッパを統一するという、教皇と神聖ローマ皇帝のそれぞれの夢は、結局、数十年のあいだに印刷術そのものによって打ち砕かれた。諸国家が台頭するのである。権力を強化してくれると思った技術が、逆に権力を弱めることになったのだ。

この転換期、一五一六年に、トマス・モアがその著『ユートピア』で、世界秩序の最善の状態について想像をめぐらしている。ユートピア島は、それぞれ六〇〇〇戸を擁し「市長《プリンス》」を長とする、お互いに似通った都市五四からなる連合体で、単一国家である。この島は世界ではないし、世界にもなり得ない。モアにとって理想の世界統治は、小さくて孤立していなくてはならない。これは、モア自身の国イングランドに似ている。モアは、イングランドのためにこの本を著わしたのである。だからモアのユートピアは、地球規模の世界秩序の理想郷を語ったものではない。モアのユートピアも、モアに追随して発表された多くのほかのユートピアも、外界からの影響から隔絶した、限定され閉ざされた領土の単一国家として好んで構想されるのである。

この翌年の一五一七年◆、マルティン・ルターが信者に聖書を読むよう呼びかけ、教皇庁の腐敗に糾弾の声を挙げた。これも印刷技術のおかげである。彼は、教会や皇帝と対立するドイツ諸侯と同盟を結んだ。トマス・モアが警告したばかりの諸国家の時代が、もう始まろうとしていたのだ。

一五二二年、ビクトリア号が史上初の世界一周を達成した。この船は、ポルトガル人フェルディナンド・マゼラン［ポルトガル語でフェルナン・デ・マガリャンイス］が率いた五隻の船団の唯一の生き残りで、三年前に西に向かって船出したのであった。帰港したのは木曜日であったが、この船の船長で元徒刑囚のフアン・セバスティアン・デル・カーノの航海日誌では、水曜日ということになっていた［世界周航によって日付に一日の差が生じることが発見された］。マゼラン自身は航海の途上で亡くなった。

一五八〇年には、イングランド人フランシス・ドレークが、史上二度目の世界一周の航海に旅立っている。ドレークもやはり三年間かかっている。一五八六年には、やはりイングランド人のトマス・キャヴェ

◆**一五一七年**　ルターが「九五ヶ条提題」を発表したとされる年で、これをもって宗教改革が開始されたと言われることが多い。この文書をルターはラテン語で書いたが、何者かがすぐにドイツ語に訳し、印刷されて各地に広まった。また、ルター自身が聖書をドイツ語訳している。最初のルター訳聖書が公刊されたのは、一五二二年。

ンディッシュが新たな世界周航を企て、二年で達成し、ナイトの位を授けられている。今や、地球の表面全体の見取り図を、細かく描くことが可能になった。世界地図はできた。全世界的な統治を構想することが可能になった。しかし皮肉なことに、まさにこの時代に台頭してきたナショナリズムによって、それは不可能になるのである。

地理上の発見は、世界の一体性を意識させると同時に、世界市民という発想を難しくした。世界は今や多様すぎて、一貫性をもってそれを思考することなど不可能としか思えなくなってしまったのだ。すべての民族がそれぞれ異なる願望を表明している。印刷技術がそう促したのだ。しかも、間違って「インド人［インディアンないしインディオ］」と呼ばれた、新たに発見されたあの存在は、少なくとも人間ではあるのか？ 改宗させるべき主体なのか、搾取すべき対象なのか？ フランシスコ・デ・ビトリア、ドミンゴ・デ・ソト、フランシスコ・スアレスなどといったスペインの神学者は、彼らは人間であり、改宗させるべきであり、自然権を備えているのだからそれを植民地権力も尊重しなければならない、という考えを支持した。しかしその一方で、彼らは特別な種類の動物にすぎないと言う者もいた。人類の一体性と世界統治とは、こうした論争のなかで揺れ動いたのである。

「全世界を支配するオーストリア」——カール五世の「太陽の沈まない帝国」

フィリップ美公［カスティーリャ王フェリペ一世］（ハプスブルク家出身の神聖ローマ皇帝マクシミリアン一世とブルゴーニュ女公マリーの息子）と、カスティーリャ女王〝狂女〟フアナ（アラゴン王フェルナンド二世とカスティーリャ女王イサベル一世の娘）のあいだに生まれたカールは、一六世紀の最初の二〇年のあいだに、ネーデルラント（「中心都市」アントウェルペンを含む）、フランシュ＝コンテ［旧ブルゴーニュ伯領、現仏東部］、カスティーリャ王国（および新世界におけるその領土）、アラゴン王国（ナポリ王国、シチリア島、サルデーニャ島も支配下に置いていた）、ドイツ諸侯領を相続した。一五一九年、祖父のマクシミリアン一世の死去にともないドイツ王に選出される［神聖ローマ皇帝として教皇から戴冠されるのは一五三〇年］。カール五世の望みは、帝国内の諸国民のあいだの平和を保障することであり、またその野望は、キリスト教世界を統治し「オスマンの脅威」から保護すること、さらには、かつての皇帝や教皇の夢であった、全世界をキリスト教化することにあった。カール五世は、一四五八年にハプスブルク家の標語とされた文言を、再び採用した。それはAEIOUと略記される「全世界を支配するオーストリア」(Austriae est imperare orbi universo)という文言である。またカール五世の帝国は「太陽の沈まない国」と評される。しかしこの決まり文句の起源は、よくわかっていない。

カール五世による「世界統治」は、商人の手にそれが移る前の最後の帝国だった。その統治の何よりの特徴は、このうえない柔軟さだった。カール五世自身が、遊牧民《ノマド》的だった。ネーデルラント、ドイツ、スペインの順に移り住み、訪問したのはイタリア(七回)、フランス(四回)、イギリス(二回)、アフリカ(二回)。それでも新世界にだけは一度も赴《おもむ》いたことがなかった。一五三二年、カール五世はカロリナ法典を発布する。これは刑事手続規定を中心としたものだったが、法廷の審議の公開を保証したこと、帝国内のどの領地でも地域独自の法制度と調和が取れるようにする規定があったことが特徴だった。

二世紀前にダンテがしたように、カール五世の名誉顧問官だったエラスムス◆も、神聖ローマ帝国は、世界中に平和と寛容を保障する君主国であるべきだと提言した。ただ『神曲』の作者と異なっていたのは、エラスムスはそうした世界帝国はキリスト教国でなければならず、教会の支配下に置かれるべきだと考えたことだった。エラスムスにとって、宗教心は政治的秩序を凌駕しているのだ。

この人文主義者は、文字通りヨーロッパ中の国々を旅し、各地で仕事をした。その言によれば、政治改革は、それに先だって道徳の改革を前提としなければならない。政治も道徳も、聖書に適うようにしなけ

◆**エラスムス** ルネサンス最大の人文主義者。教会の堕落を厳しく批判し、ルターの宗教改革を支持するが、教会分裂を是認せず、カトリックと改革派の双方から攻撃を浴びた。

ればいけない。聖書は、帝国が武力をもって、あるいは駆け引きをもって領土を拡張することを禁じていると、エラスムスは説く。「どんな領土の拡張も、王にとっては危険である。もしも武力や外交上の駆け引きで他国の領地を獲得するなら、その専制者は、自分の国も奪った土地も、元も子もなくすことになる」。さらに『平和の訴え』には、次のように書かれている。「この世界は、すべての人間に共通の祖国である。〔……〕なぜ別々の国の名前で、われわれを隔《へだ》てるような馬鹿げた真似をするのか。キリスト教徒という共通の名があるというのに」。

カール五世のもう一人の助言者で、宰相だったメルクリーノ・ガッティナーラの考えは、皇帝には世界帝国を力によって築く権利がある、ただし皇帝がキリスト教徒であり、かつ人文主義者である限りにおいて、というものだった。ガッティナーラは、世界を支配するようカール五世を駆り立てる一方、帝国最高法院や帝国宰相の地位といった帝国の国政にあずかる機関の設置を促し、従来、皇帝が担っていた重要な役割を、そうした機関に移譲するか、あるいは帝国内の諸王国ないし諸地域の独自の慣習に任せるよう、促した。実際、帝国内の諸国家は、それぞれ異なる目標を持っていた。歴史家フェルナン・ブローデルによれば、「スペインは、北アフリカのベルベル人を抑えることに努力と夢と計画を差し向けていた。イタリアは、スペイン・ハプスブルク家に帰属している地域もそうでない地域も、オスマン帝国を恐れ、とても太刀打ちできない強力なその大艦隊の襲来を最大の懸念としていた。ドイツは、国内の宗教的な不和を何とか解決に導くような、あり得ないバランスを取ろうと必死になっていた……」〔カール五世〕。そうしているあいだにアメリカ大陸では、スペインの軍隊が十字架の名のもとに現地住民を皆殺しにしていた。そうやって少しでも多く、彼らの財宝を強奪しようとしていたのだった。

フランスは、当時どうだったかと言えば、ヨーロッパ随一の人口を擁し、非常に豊かな農業生産力を持ち、世界有数の海岸線の長さを誇る国として、やはり世界の「中心都市」であることを夢見始めたところだった。一五四四年、ギヨーム・ポステルという名のノルマンディー出身の学者が、国王フランソワ一世にこんな提言をする。エラスムスの人文主義の考え方、ユダヤ教、イスラーム、ニコル・オレームの「キウィリタス civilitas」の概念（一四世紀のこの学者によって、「都市または共同体の法令および統治の方法」と定義された）、自然権を混ぜ合わせ、フランスが頂点に立つならば、世界を支配する君主国が到来するであろう、だから王にはその役を担っていただきたい、と。しかし、フランス国王はこれを黙殺したため、ポステルはローマに向けて旅立ち、そこでイグナチオ・デ・ロヨラ［イエズス会を創設した修道士］と出会う。イグナチオは、ポステルを修練士［修道士の見習い］としてイエズス会に迎え入れる。しかしポステルは、修道士として正式に会員になることは認められなかった。ポステルはカバラ［ユダヤ教神秘思想］の基礎を学び、その中心的書物である『ゾーハル』をラテン語に翻訳した。その後向かったヴェネツィアにおいて、一五五五年、異端審問にかけられ有罪とされる。最後は、「狂人」として収容されていたパリのサン＝マルタン＝デ＝シャン修道院でその生涯を閉じた。

同じ一五五五年には、神聖ローマ帝国は教皇に従属すべきか、教皇を統制下に置くべきか、という問題が決着を見た。アウクスブルクの宗教和議で、ルターを端緒とする宗派分裂が正式のものとして認められ、同時に、諸侯にはその領民に自身の奉ずる宗旨に従わせる自由が与えられたのである（ラテン語で Cujus regio, ejus religio と定式化された）［「領土が属する者、すなわち領主に宗教も属する」という意味で信仰属地主義と言われる］。これによって神聖ローマ帝国は、もはや諸侯領および自由都市の一連合体に過ぎなくなった。国民国家が帝国より優位に立ったのである。帝国はもはや、幾人かの選帝侯によって選ばれる権力を持たない一人の皇帝を中心とする、ゆるやかな集合体にすぎなくなった。

カール五世は当時、プロテスタントに改宗したネーデルラントの独立要求に直面していた。これにはイングランドが後ろ楯になっていた。ネーデルラントもイングランドも、ローマ教会とはすでに断絶していた。

「インディオは同じ人間なのか？」

それ以来、史上三番目の商人による世界秩序の中心都市アントウェルペンが、前の二つの中心都市と同じように衰弱していく。宗教戦争によってスペインとのあいだの海路を断たれたアントウェルペンは、自前の海軍力を持ち合わせていないために、商業ネットワークから切り離されてしまう。アメリカ大陸からスペインのセビーリャまで来る金や銀が、北上することができなくなってその地にとどまるか、あるいは改めて地中海沿岸都市に向かわなければならなくなった。アントウェルペンは、それ以前の中心都市と同じようにネットワークを維持する力を失ったことによって、一五五〇年前後に表舞台から退いた。これにはセビーリャの証券市場で起きた投機も一役買っていた。

フランスは、ヨーロッパ最大の国土と人口を擁しながら、当時まだ「中心都市」を自認することができずにいた。そのわけは、フランスにブルジョワ階級が存在しなかったこと、商船を持ち合わせていなかったこと、地中海にも北海にも大きな港がなかったからである。しかもフランスは、中国と同じようにその大きさがかえって災いしていた。つまり国内市場が大きすぎたので、工業製品や農産物を輸出する必要がまったくなかったのである。

スペインもまた、世界統治のチャンスを逃した。アメリカ大陸からの銀、次いで金が溢《あふ》れるほど流入したことで、スペインには膨大な金利が約束され、それがいずれは「中心都市」になるために役立つはずだった。しかしスペインでは、帝国文化がかつてないほど強まっていた。商人が領主に支配されていたために、繊維、宝石、武器を自前で生産しようとせず、帝国内のネーデルラントやイタリアから輸入せざるを得なかったのである。

スペインで人びとが関心を持っていたのは、〝魂の行方〟だけだった。たとえば人びとは、アメリカ大陸の先住民は人間であるか否か、というような問題を論じ合っていた。人類は単一の種ではなく、さまざまな人種からなる一つのグループであるという、のちの人類多源説のような考え方が、当時のスペインを支配していた。宗教に凝り固まったカール五世としては、アメリカ大陸のあの存在を物として扱うべきか、臣下として扱うべきか、という問題は捨てておけなかった。皇帝は一五五〇年、次いで一五五一年、バリャドリードのサン・グレゴリオ神学校に、神学者・法学者・行政官たちを召喚し、この問題について議論させた。のちにスペイン王フェリペ二世となる、カール五世の息子の家庭教師をしていたファン・ヒネス・デ・セプルベダは、アリストテレスの説に基づいて、インディオは自然の法則に反する罪を犯した、人間にあらざる存在であり、改宗させることはできないとした。ドミニコ会士ラス・カサスはそれに反対して、インディオは人間であり、キリスト教徒にしなければならない存在だと主張した。この論争からしばらくして、ある教皇令が発せられ、インディオを奴隷とすることが禁じられた。しかしそこには同時に、インディオは本質的に劣った存在であり、したがってそれを人ではなく物として支配することができるとも明言されていた。キリスト教に改宗した物として、ということである。

スペインは、その生産力の乏しさからひどいインフレを招く。マドリードやセビーリャといった金融の拠点からは、銀行家が次々に去っていき、一五五七年についに破産する。次に破産したのはリスボンで、一五六〇年のことだった。これらの都市は、アントウェルペンの後を継ぐことができなかったのである。

地理学者ゲラルドゥス・メルカトルが、航海者用の新しい世界地図を提案した翌年の一五七〇年、ジャン・ド・レリーがその著『ブラジル旅行記』で、ブラジルのトゥピナンバは食人種であるかもしれないが、ほかの人間と同じ人間であると説いた。レリーはプロテスタントの牧師として、聖体の秘跡は食人の隠喩であると考え、サン・バルテルミ〔一五七二年にフランスで起きたカトリックによるプロテスタントの大虐殺事件〕の同時代人として、フランス人の野蛮さはインディオの野蛮さといい勝負であると主張する。「あまりに怪物じみた、恐るべき行為を見たければ、何もアメリカのインディオの土地のように遠いところまで、はるばる出かける必要はないのである」。一五七九年にはモンテーニュが、その著『エセー』に収められた「人食い人種について」のなかで、リオ・

デ・ジャネイロ近くに建設されたプロテスタントの植民地に、一五四〇年頃暮らしていたあるユグノー［フランスのカルヴァン派信徒］から得た情報に基づき、やはり次のように説いている。インディオは人間であり、人間という種は一つしかない、と。しかし、それでもこの時代にヨーロッパ人は、大規模な奴隷制度を文明の名のもとに推進し始めるのである。南北アメリカ大陸の活力の大部分を破壊し尽くしたあとに、今度は奴隷制度によってアフリカ大陸の活力を壊滅させるのである。

ジェノヴァ――地中海最後の「中心都市」

スペイン、ネーデルラント、イングランド、フランスの諸勢力間の戦いは激化するばかりだった。大西洋は、もはや世界的商業の場として十分に安全とは言えなくなった。そのための港として一五六〇年頃に使用可能だったものが地中海にただ一つだけ存在した。ジェノヴァである。ここは神聖ローマ帝国に属し、史上初の金市場が設置されていた。

地中海のこの港が新たな「中心都市」となった。その地位は、半世紀あまり継続することになる。ジェノヴァの銀行家があらゆる通貨の交換レートを決定し、スペイン王、フランス王、イタリア、ドイツ、ポーランドの諸侯の軍事行動に出資した。ジェノヴァの実業家は、政治権力の行使は厄介の種◆であることをよく理解していて、商業と金融を自分たちの持ち場としてそれに専念した。彼らはまず、ヨーロッパの大半の領域諸侯に、銀または金で融資し、次にフィレンツェの商業および繊維産業の大部分に出資した。

どんな港も、農業や工業を支配することなしに「中心都市」になることはできない。ジェノヴァの場合は、フィレンツェを含む豊かなトスカーナ地方までもその後背地として擁し、そこでは羊毛や冶金分野の工業力にめざましいものがあった。ジェノヴァは地中海世界の最後の飛躍を体現していた。それは、アテナイ、ローマ、フィレンツェ、カール五世、その息子フェリペ二世と続く、はるかな夢の総決算であった。しかし、この地中海最後の「中心都市」は、その安全を、カール五世、次いでフェリペ二世の軍に完全に依存し切っていた。そうした事情もあって、神聖ローマ帝国の軍隊は兵力を分散させざるを得なかった。

ヨーロッパ以外の「世界秩序」

ちょうどその頃、オスマン朝スルタンのスレイマン一世（アッバース朝の最後のカリフを倒したセリム一世の息子）が、カール五世の中欧および北アフリカを襲撃してくる。ベオグラード（一五二一）、ロードス島（一五二二）、ブダ［ブダペストの一部］（一五二六）が次々に陥落した。スレイマン一世の遠征は父親のセリム一世の征服行為の延長だった。セリム一世は一五一六年にエジプトを奪い、一二五八年にモンゴル軍の侵入を受けてバグダードからエジプトに逃れてきていたアッバース朝を崩壊させた。スレイマン一世はその後、一五三四年、サファヴィー朝からバグダードを奪い返した。さらにイエメンおよびアデンを征服し（一五三八）、トリポリタニア、アルジェリア、チュニジアの一部、イランの一部を次々に征服した。一五五五年、アラブ世界全体（ただしモロッコは除く）に対するオスマン帝国の優位を認めさせるかたちで、和平が成った。

この間、ヨーロッパの大国は、スペインとプロテスタント勢力とのあいだの八〇年戦争ですっかり疲弊していた。フランスもこの戦争には三〇年にわたって参戦した。

アジアやアフリカの帝国は、どこももはや「世界を統治する」と自称することはなかったが、それぞれが今やかなりの規模に拡大していた。

アフリカでは、衰退しつつあったマリ帝国の東で、カネム＝ボルヌ帝国が形を変えながら存続していた。

◆**政治権力の行使は厄介の種**　ジェノヴァは一四世紀以降、ナポリのアンジュー家（一三一八〜三五）、フランス（一三九六〜一四二一、一四九九〜一五二八）、ミラノ（一四二一〜三六、一四六四、一四九九）というぐあいに、外国勢力の介入と支配者のめまぐるしい交代に翻弄されてきた。カール五世の庇護のもとに自治権を回復したのが一五二八年である。

この国は、オスマン帝国向けの奴隷貿易で発展したのである。最盛期には現在のチャドの大部分、さらにはカメルーン北部、ナイジェリア北東部、ニジェール東部、リビア南部にまでその版図を広げていた。

アフリカ大陸北東部では、一二世紀にエチオピアが再び国としてのまとまりを見せる。一三世紀にはソロモン朝が成立、これはソロモン王の末裔を自称して帝国を再統一した。ソロモン朝エチオピアは、紅海やアジアへの通商路を確保したことで一六世紀に栄え、またムスリムからの攻撃にもよく耐えた。これにはとりわけポルトガルから支援を受けた。

中国の明朝は、一五二五年に遠洋航海が可能な船舶の新造と、国民の海外渡航が禁じて以来、衰退する一方だった。しかしそれでもこの国は、世界随一の人口および経済力を擁していた。

ロシアでは、小さな大公国であったモスクワを大国にしたイヴァン三世の孫である、イヴァン四世（一五三〇～八四）がその後を継いだ。イヴァン四世は「雷帝《グローズヌィ》」とあだ名されたが、この言葉の本来の意味は「畏怖させる」である。イヴァン雷帝はカスピ海に注ぐヴォルガ川全域を支配下に置き、シベリア地域を併合し、フィンランド湾とバルト海へも侵出した。もう一つの「世界統治」の基礎をつくったのである。

インドでは、ティムール朝君主バーブル（ペルシア語で虎を意味する）が、一五二六年、デリー・イスラーム朝（ローディー朝）の圧倒的軍勢を打ち破り、その首都デリーに入城する［ムガル帝国の建国］。バーブルは、父方のティムールから五代目、母方のチンギス・ハーンから一四代目の子孫を自称していた。その孫アクバルは、アレクサンドロスやカエサルの器を持ち合わせた皇帝で、カシミール地方、ベンガル地方、シンド地方、オリッサ地方を征服した。アクバルは帝国を一五の州に分割し、官僚は数年ごとに別の土地へ転封させ、中央政府には非ムスリムも迎え入れた（多くのヒンドゥー教徒が大臣に任命されている）。陸上の道路網を改善してベンガル地方からインダス川までを結び、新たな貨幣ルピーを発行した。ヒンドゥー教の古典をペルシア語に翻訳させ、キリスト教徒、ヒンドゥー教徒、スンナ［スンニー］派、シーア派、ゾロアスター教徒、シーク教徒を集め、神学上の討論をさせ、ジズヤ（非ムスリムに課する人頭税）を廃止して、帝国の全臣民に対して平等に税を課した。アクバルの息子ジャハーンギール（ペルシア語で「世界を征服する者」あるいは「世界を保持する者」の意）の時代に、ムガル帝国は当時の世界で最も強力な帝国に昇り詰めたが、だからと言ってジャハーンギールは、西洋を征服しようという気を起こさなかった。しかしその二代後に皇帝になったアウラングゼーブがヒンドゥー教を禁じたことによって、帝国はその活力を失い、結果としてマラーター王国というライバルの出現を許した。ヒンドゥー王朝のマラーター王国は、インド中央部を中心に一六七四年に建国された。

ジェノヴァの没落

一七世紀初め、今度はジェノヴァが枯渇する番になった。すべての戦線で競争者を抑えるだけの資源が、人的な意味でも、財政的な意味でも底を突いたのである。

前の「中心都市」アントウェルペンと同じように、ジェノヴァもまた、当時新たに始まっていたスペインに端を発する経済の全般的落ち込みによって、弱体化していた。スペインが破産したのは、教皇に敵対するフランスとネーデルラント、そしてイギリスに対峙するカール五世およびフェリペ二世の戦争に過剰に資金投入したこと、制海権を失ってネーデルラントに奪われたことによる。ネーデルラントは今や、アメリカ大陸からやってくる途方もない資源を大喜びでかき集めていた。

アントウェルペンを没落させた一五五五年の証券市場の急変によって中心都市となったジェノヴァは、アムステルダムの地位を押し上げた力によって、一六一〇年に退場した。資本主義の中心が、地中海から大西洋に移行したのは、ヴェネツィアが凋落したときに続いて、これが二度目である。地中海沿岸の国々は衰退していく。その生活水準は、その後ずっと、新興勢力を上回ることはない。お金による世界統治は、それ以後、プロテスタントの手に握られていく。

第4章 大西洋に移行した世界秩序の中心——1600〜1815年

カール五世の隠し子がヴェネツィア・スペイン連合艦隊の先頭に立ち、セリム二世のオスマン艦隊を破りながら、結局、大勢を逆転する役には立たなかったレパントの海戦から八年を経た一五七九年、スペイン人が、オランダ連邦共和国から追い出された。◆この出来事はレパントの海戦よりもずっと重要なのに、それほど知られてはいない。

イングランドの船隊は、フランシス・ドレークやトマス・キャヴェンディッシュといった名だたる船乗りを提督とし、相変わらずアメリカ大陸から金を持ち帰っていたスペイン船を襲撃し、それを奪った。一

◆スペイン人がオランダ連邦共和国から追い出された　一五七九年、スペイン領ネーデルラントの北部七州が対スペイン軍事同盟であるユトレヒト同盟を結成（同盟規約作成は前年の七八年）、ネーデルラント連邦共和国の基礎を築いた。しかし、この時点ではスペイン側が圧倒的に優位にあり、その情勢が逆転して実際にスペイン勢を駆逐し、議会主権を明確にうたった連邦共和国が事実上誕生するのは、一五八八年のことである。この連邦共和国の盟主は、アムステルダムを擁するホラント州であることから、この州名が共和国全体を代表することもしばしばで、日本語の「オランダ」もここから来ている。本書でも慣例に従って、これを正式名ではなく、オランダ（連邦）共和国と呼ぶことにする（現在のオランダ王国建国は一八一五年）。なお、ユトレヒト同盟に参加せず、スペインの治下にとどまったネーデルラントの南部諸州（主にはカトリック勢力）は、南ネーデルラントもしくはスペイン領ネーデルラントと呼ばれ、のちにベルギーとルクセンブルクとなる。

五八八年、スペイン無敵艦隊《アルマダ》はイングランド本土に侵攻を試みるが、船脚も遅く武器が貧弱なこともあってイングランドの海岸線で次々に沈没させられる。イングランドの大砲ははるかに精度が高く、このアルマダ海戦でスペイン側は水兵と艦船の三分の二を失った。

商人の理想を掲げた統治の勝利——アムステルダム

史上五番目のこの「中心都市」を形成していたのは、もはや一都市だけではなく、一地域全体だった。工業はライデンに、造船はロッテルダムに、という具合である。商人の理想を掲げた商人の統治のもとに七つの州が集結して、一つの独立した国オランダ連邦共和国となったこの地域は、ヨーロッパで初めて君主制——この場合はハプスブルク家——を倒した国家となったわけである。

しかし実際に作用していた論理は、かつてと変わるところはなかった。商業空間は徐々に拡大していく、という論理であり、近代的な港と、広大な農業後背地、船舶産業、商業船団であると同時に海軍でもある船隊を備えた大都市であれば、おのずと金融業者・海運業者・貿易商・発明家・冒険家が集まってくるというわけである。ただ今回違っていたのは、頂点に立ったのが商人だった、という点である。もう一つの論理は、商業時間もまた増える一方であるということだ。すなわち人間の生活のうち、お金に支配される部分が増える。それまで人間の生活の大部分を占めていたのは、衣食にかかわる時間だったが、その後は、土地、結婚の際の資金や持参金、書籍、海軍、芸術、戦争などにかかわる時間が増えていくのである。

一時はスペインに対して融和的だったアムステルダムも、一五七八年［ユトレヒト同盟規約作成の年］には反乱側に陣営を移し、それによって宗教上の自由を獲得する。プロテスタンティズムによって、富の所有に関係するあらゆる罪責感が払拭される。この地の教会はもはや、強欲を罪と糾弾する一方で自らは財産の独占を図る機関ではなくなった。こうしてアムステルダムには、アントウェルペン［南ネーデルラントに属す］からフェリペ二世軍の攻撃を避けて逃げてきた貿易商や、ドイツからはユダヤ人の家族が、スペインからは元コンベルソ［キリスト教に改宗した］

〔ユダヤ人〕、フランスからはユグノー〔カルヴァン派のフランスでの呼称〕が続々と流入してきたのである。

アムステルダム自体は、十分な土地を備えていなかったことから、大胆な決断を下すことになる。自前で食糧を生産することをやめてしまい、買ってまかなうことにしたのである。その代わり、亜麻・麻・菜種・ホップなど最先端の換金作物を生産し、染色産業を発展させ紡績の機械化を推し進めた。そのように繊維産業から利益を生み出すことによって、アムステルダムは、一五七〇年に新機軸の船舶の生産を工業化することに成功する。フライト船のことである。この船は、それ以前のものよりもずっと効率が良くなった。その船団は二〇〇〇トンの積載量と八〇〇名の乗組員◆を擁し、ヨーロッパのほかの船団をすべて合わせた量の六倍の商品を運ぶ能力を持ち、穀物・塩・木材については全ヨーロッパの四分の三、金属・繊維については半分を運搬していた。

武力は、いつでも商業の後ろ楯になる。オランダ海軍は世界最強となった。バルト海からラテン・アメリカ、アフリカ大陸からインドネシアや中国までの制海権を握った。西洋では唯一、日本に寄港することを認められた。当時まだ、アメリカ大陸からの貴金属の陸揚港の地位を保っていたセビーリャを支配下に置いた。こうした海軍力が、東西インド会社を皮切りに、アムステルダム証券取引所やアムステルダム銀行によって、金融・商業・産業における支配力に転じられたのである。また海運だけでなく、陸上産業の事業に対して株式制の会社を組織して融資することが史上初めて考案されたのも、このアムステルダムであり、一六〇四年のことだった。

◆二〇〇〇トンの積載量と八〇〇名の乗組員　フライト船（フリュート船とも）は、円い船尾で平底、三本マストの小型船で、少人数の乗組員で運航できる特長があった。積載量は二〇〇〜五〇〇トンだったというので「二〇〇〇トン云々」とあるのは一隻のことではなく、一船団の合計であろう。実際、一六〇〇年に臼杵に漂着したオランダのフライト船リーフデ号は三〇〇トン、当初の乗組員は一一〇名あまり、全部で五隻からなる船団で、船団全体の乗組員総数は約五〇〇名だったという。

一七世紀に入ると、オランダ連邦の諸都市の生活水準は、それ以後、ずっとジェノヴァやヴェネツィアを上回ることになる。それどころか、世界の中心を自認していたフランス、ヨーロッパ最大の帝国スペイン、存在感を現わし始めたばかりのイングランドなどに比べて、五倍にも達していた。またヨーロッパ史上初めて、中国の生活水準を上回った。生活は公共的な面で贅沢になり、知的な面で深化した。知識人は集まって盛んに意見を交換し、絵画は黄金時代を迎え、有名大学が海外から思想家を迎え入れた。アムステルダム生まれの哲学者バールーフ・デ・スピノザは、一六五〇年頃から、神が自然と同一視され、人間に何の道徳をも押しつけず、一方、人間は絶対的な孤独のなかで自らの自由意志に従って生きるという世界を思考するようになる。平和が世界の公共財のなかで最も重要なものとなり、大西洋は世界で最も重要な海となった。

法による海の秩序——世界で最も重要な海となった大西洋

世界と取引するに当たって、市場が重要であること、ひいては協定が重要であることを理解していたのは、オランダ人だけではない。条約の意義がどんどん増していき、それを尊重することが必要だと、誰もが考えるようになったのである。

一五九八年、朝鮮半島から、中国の明軍が日本軍を敗退させた［秀吉による二度目の朝鮮出兵が、この年、秀吉の死によって完全撤退に終わった］が、明軍は半島に居座って占拠するようなことはしなかった。

その一方、フランスでは、ヴェルヴァン条約の調印によってスペインとの戦争が終結したばかりのこの時期に、国王アンリ四世の事実上の宰相シュリー公が、国王に対し、ヨーロッパのほかの主権者に呼びかけて、ヨーロッパの平和を維持するための機関としての「ヨーロッパ協会」の創設を進言したと、回想録に書いている。国王はもともと、戦争の真の原因が「恒久的な仲裁機関の欠如、それも当事国がその機関の決定を遂行する気になるぐらいには利害に深く関与していて、またその決定を遂行させるだけの力を持った機関が欠如していること」にあるとお考えだったから、とシュリー公は述べるが、おそらくこの計画の実際の発案者は、シェリー公自身であったろう。

国家間紛争を解決するために、「キリスト教共和国の元老院」のようなものを、ヨーロッパの中心、たとえばメッスやナンシー〔ともに仏〕やケルン〔独〕に設置することを、シュリー公は提案している。この元老院は、ヨーロッパの一五ヶ国からそれぞれ四人ずつ派遣された計六〇名の議員から構成される。シュリー公の回想録を信じるなら、この計画はすぐにイングランドのエリザベス女王の賛同を得て、次いで教皇、ヴェネツィア、サヴォイア公、ケルン大司教、ファルツ伯〔ライン宮中伯〕、マインツ大司教も賛成したという。しかしながら、オランダ人の賛同を得られなかったために計画は頓挫した、と。しかし実際のところ、この計画は、シュリー公の書類入れから外に出たことは一度もなかっただろう。おそらくシュリー公は、国王死後の引退生活の長すぎる閑暇を埋める手段を、それに見出していたのであろう。

もはや武力に訴えるのではなく、協定によって世界秩序を構築しようという考えを表明する者は、同時期のドイツにもいた。ヨハネス・アルトゥジウスである。アルトゥジウスは哲学者であり、また改革派の神学者でもある。一六〇四～三八年にはエムデン市の市法律顧問を務めた。彼は『政治学』のなかで、「連邦制度」の概念について述べている。スイスやオランダ、神聖ローマ帝国の歴史を踏まえ、封建的な身分制度を法が支配する帝国に移行させることを彼は提案する。世界統治の最良の形態について考察する後代の議論には、アルトゥジウスと同じ概念が必ず俎上に載せられている。

とくに海事に関しては、〝法の優位〟という考え方が、まもなく適用されるようになる。海上という舞台は昔から、世界の力関係が如実に現われる場だったのだ。

一六二五年に、オランダの法学者グロティウスが説いたのは、どの国も国家間で規則を定める必要があるときには、自然権の原則を適用する義務がある、ということだった。具体的には、海も、空と同じように人類すべての財産であるから、どの国もそれを利用するのは自由だと主張したのである。この主張は結局のところ、オランダ共和国の商業的軍事的覇権に法的根拠を与えることになる。ここでもまたユートピアが、〝勝てば官軍〟の論理と結託してしまっているのだ。

一六三四年、枢機卿リシュリューが、数学者・天文学者・地理学者を招集し、海図を確定するための基準となる子午線を選定する委員会を設置した。船乗りの便宜を考えれば、この子午線〔経度ゼロ〕は、できる限り西に設定すべきなのだが、リシュリューはそれがフランスを通過することにこだわった。そこで委員会は、旧世界のなかで最も西に位置する土地であり、かつパリの経度からちょうど〔厳密に言えばほぼ〕二〇度西だから、という理由を付けて、カナリア諸島の小島フェロー島に基準子午線を定めた。

法による世界の統治について思いを巡らせたもう一人のユートピア主義者に、シラノ・ド・ベルジュラック◆がいる。彼は一六五一年に枢機卿マザランに与《くみ》して著わした『フロンド派に反対する手紙』のなかで、次のように書いている。「紳士《オネットム》は、フランス人でもドイツ人でもスペイン人でもない。世界市民である。その祖国はいたるところにあるのだ」。

世界の旧秩序の凋落

カトリック教会は武力を失い、神聖ローマ帝国は分裂して、どちらももはや世界を統治する術《すべ》がなくなった。フランスはその頃まだ、この役割を自ら引き受けようとしていた。一六四三年に、ルイ一四世が幼くして王位に就いたとき、フランスはヨーロッパの国のなかで最も国土が広く、最も人口が多く、その歩兵隊の規模はヨーロッパ大陸最大で、七万二〇〇〇人を擁していた。しかしその連隊の多くは、外国人（スイス、ドイツ、イタリア）部隊だった。五年後、ウェストファリア条約によって三〇年戦争に終止符が打たれ、アウクスブルクの和議の文言が確認された。これ以後、神聖ローマ帝国と教皇が政治権力を握ることは完全になくなる。各国が主権国家として認められ、主権者の宗教を国の宗教とする自由を確認した。どの国も、自国においては主となった。なかでもオランダ連邦共和国の独立をスペインが認めた。ただし、オリヴァ条約（一六六〇）やナイメーヘン条約（一六七八）では、領土割譲のさいに住民に改宗を強いてはならないと規定された。

フランスは当時、世界の中心であると自認していた。ルイ一四世の宮廷説教師ボシュエは、フランスの主権者たる太陽王［ルイ一四世］は、「世界を統治する使命を、神から授かったのだ」と言った。それでルイ一四世も、実際に世界支配に着手するのである。一六六七〜八四年、フランスは、フライブルク・イム・ブライスガウ［現独南西部］、フランシュ＝コンテ［現仏東部］、エノー伯領の諸都市［現ベルギー西部］、フランドルの海岸部、アルトワ［現仏北部］、ストラスブール、ルクセンブルクを併合した。ルイ一四世は、神聖ローマ皇帝に選出されることまで目論んだが、これは失敗に終わった。その後、二つの長期にわたる戦争（アウクスブルク同盟戦争・スペイン継承戦争）によって、今度はスペイン国王の王座を手に入れ、アメリカ大陸に持つスペインの広大な帝国領土をわがものにしようとした。一六八二年には、カヴリエ・ド・ラ・サールが北米のルイジアナを手に入れ、国王にちなんだ名前を付けた。ほかのフランス人もカナダやインド（一六七三年にはポンディシェリ［プドゥッチェリー］、一六七四年、シャンデルナゴル［チャンダンナガル］）に入植した。宮廷は地球の隅々からやって来た使節が溢《あふ》れて華々しさを誇り、フランスの芸術や科学は豊かに花開いていたが、それによってルイ一四世は、自分が世界の主であると錯覚してしまった。

しかし見た目は華々しい太陽王も、オランダ共和国と競い合うとなると、その手段の持ち合わせがないのだった。海軍は脆弱だし、オランダに肩を並べるような港が一つもなかった。一六八五年、ナント王令が破棄されたこの年のパリ市民一人当たり所得は、アムステルダムの四分の一だった。この隔たりは、プ

◆**シラノ・ド・ベルジュラック**　フランスの軍人、文筆家。ロスタンの同名の戯曲で名高い。引用されている言葉の背景には、幼くして王座に着いたルイ一四世の宰相マザランがイタリア出身、摂政アンヌ・ドートリシュがスペイン王とオーストリア大公の娘であることから、反政府のフロンド派が二人が外国出身者であることを盛んに揶揄していた、という事情がある。

ロテスタント住民が退去したことによって、いっそう大きくなった。

世界は変わった。ブリュージュは、もはや二流の都市に過ぎなくなった。アントウェルペンは、単にアムステルダムに近い町になってしまった。ジェノヴァは衰退し、ロンバルディア地域〔ミラノを擁する〕もろとも主要通商路から次第にはずれていった。ヴェネツィアは、東方貿易の一ルート上の、壮麗だけどなおざりにされた一つの寄港地に過ぎなくなった。スペインはピレネー山脈の向こう側とアメリカ大陸のみに閉じ込められ、キト〔現エクアドル首都〕、リマ〔現ペルー首都〕、プエブラ〔現メキシコ中央部〕に、金箔張りの教会を建設していた。新興勢力も現われた。オーストリアは、砦にこもってオスマン軍の攻撃によく堪え、グレートブリテン島では、◆国家として債権者を尊重し保護貿易主義を採る体制が確立した。ロシアは、一六九四年、ピョートル大帝が親政を開始し、バルト海に港〔現サンクトペテルブルク〕を建設させ、国際的な舞台に参入した。

一六四四年、女真人の後裔の満州の遊牧民が、明朝を滅ぼして清朝を建国し、引き続き北京に首都を置いた。この時点で、中華帝国はまだ世界一の経済力を誇っていた。当時の中国の人口は一億六〇〇〇万で、これは世界人口の三〇％に当たる。しかし一人当たり所得は世界平均を若干上回る程度で、もはや西欧の三分の二足らずになってしまっていた。清は隣国の多くに出兵し、そのうちネパール、ビルマ、ヴェトナム、朝鮮が中華帝国の冊封体制に編入された。一六八三年には台湾を占領、その後、チベットとアルタイ〔現新疆〕を相次いで征服した。

ムガル帝国が支配していたインドは、人口一億三五〇〇万、国内総生産は世界総計の二二％を占めていた。その版図は、現在のインドの全域――南端は除く――、および、現在のパキスタン、バングラデシュにまで及んでいた。インドのあちこちを西洋人が闊歩していた。一七世紀の初めにはオランダ東インド会社が海岸線に拠点を求め、イギリス東インド会社も一六〇〇年に設立され、支店をいくつか開設した。のちのマドラス〔チェンナイ〕、ボンベイ〔ムンバイ〕、カルカッタ〔コルカタ〕である。フランスのインド会社がポンディシェリに支店を開設したのは、一六七七年のことである。

この間アフリカ人は、すでにアラブ商人の組織する東方への奴隷貿易に苦しめられていて、これは結局総計で一七〇〇万人もの犠牲者を生むのだが、それに加えて、さらに大西洋経由の奴隷売買にも堪えていたのである。こちらは総計一一〇〇万人が、奴隷として南北アメリカ大陸のさまざまな植民地に輸送されていくことになる。運んだのはポルトガル人、スペイン人、オランダ人、イギリス人、フランス人だ。

史上初の世界統治計画

一七一三年、フランスの外交官でアカデミー会員でもある――のちにルイ一四世の政策を痛烈に批判して除名される――聖職者サン＝ピエールが、ポリニャック枢機卿の顧問としてスペイン継承戦争終結のためのユトレヒト条約調印に向けた数々の会議に出席した経験を踏まえ、『ヨーロッパ恒久平和』という画期的な著作を刊行する。これは、史上初めて制度的に組織された世界秩序について考察したもので、この計画は以後の多くの人びとに影響を与えた。

◆グレートブリテン島では……　イギリスは、一六八九年の名誉革命で、王権よりも議会の優位を定めた権利章典によって立憲君主制を樹立した。当時の各国は、たびかさなる戦争の出費を君主発行の公債によって賄っていたが、債務が次代の君主に継承される保証がなかったため、こうした債権は実際しばしばデフォルト（債務不履行）に直面し、利率は高いもののきわめて不安定であった。ところが、従来は君主のものであった国家財政と税制に関する権利を恒久的な議会が奪取し、君主の債務を保証、すなわち国債の発行によって安定した資金調達を図る動きが出てくる。先鞭を付けたのがホラント州で、名誉革命後のイギリスもこれに追随して一六九一年、同国史上初めて国債に関する法律を制定した。またイギリスは一六五一年以降、重商主義政策の柱となるいくつかの航海法（航海条例とも）を発布し、イギリスに輸入される商品は、ヨーロッパ以外の生産品はイギリス船で、ヨーロッパ産の商品はイギリス船または生産国の船で輸送することなどを規定し、オランダの中継貿易排除をめざすとともに、一六九〇年には輸入毛織物に高い関税をかけて国内産業の保護を図った。

世界秩序はもはや、武力では手に入れられないとサン＝ピエールは考えた。平和は協定によって確立しなければならない。「ヨーロッパの主権者も主権者でない人びとも、より幸福に生きたいと思ったら、恒久的な協会のようなものに統合され、平和裡に生きる必要がある」からだ、と。

そこでサン＝ピエールは次のように提唱した。一八のヨーロッパ列強、すなわちフランス、スペイン、イギリス、オランダ、ポルトガル、スイスとその同盟都市、フィレンツェとその同盟都市、ジェノヴァとその同盟都市、教皇領、ヴェネツィア共和国、サヴォイア公国、ロレーヌ公国［独語ロートリンゲン公国］、デンマーク王国、クールラント公国およびグダニスクその他の都市、神聖ローマ帝国、ポーランド王国、スウェーデン王国、モスクワ国家［のちのロシア帝国］が連合条約に署名し、「オランダの七州、スイスの一三州《カントン》、ドイツの二〇〇以上の領邦を模範として」一つの恒久的な議会を設置し、「すでにより小さな規模で実行できていることを、より大きな規模で実行する」と。「各主権者は、自由都市に設置された議会ないし元老院に派遣される議員によって代表される。議会が設置される都市を平和都市と呼ぶ」。各議員は持ち回りで、議長および「平和都市」市長を務める。議会は、戦争・金融・国境の各大臣を任命する。議会で審議に用いられる言語は、ヨーロッパで最も使用頻度の高い言語となる。この連合体は同一の度量衡制度、同一の貨幣、同一の暦の使用について合意しなければならない。インド会社を模範として、「利益公団」（貿易会社）が海上貿易を営み、連合体全体の利益から一部を徴収する。連合体は「ヨーロッパのすべての主権者および国民に対して、仮に別の連合機関が設立されても太刀打ちできないほどの、最大限の幸福をもたらす」という。

サン＝ピエールの関心は、ヨーロッパの範疇を越えて世界に向けられていた。彼は、ヨーロッパにとって生命線である重要通商路に、ヨーロッパ軍の分遣隊を送ることも提案していた。派遣先の一つはモスクワ国家とタタール人との国境に、二つ目はオスマン帝国との国境に、三つ目はエジプトに、となっていた。

さらにサン＝ピエールは、他の大陸が、ヨーロッパと同じやり方で連合体を設立する後押しをすることも示唆していた。手始めに「インド会議」を設置し、「インドの各主権者間の紛争を仲裁する」ことを提唱している。また、「ヨーロッパ連合体は、平和維持のための同様の恒久的な連合機関をアジアにも設置できるよう努める」と。

　このような構想で結成される連合体は、ずっとのちには世界的なものになっているはずだという。

　自らの計画が度外れて壮大すぎることを十分意識していたサン＝ピエールは、次のように述べる。「何世代も、何世紀も後のことを考えたいものである〔……〕。ヨーロッパ協会が設立されたなら、五〇〇年後のヨーロッパ人がそれから受ける恩恵は、誰の想像も予想も及ばないほどであろう」と。彼がこう書いたのは、今から三世紀前のことだった。

思想の自由と移動の自由

　かくして平和は、世界の公共財と認められた。自由それ自体が求められるようになってきた。とりわけ移動の自由についてはそうだった。オランダ連邦共和国のように、国を去ることが何の問題も引き起こさない国もいくつかあった。

　しかし君主国の大半では、君主がはっきりと許可を与えない限り、誰も国外に退去できなかった。ヴォルテール〔フランスの文学者、思想家〕は、ある国から別の国へ移動する自由を基本的な権利と見なすよう提唱し、国民が国境から外に出ることを禁じているヨーロッパの君主国をこき下ろした。この権利が認められているかどうかは、今日でもなお、民主主義が認められているかどうかの第一の判断基準である。しかし、そこからもう一つ別の問題も出てくる。もしも人が誰でも自国から退去する権利を持つなら、好きなところに赴《おもむ》く権利はあるのか、という問題である。その権利がないなら、どこにも受け入れられないのに、どうして自国を退去することができようか。

　思想の自由とこの移動の自由を、地球規模で促進することを目指す、これまでにない民間かつ世俗のネットワークが、当時ちょうど設立され始めたところだった。一七一七年六月には、フリーメーソンがロンドンで組織を整えた。この団体は「平和と理性に向かう人類の進歩に寄与する」ことを目的とし、ヨーロッパ中にネットワークを展開して、カトリック教会、とりわけイエズス会のネットワークに肩を並べていた。一七二三年にはプロテスタント牧師ジェイムズ・アンダーソンが、建築家の同職組合を起源とする、きわめて思弁的なこの団体の「憲章」を編纂した。一七三八年には教皇クレメンス一二世がフリーメーソンを非難し、「異端の疑いが濃厚」と決めつけた。それから少しして、フリーメーソンの一つのグループが分離し、イルミナティを創設した。このネットワークはほどなくして消滅したようだが、今日までなお、それを秘密の世界統治機関と見る向きもある。

移動の機会が増せば、人類の一体性について、当然意識するようになる。人類が一体であるなら、好きなときに好きな場所へ移動すること、どこにいても平等に扱われることが求められる。

一七四九年、博物学者ビュフォンは「人類の多様性」〔膨大な著書『博物誌』の一つの章〕のなかで、次のように説いた。人類は見た目は異なるが、それは気候や食べ物の影響で説明がつくことであり、その起源は共通で、全人類が一つの同じ種に属しているのである。だから誰もが公平に扱われなければならない、と。

啓蒙思想運動が奴隷制度を非難したのも、同じ考え方だった。『百科全書』の「黒人売買」の項を執筆したルイ・ド・ジョクールも、奴隷制度と人身売買を非難している〔「奴隷にするために黒人を購入する商売は、宗教も道徳も自然法も人間が生まれながらに持っているすべての権利も侵害する業《わざ》である」〕。一七五八年には、イギリスの植民地ペンシルヴェニアのクエーカー教徒が奴隷を用いることを自らに禁じた。ジャン＝ジャック・ルソーは『人間不平等起源論』および『言語起源論』で、全人類のあいだに友愛が必要であると提起しているが、ルソー自身は世界統治を不可能と見ていた。逆に彼はジュネーヴを称揚して、その規模の小ささが良き統治を可能にしてくれると説いた。なぜならジュネーヴでは、誰もが他の誰とも知り合いであるので、透明性が確保され、また人口が少ないので代表を立てる必要もないからだという。

オランダによる世界秩序の繁栄と衰退

オランダ連邦共和国にとって、一八世紀はまだ勝利の世紀だった。一方、その競争相手にとっては、失望と挫折の時代だった。アムステルダムは人口わずか三〇万人で、ヨーロッパのみならず世界を統治した。その外交手腕で、自らの選択を他国に押しつけた。その海軍は多くの海の制海権を握った。その工業製品はいたるところに輸出された。その銀行家は為替相場を支配した。その商人はあらゆる産物の価格を決定した。

フランスは、見かけは強国で人口もヨーロッパ一だったが、やることなすことが裏目に出ていた。海上では海軍が負けてばかりだった。インド、ルイジアナ、カナダでは外交に失敗した。ローのシステム◆が失敗して、財政は破綻した。一七一四年になってやっと、フランスの貴族はその地位を失うことなく商業に従事することができるようになったが、フランスのブルジョワジーはきわめて慎重で、海軍にも、近代的な工業にも、関心を示さなかった。フランス経済は、農業資本主義の時代遅れの産業分野（食糧、皮革、毛

◆**ローのシステム**　一七一五年、ルイ一四世の死にともなって摂政の座に着いたオルレアン公フィリップは、ルイ一四世時代のあいつぐ対外戦争による国家財政の危機的状況を改善するために、スコットランド出身の銀行家ジョン・ローを採用する。ローの経済再建策は、次のようなシステムである。中央銀行を設立、銀行券を発行する。一方で北米ルイジアナの開発独占権を持つ西方会社も設立し（のちにインド会社に改組、中央銀行と合併）、この銀行券を引き受けてそれを国家に貸し付ける。国は累積した国家債務の償還にその銀行券を当てる。結果として銀行券が市中に溢れ、インフレを招くことが予想される。それを防ぐために、インド会社が新株発行、株式投資の形で銀行券を吸収する、というもの。この「ローのシステム」は、ルイジアナ開発成功への期待から株価が上昇しているうちは目論見どおりに推移したが、ルイジアナが成果をあげられずにいると、やがてバブルが崩壊して株価が大暴落、取り付け騒ぎが発生して中央銀行は破産し、ローは身をやつして国外に脱出した。

織物）だけで細々やっていく状況に閉じこもっていた。それは、進取の気性に富んだオランダの商人にしてみれば、喜んでフランスに譲ってもかまわない分野だったのだ。

一八世紀、中国では米の三期作が実現したことによって人口が四億に達し、世界のほかのどの国もはるかに及ばないほど差が開いた。清朝の皇帝は、インド洋に拠点を置いたオランダ商人がやって来て、広東で交易をすることに何の抵抗も見せなかった。中国は、何の見返りも求めずにオランダに門戸を開いたのである。日本に対する態度も同様であった。しかし中国人の生活水準は下降していた。一七〇〇年に、一人当たり所得の世界平均が中国を上回った。中国の所得額はもはや西洋の六〇％にも及ばなかった。それでも清朝下の中国は、かつてないほどの経済的躍進を遂げたように見える。茶・絹織物・漆器の輸出高は過去最高となり、アメリカ大陸から流入する潤沢な銀を享受していた。新たに輸入された作物（玉蜀黍《トウモロコシ》や落花生）が普及したことによって、それまで荒地だった土地の開拓が可能になり、農業が発展した。それでもヨーロッパ商人に開かれていたのは広東一港だけで、しかも交易の中国側の窓口は、「公行」と呼ばれる組合を組織していた特許商人団に限られ、公行が価格と関税のすべてを決定した。そのうえ一八世紀の終わり頃には、国境地域で戦費のかさむ戦争が相次ぎ、国内の農村地帯では反乱が何度も起きたことが、中華帝国の弱体化に拍車をかけることになった。

アムステルダムを中心にした、商人たちによる史上五番目の世界秩序は、彼らが権力を奪取してから約一世紀半後、だいたい一七七五年前後から没落し始める。それ以前のすべての帝国、またそれ以前のすべての「中心都市」と、没落の理由は同じだった。オランダ海軍がもはや最強ではなくなったこと、オランダにとって海上がそれほど安全ではなくなったこと、通商路の保護にかかる費用が次第に増してきたこと、工業に用いられる燃料――森林の木材で、これは船舶の建造にも用いられた――が枯渇したこと、国内の社会対立が激化したこと、賃金が上昇したこと、アムステルダムの毛織物の生産コストが増加したこと、染色技術、軍艦の武装技術に進歩が見られなくなったこと、債務が累積されたこと、などである。ただしそれでも、利益も上昇してはいたが。

オランダの海運業者は、その頃、ロンドンに移っていった。良質な金融業者もあとに続いた。ロンドンは世界で最も安全で、最も活力に満ち溢れた都市になった。一七八八年、オランダの最後の銀行が破産した。フランス革命の前夜、資本主義の「中心都市」は北海を渡ってグレートブリテン島に拠点を移した。この地では、民主主義と市場が足並みをそろえて進歩していた。

新世界の統治――「自由の帝国」という幻想

ロンドンの勝利は、逆説的なことに、手痛い失敗から始った。アメリカ大陸では――まず北米で、ついで南米でも――植民者が独立を求めるようになっていた。アメリカの望みは、世界の模範になること、世界の自由の故郷になること、自由が世界で一番しっかりと保障され推奨されている国にすることだった。だからアメリカ建国の父たちは、同時にグローバリスト的な使命も自らに課していた。イギリスやスペインの支配から解放されたあかつきには、自由の支配を世界中に広めなければならないと考えたのである。

北米大陸で独立宣言が署名される数ヶ月前、独立革命を支援するためにやって来たイギリス人トマス・ペインが、著書『コモン・センス』のなかにこのように記した。◆「わたしの祖国は全世界であり、わたしの宗教は善を行なうことなのだ」。ちなみに『コモン・センス』は、一八世紀に英語で書かれた書物のなかで最大のベストセラーとなった。

一七七六年、アメリカ大陸のイギリス植民地は、カナダを除いて独立を宣言した。当時、ヴァージニア

◆**『コモン・センス』のなかに……記した** アタリの勘違いで、『人間の権利』第二部第五章「ヨーロッパの状態を改善する方法手段――雑多な初見を随所に織り交ぜて」の一節。邦訳、『人間の権利』西川正身訳、岩波文庫、一九七一年。

革命協議会議員だったトマス・ジェファソンは、新しく建国されるアメリカ合衆国を、ヨーロッパの古き諸帝国の支配に終止符を打つ超大国にしたいと考えた。そして地球全体に自由を押し広げることを使命とする、「自由の帝国」に一歩を踏み出させるために、アメリカ合衆国をその礎《いしずえ》としたい、と望んでいた。「自由の帝国」というこの概念は、やがてアメリカのアイデンティティを形成することになる。ジェファソンは、アメリカ合衆国が「法に基づき、自らの文明を普及させることによって帝国を確立した古代ローマ共和国」に匹敵するほどになることを、切に願っていた。一七八〇年、イギリスとの戦争がいまだに熾烈をきわめるなかで、ジェファソンはこう書いている。「危険な敵を改宗させたうえで〔もしもわれわれがカナダも併合することができるなら〕、自由の帝国に広大で肥沃な土地が加わるということである。〔……〕そうなれば、神の創造以来、一度も存在したことのないような、自由のための帝国をわれわれは手に入れることになる」。「自由の帝国」であるだけでなく、「自由のための帝国」でもあるのだ。一七八一年、フランス海軍の支援もあって、アメリカの反乱軍はヨークタウンの戦いで勝利を収めた。これによって独立戦争に決着がつき、イギリスの支配権に終止符が打たれた。一七九〇年、連合一三邦は、一つの予算、一つの首都を持つ一つの連邦国家となることを定めた。◆

だからと言って、このときはまだ合衆国には、外の世界を征服する意思はさらさらなかった。むしろ孤立を守ることが、新しくできたばかりの国が存続するための必要条件でさえあった。新大陸の問題に、ヨーロッパから新たな横槍が入る危険を回避するためである。若く壊れやすい共和国だったアメリカとしては、同盟関係の悪しき歯車に巻き込まれることだけは絶対に避けたかったのである。

そのためにまずアメリカにとって必要だったことは、植民地の旧宗主国とのあいだの紛争を何としてでも平和裡に解決することだった。一七九四年、フランス革命をめぐって戦争のまっ只中にあったヨーロッパで、史上初の国際的な紛争防止メカニズムが設置された。アメリカ合衆国とイギリスとのあいだで結ばれた、いわゆるジェー条約によって、アメリカ独立宣言にともなう両国間の紛争を解決するために、両国混成の仲裁委員会の創設が決定されたのである。偉大なる第一歩である。市場と同じように外交分野でも、協定が重きをなす時代が始まったのである。

アメリカ合衆国は、最初から、自分はかくありたしという夢の幻影にとらわれていたのだった。自分たちは世界中の国々が見習うべき模範だと思い込んだのだ。ところが、そのときアメリカが行なっていたのは、アメリカ大陸にもともと暮らしていた先住民を徹底的に虐殺し、自らの富を奴隷制度のうえに築くという所業だったのであるが。

ナポレオンの夢——フランス革命の理念による世界秩序

フランス革命が勃発したとき、アメリカという前例のことが誰の頭のなかにもあった。ジェファソンが一〇年前に語った「自由の帝国」が、ついに実現し始めたぞということになったのだ。一七八九年七月初め、ラ・ファイエット侯爵は、まさにそのジェファソン（当時はパリ駐在の合衆国大使）とともに練り上げた人権宣言草案を提示した。しかし、合衆国と同じようなことをするのを好まない向きもあった。一七八九年七月一一日、ジェラール・ラリー＝トランダル侯爵は次のように反発した。「世界にお目見えしたばかりの、生まれたての国民と、古く、大きく、世界の一等国の一つで、一四〇〇年も前から何らかの形で政府を持っている国民とのあいだに、どれほど大きな違いがあるか考えてみればよいのだ」。

フランス革命は国家の枠内で推移したし、その原因は基本的に国内にあったけれども、またフランスから国外に亡命した者〔革命に反対する貴族や聖職者〕と、外国人でそうした亡命者を支援する者たちから、何より革命を防衛

◆**連合一三邦は……定めた**　独立宣言後、独立一三州は、連合規約（一七七七年採択、八一年発効）を制定して諸邦同盟を結成した。しかしこの規約は、各邦に完全な主権を認める分権的な性格のものだったので、内政は混乱を来し、強力な中央政府が求められるようになる。その結果、一七八八年に連邦制を採る合衆国憲法が発効し、九〇年に一三邦のうち最後のロードアイランドがこれを批准して、連合規約の効力は消滅した。

する必要があったかもしれないが、フランス革命ではあらゆる民族の自決権が称揚された。革命勢力は、アルザスはフランスだと主張したが、それは征服者の権利として言うのではなく、アルザスの住民が自分の意思でフランスに属したからだと主張した。フランス革命はこういった意味で、どこの国民にも適用されるべき権利を確立することを目指したのである。第三身分〔平民〕に味方する弁護士アドリアン・デュポンは、一七八九年八月一八日〔人権宣言採択は八月二六日〕、次のように表明した。「すべての人間、すべての時代に通用する人権宣言だけが、動かしがたい権威をもたらしてくれる。それこそ憲法制定国民議会の議員が必要としているものであり、自分たちの仕事〔憲法制定〕の根拠となるものだ」。一七九〇年七月一四日のパリの連盟祭◆のあと、カミーユ・デムーランが次のように書いた。「七月一四日の連盟祭の目的は、国王をわれらと平等と見なすまではいかないが、少なくともすべての人間、すべての国民を兄弟と見なすようになることだった」と。さらにまた、「蜂起した人民を抑えつけようとする君主に災いあれ！　これまでわれらの条約を制定していたのは、われらの国王だった。しかし人民自身が、自分たちの同盟を決定するようにならなければ！」と加えている。憲法制定国民議会は解散〔一七九一年九月三〇日〕の直前、人間の名にふさわしい外国人には「フランス市民」の資格を与えることを提案している。このことからわかるのは、フランス革命の世界化への使命感がいかに強かったかということだ。人びとは国境に沿って友愛の木を植えた。

一方この間、急速な技術進歩によって通信が一変する。一七九二年、クロード・シャップが「テレグラフ」◆を発明するのだ。これは七メートルの高さの支柱に取り付けられた可動式の三本の腕木と、その動きを視覚で捉えて伝達していく中継所からできていた。

一七九三年、ロベスピエールは、国民公会が「人間という生き物の群れが地球の一角に閉じ込められていること」に賛成し、あらゆる国の人間が兄弟であるという理念を採択しなかったと非難した。

ボナパルト将軍は、世界秩序という夢を、自分が実現する番だと考えていたが、一度もそれを公言したことはない。ナポレオンはまずもって、現実主義者だったのだ。エジプトに遠征したときから、すでに自身の帝国に限りがあるとは考えていなかった。メッテルニヒ［オーストリアの政治家。ナポレオン戦争後のウィーン体制の指導者］によれば、ナポレオンにとってモデルになったのは、アレクサンドロス、カエサル、カール大帝しかいなかったとのことだが、ここにはアッティラ大王やチンギス・ハーンを始め、ほかの皇帝を幾人か加えることができるはずだ。ナポレオンはその行動のなかで、常に自身の権威のもとに、世界とは言わないまでも、ヨーロッパを支配する統治の確立のことを考えていた。そして実際にそれに向かって行動したのである。ナポレオンは皇帝要理書［キリスト教教育に用いるために一八〇六年に発布された］まで作成した。そこには「皇帝を敬い、愛し、従わなければならない。皇帝のなかに神の似姿を、神の権威の地上における受託者を、見て取らなければならない」とある。

一八一一年、ナポレオン帝国の版図は最大になり、スペインからポーランド、スウェーデンからシチリア島にまで及んだ。ナポレオン軍は国際的になった。兵士の話す言語は、数多くの方言を数に入れないでも一〇以上に上った。このため通信や食糧輸送は簡単ではなく、そのことが敗退を後押しした。

ナポレオンは『セント＝ヘレナ島の回想』のなかで、権力の座に就いて以来、一度も明言したことのなかった世界秩序に関する考えを理論化し、自身の政策を次のように説明している。フランス革命の「偉大なる真理」が「世界を照らす光を放つ、三脚のかがり火台」となるようにしたいという思いが、自分の政策の動機となってきた。「この真理こそ、世界を治めるものとなろう。この真理はあらゆる国民の信条、

◆**連盟祭**　バスティーユ襲撃一周年を記念した催し。ルイ一六世はその場で憲法遵守を誓い、表面的には国民統合が達成されたことになったが、その内実は諸矛盾を抱えていた。

◆**テレグラフ**　「電信」の語源になったこの言葉は、元はシャップが発明した腕木通信を意味していた。シャップの腕木通信機は、二つの関節で接続された三本の腕木の角度を変えることによって固有のアルファベットを表わし、それを望遠鏡で遠方から視覚的に読み取った次の中継所が、自分の通信機の腕木を同じ形状にセット、さらに次の中継所も同じように腕木をセットするという具合に、バケツリレー式に次々と伝達していくシステムだった。革命政府もナポレオンもこの技術を高く評価した。早くも一七九四年には、パリ～リール間二三〇キロに二二の中継所を備えた通信線が敷設されている。

信仰、道徳となろう。記念すべきこの時代は、誰が何と言おうと、私という人間に結びついている。なぜなら何と言っても、このかがり火の炎を明るく燃え上がらせたのは私だし、その原則を神聖なものとしたのも私だからだ。そして今日、私に対する迫害によって、私はついに世界の救世主となるのだ」。この回想のなかでナポレオンは、「ヨーロッパ連盟」の構築についても語っている。「その中心には、一つのヨーロッパ法典、一つのヨーロッパ破毀院〔……〕、どこへ行っても一つの同じ貨幣、同じ度量衡単位、同じ法を持っている」。それによって「誰もが、どこへでも旅することができ、そしてどこにいても共通の故国にいると感じることができる」。

ユートピア構想——サン＝シモン、カント、ヘーゲル

あいつぐ戦争の暴力で大混乱に陥っていた当時のヨーロッパでは、数々のユートピアの構想が誕生した。パリでは、社会思想家クロード＝アンリ・ド・サン＝シモンが、革命中に国有地売買で巨万の富を築いたのち、「あらゆる善意の人に訴える」、として〝世界連合〟実現を人類の至高の政治目標とするよう呼びかけた。サン＝シモンが言うには、「原始キリスト教」は人類に平和をもたらす最初の源泉であった。しかし「原始キリスト教」の元々のメッセージは、教会が不当にも世俗の権力を奪取してからというもの、教会自身によって覆い隠され、歪められてしまった。したがってこれからは、キリスト教の元々の意図を達成し、神の前に人間はすべて平等な兄弟であるという「キリスト教の真髄」を到来させ、人間による人間の支配の代わりとしなければならない。サン＝シモンが提唱した世界連合は、あらゆる形態の権力に反対しなければならないという。まず初めに、当時、不倶戴天の敵どうしだったフランスとイギリスとのあいだでこの構想を実現し、その後徐々に、ほかのあらゆる国にそれを拡大するのだという。「科学と平和を目的とするこの連合組織は、やがて地球全体に拡大される。そのとき地球は、産業によって変身を遂げ、真の意味で万人の共有財になっていることであろう」。

同じ頃ケーニヒスベルク〔現ロシアのカリーニングラート〕では、同市の大学の哲学教授イマヌエル・カントが、人類全体を統治するただ一つの機関の構想を練っていた。一七九五年に刊行された『永遠平和のために』のなかで、カントは平和を目的とする〝世界法〟を制定することを提案した。カントにとって生物は、おそらく一度しか起こらない奇蹟の産物であり、人類という種はただ一つで、せいぜい気候による偏差があるだけだという。しかし人間性の基本は悪である。唯一、法という規制を適用することによってしか、人類を平和に導くことはできない。「世界市民法」とカントが名付ける法には、ストア派の考え方の再来を見て取れる。この法は、国と国との関係に対して、また人類の一員としての人間に対して、適用される。「国民がいなければ、国民どうしの同盟はあり得ない。〔……〕人類が最終目標であって、国は手段に過ぎない」。カントにとって人類は、「理性の理念を実現していきながら」この世界市民法に向かって進化するのが自然である。というのも、人間の「非社交的社交性◆」という特徴は、「緊張」を生むのだが、これこそが人間の行動の動機であり、そこから人類の政治的統合が促されるのである。「世界市民法は人間と国家を、外的に相互に交流しあう関係において、普遍的な人類国家の市民と見なす」。生まれつきの状態を脱した人間が、共通の法に従うことを受け入れて、市民社会を創出するように、国家は法に基づかない不安定な相互関係から脱して、「合意のうえで共有される国際法に沿った諸国家の連合という法的状態」にならなければならない。世界市民法は、国家がお互いに平和を構築し、求める者には一時的な歓待を提供するという義務だけに限定される。すべての国家は、外国からの訪問者の「奪うことのできない権利」、すなわちWeltbürgerrecht（「世界市民法＝世界市民としての権利」）を認めなければならない。

◆**非社交的社交性**　人間が、社会を組織しようとする傾向を持っていると同時に、自分独りで一切を意のままにしよう、他者に対して抵抗しようとする傾向も持っていることを言い表わすカントの用語（「世界公民的見地における一般史の構想」第四命題）。カントはこの人間の性質を、国家に敷衍し、国家間に緊張が生じるのは必然であり、それを防ぐためには国際連合が必要であると論じる（同、第七命題）。

カントはこのように、共和制国家の国民すべての自由意志による合意に基づいて、国家連合を創設することを提唱していた。それが平和の保障になるだろうという。すべての国が、「戦争をすべきかどうか決定するのが国家元首（戦争によって被る苦しみが一つもない）ではなく〔……〕、国民（戦争で苦しむ）であるような体制」でなければならない。すべての国の体制が、次の三条項に基づかなければならない。「第一条項、各国家における市民的体制は、共和制でなければならない。第二条項、国際法は、自由な諸国家の連合制度に基礎を置くべきである。第三条項、世界市民法は、普遍的な歓待の条件に制限されなければならない」。この「普遍的な人類国家」は継続的かつ安定的である。「国内においてできるかぎり最善の市民体制を樹立するとともに、対外関係においても諸国家のあいだに協定と法とを制定すれば、いつかはついに世界市民共同体に類するものが創設され、自動機械さながらに自己を保存し得るであろう」。

それからしばらくして、一八二二〜三〇年、ベルリン大学ではまた別の哲学教授が歴史哲学を講じた。ヘーゲルである〔弟子が編纂した『歴史哲学講義』が死後に出版〕。彼はそのなかで、二〇年前にベルリンに入城したナポレオンに「世界精神」を見たと評した。共和政体を並べてみたところで、戦争を根絶するには十分ではないとヘーゲルは説く。それどころか、戦争を避けようとしてはならない、と。歴史は混沌と矛盾の様相を呈している。個々人は、それぞれの目的に到達しようとしながら、各人が望んだわけでもない事件や制度や革命を集合的に生み出しているからだ。しかしそれでも、すべての人間が一つの普遍的な因果関係に従って、一つの歴史の方向へと進んでいるのだという。ヘーゲルによれば、「諸国家の進む方向は、統合である」。一般意思の体現、絶対的真理の受託者としての国家は、「精神の世界帝国」の先駆けである。圧政も戦争も受難も、絶対的なものが実現されるために必要な契機なのである。絶対的なものとは世界の統合である。それのみが戦争に終止符を打つであろう。統合的な統治がないかぎり、平和はない。統合された世界統治は、各国が持つ独自の特性のあいだの矛盾が解消されれば、しかるべき時機に到来するであろう。しかもそれは遠い未来の話ではない。さまざまな宗教が、次々に連鎖して現われたが、それは一貫して「絶対宗教」

に到達する方向に向かってきた。その最後の形態がルター派であると、ヘーゲルは言う。

史上初の協定による世界秩序――ヨーロッパ協調

一八一五年、ヨーロッパを戦争が席巻し、そのためにユートピアが、実現が困難なものまで含めて盛んに提唱された数世紀が過ぎたすえに、平和は公共財であるということが真剣に認知され、協定が国際秩序の最善の手段であると考えられるようになった。世界支配の追求に疲れ、むしろ世界は自分たちから逃げていくように感じたヨーロッパ各国政府が、互いの紛争を避けるためのメカニズムを、ついに設置したのである。ある種の有志による統治機関であり、シュリーやサン＝ピエールやカントの夢を実際的に解釈した結果でもあった。

ナポレオンの最初の退位のあと、イギリス連合王国、オーストリア帝国、プロイセン王国、ロシア帝国、ルイ一八世のフランス王国が、ヨーロッパの秩序を調整するためにウィーンに集まったのである。同盟列強は、ナポレオンの征服地を分配することから着手した。ヴェネツィア共和国はオーストリア帝国の支配下に置かれ、その他のイタリアは教皇領、ブルボン家、ハプスブルク家に分配された。オランダ［ネーデルラント連邦共和国］は独立を保ち、ベルギーを獲得した［ネーデルラント王国が成立。以下、本書ではオランダ（王国）と呼ぶ］。ロシアはポーランドの一部を獲得した。プロイセンは、ラインラント地域を獲得。オーストリアは、イタリアの一部を獲得し、さらに新たに結成された三九の諸邦同盟であるドイツ連合［ドイツ連邦］の盟主の地位に就いた。この連合のなかには、ハノーファー王としてのイングランド王、ルクセンブルク大公としてのオランダ王、シュレースヴィヒ公およびホルシュタイン公としてのデンマーク王も含まれていた。スペインは無視される一方、その植民地では独立を求める声が発せられ始めていた。

列強五国は、ドナウ川［ドイツ南西部から黒海に至るヨーロッパ第二の大河］の航行規則の制定、奴隷貿易の禁止、紛争解決機構の設置について合意した。五国は、ヨーロッパ大陸に害をなす大問題についてのみ共同で決定することを決めた。

どの国も、他国の利益を侵害する行動をしないこと、他国の対外政策に対して拒否権を発動することができることが確認された。その後も折に触れ会議が持たれることになる。この体制は「ヨーロッパ協調」と呼ばれている。

初期のヨーロッパ協調は正しく機能していた。一八二三年、フランスはほかの四国から、スペイン内戦への介入に対する承認を得た。一八三一年、五国は共同でベルギー王国の独立を認めた。

しかしこうした見かけの裏側で、アメリカという重荷が図らずも取り除かれたイギリスが覇権を握り、世界を統治するのは自分の番だと名乗りを上げた。ヘーゲルのあの陰鬱な予感、すなわち国家とは、たとえ民主体制でなくても客観的な道徳性において最も高貴な段階「地上における天上的なもの」に達するのである、という予感が成就するのを待ちきれないかのように。

第5章　グローバルな世界秩序の形成——1815～1914年

一九世紀初めになると、交通・通信の分野で著しい技術革新が達成されたことにより、世界の大きさは従来とはまったく異なるものになっていく。輸送機関の速度は、それまでは数千年間にわたって実質的な進化は見られなかったのに、たとえば地球を一周するにも、もはや数年を要するようなことはなくなり、何と数週間でそれが可能となったのである。当然、メッセージの伝達に要する時間も大幅に縮小した。こうした技術革新は、それがどの国で達成されたかにかかわらず、その多くを産業に有効活用できた国は当初は一つしかなかった。イギリスである。

一八〇三年、アメリカ人ロバート・フルトンが、史上初の蒸気船の実験をセーヌ川で成功させた。動力船の初の洋上航海は、一八〇九年、ニューヨーク～フィラデルフィア間でのことだった。一方、実用的な蒸気機関車の史上初の走行は、一八一四年のイギリスだった。蒸気機関車を使った鉄道による旅客輸送も、イギリスで一八二五年に開始された。それ以降、人と商品の移動の速度、いや、それ以上に思想や言語情報の流通速度は増す一方となった。一八三二年には、クロード・シャップによる視覚的通信システムが、電気的通信すなわち電信に取って代わられた。これはロシアの発明で、サンクトペテルブルクで行なわれた公開実験では、皇帝ニコライ一世も臨場した。電信による通信を実用レベルで初めて実現したのは、一八三三年のドイツだった。この方式は、鉄道に沿って導線を敷設することで広まっていった。初めはイギリスで、次いでオランダ、ドイツ、オーストリア＝ハンガリー、イタリア、ロシア、フランスというぐあいに。アメリカに登場するのはその後で、一八四四年五月二四日、画家のサミュエル・モールス［モース］が、ワシントン〜ボルティモア間に敷いた導線を通じて、独自に定めたいわゆるモールス符号で書いたメッセージを初めて送信した。一八五〇年には、海底電信線がイギリスとフランスを、さらに八年後にはイギリスと北米を結んだ。

電信は、情報伝達の環境をすっかり様変わりさせた。人は今や、メッセージをほぼ瞬時に、地球のどこまでも送信することが可能になった。つまり通知する、討議する、命令する、といった行為を、リアルタイムで遂行することが可能になった、ということである。少なくともロンドンは、そのノウハウを身に着けることになる。とくにロンドンの金融市場と銀行は、情報の認知という分野におけるこの進歩を利用して利益を生み出す術を手中にしていく。

商取引の成功のためには、企業や国家を地球規模で再編し、それらが相互に理解し合えるようにして、取引の障壁となるものはすべて取り除くことが必要になる。新たな「中心都市」ロンドン、および新たな超大国イギリスが、今や世界全体を動かすようになった。市場が最大限に効率良く機能するようにするための国際機関も初めて誕生する。皮肉なことに、そうした機関は、かつてのユートピアンの描いた夢とどこかで一致していた。市場が世界統合の産婆役を果たすようになるのである。

大陸を離れた中心都市——世界初の超大国イギリス

イギリスは世界初の超大国として、オランダに取って代わった。イギリスは、ヨーロッパでは唯一、二〇年にわたる戦争による災禍を免れた国であり、また意図に反してのことだったかもしれないがアメリカ大陸の植民地という肩の荷も降ろし、自国で発明されたものに限らず、数々の新技術をほかのどの国よりもいち早く手中に収めることができたのだった。繊維産業、鉄鋼業、銀行業の主流はすべてイギリスに移り、英ポンドが基軸通貨の地位を獲得して、世界中が商取引の決済手段としてこの通貨を受け入れるようになった。

イギリスはまた、世界の工場にもなった。一八四六年には穀物法を廃止して、自由貿易の道を選んだ。これによって、安価な海外の農産物が制限なく輸入できるようになり、結果的に国内産業の賃金が引き下げられ、イギリス製工業製品の競争力が向上することにつながったのである。イギリスはもはや、原料しか輸入しなくなり、また高付加価値の製品しか輸出しないようになった（当時の輸出品の八〇％が完成品だった）。

一八五一年五月一日から一〇月一五日にかけて、ロンドンのハイドパークで「万国産業製品大博覧会」、すなわち史上初めて文字通り国際的な催しとなった、いわゆる万博が開催される。ヴィクトリア女王の夫、ザクセン＝コーブルク＝ゴータ公アルバートが、その中心的な主催者だった。参加した国は二五ヶ国に上った。会場には水晶宮《クリスタル・パレス》と呼ばれる鉄とガラスでできた巨大な温室のような建物が建設され、展示物が収められた。その部材はすべて英国内で製作されたものであり、会場のスペースの半分は自国とその植民地に割り当て、技術と科学での圧倒的優位を見せつけて世界を驚嘆させ、世界一の大国という役割を演じきった。そこに展示されたもののなかには、綿紡績機械、真空ポンプ、気圧計などがあった。

イギリス海軍は今や、あらゆる海の制海権をことごとく手中に収めた。かつてアルビオンと呼ばれたこの国は、アテナイ、ヴェネツィア、アムステルダムにならって新たな海洋国家《タラソクラシー》になることを夢見た。もちろん、超大国であるためには巨大な港が必要であることは言うまでもない。

また今や、イギリスの政策によって大陸の方針が左右され、その基本的な勢力の均衡もそこに依存するようになった。イギリスはヨーロッパの君主政体の中心でもあった。ヴィクトリア女王の九人の子どもたちは、いずれもドイツやロシアなどヨーロッパの王家・諸侯の子女と結婚したため、女王は「ヨーロッパの祖母」と呼ばれるに至った。イギリスも、それ以前の帝国と同じように、世界を支配する使命を神から授かったと自認した。

そうしてアフリカ大陸各地の統治権力を獲得し、インドにも最初は商業的な、後には軍事的・政治的な拠点を構えて居座った。一八五八年には東インド会社を解散し、統治権を完全に副王〔直轄領化以降のインド総督の別称〕の掌中に移管した。当時のインド亜大陸の人口は二億を超えていた。ロンドンはまた、依然としてカナダを支配下に置き、オーストラリアを開発していた。イギリス帝国は正真正銘の地球規模を誇った。当時イギリスは、地球上の陸地の四分の一と、人類の三分の一に当たる五億という人口を治めていた。一八六八年、外務次官のチャールズ・ディルクは、イギリスの帝国主義の栄光を、「より大いなる《グレーター》ブリテン」と称えた。

イギリスは、ある種のイデオロギーを世界中に無理に押しつけた。人類統合の手段として自由貿易を称揚したのである。自由貿易によって諸国民を結びつける商業的な紐帯が張りめぐらされるという。しかし実際には、利益の大半をイギリスの企業に向けて吸い上げるための方途だった。イギリス企業の略奪の矛先は、少し前までアメリカ大陸の植民地だったが、今ではそれはアフリカとインドのそれへと移っていた。

インドは、一七五〇年時点では、世界の手工業生産の二五％を占めていたのが、一八〇〇年には二〇％、一九世紀末には三％にまで落ち込んだ。中国は一六〇〇年以降停滞して、所得水準が変わっていない。アメリカ合衆国やドイツ、フランスは、生まれたばかりの国内産業を保護するために関税障壁を設けていたが、それとは反対に、インドを始めとするイギリス帝国の植民地では、自由貿易を押しつけられ、経済を原材料生産のみに頼ることを強いられていた。

それ以前のあらゆる「中心都市」と同じくロンドンにも、技術革新、産業の創出、冒険、金融、知的活動、芸術の担い手たちが、世界中から集まってきていた。そのなかには、ディケンズからマルクス、ダーウィンからターナーまでが含まれていた。

しかしイギリスによるこの世界秩序も、障壁に突き当たる。それはアメリカ合衆国がイギリスに対抗して築いた障壁だった。合衆国は当時、全ヨーロッパ人口の三分の一という規模の移民を受け入れていた。

そして、その新大陸の問題に、誰であれ、とくに旧宗主国の人間が、口を挟むことを断固拒絶したのだ。一八二三年、アメリカ大統領ジェイムズ・モンローは、世界の縮図としての合衆国の使命を、南北両アメリカ大陸の舵を取ることにあると宣言する。このときにはもう、未来の「中心都市」としての覇権主義的な意思が、はっきりと姿を現わしていることが見て取れる。事実、それから一世紀足らず後には、イギリスに代わってアメリカが世界秩序の頂点に立つことになるのだ。

ヨーロッパ秩序の夢の崩壊と、新たな夢の構想

ナポレオン戦争はその終結後も大混乱をもたらし、一八一五年にはヨーロッパ協調の体制が発足するものの、なかなか有効な役割を果たせずにいた。ナポレオンによる第一帝政の終焉を経験した人びとは、フランスのみならずヨーロッパ中でそれを、ヨーロッパ統合、世界統合の夢の崩壊と捉えていた。作家アルフレッド・ド・ミュッセは『世紀児の告白』に次のように書いている。「そのとき、廃墟となった世界の上に、気遣わしげな青春が座っていた。この子どもたちはみんな大地に溢《あふ》れた燃える血潮の滴りだった、戦いの最中に、戦いのために生まれたのだった。一五年のあいだ、モスクワの雪やピラミッドの上に照る太陽を夢みていたのだ。自分の町から出たことはなかったが、みんなは町の門を通ってヨーロッパの首府に行くのだと言っていた。頭のなかには一つの世界をこしらえていた。彼らは、地を、空を、街を、道を眺めた。そんなものはみんな空虚だった。そして教区の鐘だけがひとり遠くで鳴っていた」［第一部第二章］。

作家で政治家でもあったフランソワ＝ルネ・ド・シャトーブリアンは、『墓の彼方の回想』にこう書く。「ナポレオンは生きているうち世界の注目を浴び、死んで後は世界に取り憑いた」。一八三〇年には、作家スタンダールの『赤と黒』で、主人公がナポレオンを理想の人物と持ち上げている。「財産もない無名の中尉ボナパルトは、剣で世界を征服したのだ。ずいぶん昔から、ジュリヤン［主人公］はおそらく一時《いっとき》でも、そのことを思わずに過したことはない」［第一部第五章］。

当時、ナショナリストの運動と労働者の運動が、ともに急増していた。これらに共通していたのが、平和、友愛、闘争における連帯、ヨーロッパひいては世界の統合への夢だった。一八三二年、リヨンの労働者が、自分たちの新聞『工場の響き』のなかで、ストライキ中のイギリスの労働者に対する支持を表明している。労働者階級の国際連帯が姿を現わした、というのが言い過ぎなら、少なくとも人びとの心のなかに芽生え始めたのである。

一八三四年、イタリアの若い文筆家ジュゼッペ・マッツィーニが、秘密結社「青年ヨーロッパ」を創設した。この結社の目的は、共和主義に基づくイタリア統一と、ヨーロッパ各地のナショナリズム運動の再編だった。マッツィーニは、マルセイユを皮切りに、ベルン、ロンドンと亡命地を転々としているが、その途上の一八三六年に、『人間と国家』のなかで「ヨーロッパ合衆国」の創設を呼びかけている。

故国を追われた者たちが亡命先として数多く集まっていたロンドンでは、一八四六年に「民主主義者友愛協会」◆が、「友愛民主主義者からあらゆる国の民主主義者への呼びかけ」を発表した。この会は亡命者が中心になって創設された結社で、会員証にはそのスローガン「人類はみな兄弟」という言葉が一一ヶ国語に訳されて印刷されていた。この会はまた、ブリュッセルで創設された「民主主義協会」◆とも親交があった。こちらもやはり、ベルギー、フランス、ドイツなどの亡命者が創設した協会である。

同じく一八四六年、やはりイギリスで、アメリカ人の慈善家イライヒュー・バリットが、世界友愛連盟を創設した。これは「奴隷制と商取引の障壁に終止符を打つことによって」、諸国民間の和平を強化することを目指すものだった。当時は自由貿易が人間相互の友愛を実現する手段として示されたのである。それによって国家による制限を乗り越え、また百害あって一利なしの国境を無効にできると考えたのである。世界友愛連盟はとくに、国際郵便の料金値下げを要求した。そうなれば「人間どうしのコミュニケーションはもっと容易になるし、世界的な友愛意識も高まるだろう」というのだ。おまけに、商取引のコストも軽減されるだろう、と。このように市場は、自らにとって都合が良いとなれば、国境すら問題視する方向へと圧力をかけるのである。

ナショナリズムの運動であると同時に、ヨーロッパ人相互の友愛を求める動きでもあったものとして、次に起こるのは、「諸国民の春」と呼ばれた一連の〝一八四八年革命〟である。一八四九年、ジュゼッペ・マッツィーニが短命に終わった「ローマ共和国」の三頭執政官の一人に任命された。当時、ヨーロッパで建国された他のどの共和国もそうだったように、この共和国も瞬く間に崩壊した。当時ローマから逃れていた教皇ピウス九世を、教皇国の頂点に復帰させようとするフランス軍に敗れたのである。再びロンドンに亡命したマッツィーニは、『諸国民の聖なる連合に向けて』のなかで、世界中のすべての民主主義国家（当時はまだヨーロッパとアメリカにしか存在しなかったが）は、いつの日か、国際最高会議が統治する一つの連盟に統合されるであろうと説いた。この最高会議を構成するのは「それぞれその知識や能力や理論や献身などにより尊敬されている」限られた人物で、最高会議によって決定された一般的な行動原則を、各国の会議が個々の事例に適用するのだという。そして世界規模で統一的に課される税を財源とする世界で一つの金融機関が、最高会議の決定に従って農業・工業・出版・教育などに出資したり、民主主義のために闘っている諸国民の支援をしたりするのだという。マッツィーニ以後、彼ほど大胆な提案をした者は誰もいない。

ちょうどその頃、ドイツのケルンでは、カール・マルクスが『共産党宣言』のなかに次のように書きつ

◆**民主主義者友愛協会**　一八四五年末にロンドンで結成された国際的な民主主義団体で、各国の民主主義運動のあいだの緊密な連絡を目的とした。その設立の基礎となった一八四五年九月の集会準備にはマルクスとエンゲルスも参加した。

◆**民主主義協会**　一八四七年九月、ブリュッセルで開かれた民主主義者の国際的な集会で設立が決議され、準備委員会にはエンゲルスも選出、一八四七年にはマルクスが副議長に選出されている。国際民主主義運動の最も重要な中心の一つだったが、マルクスがブリュッセルから追放されると力を失った。

けた。「ブルジョワ階級は、世界市場の搾取を通して、あらゆる国々の生産と消費とを世界市民主義的なものに作りあげた。〔……〕昔は地方ごと、国ごとに自足し、まとまっていたのに対して、それに代わって世界を覆い尽くす関係、国家間のあらゆる面にわたる依存関係が促進される」〔第二章〕。「万国のプロレタリア団結せよ！」〔第四章〕。マルクスが思考していたのは「世界」だった。彼がやろうとしたのは、人類の歴史を再検討して、その未来を予言しようという企てだった。封建制度からの見事な解放者としての資本主義には、広大な活動領域が開かれていることを、マルクスは直ちに看取した。マルクスはときに一国内のみでの革命の成就に期待するような口ぶりを見せるが、それでも地球規模の広がりを持たないような社会主義革命を待望するところは少しもなかった。

マルクスにとって社会主義は、資本主義の後に建設されるべきものであって、それに取って代わるものではない。そして社会主義は世界的なものであるべきで、一国だけのものであってはならない。社会主義の到来は不可避である。なぜなら資本主義は凋落する運命にあるのだから。できるだけ早く利益率を低下させて、資本主義の凋落を促進するためには、労働者への搾取を減らす必要があるのだという。階級闘争こそ、労働者の意のままに用いることのできる中心的手段であり、歴史の原動力である、と。この流れを加速するためには、世界中の労働者が再結集しなければならない。

したがってマルクスは、社会主義による世界統治を理論化したわけではなく、まして一国の国内だけの社会主義統治について語ろうとしたのではない。ただ、社会主義世界の統治という問題が発生するまでには時間的猶予があると確信していたので、自身の喫緊の課題は、歴史を理論づけ、階級闘争を組織して、進行しつつあるグローバリゼーションによって労働者階級が粉砕されないようにすることだと考えていたのだ。

同時期に、社会思想家シャルル・フーリエは、「文明」が苦しめられている諸悪すべての根源は、私有財産に基づく「産業の無政府性」にあると説いた。対策として提案されているのがある種の共同体組織の設立で、彼はこれを〝ファランジュ〟と呼んだ。それによると、八一〇人ずつの男女がファランステールという施設に集まって生活をともにする。各人はそれぞれが人間の魂の一側面を代表するように選ばれる。したがって階層秩序も富の不平等もそこでは維持されるが、賃金制度は消滅するのだという。ファランジュは、まずは一国内だけで開始し、徐々に地上全体を網羅していくべきだとフーリエは書いている。そして諸国民すべてが一つの世界連盟に集結し、「宇宙を光り輝かせ、星々を集め、夜の空を明るく照らすことになるだろう」と。

情緒的な〝世界連邦主義〟が当時は大流行していたのだ。一八四九年八月二一日、作家ヴィクトル・ユゴーが「世界友愛連盟」主催の第二回世界平和会議の議長に選出され、その開会演説でヨーロッパとアメリカ合衆国を合わせて一つの世界統治機関を設立する構想を述べている。「フランスも、イギリスも、ベルギーも、ドイツも、イタリアも、ヨーロッパも、アメリカも、みんな一緒になって諸国民にこう言いましょう、『みなさんは兄弟です!』と」。一八五一年七月一七日には、短命に終わったフランス第二共和制の立法議会議員として、ヨーロッパ合衆国の設立を訴えた。それは「偉大なる哲学者たちが理想として掲げ、偉大なる国民こそが実現できるもの」なのだと。のちにユゴーは、『言行録』のなかでヨーロッパ統合について、まずは民主主義を実現した国の国民がこれを建設し、来たるべき世界統合の礎とするのだと説いている。

さらに信じられないほど予言的な文章のなかで、ユゴーは次のように記している。「ヨーロッパ大陸の統合は、人類全体の統合を待つための準備段階である。そしてそれは、もはや目前である。〔……〕出版、蒸気機関、電信、メートル法、自由貿易などは、諸国家という要素を、人類という巨大な溶液に溶かし込む攪拌機以外の何物でもない。サンクトペテルブルク、マドリード、ナポリ、ベルリン、ウィーン、ロンドンといったように、一見したところ目的地はさまざまに異なっているように見える線路も、すべては同じ場所に向かっている。それは、平和という目的地だ。いつかある日、初の飛行船が空に飛び立ち、最後の専制政治が地の底に還っていくことだろう!」。一八世紀の史上初の世界連邦主義者に言及して、ユゴーはこう付け加える。「サン=ピエールは、かつては愚者だった。しかし今では賢者だ。われわれはどうか。われわれもサン=ピエールのように思考すべきだ。人類が最終的にはお互いに愛し合うことになるのは想像に難くない。平和に生きる。これは馬鹿げたことだろうか? われわれだけでなく誰もが、次のように夢見ることができるはずだ。

誰かが清潔で素速く正確で役に立つと言ったとき、まずまっ先に思い浮かべるのが銃尾から装填する銃のことではなくなる時代、そういうタイプの銃があらゆる美徳の模範ではもはやなくなった時代が到来するだろう、と。〔……〕物事を深く考える人であれば、人類という究極の国家が、今からもう垣間見えているはずだ。かすかな光をじっと見つめる人であれば」。

一八五二年八月一日、ユゴーは、ナポレオン三世への反対を表明する『小ナポレオン』を出版したことで、ベルギーを去らねばならなくなった。そして別れの挨拶《あいさつ》代わりに、アントウェルペンで次のように語った。「友よ、弾圧と苦悩、これが今日だ。しかしヨーロッパ合衆国、諸国民の友愛、これが明日である。われらが敵にとっては避けがたい明日、われわれにとっては絶対確実な明日だ!〔……〕民主主義は偉大な故郷である。世界共和国は普遍的な故郷だ……。ドイツ人、ベルギー人、イタリア人、イギリス人、フランス人といったことを超えたものが存在する。市民ということだ。そして市民を超えたもの、それが人類……人類という国民だ。だからたった一つの国民しか存在しないのだ。世界共和国、万歳!」。

ここでも再び、ユゴー以後、彼以上に大胆なことを書いた者は誰もいなかったのではないだろうか。

学術探検の時代——人間はすべて同じ種なのか?

船乗り、軍人、宣教師の衣鉢を継いで世界を駆けめぐり始めたのは研究者たちだった。彼らは、世界を綿密に調査して記録し、そこから法則を見つけ出すという作業に没頭した。一七九九年から一八〇四年にかけて、アレクサンダー・フォン・フンボルトとエメ・ボンプランが最初の学術探検を敢行する。これは、「自然のさまざまな力の相互作用と、地理的環境が植物および動物の生態に与える影響を見出す」ことを目的としていた。一八〇三年にはロシア人初の世界一周航海が達成された。これは、アメリカ大陸の最北部に点在するロシアの植民地［アラスカなど］の航路を確立することを目的としていた。一八一五年に行なわれたロシア人による二度目の周航探検では、北東航路のベーリング海部分の航路が発見される。一八二六年には、ジュール・デュモン・デュルヴィルが、オセアニアで消息を絶ったフランス人探検家ラ・ペルーズの遭難地捜索と、アメリカ大陸の沿岸四〇〇〇海里の詳細な海図を確立することを目的に出港する。彼が調査した島は二〇〇に上り、そのうちのいくつかは今日なお誰も訪れていない。またソロモン諸島のヴァニコロ島では、ラ・ペルーズ探検隊の遺体の一部を発見している。一八二七年には、フンボルトがシベリアに二度目の探検をしている。

こうした探検の結果、人類という種の一体性に関する議論が改めて盛んになった。この議論は、世界秩序というわれわれの主題にとっても、ますます重要性を帯びてくる。なぜなら、もしも各人種が対等であるなら、白人種だけが世界を統治する正当性はもはやなくなるし、まして奴隷を所有し搾取することには何ら正当な根拠がないことになるからだ。一八三三年、イギリス議会は奴隷廃止法を可決し、ときの国王ウィリアム四世によって裁可された。フランスでは一八四八年に、植民地での奴隷制を廃止する法律を政府が採択した。人間による人間の奴隷化が当たり前のことだと思われていた数千年を経て、ようやく訪れた大きな転機だった。

白人至上主義者のジョゼフ＝アルチュール・ゴビノーは、一八五三年、『人種不平等論』のなかで、人類はその黎明期にはそれぞれ異なる適性を持つ複数の人種から成っていて、人種間には取り立てて不平等はなかった。しかし混血が全人種を退化へと導くのだとゴビノーは説いた。

やはり学術探検に参加して世界周航を果たしたチャールズ・ダーウィンは、一八五九年に『種の起源』

で、さらに後に『人間の進化と性淘汰』で、人間という種の一体性を説き、そこから導かれる政治的な結論として以下のように述べた。「人類の文明が進み、小さな部族が大きな集団に統合されるようになると、たとえ個人的に知らない人物であっても、同じ国に所属するすべての人間に対して、誰もが自分の社会的本能と共感を拡張せねばならないことは、最も単純な理性の持ち主にも明らかとなったはずだ。一度この結論に達すると、共感がすべての国、すべての人種に属する人間に拡張されるのを阻むものは、単に人工的な障壁でしかなくなる」［第一部第三章］。

一八六一年、フランスの博物学者ジャン・ルイ・アルマン・ド・カトルファージュ・ド・ブレオが、『人間という種の一体性』という著書のなかで、「人間が唯一の同じ種に属していることを示す現象は、世界中至るところで観察される。それらを直接調査してみると、人間という種の一体性を認めざるを得ない」と書いている。

問題は明確である。すなわち世界統治は、少なくとも理論上、人類すべてのものであることが明らかになったのだ。

バハーイー教の世界連邦構想

ほぼ同時期に登場したユートピアがもう一つある。ヨーロッパから見れば辺境の運動だが、世界連邦の設立プランとしては、最も徹底していたと言える。バハーイー教のことである。指導者の一人ミールザー・ホセイン・アリーはイランの貴族出身で、バハー・アッラーフ（「神の光輝」の意）を自称し、自らは「諸宗教によって約束された者」であり、諸国民を公正と繁栄に導くために「終末の時代に」到来したと語った。その説によれば、人類の世界的統合は近いという。彼は一八七〇年頃に、「最小限の平和」（軍縮）から「至高の平和」（世界秩序）へと、すなわち「この世における神の王国」へと突き進むよう説いた。そのために彼は、諸国連邦を創設し、世界のあらゆる政府から代表を召集する会議を設置して紛争の平和的解決に当たり、その決定に従わない者に対しては共同で武力行使することを提案した。「全世界を代表する大会議が、どうしても必要だということに、誰もが気づく時代が必ず来る。この地上の王たち、またほかの指導者たちがそこに集い、議論に参加し、人間どうしのあいだに本当の平和を確立するためにどうすればよいか、何を用いればよいか、ということを検討する」。そして同時に、世界経済に調和をもたらす施策や、一つの言語の選択、人権の法制化、通貨や度量衡、通信などの統一的な制度についても話し合うだろう。「世界中のあらゆる人びとが、一つの普遍的な言語をしゃべり、共通の文字を書く日は近い。その日が来れば、旅人はどの街に滞在しようと、誰もがまるで自分の家にいるような気になるだろう。これこそ絶対不可欠な必須事項だ」。

同じ頃フランスでは、ピエール＝ジョゼフ・プルードン〔社会主義者、無政府主義者〕が「ヨーロッパ連合による民主政治」を構想していた。これは各地域自治体の集合体として、一つのヨーロッパ連合国家を設立するというもので、この連合は地域代表の議会と職業代表の議会によって自主管理で運営され、スイス連邦に範を採って、共通の一つの市場、一つの予算、一つの司法制度を備えているのだという。もしもヨーロッパ以外でほかの国が独立するなら、それらが集まってまた別の連合国家を設立し、お互いが望む場合には、ヨーロッパ連合国家とのあいだに契約を結ぶのだ、と。この連合制度は論理的に平和に行き着くしかないと、プルードンは考えた。なぜなら連合国家と連合国家のあいだには、「もはや思想間の宣伝合戦や、文明間の正当な競争しか残らないはずだから」。

労働者による世界統治——第一インターナショナル

労働者階級もまた、世界秩序を夢見ていた。一八六四年には、マルクスの提言に従うかたちで国際労働者協会〔第一インターナショナル〕が設立される。この組織は国ごとの支部を擁し、支部はそれぞれの中央委員会が指導した。マルクスはこの組織の規約の一部を起草して、以下のように書いている。「土地の貴族と資本の貴族は、自分たちの経済的独占を守り永久化するために、自身の政治的特権を利用することを常とする。〔……〕したがって、政治権力を獲得することが、労働者階級の偉大な義務となった」。しかしここでは、世界秩序に話が及ぶことはない。「国際協会に加盟する労働者諸団体は、兄弟的協力の永遠のきずなで結ばれるとともに、その既存の組織をそのまま維持する」。言い換えれば、国の枠組のなかで闘争を組織することが何よりも重要だと言っているのだ。

しかし、国際労働者協会は資金に乏しく、メンバーが少ないわりには組織内対立が多すぎた。たとえばバクーニンが理論・戦略・戦術の面でマルクスと対立する、というように。組織の名称自体に異議が唱えられたこともあった。一八七〇年の普仏戦争およびパリ・コミューンの挫折とともに組織は衰えていき、それにともなって国際主義に立つ労働運動の指導者たちが数多く排除されていった。

各国の労働者階級におけるナショナリズムが、次第に世界連邦主義者の考えと衝突するようになっていく。一八七三年にエンゲルスは、各国の労働者の独自の利益が、グローバルな労働者階級共通の利益より優先される事態に至ったことを認めた。前述のイタリアのマッツィーニは、秘密裏にピサに戻りその地で亡くなったが、それから二年後の一八七四年になって出版された著書『ナショナリティとコスモポリタニズム』で、次のように説いていた。国家は「万人の愛と友愛に至る過程に」必要な一つのステップである。「究極の目標は人類である。軸になるもの、支点になるものが国家である」。マッツィーニは、サン＝シモン主義者や共産主義者、彼の呼び方で言えば「コスモポリタン」が言うような、国家をないもののようにして、個人が直接団結することによって地球規模の統治を達成するという主張を批判した。

この書の出版から二年後、国際労働者協会は解散した。

非公式の世界初の国際機関——金本位制

しかしながら経済は、いつでもナショナリズムに反対する。市場が最大限の効率で機能するためには、国境はない方が良いし、国家を超えてルールが確立していなければならない、というわけである。ここに世界連邦主義の立場に立つユートピアンと、当事国以外の国、すなわち第三国の市場における財の自由な流通に関心を示す企業とが、意見の一致を見るという事態が生じる。第三国市場は、イギリス、フランス、ドイツ、アメリカが影響力を競ってしのぎを削る熾烈な争いの場だった。そして、ほとんどいつも、勝利はイギリスが手にした。イギリスは、商人による世界秩序の中心都市をがっちりと握っていたからである。

旅行の機会が増えた結果として、各国は保健衛生の分野での連携を促された。たとえば一八五〇年には、ヨーロッパ諸国がそれぞれ代々受け継いできたペスト予防のためのさまざまな隔離法を、お互いに調整する措置を講じた。一八五三年には、海洋気象に関する初の国際会議が開かれた。ヨーロッパが世界のほかの地域と通商する際の、航海の安全を確保することが狙いだった。また同じ時期、イギリスの貿易黒字の保護を目的とする国際郵便協会という団体が、距離に基づく郵便料金に異議を唱え、郵便制度としては地球全体を一つの地域と見なし、一律の料金制度に改めるよう主張した。世界友愛連盟も、それによって商業の面でも平和という観点でも、人類の友愛が促進されるだろうと考えて、この主張を支持した。

国際貿易の飛躍的増加により、同じこの時代、主要商業国の通貨に対して、その相対的価値の安定が求められるようになった。金を銀に交換しようとしたり、逆に銀を金に交換しようとしたりという、金銀が相互に求め合う不安定な時期は、カリフォルニアとオーストラリアでの巨大な金鉱の発見（それぞれ一八四八年、一八五一年）によって終わりを告げ、イギリスとアメリカで金本位制が一般化した。そのあと、両国と通商関係にある国々の大部分に、それが広がっていった。こうして固定相場制が確立されたのである。この制度では、各国の貨幣発行量は、その国の金の準備額によって制限されることになる。この結果、国家は自国の通貨政策の自立性を犠牲にして、ということはつまり自国の経済成長を犠牲にして、その代わりに物価の安定と、為替平価、すなわち為替レートの固定化を図ることになった。イギリスのみが、欲するだけの貨幣を発行することができた。イギリスの力への信頼感がそれだけ高まったということであり、たとえば英ポンド建て約束手形による買い掛け決済が、金と同等に世界中で通用したほどだった。ロンドン市場とシティの銀行が世界の金融制度の要だった。イギリスの中央銀行であるイングランド銀行が、金本位制における通貨間の緊張を、ほかのヨーロッパ諸国に自らの裁定を押しつけるかたちで調整していたのである。

これに対してフランスは、金を多くは保有せず、銀のほうがはるかに多かった。金本位制の勝利は、フランスの経済成長の頭打ち要因となり、その結果、ヨーロッパ大陸の経済はイギリスが支配することになった。一八六五年一二月二三日、銀貨の使用を何とか継続させようと、フランを中心とする通貨同盟の結成を目的とする国際会議をパリが召集する（イギリスはこれを揶揄して「ラテン同盟」と呼んだ）。カトリックの弁護士で、一八四九年に公教育および宗教大臣に任命され、ナポレオン三世のクーデタを支持して国務院《コンセイユ・デタ》副長官になったフェリックス・エスキル・ド・パリユが、この会議の指揮をとった。会議では、フランス、イタリア、スイス、ベルギーが、フラン・ジェルミナル〔一八〇三年発行の純金金貨〕を貿易における基準通貨と見なすことで合意した。同時にほかのすべての国に対して、この通貨同盟への参加を呼びかけた。これが世界初の国際通貨組織となったのである。

これに対してイギリスは、敵意をむき出しにしたが、それでも一八六七年にパリで開かれた第二回目の通貨会議への参加を承諾した。この会議には、ヨーロッパ主要国に加えて、アメリカ、ロシア、オスマン帝国も出席した。目的は、共通基準通貨を選ぶことにあった。フランスがこだわったのは、断固、金本位制を避けることだった。この会議の貨幣委員会の副議長だったエスキル・ド・パリユは、「西ヨーロッパ連合」の創設を提案した。これは、「将来の平和連邦」の先駆けとなるものだという。その連邦は、ヨーロッパ大陸を政治的に統合するもので、「ヨーロッパ」という名の単位の共通貨幣を持つことになる（ただしアメリカが、この通貨に参加を希望しない場合に限る）、と。イギリスとプロイセンが、この提案を斥けた。フランスが何とか面目を保ったのは、次のような妥協案が提起されたからだった。すなわち会議は共通の基準として金本位制を採択するが、五フラン金貨を共通の通貨単位とする、と。またすべての参加国が満足できるように、ヨーロッパのほとんどの現地通貨に等価交換可能な二五フラン金貨を新たにつくることが提案された。しかし巧妙なこの妥協案は、金本位制に大いに有利なはずなのにイギリスに拒絶され、またフランスも、この案に従えば勝利を得ることを理解できずにこれを拒否して、あくまでも銀本位制しか認めないと主張した。

同じ一八六七年、フランスの経済学者フレデリック・パシーが、プロイセンとの戦争反対を訴える運動を展開し、「国際平和同盟」を設立、一八七〇年には「国際仲裁協会」を設立した。一八七〇年初めには、エスキル・ド・パリユが通貨会議での自らの提案、すなわち選挙で選ばれたヨーロッパ議会と各国が指名する委員会によって運営されるヨーロッパ連盟の創設を改めて説いている。しかしこうした夢は、普仏戦争によって破られた。一八七一年に新生ドイツ帝国が金本位制を採択したことは、金銀複本位制の終焉を意味した。オーストリア＝ハンガリー二重帝国およびロシアが金本位制の陣営に加わったとき、フランスもこれに追随せざるを得なくなったのである。

世界初の国際機関——赤十字国際委員会、万国郵便連合

この頃、それぞれ特定の企図のもとに、数ヶ国が結集して史上初の国際機関が次々と創設されていった。しばしば私的な活動からすべてが始まり、また誰もが予想することだろうが、戦争と平和に関係する機関が多かった。これこそが、世界秩序をめぐって一〇〇〇年以上も前からずっと続いている懸案事項だったのである。

一八五九年六月二四日、アルジェリアでの事業に携わっていたジュネーヴ出身の実業家アンリ・デュナンが、ナポレオン三世に会いに行く途上、ロンバルディア［北イタリア］のソルフェリーノの戦い［イタリア統一戦争の雌雄を決した戦い］を目撃する。そこでは、フランス軍と皇帝フランツ＝ヨーゼフが指揮するオーストリア軍とのあいだ

に、一八時間にわたって戦闘が繰り広げられ、約一万人の死者と約三万人の負傷者を出すという大殺戮が引き起こされていた。デュナンは戦場で、フランス軍には馬の治療をする獣医の方が、兵士の治療をする医師より数が多いことを知って憤慨する。そこで彼は、各国に「負傷兵士の救護団体」をつくることを提案し、さらには「戦争法」を定めてそうした団体を制度的に保護するよう唱えた。「たとえばケルンやシャロン〔仏北部、軍の駐屯地がある〕に、国籍を異にする戦争の第一人者たちが集うような機会があるとすれば、それこそまさに、神聖なる国際原則を相互協定によって確立する絶好のチャンスとすべきではなかろうか。そうした原則がひとたび合意され、批准されたなら、負傷兵保護団体をヨーロッパ各国に設置する礎として、きっと役立つはずである」。一八六三年、デュナンは戦傷病者に対する人道援助を目的とする組織「赤十字国際委員会」を設立する。その名と標章に用いている「赤十字」は、デュナンの出身国スイスの国旗の色を逆転させたものである。同じ年、彼はジュネーヴで初の国際会議を開くことに成功する。そこに集ったヨーロッパ一四ヶ国は、戦場で負傷軍人を保護救援することができるよう準備することを決議した。翌一八六四年にジュネーヴで、戦傷者の権利を定める史上初の条約を一二ヶ国が採択した。同年、赤十字国際委員会は初めてその使命を果たす機会を得る。デンマークとプロイセン・オーストリアのあいだの戦争である。次いで一八七〇年には普仏戦争が勃発し、そこでもやはり赤十字は使命を果たすことになる。この年、赤十字国際委員会は、スイスのバーゼルに「国際情報救援局」を設置、その任務は、戦傷者・戦死者の氏名を収集してそれを家族に伝達すること、戦傷者とその近親者とのあいだの荷物や現金、手紙のやりとりを請け負うことにあった。

同じく一八七〇年、デュナンは、財務上の不正を理由にスイスの法廷から有罪判決を受けるなどしながらも、秩序と文明のための世界同盟を創設し、軍縮と国際司法裁判所設置に向けての交渉を開始するよう呼びかけた。それは、国家間紛争を暴力によらず解決することを目的としていた。

その後、各国政府を主体とする初の国際機関が二つ設置される。郵便に関するものと電信に関するものである。

赤十字が創設された一八六三年、フランス、イギリス、プロイセン、オーストリア、アメリカ、ベルギー、スペイン、イタリア、オランダ、ポルトガル、コスタリカ、デンマーク、スイス、サンドウィッチ諸島の郵政官吏が、パリに集まった。「郵便をめぐる国際関係の改善」および貨物に対する海上通行税の削減という、数十年来の要請を実現することが目的だった。しかしながら、この時点ではまだ、国際機関の創設には至らない。

すべてが始まったのは、電信に関する機関からだった。国家と国家のあいだとなると、メッセージの伝達はおおよそ簡単なものではなかった。まず翻訳し、次に国境で手渡しし、隣国であらためて電信網に乗せて送信する、という手順が必要となるからだ。一八六五年、ヨーロッパの二〇ヶ国（ロシア帝国、オーストリア帝国、バーデン大公国、バイエルン王国、ベルギー王国、デンマーク王国、スペイン王国、フランス帝国、ギリシア王国、自由都市ハンブルク、ハノーファー王国、イタリア王国、オランダ王国、ポルトガル王国、バイエルン王国、プロイセン王国、ザクセン王国、スウェーデン＝ノルウェー連合王国、スイス連邦、オスマン帝国、ヴュルテンベルク王国）の君主が「万国電信条約」に署名するために、パリに集ったのである。イギリスはこれに加わることをよしとしなかった。

署名した者たちは、「それぞれの国のあいだで交わされる電信については、単純かつ低価格の料金という利点を約束されること、国際電信の現在の環境が改善されること、加盟国のあいだに恒久的な協定が締結されることなどへの期待で、こぞって活気づいていた」と言われている。そして料金と各国間の精算法に関する共通の規則を定めるために、「万国電信連合」が設立された。この連合が最初に決定したのは、モールス信号を標準規格化したことと、主要大都市間には常時、電信が通じているようにすることだった。この会議がパリで開かれたことから、フランスは、国際電信料金を確定するための決済通貨にフランが選ばれるという成果を獲得することができた。

一八六七年から七〇年までかけて、ヴェルナー・フォン・ジーメンスが、ロンドンから、ベルリン、ワルシャワ、オデッサ、テヘラン、カラチ経由で、カルカッタ［コルカタ］までの電信線を敷設した。一八七五年には、万国電信連合の四度目の全権会議がサンクトペテルブルクで開かれ、創設時の国々に加え、ブラジル、エジプト、アメリカ、イギリス（インド電信長官も伴っていた）、日本、ペルシア、トルコ、ルーマニアが参加した。ここに、一ヨーロッパ機関だったものが世界機関へと移行したのである。

次は、郵便に関する諸連合が統合される番となった。一八六六年、サドワ［現チェコ］の戦いでオーストリアに勝利し、普墺戦争に決着をつけた直後のプロイセンは、新生北ドイツ連邦を構成する国それぞれの郵便制度を一つに統合した。新たに北ドイツ連邦の郵政総監の地位に就いたハインリヒ・フォン・シュテファンは、郵便標準化を連邦域内にとどめず、国境を越えて広めるべきだと唱えた。そして一八六八年には、できたばかりの万国電信連合に範をとって、国際的な郵便連合を創設することを提唱する。一八七四年九月、郵便に関する国際会議がスイスのベルンで開かれ、一五ヶ国の参加を得た（フランスがこれに参加するのは翌年以降）。こうして郵便総連合の創設が決まったのである。一八七八年、パリで開かれた万国郵便大会議において、この連合は万国郵便連合と改称された。この名称は現在も変わらない。

ほかにも世界的な連合機関が、とくに交易の発展に深く関わりのある分野において、徐々に誕生していった。たとえば、貿易統計機関の設置、小切手に関する法規の調整、約束手形の統一、河川や海洋の航行規則の制定などを目的とする機関である。食品の安全のために、史上初の食品規準《コデックス》を制定して、工業製品としての缶詰や食品の流通を管理する機関もできた。度量衡の基準を確定するための機関もできた。踏査の完了した範囲における世界の測地基準点を定めるための機関もできた。そして、こうした連合機関が創設されるたびに、同じ参加国どうしがその影響力を競い合うことになった。

国際市場は、世界秩序が法によって確立されることを求める。これがグローバルな秩序の最初の形態である。そして国際市場はまた、過去の帝国の主が皆そうだったように、時間の尺度を統一することを必要とする。これが過去の例と異なるのは、規模がグローバルになった、ということである。

八十日間世界一周と世界標準時

史上初めて、グローバルな最強国となったイギリスは、一八七〇年の時点でなお、工場製品の生産高が世界市場の四〇%を占めていた。イギリスでは工場製品の四四%が輸出されていて、雇用の五分の一は直接的に輸出に依存している状態だった。

一八七二年、当時からすでに広く名を知られていたフランスの作家ジュール・ヴェルヌが、一冊の小説を刊行し、この世界が一体のものであるという実感をみごとに凝縮してみせた。『八十日間世界一周』である。

主人公がイギリス人であるのは、この時代の超大国がイギリスだったからだ。その名前フィリアス・フォッグは、紀元前五世紀の古代ギリシアの地理学者で地中海航海記《ペリプルス》を著わしたフィレアスにあやかっている。フォッグは八〇日間で世界一周を成し遂げられるかどうか、という賭けをして、東に向かって旅立つ。当時の移動手段をすべて駆使する（鉄道、船、像、帆の付いた橇《そり》など）が、気球は使われない。フォッグの関心は専《もっぱ》ら時間との勝負に注がれる。その目的は、「地球は小さくなった。今や、一〇〇年前の一〇倍以上の速さで、地球を一周することができるのです」という自分の言葉を証明してみせることにあった。彼は結果的に賭けに勝つのだが、勝因は、地球の自転と反対に東に向かって進んだことによって、日付がずれたおかげで、一日稼げたことにあった（これはマゼラン船隊が体験した日付の〝ずれ〟とは逆ということになる）。

新聞小説として『ル・タン［時代、時間の意］』紙に連載が始まったとたん、この小説は世界的な好評を博す。作者が生きているうちに二〇以上の言語に翻訳され、一八七四年には舞台化されてポルトサンマルタン劇場で二年にわたって上演され、さらにその後も再演をくり返すことになる。この小説はまた、世界の一体性を知り、時間の尺度を統一する必要が切迫していることを実感させるための絶好の入門書となった。

古来、海洋大国は、作成する地図の基準となる子午線を自らの中央天文台を通る経線としてきたが、船乗りのあいだでは参照基準を統一しようという動きがあり、自分たちが用いる地図や通信文のなかでは同じ子午線を基準として用いるようになってきていた。一九世紀初頭の時点では、最もよく利用される子午線は、依然としてパリだった（あるいは実質的な意味は同じことだが、枢機卿リシュリューの時代に、当時の世界で最も西に位置し、パリの経度からちょうど二〇度西であるという理由で基準子午線として選ばれたカナリア諸島のフェロー島）。しかしその後、すべてが変わった。一八五〇年にイギリス船団の総排水量が、ヨーロッパの他のすべての国の船団の排水量の合計を上回った。この年、独自の子午線を参照基準としているイギリス版天文暦◆が二〇万部売れたのに対して、フランス版は三〇〇〇部だけだった。同じ年、アメリカ政府はイギリスの子午線を、自国で発行する海図に記す経度の基準［経度ゼロ］とすることを決定する。こうしてイギリスのグリニジ天文台が、船乗りたちの主たる参照基準となったのである。

しかしながら、事態が加速度的に進行したのは、鉄道が飛躍的に発達したことによる。イギリスの鉄道は、他国にも機関車や技術者を供給したので、そうした国においても、鉄道の時刻についてはグリニジ子午線を基準とするようになっていくのである。ジュール・ヴェルヌの小説が登場した年である一八七二年以降、アメリカの鉄道会社は、一年に二度会合を開いて、時刻表を調整するようになる。一八七五年には国際地理学会が、イギリスの二人の鉄道技師チャールズ・F・ダウドとサンドフォード・フレミングの提案に基づき（二人の意図は、グリニジ子午線を基準子午線として採択させることにあった）、基準子午線を定め、それを起点にして世界中の鉄道時刻を整え、地球全体が唯一つの時刻を正式なものとして用いることを提起した。「時間は世界中どこでも唯一無二のものであり、時間が普遍的なものであることは疑い得ない。しかしながらそうした考え方は、私たちの先入観や、日頃の感情とは齟齬を来しはする……」。この会議では、基準子午線を起点に、世界を二四のタイムゾーンに分割することも提起された。このときはまだフランスが支配的であったため、一八票対四票でフェロー子午線、すなわち事実上はパリ子午線を選ぶことが決まった。しかしこの決議は、イギリスの圧力で実行に移されることはなかった。それから六年後の一八八一年、ヴェネツィアで開かれた次の国際地理学会では多数派に動きがあり、基準子午線は「政治的に安定していて第一級の天文台を備えた」国に置かれるべきであることが決議された。その結果、フェロー子午線は排除され、残るパリ、ワシントン、ベルリン、ロンドンのあいだで選ばれることになった。

さらに三年後の一八八四年八月三日、アメリカ大統領が基準子午線を最終的に決定するための国際会議を、首都ワシントンで開くことを提案する。「合衆国は、世界で最も広い経度にわたる電信網および鉄道網を保有する国であるから」、という理由であった。一八八五年一〇月一日、「国際子午線会議」がワシントンで開かれ、二五ヶ国の代表が集う。アメリカ代表は、すでに四〇年も前に自分たちの発行する地図の基準子午線をグリニジ子午線と定めていたため、あえてワシントンを主張することはしなかった。そのためグリニジ子午線が選ばれることは必至だったが、それを少しでも遅らせるために、フランス代表はあらためてフェロー子午線を主張すると同時に、アゾレス諸島、テネリフェ島〔カナリア諸島〕、ベーリング海峡、エルサレムなども提案した。アメリカ代表およびイギリス代表は、基準子午線は主だった天文台を通るべきであることが一八八一年の会議ですでに確認されていると反論。そうなった以上、グリニジ子午線が選ばれる以外の結論はあり得なかった。賛成が一八票に対して、反対は一票（フランスおよびブラジル）、棄権が一票（ドミニカ共和国）であった。一八八八年には日本もこの決議を採択、プロイセンでは陸軍元帥のモルトケが、軍の動員の際に時間のずれがあることがどれほどの困難を引き起こすか帝国議会で熱弁を振

◆**天文暦**　星・月・太陽や潮汐の日々の情報を記載した暦で、もとは航海用のものだった。フランス版は一六七九年に経度局によって創刊された『コネサンス・デ・タン』、イギリス版は一七六七年にグリニジ天文台が創刊した『航海年鑑（ノーティカル・オーマナック）』（のちに『アストロノミカル・イフェメリス』と改題）である。

るった結果、一八九一年にこれを採択した。それでもフランスは抵抗を示し、一八九一年三月一四日、本国全体をパリ子午線を基準とする時刻に統一する法律を制定した。それから七年後、下院はグリニジ子午線を基準子午線とすることを採択したのだが、上院はそれから一二年間これを拒否し続け、一九一一年三月九日に教育相と海軍相の最後の反対を押し切って、やっと正式にグリニジ子午線を認めたのである。基準子午線の選択によって時刻が変わることになるので、この日、フランス中の時計が九分二一秒遅れたわけである。

イギリスは最終的に勝利した。しかしこの国も、すぐに世界秩序の「中心都市」としての地位を、アメリカに譲り渡さなければならなくなったのである。

労働運動の国際連帯の夢

お金の力を前にしたとき、世界の労働者階級はいつも団結を図る。一八七六年に国際労働者協会〔第一インターナショナル〕が解散した後、労働者の国際組織を再建しようという試みが何度もなされた。一八八八年まで会議・会合が相次いで開かれる。ただし真の意味で国際的な組織の再編を望んでいたのは、ベルギーおよびスイスの社会主義者だけであったように見える。その他の国では、経営者に対する国内闘争が最優先であると考えていた。マルクスやエンゲルスのように国際主義を確固たる信念とする者でさえ、西ヨーロッパの先進三ヶ国に整った組織を備えた強力な党をつくることが何よりも重要だと考えていた。階級闘争の命運は、そこにかかっていると彼らは考えたのである。

フランス革命でのバスティーユの占拠から、ちょうど一〇〇周年に当たる一八八九年になってやっと、いわゆる「第二インターナショナル」が創立される。この組織には労働者団体だけでなく、政党も属していた。たとえば、ドイツ社会民主党やフランス労働党のほか、スペイン、ベルギー、オーストリア、スウェーデンなどに新設された労働党である。このときの会議では、五月一日を国際労働者の日〔メーデー〕

とすることが決まった。一八九一年にブリュッセルで開かれた大会では、マルクス主義が組織の指導的イデオロギーであることが確認された。しかし一八九五年にエンゲルスが亡くなると、この問題はまたぶり返すことになる。

ドイツ社会民主党の理論家エドゥアルト・ベルンシュタインの意見では、マルクス主義は現代社会に適用できない、社会主義を実現するのは革命ではなく社会の改良だという。ベルンシュタイン流の修正主義者だけでなく、正統派も、過激主義者も、革命的労働組合主義者も、同じ根本原則を掲げて合意するということをしにくくなっていた。国内的な課題が国際主義者の夢想を超えて差し迫ったものとなり、労働組合、政党それぞれの利害がしだいに対立するようになってくると、ますますそれは難しいことになった。徐々に労働組合が第二インターナショナルを離れていった。代わりにこの組織の舵を握ったのは、政党だった。労働組合は、別の国際組織を創設することは考えていなかった。

一八九六年にロンドンで開かれた国際大会では、それでもまだ、議会において軍事予算に反対票を投じること、国家間紛争の平和的解決のための国際仲裁法廷を創設すること、といった原則については各国代表の合意を見た。一八九八年にファショダ事件が起きてパリとロンドンのあいだの緊張が高まったときにも、なお両国の労働組合活動家は、お互いの連帯を表明した。一九〇五年のモロッコ事件で仏独関係が緊張したときにも、やはり議会に議席を持つ両国の社会主義者は、和解を決議するように奔走した。

第二インターナショナルの一九〇〇年のパリ大会では、組織強化を目的として、各国二名ずつの代表からなる国際社会主義事務局が設置された。事務局はブリュッセルに置かれ、常設書記局を備えることも決められた。書記局には、フランスの「独立派」社会主義者ジャン・ジョレス、革命的社会党のエドゥアール・ヴァイヤン、労働党のジュール・ゲード、ドイツ社会民主党のパウル・ジンガー、フーゴー・ハーゼ、カール・カウツキー、ローザ・ルクセンブルクらが名を連ねた。その後すぐに書記長に選出されたベルギーの社会主義者カミーユ・ユイスマンスによって、書記局はこの組織の中心的な決定機関となった。

国際主義者の連帯は、戦争の脅威にも負けずに維持された。一九〇四年のアムステルダム大会では、ロシア代表［プレハーノフ］と日本代表［片山潜］とが握手をして、このとき進行しつつあった日露戦争に対する反対を象徴的に示した。一九〇七年のシュトゥットガルト大会では、フランス代表とイギリス代表によって、ブルジョワジーが戦争に突入することを望んでいるすべての国で、ゼネストをもって応じることが提起された。かくして平和のグローバル化が進行しているかのように見えていたのである。

世界共通語――エスペラント

実際、世界言語をつくる計画が現われたのも、ちょうどその頃である。一八七九年にドイツのカトリック聖職者ヨハン・マルティン・シュライヤーによって考案された「ヴォラピュク」は、語彙については英語、文法についてはドイツ語から大きく影響を受けている言語で、発表直後から大好評を博した。しかし衰退も早く、一〇年ほどしかもたなかった。理由としては、機能的でなかったことと、規則が絶えず改定されて落ち着かなかったことが挙げられる。

もう一つの計画は、はるかにうまくいった。ビヤウィストク［当時ロシア領ポーランド］の眼科医L・L・ザメンホフの考案した〝エスペラント〟は、世界語のプランとしては最もよく知られている。ザメンホフ自身は、イディッシュ語・ポーランド語・ロシア語の話者で、父のマルクス・ザメンホフはフランス語・ドイツ語の教師であった。一八七八年、一九歳のとき、ザメンホフは平和の維持のために「普遍語《リングヴェ・ウニヴェルサーラ》」をつくることを提唱した。「言語がいくつもあることが、人類という一つの家族を敵対するいくつものグループに分割する第一の原因、とまで言えなければ少なくとも最も決定的な原因である」と、彼は友人に宛てて書いている。

一八八七年、彼は国際語の草案をロシア語で出版する。書名は『ウヌーア・リブロ［エスペラントで「最初の本」の意］』、著者名は「ドクトーロ・エスペラント［同じく「希望する博士」］」というペンネームにした。この言語は、二三の子音と五つの母音、二つの半母音を持ち、一六の文法規則と九〇〇〇語の語彙を備えていた。語彙は、基本的にインド・ヨーロッパ諸語に由来するものであった。ザメンホフはこの本を、エスペラントで創作した詩一篇とエスペラントに翻訳した聖書の数節で結んでいる。その後、一八九一年にはチャールズ・ディケンズの「人生の戦い」［『クリスマス・ブックス』に収録された一篇］を、一八九四年にはシェークスピアの『ハムレット』を、エスペラント語に訳して発表した。

ジュール・ヴェルヌが、ザメンホフのこの計画にのめりこむ。一九〇一年、フォッグの世界一周を六三日間で成し遂げたスティーグラーなる人物が現われたこの年、未来主義者の小説家であるヴェルヌは、アミアンでエスペラント使用者《エスペランティスト》のグループを主宰していた。次に書く小説には、エスペラントの利点を述べたくだりを盛りこむと、彼は友人に約束していた。未完の手稿を参照すると、彼がエスペラントのことを次のように書いていたことがわかる。「単純で、柔軟で、耳に心地よく、散文の装飾にも韻文の諧調にも堪える言語である。あらゆる思考を言い表わすことができると同時に、魂から溢れる最も甘い感情も表現できる。しかもその作りから言って、まさに国際語たるにふさわしい言語なのである。『この言語が創造されるにあたって拠り所となった中心的思想として、できるだけ国際的な語を語根として選択するという考え方がある。つまりそれは、世界投票で選んだのと同じである』という。発音についても、できるだけ多くの人びとの使えるものにしようとザメンホフ博士は配慮していて、国際的に通用性の高い要素を選んで音とそれを表わす文字を選んでいるのだ」。

一九〇四年には、偉大な地理学者エリゼ・ルクリュが『地人論』のなかでエスペラントの普及について述べていて、その嬉々とした筆致からは、幸せなグローバリゼーションという当時の希望がひしひしと伝わってきて、やがてエスペラントが全地球を覆い尽くす勝利の日がやってくると、人に期待させるものがある。

「エスペラントは、その誕生からまだ一〇年しか経っていないのに、手紙のやりとりでそれを使う者はすでに一二万人を越えている。それよりずっと少ない使用者しかいない言語が、アフリカやアジアやアメリカに、そしてヨーロッパにすらたくさんあるというのに。エスペラントは急速に普及している。それはとくに、上流階級のいわゆるインテリ層よりも、大衆層でより広範囲に浸透しているらしい。その理由はまず、国際的な友愛の感情が働いて共通の言語を使用したいという気持ちになるのだろうが、この感情はあらゆる戦争思想を憎む社会主義的労働者にこそ、ふさわしいものだからだ。またもう一方で、エスペラントは他のどんな言語よりも習得が簡単なので、言語を勉強する余暇がなかなか持てない労働者にはもってこい、というわけである」。

一九〇五年、ジュール・ヴェルヌが亡くなった年、ブーローニュ＝シュル＝メールで第一回世界エスペラント大会が開かれ、三〇八の団体が集まった。この年、ザメンホフは、一六の文法規則に普遍的辞書と練習帳を添えて『エスペラントの基礎』として再刊した。彼はこの本の著作権を放棄したのだが、その理由は、「国際語は、どの国語もそうだが、共通財産である」というものだった。大会ではこの言語を全人類が理解し、話すものにすることが、目標として採択された。

スポーツのグローバル化——サッカーと近代オリンピック

経済的な競争とは別に——ただし同じ精神に駆り立てられてのことだが——、また脅しの応酬ですっかり重苦しいものとなった植民地をめぐる敵対関係とも違って、新たな種類の戦いや競争が世界規模で登場してくる。スポーツと科学の分野である。それでも、国際的な競争を組織しようとすれば、国際的な機構が必要となることには変わりはない。ここでもやはり、市場のイデオロギーと、人類を一つにまとめることをめざすユートピア思想が出会うのである。

すでに一八五〇年から、イングランドの田舎町では、ウィリアム・ペニー・ブルックスという名の医師が主宰するウェンロック・オリンピック協会によって、文化系と体育系の競技大会が毎年開催されていた。

ギリシアでは、エヴァンゲロス・ザッパースという実業家が、一八七〇年から思い出したように時折オリンピック競技会を開催していたが、これはギリシア人にしか開かれていなかった。古代オリンピックの開催地であるギリシアのオリュンピアで、考古学的発掘調査が系統だって進められたのは一八二九年からのことで、これが一八七五年以降に急速に進展すると、オリンピック競技会を復活させるという構想が、アメリカやイギリス、スウェーデン、ドイツ、フランスなどで相次いで発案された。フランスでは、フェルディナン・ド・レセップスがその種の計画を表明している。

史上初のスポーツの国際機構は、一八八一年に設置された国際体操連盟である。一八八二年末にはサッカーのルールを管理する団体として、IFAB（国際サッカー評議会）が設立された。しかしこの組織が「国際」というのは名ばかりで、参加しているのはイングランド、スコットランド、ウェールズ、アイルランドだけだった。連合王国を構成するものどうし、という意味でのサッカーの「国際」試合が初めて開催されたのは一八八〇年代である。

一八八七年、フランス競技スポーツ協会連合の会長ピエール・ド・クーベルタンが、フランスの高校《リセ》に体育を導入することへの支持を表明する。一八八九年のパリ万博の折りに、彼は、大規模で大衆的な催しには象徴的な力が備わっていることに気づかされ、アメリカへの旅行を経て、スポーツが庶民向けの見世物にもなり得るという確信に至る。当時の彼は、平和主義者たちと頻繁に交流し、スポーツという絆によって諸国民のあいだを結びつければ、戦争の脅威を終わらせることができると信じていた。その考えによれば古代ギリシアのオリュンピアの祭典も、当時からすでにスポーツ競技をもって戦争に代えるという意味があったのであり、要するに疑似戦争だったのだという。一八九二年、フランス競技スポーツ協会連合の創立五周年の折りに彼は、誰の心にも宿っていて、いつ頭をもたげるかわからない、戦争を求める精神を払い除けるために、古代オリンピック競技を復興させることを提案する。

「戦争をなくすことができると語る者がいれば、あなた方はユートピアン扱いするでしょう。それは必ずしも間違ってはいないと思います。しかし、それとは別に、戦争の機会を徐々に減らしていくことができると信じている者もいます。それはユートピアではないと、私は信じます。電信、鉄道、電話、科学の探究、会議、博覧会……、こういったものは明らかに、外交上の駆け引きで結ばれる条約や協定よりも、ずっと平和の役に立っています。しかし、もっともっと平和に貢献できるものがあります。運動競技こそがそれだと、私は期待しているのです。サッカーの試合を見るために、雨のなかを競技場に駆けつける三万人もの人びとの姿を見たことがある人なら、私の言うことがけっして大げさではないと認めてくださるでしょう。ボート選手、競走選手、フェンシング選手をこそ、輸出しようではありませんか。それこそが来たるべき自由貿易です。古きヨーロッパの習慣のなかに、運動競技が取り入れられる日がもし来るなら、その日こそ、平和の大義が新しい、強力な後ろ盾を持つ日となるでしょう。そうであるなら今や、あなた方のしもべたるこの私の構想は、ついに〔学校教育における体育の普及に次ぐ〕その第二幕のことを考える機が十分に熟したと言えましょう。それはすなわち、オリンピックの復興です」。

イギリス人の多くは、当初、この発議に批判的だった。時代錯誤だし、フランス流の外交詐術の一種だと見なしたのだ。それでもクーベルタンは、一八九三年、ロンドン大学スポーツクラブで開かれた晩餐会で、「新時代の到来を告げる預言者」として大歓迎され、連合王国の王太子も支持を約束した。一八九四年六月の国際会議では、国家から独立した国際オリンピック委員会の創設にこぎ着けた。ギリシアはこれを自国の影響力の増大の良い機会と捉え、一八九六年の第一回オリンピックをアテネで開催させることに成功する。クーベルタンは引き続き各国の首都でオリンピックが開催されるよう奔走した。

第二回オリンピックは、一九〇〇年にパリで開かれる。このときやっと、女性の参加が初めて叶うことになる。実はクーベルタン自身がこれに反対していたのである（最終的に彼は、ファシズムとのつながりを深めていった）。

一九〇二年、オーストリア・チームとハンガリー・チームが、史上初のサッカーの国際試合を戦った。

しかしこの二チームは、同じ一つの帝国に属するチームだったから、真の意味で初の国際試合と言えるのは、一九〇四年のフランス対ベルギーの試合だった。初期の国際試合で問題になったのは、どの国にもサッカーのルールを守らせるにはどうすればよいのか、元々のイギリスのルールと各国のルールをどうやって統合すればよいのか、ということだった。一九〇三年、オランダとフランスのサッカー・クラブの幹部が集まって、サッカーの国際的な連盟を結成しようという構想を発表した。しかしIFABを通じてサッカーの支配者としてふるまっていたイギリスはこれに参加することを拒否する。当時、フランス競技スポーツ協会連合のサッカー部門の長をしていたロベール・ゲランは、イギリスの意向にお構《かま》いなく、ヨーロッパ各国のクラブ幹部に連盟創設を呼びかけた。イギリスはやはり拒否したが、フランス、ベルギー、スウェーデン、デンマーク、オランダ、スペイン、スイスの代表が集まり、一九〇四年五月二一日、FIFA（国際サッカー連盟）が設立された。このときの会議には参加していなかったドイツも、翌年にはこの新組織への加盟を決めた。イギリスも、その翌年にはあきらめてFIFAに加入した。FIFAが初めて国際試合を組織したのは、一九一二年のオリンピック・トーナメントだった。依然としてサッカーのルールの監視役を担っていたイギリスの組織IFABは、一九一三年にFIFAの加盟を認めた。それ以来、IFABの評議会はFIFAのメンバーから四人、連合王国を構成する四協会から一人ずつの、合計八名で構成されることになった。サッカーのルールを改変するには、いかなる場合も評議会のうち少なくとも六人の合意が必要とされたので、そのうちの少なくとも二名は必ずIFABの創設メンバーということになる。つまりイギリスはその権力を手放さなかったのだ。

スポーツ界を大いに活気づけ、近代オリンピックを生み出した国際競争の精神は、科学の世界でもやはり見られた。こちらは年一回の賞の贈呈に結実するのである。アルフレッド・ノーベルは、一八九五年一一月にパリでしたためた遺言で、五つの分野において知識と文化を前進させ、人類に多大な貢献を果たしたと認められる人物を毎年表彰するために、賞を創設した。五つの分野とは、平和ないし外交、文学、化学、医学ないし生理学、物理学である。ノーベル平和賞は、「諸国民の友好、常備軍の廃止ないし削減、平和の〔……〕樹立と普及のために」払われた努力に報いるものとされている。また遺言では、受賞者の選考に国籍が関与することのないよう詳述されていた。すなわち、「これは私の断固たる意向として、賞の授与に当たって国籍への忖度はいかなるものでもあってはならないとする。ただ賞に最もふさわしい人物が受賞するようにすべし。その人物がスカンディナヴィア人か否かはまったく関わりない」、と。

ノーベルの遺産を管理し、その遺志を執行する機関として、ノーベル財団が一九〇〇年に設立され、最初のノーベル賞が一九〇一年に授与された。最初のノーベル平和賞の受賞者は、赤十字を創設したスイスのアンリ・デュナン――彼はこのときまで三〇年にわたって世間から忘れられた流謫の身にあった――と、平和のための活動に貢献のあったフランス人のフレデリック・パシーだった。

世界秩序の中心は大西洋を渡る

ロンドンは、世界の支配者たる自らの地位に疲れ果ててしまったようだ。というのもこの国は、地上世界のスピードの速さに、恐れを抱いていたように見えるからだ。一八六五年には、すでに蒸気自動車法〔いわゆる赤旗法〕が制定され、蒸気自動車は町中では時速二マイル〔時速三・二キロ〕、郊外では四マイル〔時速六・四キロ〕にその速度が制限されていたのである〔人よりも速く走行することを禁じた〕。さらに悪いことに、イギリス人が用いる原料の価格が高騰した。アメリカでは南北戦争の結果、奴隷が解放されたことにより、南部でイギリス人が買い付けていた綿花が急騰したのである。一七九〇年以降、世界の金融の中心となったロンドンのシティは、アメリカで次々に出現する新興銀行の脅威に震え上がった。英ポンドが、米ドルに脅かされることになった。そして一八七五年には、アメリカの工業製品の生産高がイギリスを上回ることになる。

一八八〇年以降は、プロイセン、フランス、アメリカといったライバルが間近に迫るようになり、イギリス金融は黒字維持のために投機に走るようになっていった。こうして起きた「バブル」のために、一八八二年には、シティで多くの銀行が倒産した。一九〇〇年前後には、今度はドイツがイギリスの工業生産高を上回った。世界貿易に占めるイギリスの割合は、一八六〇年に二五％だったのが、一九一三年には一七％にまで落ち込んだ。しかし、それでもなおイギリスは、世界第一の輸出国の地位を保ってはいた。

ヨーロッパ協調による連携への自覚は薄らぎ、ドイツ、フランス、そしてアメリカも、自国こそが世界の主になる番だと考えるようになる。なかでもドイツ皇帝兼プロイセン王ヴィルヘルム二世は、自国を世界に冠たる強国に、「世界中のあらゆる市場に支店を構える、一つの巨大貿易会社」に仕立て上げることを望んだ。「ドイツの未来は海上にあり」と宣言して、植民地帝国の基礎を極東およびアフリカに築いた。さらにこれに加えて、アメリカやブラジルには「在外ドイツ人」としてドイツ国籍を維持したまま移住できるよう制度化し、移民による植民地の形成に励んだ。

フランスもまた、世界の「中心都市」という地位を欲しがった。この国は一六世紀にも、一七世紀にも、その地位を取り損なったのだ。まず手始めにフランスが望んだのは、一八七〇〜七一年の普仏戦争で失ったアルザス・ロレーヌ地方を再び領有することだった。またアフリカには、植民地帝国を築いていった。しかもフランスは、やがて経済成長の中心的な原動力となるものを、世界の列強諸国のなかで初めて開発した工業国となったのだ。自動車のことである。ところがこの国は、自動車を馬車に毛の生えたものぐらいにしか見ていなかったので、それを大量生産することを拒否して、早々にナンバー・ワンの地位をアメリカに譲ってしまうのである。一方アメリカ人は、国内での移動時間を少しでも減らすことに執念を燃やしていたし、極端な個人主義者だったから、鉄道で行ったり来たりすることに我慢がならない性質だった。

アメリカが世界的な権力を握っていく理由はいくらでもあった。可能性があった他の列強諸国とも、また先行するどの「中心都市」とも違っていたのは、アメリカには同じ大陸にライバルになりそうな敵国が、一つもなかったということだった。アメリカはすでにラテンアメリカの大部分を支配下に置いていたし、アジアもフィリピンから朝鮮半島まで、というぐあいに部分的には押えていた。

当時、アイスランドからポーランドにかけてのヨーロッパ北部では、深刻な不況が猛威をふるい、ヨーロッパによる世界支配にとどめの一撃を見舞うことになった。そしてこの危機のために、歴史上例がなかったほど大規模な人口移動が引き起こされるのだ。二〇世紀初頭には、毎年一五〇万人もの人びとがヨーロッパから新大陸、なかでもとりわけアメリカに渡ったのである。アメリカはそのときから世界の舵を手に取り、今日までそれを握り続けているのである。

世界大戦と国際機関

経済恐慌、ナショナリズムの台頭、植民地拡大競争、産業競争、いまだに生き残っている帝国という国家のあり方に対する不満、今や地球規模に拡大した同盟勢力間での駆け引き、こういったことのすべてが新たな紛争の予兆だった。しかもその紛争は、史上初めて、文字通りの世界紛争へと発展したのである。

平和のために奔走する人もいた。一八九九年には、ロシア皇帝ニコライ二世の肝煎りで組織された国際外交会議が、オランダのハーグで開催され〔万国平和会議ないしハーグ平和会議〕、世界中から二六ヶ国が集まった〔二〇ヶ国がヨーロッパ、アジアからは四ヶ国〔日本含む〕、アメリカ大陸から二ヶ国〕。この会議をうけ、またフレデリック・パシーの掲げた思想の後を継ぐかたちで、常設国際平和局が創設された。この組織の目的は、世界中の平和活動団体の連携調整と、国際紛争の平和的解決の促進であった。一九〇四年には、英露間の戦争の危機が仲裁によって回避された。このとき仲介したのが、フランス人レオン・ブルジョワで、のちには大きな影響力を持つようになる人物である。彼は一八五一年に生まれ、三六歳でパリ警視総監、三七歳で下院議員に選出される。その著書『連帯』では、自身の政治主張として「連帯主義」を開陳している。また彼は、武力に対する法の優位の原則を確たるものにするための、国際的な制度づくりを構想していた。一九〇七年に再びハーグで平和会議が開催され、四四ヶ国が集ったが、そのときレオン・ブルジョワが主宰した検討委員会では「武力紛争防止のために用いることのできる平和的な国際外交手段」について話し合われた。彼は、紛争予防のための常設国際仲裁機関を設立する、という考えを広めようとしていたのである。それは、いわゆるハーグ諸条約に結実する。とくに、そのうちの「国際紛争平和的処理条約」は、「国家間の関係において兵力に訴えることをなるべく予防」することを目的とし、「国際紛争の友好的処理のために全力を尽くす」ことが謳《うた》われている。予防のための方法としては、裁判的なもの（仲裁による）と、非公式的なもの（斡旋ないし仲介による）とが用意された。この条約に基づき設立されたのが、常設仲裁裁判所である。こうした機関の設立は、パシーやブルジョワが二〇年前から訴えていたことであった。常設仲裁裁判所は、あらゆる「深刻な対立」を防ぐことをその任務とする。予防措置がうまくいかず、紛争に進展した場合のために、ハーグ諸条約のなかには「人道」原則を規定する条約、「開戦に関する条約」、「陸戦条約」、海戦に関する条約、中立国および中立人に関する条約、「軽気球より投射物および爆発物を投下することの禁止に関する宣言」、「窒息性」有毒性ガスの禁止に関する宣言などが含まれた。

しかし、この裁判所の仲裁は、強制力を持っていなかった。またハーグ諸条約にはいわゆる「総加入条項」が含まれていたので、その効力も限定的なものであった。総加入条項とは、紛争当事国のすべてが条約署名国である場合に限って、条文が適用されるという規定である。

一九一〇年、レオン・ブルジョワは『諸国協会のために』を刊行し、それまでの自身の思想をまとめると同時に、世界平和のための国際機関の創設を改めて呼びかけた。

独仏間の緊張関係が再来したしるしであり、かつ反ユダヤ主義が甦った徴候であったドレフュス事件がフランスを大混乱に陥れていた頃、世界の権力を握るというユダヤ人の巨大な陰謀が存在する証拠であるとされる文書がヨーロッパに出回り始めた。『シオン賢者の議定書』と呼ばれるものである。世界中のユダヤ人の長老、すなわち「シオンの賢者たち」が秘密会合を開いた、この文書がその報告書の複写だ、そのなかには、非ユダヤ人の道徳を転覆し、非ユダヤ人を奴隷状態に陥れ、世界経済と世界の報道機関を手中に収める、というユダヤ人の計画が書かれている、とされたのである。実際には、この『議定書』はロシアのシークレット・サービスが捏造したもので、最初に公にされたのは、一九〇三年、シオニストのテオドール・ヘルツルがロシアを訪れた翌日の、ロシアの新聞『軍旗』紙上でのことだった。

陰謀論者の説が、徐々に拡散されるようになっていく。一九一二年にはフランスの元外務大臣エミール・フルーランスが、フリーメーソンの陰謀を告発する書籍を発表した。それによるとフリーメーソンは、世界政府を建設し、ただ一つの世界宗教しか認めないようにすることを企てているらしい。イエズス会やユダヤ人が世界征服を企んでいるというような、古くからある妄想が、その頃もまだまき散らされていたのである。

戦争がつきまとって離れようとしないなか、平和主義者はこぞって動きを見せた。一九一三年、パリのプレ＝サン＝ジェルヴェに集まった一五万人の群衆を前に、ジョレスは兵役期間を三年に延長する法案に反対するよう訴えた。できたばかりの「人権同盟」の副会長フランシス・ド・プレサンセは、平和の維持のためにヨーロッパ合衆国を建設するよう唱えた。しかしそれでも戦争は近づいてきた。

国際協力への流れは歩みを止めた。一九一四年初頭、第一回国際刑事警察会議がモナコで開かれた。一四ヶ国から集まった代表たちは、逮捕手続きや人定手法、世界中の犯罪記録を集めて保管する施設の設置、犯罪者引渡しなどについて話し合った。この会議の本当の目的は、当時猖獗を極めていたテロ対策について議論することだった。ニヒリストが王族や大物政治家を次々に暗殺していたのである。しかし、この会議の第二回は開かれなかった。

同じ時期、イギリスの政治家ラルフ・ノーマン・エンジェルが、その著『アメリカと新しい世界国家』のなかで、特定の役割を持った国際機関や個々さまざまな「連合」によって構成される「世界国家」(エンジェルの命名)の脆弱性を心配している。

彼によれば、個々の連合を唯一無二の制度的枠組に加入させることで強固なものにしない限り、またその枠組としての世界的国際組織と自由貿易の防衛にアメリカが積極的に関与しない限り、「世界国家」は長続きしないだろう、とエンジェルは言う。「もちろんすでに一つの世界国家が成立しているのも、また世界中どこでも電報を打つことができるのも、世界中どこでも商売をすることができ、世界のほとんどの場所で安全に旅行することができるのも、一世代かけて世界中の郵政当局が輸送手続きや通信手順、精算方法などを決めるために奮闘したからであり、船主が国際信号書を制定したからであり、銀行が国債信用の条件を定めたからである。要するに数百もの合意が積み重ねられてのことなのである。しかしその合意は、ほとんどが政府間で交わされたのではない。個々の関係集団、関係部門どうしで交わされたものなのである」。だから総体として、それはとても脆弱だとエンジェルは続ける。「この世界国家は、組織立っていないし一貫性もない。中心も、首都も、集まって会合をする場所もない。船主はパリに集まるし、銀行家はマドリードやベルンに集まる。死活に関わる重要な調整の一部がブリュッセルのどこかのホテルの喫煙室で決められたりしている。世界国家は、事務所一つ、住所一つ持っていない。だから今こそ、アメリカが世界国家にそれを与えてやるべきなのである。世界国家に組織の中央事務局という文明を備えさせてやるべきなのである。中央事務局は、世界国家の国際的活動のある種の調整役を担うだろう。そして世界国家の職員やその運営のために必要な財政的援助を、アメリカは施してやるべきなのである」。

市場を守るためにつくられた個々の専門組織をいくら並べてみても、平和を防衛するに足る世界統治にはならない、ということが初めて理解されたのだ。しかし遅すぎた。ロンドンの後を継いで世界の中心都市の座を狙う者たちのあいだには、それほど深い敵意が渦巻いていたのである。世界戦争を止めることは、もはやできない状態だった。

一九一四年六月一四日、オーストリア＝ハンガリー帝国の皇太子フランツ・フェルディナントが、サラエヴォで、ボスニア系セルビア人に暗殺される。この人物は、ボスニアのセルビア王国への併合を求める大セルビア主義を掲げる組織の一員だった。それでも当初、オーストリア＝ハンガリー帝国は、戦争に突入することはなかろうと楽観視されていた。しかし各地で動員が始まり、しかもそれが歓喜をもって受け入れられることも多かった。フランスとドイツの社会主義者は、戦争予算に賛成票を投じた。総動員に反対するゼネストは、一つも実行されなかった。数日間は躊躇したものの、結局、オーストリア＝ハンガリー帝国とその同盟国（ドイツ、およびある意味でオスマン帝国もここに加わっていた）は、セルビア王国とその連合国（ロシア、フランス、イギリス、日本、そして遅れてイタリアとアメリカが参加した）に対して宣戦布告した。

第III部

世界秩序の現在

世界の至るところに理性の支配を行き渡らせ、
神のご指示である
持続的平和を創造しようではありませんか。

ハリー・トルーマン
（第33代アメリカ大統領）

第6章 パックス・アメリカーナの拡大と衰退——1914年〜

ヨーロッパで始まった戦争［第一次世界大戦］が、あらゆる富を破壊し、人びとを一〇〇万単位で殺戮しているあいだ、アメリカ合衆国は、新たに手に入れた権力の強化にいそしんでいた。それ以前のどの「中心都市」もそうであったように、アメリカもまた、自分の都合の良いように世界秩序を刷新することが可能な地位に上りつめたのである。またこれまでの中心都市と同じように、軍・産業・外交のあらゆる力を総動員して世界を支配しようとしただけでなく、これまでとは違って、国際的な制度機関を設立することによって自身の権力を包み隠し、その機関に平和貢献させようとした。アメリカを「自由の帝国」と見ていたジェファソン大統領を始めとする一八世紀末の人びとの衣鉢を継ぎ、アメリカは自ら世界の舵を取ることによって、民主主義を地球規模にまで一般化することを望んだ。民主主義は、自らの利益に最もよく合致する政治体制だと、アメリカは考えていたのである。

最初の〝G2〟——イギリスとアメリカというカップル

アメリカの大統領としては史上初の、そして唯一の博士号取得者であるウッドロウ・ウィルソンは、一九一六年に再選を果たすと、この国の伝統である孤立主義と袂を分かち、戦争に突入する。

戦後世界のことを考えて不安を抱いていた彼もまた、民主主義の普及こそ、平和とアメリカの利益に最もよく資すると確信していた。第一次大戦には、フランスとイギリスという二つの民主主国家が参加していたけれども、もちろん戦争を開始したのは民主主義側ではなく、ドイツとオーストリア＝ハンガリーという二つの独裁帝国の側だ、というわけである。一九一六年一月三一日、ウィルソン大統領は、ミルウォーキーで次のように宣言する。「国民どうしが戦争をするのではない。政府が戦争をするのだ」。彼は当時、まったく新しい種類の国際機関を組織する構想に専念していた。その機関はすべての国の代表が参加し、また大戦前の国家連合がそうだったように、特定のテーマだけ扱うというような制限はいっさい設けず、民主主義と民族自決を地球全体に広めることを目的とするものだった。彼のこの構想に、イギリスはかろうじて耳を傾けただけだった。イギリス人は当時まだ、世界における自らの主導権を何とか維持したいと思っていたからだ。フランスはそれ以上に聞く耳を持たなかった。彼らは大戦のことにかかりっきりで、その後のことに関してはフランスの大部分がドイツを永久に弱体化させておくことだけしか考えていなかったからだ。

一九一六年の秋、ロンドンでは外務官僚ロバート・セシルの委員会が「将来の戦争の機会を縮小するための提案覚書」を提出する。それを見ると、イギリス人が考える国際組織が、世界の列強大国のみで構成され、各国が大使を代表として派遣するようなものであったことがわかる。そこには常設司法裁判所のことも、軍縮のことも、人道協力のことも、何も書かれていなかった。「諸国協会」の検討のためにつくられたレオン・ブルジョワ主宰の各省間委員会が、一九一七年には国際軍の創設を提案する。ただしこれは、時のフランス首相ジョルジュ・クレマンソーから一顧だにされなかった。

一九一七年には、ウィルソン大統領も、同様の検討委員会を設置し、やがて開かれるであろう講和会議で、アメリカのとるべき立場を研究させた。この委員会には、一五〇人もの大学人・政治顧問が集結した（「大調査《インクワイアリィ》」グループという名で知られる）。委員会は、一九一〇年にレオン・ブルジョワが提唱した「諸国協会」の考えを取り入れたが、かなり弱められたかたちでであった。超国家機関という考え方も、世界軍についても、いっさい検討されていなかったのである。したがって、それはむしろ「諸国連合」のようなものだった。この委員会の報告を受けて、ウィルソンはひとりで大演説の原稿を書き上げ、一九一八年一月八日、連邦議会で発表した。

戦争の行方はいまだに不鮮明であり、かつ帝政ロシアがレーニンの手に握られてソビエト連邦に取って代わられたばかりという情勢のなかで、ウィルソンは戦争終結後に建設すべき世界を、その演説のなかで述べている。彼の計画は、四つの原則をめぐる一四項目にまとめられていた。四つの原則とは、進歩への信頼、民族自決権、自由貿易、集団的安全保障である。集団的安全保障を担保するのは、国際法と国際組織（「国際連盟」）、そして平和を脅かす者への制裁措置（経済封鎖、集団的武力行使）によるとされた。ただし、多国共同参加の常備軍について提案されることはなかった。

したがって、まだそれは世界統治とは言えない。しかし、一国の元首の口から多国共同参加の世界統治の話が出たのは、史上初めてのことであった。イギリス人は当時、自国が権力を維持できるかどうかということを心配していたので、来たるべきこの国際組織の規約作成に介入することを望んだ。彼らに言わせれば、この組織は各国大使が集う会議のようなものに制限すべきものということになる。それは、イギリス人自ら大成功だったと自賛する、一八一五年のヨーロッパ協調に範を取る考え方だった。

外交官でない者でも、この絶え間ない殺戮が終わった後どうすべきか、ということを考えていた。物理学者アルベルト・アインシュタインは、「ヨーロッパ連盟」創設のための平和条約を結ぶよう求める宣言に署名した。この組織は、やがて「世界規模の普遍的文明」に結実するはずだとされた。一九一八年二月には、イギリスの数学者兼哲学者バートランド・ラッセルが、本当の意味での世界政府設立を提唱した。「科学によって、国家主権は人類の生存と両立し得ないものになった。唯一残された道は今や、世界政府か、さもなくば死か、だ」。彼は「世界連邦」を構想していた。それは、立法・行政・司法の各機能を備えるもので、国際法を遵守させるために世界軍を持つが、各国の内政問題には干渉しない。またこの世界連邦は、世界中の生活水準を同一にすること、また世界中の出生率をコントロールすることも、その目的とするという。また歴史の教科書を地球全体で共有すること、その執筆はナショナリズムに由来する偏向を避けるため、国際的に承認された歴史家からなる委員会に委ねることもラッセルは提唱した。

一九一八年三月、フランスのシャンパーニュ地方の平原で、大戦の行方がいまだに見えない状態だったとき、作家ロマン・ロランはスイスから「精神のインターナショナル」を呼びかけた。◆彼は知識人に向けて、「すべてが等しくわれわれの兄弟である、万人からなる民衆」に奉仕するよう説いたのである。

同じ頃、ヨーロッパの塹壕《ざんごう》では、多くのインド人兵士がイギリスの軍服で戦っていた。そのインド本国で、政治活動家としての輝かしい経歴に終止符を打ち、ポンディシェリ〔プドゥッチェリー〕に引きこもって暮らしていたシュリー・オーロビンドが、『人類統一の理想』を著わした。彼はそのなかで、世界国家の創設を提唱し、アジアの復権を予告している。「世界国家や世界連合といった考えは、未来を告げる思想家の精神に宿るだけではなく、人類の共存の必要性に突き動かされて人間の意識に宿るものである〔……〕。人類という種の一体性は、自然の究極の企図の一部であることは明らかであり、それは実現されなければならない〔……〕。諸国家が参加する一つの議会は、必然的に自由な諸国家の集まりでなければならない」。しかしながらオーロビンドに言わせれば、この世界政府も十分ではない。なぜならそれすらも、やはり各国政府と同じような堕落を呈する恐れがあるからだ。したがって、人類の精神を変える必要がある。「たとえ人類の統一が成し遂げられても、長続きしないし現実のものにはならないだろう」。霊的な次元が「人間生活全般を支配する内的な法とならない限り〔……〕。心が思い描いて無意識のうちにつくりあげたようなものは、一時的なもので不安定だし、無数の亀裂や対立を含んでいる。だからすべてを一つにするためには、人類は全体的な認識を持った全体的な存在にならなければならない。最も広範囲にわたる全体的な力をもって、全体的な生命という最も大きな統一体にすべてをまとめなければならないのだ」。彼は予言する。統合されたアジアと社会主義が「未来を約束された二大勢力となるだろう」と。そして、アジア、アフリカ、アメリカ、ヨーロッパの民主主義勢力は同盟して、植民地化の流れに終止符を打つべきだ、と提唱している。

世界初の多国共同参加による世界統治——国際連盟

一九一八年七月にはドイツ帝国《ライヒ》の勝利が見えてきたはずだったのに、その後、新たにアメリカ軍が上陸してきたことに衝撃を受けたのか、ドイツの防衛戦線は、八月になると突如音を立てて崩れ始める。そして一一月には、連合国側が勝利を収めるのである。ドイツ国内は、カオスの様相だった。

一九一九年一月一八日、ヴェルサイユで講和会議が始まる［パリ講和会議］。ジョン・メイナード・ケインズ［英代表団］、ジョルジュ・クレマンソー、アリスティド・ブリアン［仏代表団］、グスタフ・シュトレーゼマン［独代表団］、ウッドロウ・ウィルソン［米大統領］、ヴァーブルク家の二人の兄弟（一人［マックス］はドイツの代表団に、もう一人［ポール・モリッツ］はアメリカの代表団に）、ホー・チ・ミン［ヴェトナムの安南愛国者協会代表］を始め、そうそうたる面々が顔をそろえる前代未聞の会議となった。まず初めに、戦勝国が集まった。敗戦国は後から呼ばれて講和条約の草案を示されたが、そこに交渉の余地はなかった。新生のソビエト連邦はその場にいなかった。ウィルソンは、三年前から折りに触れて提唱してきた国際連盟創設を、最初の議題とすることに固執した。フランス、なかでもクレマンソーは、レオン・ブルジョワの提案［諸国協会］を顧みなかった人物だっただけに、ウィルソンのこの主張に耳を貸さなかった。彼らは、最大限の戦争賠償を敗戦

◆**「精神のインターナショナル」を呼びかけた**　ロマン・ロランは一九一八年三月に「精神のインターナショナルのために」と題した文章をローザンヌの雑誌に発表している。しかし「すべてが等しく」云々は、一九一九年六月に『ユマニテ』紙に発表された「精神の独立宣言」に出てくる文言。どちらものちに、『先駆者たち』と題されたエッセー集に収録された。邦訳、山口三夫訳、『ロマン・ロラン全集』第一八巻「エセー一」、みすず書房、一九八二、所収。

国に突きつけて、永遠に弱体化させておくことだけにこだわっていたのだ。イギリスはと言えば、彼らは彼らで、ありもしない絶対権力を何とか手放さないようにすること、なかでも植民地の拡大と金本位制の防衛のことしか頭になかった。

ウィルソンの頭には、国際連盟を何よりも平和維持と軍縮促進のための機関にしたい、という願望があった。仲裁によってあらゆる紛争を解決することができるような機関にしたかった。また、アメリカ大統領として、参加国に信仰の自由を尊重する義務を課す条項を講和条約に加えること、民族自決に関する文言を加えることも提案した。後者は、独立を渇望するアフリカ・インド・インドシナ半島諸国に期待を抱かせる結果となった。

一九一九年一月二五日、ヴェルサイユ講和会議は国際連盟の原則を承認した。英語で「League of Nations」とされたこの組織の名前が、条文のフランス語訳の際に「諸国協会 Société des Nations」とされた。しかし、レオン・ブルジョワが「諸国協会」の名で当初考えていたことからすると、もはやそれは大きく後退したものになってしまっていた。二月一四日、すなわち議論開始からひと月足らずで、国際連盟規約の草案が完成する。これはアメリカとイギリスの共同草案をもとに、戦勝五大国［英仏伊日米］に、中国、ブラジルを始めとする「小国」九ヶ国を加えた委員会での検討を経たものだった。フランスの首脳陣は、この草案に、対ドイツ連合の延長線上にある組織の創設という意味しか見ていなかった。彼らは敵を徹底的に粉砕することしか頭になかったので、ドイツが再び力を取り戻したときのために、国際連盟に自律的な軍隊を整備することを提案した。しかしこの提案は、ワシントンとロンドンからの断乎とした反対にあって潰《つい》えた。

一九一九年四月二八日、非常に弱められたものとしてではあったが、この国際組織を創設することが最終的に合意された。来たるべき組織の参加国からなる総会（したがって敗戦国はそこに含まれない）で、国際情勢における進行中の問題や、この組織への新規加入、予算措置といった議題が話し合われることになった。常任理事国［当初は英仏日伊］と非常任理事国からなる理事会と執行部が、この組織の運営を任されることになった。本部はジュネーヴに置かれることが決められたが、旗は公式には決定されていない。組織公用語は、英語、フランス語、スペイン語となった。エスペラント使用の案は、パリの拒否権にあって潰された。レオン・ブルジョワの思いと裏腹に、しかしウッドロウ・ウィルソンの企図には沿うかたちで、国際連盟は独自の軍隊を備えないことになった。しかし、経済制裁を決議することはできるとされた。ただし、それが実行されるか否かは、締約国の誠意次第だった。

一九一九年六月、その他のあらゆる議題について、一年間にわたって討議を重ねたすえに、四四ヶ国が署名してヴェルサイユ講和条約が調印された。そこに新生ソビエト連邦の姿はなかった。国際連盟の創設は、講和会議によって結実した他の条約に先行するかたちでヴェルサイユ条約に統合された。少数民族保護のための条項は、ヨーロッパの国境を再確認する条文に含まれることになった。逆に非植民地化については、ひと言の言及もなかった。ただし、オスマン帝国とドイツ帝国の植民地は、委任統治領というかたちでフランスとイギリスに分配されはした。アフリカおよびアジアは深い失望を味わった。別の言い方をするなら、いくつかの帝国だけが、自身の法を守らせるための武器を温存することができた、ということである。

一九二〇年、レオン・ブルジョワがノーベル平和賞を受賞した。その機会に、彼はこう述べている。「四年間にわたる恐るべき戦争の果てに、一つの新しい考え方が生まれ、人びとの良心に迫ってきました。権利の擁護と平和の維持のためには、文明国が連合することが必要だ、という考え方です」。「連合 association」というフランス語は、国際連盟の連盟を表わす英語「連盟 League」の仏訳として「協会 Société」よりはふさわしかったかもしれない。レオン・ブルジョワは、その国際連盟の永続性について不安を表明した。彼に言わせればそれは、あまりにも強制力がなさすぎるというのだ。

生まれたばかりのこの国際機関は、生まれつきの欠陥に、実際、悩まされることになった。欠陥とは、敗戦国が参加してなかったこと、一九一四年以前に創設された各種の専門的な国際機関を統制できなかったこと、自由貿易促進のために何もしなかったこと、通貨安定のために何もしなかったこと、人権に関する義務を課すために何もしなかったこと、などである。しかも、その決議の履行を強制するための手段を一つも持っていなかった。

さらに悪いことには、ウィルソン大統領の必死の介入もむなしく、アメリカ議会は国際連盟創設の条約を批准しなかった。共和党は、国際機関の決定で自国の軍隊が自動的に駆り出されることを認めようとはしなかったし、民主党は民主党で、講和条約がドイツに課した負担が重すぎると失望していた。つまりその誕生の時から国際連盟は、実質上はヨーロッパの一組織にすぎなかったのである。その創設は、一人のアメリカ人が考え、望んだことだったのだが。

それでも当初は、国際連盟もいくらか成果を上げることができた。一九二〇年には、ポーランドとリトアニア間の紛争の拡大を防いだ。一九二一年には、アハベナンマー［スウェーデン語でオーランド］諸島の帰属問題をめぐるスウェーデンとフィンランドの争いについて、フィンランド領と裁決し、さらに中立化・非武装化することを勧告した。また同じく一九二一年に、国際労働機関（ILO）、難民高等弁務官（HCR）、国際法適用のための常設国際司法裁判所、火器使用の制限に関する委員会、保健機関、奴隷制度に関する委員会、委任統治領に関する委員会などが、国際連盟の連携機関として設立された。一九二六年には、ヴァイマル共和政下のドイツが加入を認められた。また国際連盟は、ユーゴスラビアとアルバニア間の国境を画定し、オーストリアおよびハンガリーへの経済支援を決め、上シロンスク［独語シュレージエン］地方をポーランドに帰属するものとし、ザール地方が住民投票でドイツへの復帰を決めるまで委任統治し、イラクとトルコが争っていたモースルの地位を定め、コロンビアとペルー間の紛争を調停した……。しかし実を言えば、これらは結局、決定的な解決にはならないものばかりだったのだ。

この頃、ほかの国際機関も日の目を見た。一九二三年には、ウィーンの警察長官ヨハン・ショーバーの発議で、一九ヶ国の代表によって国際刑事警察委員会が設立された。これはのちにインターポール、すなわち国際刑事警察機構（ＩＣＰＯ）となる。一九二四年には、国際獣疫事務局が設立される。これは一九二〇年に、南アジアからこぶ牛を導入したベルギーで、突然、牛疫が蔓延したことを受けての措置だった。

国際連盟が、もはやほとんどヨーロッパの一機関に過ぎなくなったのであれば、むしろヨーロッパ統合を推し進めてはどうか、という考え方が出てくる。フランス外務大臣アリスティド・ブリアンは、一九二八年、戦争を「不法」化するという、実質的な機能よりは純粋に象徴的なものとしてのパリ不戦条約を、アメリカ国務長官フランク・ビリングズ・ケロッグとのあいだで交わしたあと、一九二九年九月、ドイツ首相グスタフ・シュトレーゼマンの賛同も得て、国際連盟総会でヨーロッパ連邦連合の設立を提起した。この連合は、まず第一に、経済秩序に関する決定を下すとされた。「なぜなら、その問題が急を要しているからだ」。その後、当時フランス外務省の事務次官だったアレクシ・レジェ（詩人としてのペンネームはサン＝ジョン・ペルス）が、さらに詳細にわたってこの組織の構想を語る役目を担《にな》う。アメリカで大恐慌が勃発したばかりだった一九三〇年五月一日、レジェは来たるべき「ヨーロッパ連合」について次のように提案した。本部はジュネーヴに置き、国際連盟の「下部組織」としての政府間機関となる。意思決定機関で議長は回り持ちの「ヨーロッパ会議」、執行機関としての「常設政治委員会」、行政機関としての「常設事務局」の三つの専門機関が、この連合を運営する。さらには「共通市場」の創設、通貨政策の共同管理、関税連合の段階的設置なども提起された。そして最後に、この大仕事にはよく協議したうえで取りかかること、既存の福祉関連法との調和を図ること、文化協力を促進することも付け加えられた。

しかしヴェルサイユ条約体制の破綻、ドイツ問題の馬鹿げた解決法、保護主義や金本位制に対する反省の完全な欠如、紛争の解決ならざる解決、敗戦国のフラストレーションなどが、数々の衝突の迫っていることを暗示していた。

全体主義による世界秩序という野望

国際連盟の脆弱で素朴な平和の理想に対抗して、自らが「世界統治」の役を担おうとする全体主義的な三つの動きが発生する。その主張は、お金による世界統治、ユダヤ人による世界統治、ブルジョワ的民主主義による世界統治——そしてそれらは結局は同じ一つのものであると彼らは考えていた——に対抗するために立ち上がったのだ、ということであった。

ヨーロッパ全体が革命に立ち上がらない限り、「資本主義の包囲」によって、ソ連は一八七一年のパリ・コミューンのように押しつぶされてしまうと考えたレーニンとボリシェヴィキは、同盟を求めた。そしてヴェルサイユでは講和会議が開かれていた一九一九年三月二日から六日にかけて、自分たちを支持する各国の合法・非合法の党相互の同盟関係を強化するために、会議を招集する。三六ヶ国から参加した五二人の代表は、その席で第三インターナショナル［正式名、共産主義インターナショナル、コミンテルンとも］の誕生を宣言した。「共産主義」の名を冠されたこのインターナショナルは、加盟を求める党に二一の条件を課した。その条件は、ヨーロッパの社会民主主義者のほとんどにとって受け入れがたい内容だったので、必然的に内部分裂が引き起こされ、各国に新たに共産党が誕生し、社会主義者と袂を分かつという事態に帰結した。執行委員会が設置され、加盟党の監視と同時に「世界革命を促す」役を担うことになった。共産主義インターナショナルの本部は、当然のごとくモスクワに置かれることになった。この組織はのちに、アメリカから中国まで世界各地に秘密工作員を送り込み、植民地主義に対して荒々しい戦いを挑んでいくことになる。

社会主義者たちはコミンテルンに対して反論する代わりに、一九二一年、ベルンにおいて第二インターナショナルを再建した。さらに彼らは二つに分裂し、分派した組織は「第二半インターナショナル」と呼ばれた。

一九二一年、モスクワは第三インターナショナルのすべての加盟党に対して、「民主集中制」の原則を課した。これは、ひとたびある会議で決定がなされた以上は、もはやそれに対する異議申し立てを、いっさい認めない、というものであった。一九二四年にレーニンが亡くなると、スターリンがソ連共産党およびソビエト国家の機関を独裁した。彼はコミンテルンを、ソビエト連邦だけに奉仕するものと位置づけた。ソビエト連邦は孤立することをひどく恐れていたのである。コミンテルン議長グリゴリ・ジノヴィエフは、組織の「ボリシェヴィキ化」を通告し、モスクワが決定した路線に従わない党はすべて排除するとした。コミンテルンはまた、「友党」に派遣すべき幹部を養成するための学校〔国際レーニン学校〕を設立した。

同じく一九二四年、ヒトラーが『わが闘争』のなかでユダヤ人の陰謀を告発している。彼によればユダヤ人は、世界支配の基礎を築くためにエスペラントを使用するのだという。彼は、ドイツ人による世界支配によって、ユダヤ人に反撃するのだとは言わなかった。ヨーロッパを支配するとすら言わなかった。ただ、「ドイツ民族に対して相応の領土をこの地上で確保すること」、「わが民族の人口と面積のあいだの不釣り合い〔……〕を取り除くように努力しなければならない」。「ドイツは世界的強国になるか、あるいはぜんぜん存在できないかのどちらかである」〔第二巻第一四章〕。

ナチ〔国民社会主義ドイツ労働者党〕のナショナリスティック、かつ人種差別主義的イデオロギーは、世界統治のいかなる概念とも本質的に相容れない。ドイツ民族が世界規模の組織のために主権を放棄するなどということは、ヒトラーにとってあり得ない話だ。ましてそれが、劣等とされる「人種」も一票持っているような組織となれば、なおさらである。ヒトラーによれば、共産主義のインターナショナルも、資本主義のインターナショナルも、それが成立した責任はユダヤ人の国際主義にある。ユダヤ人は自分たちが生き暮らしているそのまわりの民族を蝕《むしば》むので、その民族はユダヤ人を同化できなくなる。ヨーロッパで劣等とされる「人種」、とりわけスラヴ人は退去させるか絶滅させねばならない。そして「純粋な」ドイツ人が取って代わらねばならない。ドイツ人により近いと言われるゲルマン民族、とりわけスカンディナヴィア人やフラマン人は、ドイツ人によって同化される資格を有している、とヒトラーは言う。フランス人は、人種的にはそれより遠いので、ドイツ人への同化を望むことはできない代わりに絶滅を宣告されることもなく、ただドイツ帝国に農業倉庫《ラ》《イ》《ヒ》として奉仕すればよい。要するにヒトラーは、まずはヨーロッパを征服することを望んでいた、ということになる。世界統治については後からついてくるであろう、と。

ローマで権力を握ったムッソリーニはムッソリーニで、古代ローマ帝国の復活をもくろんでいた。「新しい人類」が住む「新しいローマ帝国」を建設することを望んでいたのである。彼によれば、古代ローマ帝国が衰退したのは、優れたローマ人が、劣った他の人種と接触しすぎたせいだという。イタリアは「われらが海《マレ・ノストルム》［地中海］」を征服しなければならない。初代皇帝アウグストゥスの統治から二〇〇〇年を経た今こそ、その直接の後継者であることを示す良い機会であると、統領《ドゥーチェ》［ムッソリーニ］は考えた。

一九二七年以降、スターリンはコミンテルンに対する絶対的支配を確立し、それを自らの意図に沿った組織に作り替えることに専念した。彼はまた「一国社会主義」路線を押しつけ、その結果として、他の加盟党に対して、何よりもソビエト連邦の国家的利益を優先して活動するよう強いた。いくつかの党は、モスクワから直接派遣された者によって間近から監視された。

こうしたさまざまな全体主義の誕生によって、国際連盟に託された希望はことごとく潰されることになった。国際連盟はしだいに形骸化していった。

一九二八年にはブラジルが、常任理事国の地位を得られなかったことを理由に、国際連盟を脱退する。一九二九年、世界恐慌が発生すると国境は封鎖される。金本位制をがむしゃらに維持してきたことによって、西洋世界は景気後退の淵にどっぷりと沈んだのだ。一九三〇年、国際連盟はヴェルサイユ条約によってドイツに課した賠償金を軽減するための方策を、何も講じなかった。支払不能に陥ったドイツを管理することもしなかった。各国の中央銀行のあいだに立つ国際決済銀行が設立されただけだった。一九三一年、国際連盟は、中国領土からの撤兵を拒否する日本を退却させるにあたっても、完全に無力であることを露呈した。日本は国際連盟から去っていった。国際連盟は、自らの創設の基本理念であるはずの民族自決の原則を、加盟国の植民地に適用するにあたっても、何もできなかった。一九三二年には、ボリビアとパラグアイ間で起きたチャコ戦争を回避することができなかった。

一九三三年、ウィリー・ポストが七日間と一八時間という単独飛行世界一周の記録を打ち立てたこの年、ヒトラーはベルリンで権力を掌握した。ドイツ再軍備が国際連盟でフランスの拒否にあうと、ヒトラーはこれを脱退した。コミンテルンは、ファシストを阻止するために、各国の共産党に社会主義者との協力を指示した。これによってフランスでは、ナチに抵抗する人民戦線への道が開けた。

ナチの脅威を目前にして、アルベルト・アインシュタインは平和主義に見切りをつけ、「超国家的組織の権威を後ろ楯にする国際的な警察力」がないことを嘆いた。フロイトに宛てた手紙のなかで彼は、そうした警察力の創建を提起しているのだが、同時に「国家間に生じ得るあらゆる紛争を解決する力を持った立法および司法組織」も必要だと言っている。一九三四年にはソ連も加盟した国際連盟が、そもそも少なくとも理論上は、そういう目的で創設されたことはすっかり忘れられていたのだ。

一九三四年、ムッソリーニは「ローマの世界性のための行動委員会」を設置し、一九三四年一二月にはこの組織が「ファシスト国際会議」をスイスのモントルーに招集する。しかし、ドイツのナチ党代表の姿はそこになかった。一九三五年には、「世界ファシズムのための調整委員会」が、パリ、アムステルダム、モントルーと、計三回の会合を開く。この組織は、ムッソリーニの植民地政策を支持する一方、ナチスの活動をいくつか糾弾した。とりわけ、ナチスの非キリスト教徒的な振る舞いを槍玉に挙げている。ムッソリーニはまた、世界各地へのイタリア人移民、とりわけブラジルやフランスへの移民を「ファシスト化」することも目論んでいた。これは、彼が構想するイタリアに、それらの国を統合することを目的としていた。これらはファシスト・インターナショナルの萌芽であったが、それが連携した活動や、首尾一貫した現実性を備えた共同宣言のようなものに結実することはついになかった。ファシズムは本質的にナショナリズムであり、国際主義や世界連邦主義とは相容れないものなのである。

一九三五年、イタリアのエチオピア侵攻に対して、国際連盟はまたしても何ら具体的対策を講じることができなかった。そして今度はイタリアが脱退した。一九三六年には国際連盟が何も反応しないことによってドイツの再軍備を助けた。一九三七年にはヴェルサイユ条約で非武装化されたラインラント地方へのドイツ軍進駐、日中戦争やスペイン内戦の勃発に対しても、同じことだった。

一九三八年、デリク・ローンズリー、チャールズ・キンバー、パトリック・ランサムという三人の度外れた楽天主義者がロンドンに集まって、「連邦連合」を設立し、世界政府の建設を呼びかけた。同じ頃、元『ニューヨーク・タイムズ』紙国際連盟特派員クラレンス・ストライトが、アメリカで連邦主義運動を開始した。

この年、国際連盟はドイツのオーストリア併合に対して、やはり無力だった。一九三九年、スペインが連盟を脱退した。チェコスロヴァキアが分割されたときには、それを議題にすらせず、一九三九年九月一日にドイツがポーランドに侵攻したときには、通知さえされなかった。それが第二次世界大戦の始まりだった。

一九三九年一二月一四日、国際連盟はソビエト連邦を除名した。同年一一月三〇日のソ連によるフィンランド攻撃を、理事会が違法と裁定したのだ。これが連盟の最後の活動となった。

第二の多国共同参加による世界統治――国際連合

連合国は新たな戦争を防ぐ術《すべ》を持たなかった。しかしその戦争の最中に、大西洋のあちら側でもこちら側でも、このような事態が二度と起こらないようにするための最良の方策は何かという問いが、再び検討されていた。ヴェルサイユ条約の破綻、国際連盟の無力、一九二九年の世界恐慌とその後悪循環が果たした役割といったことをようやく自覚した彼らは、もはや国際連盟と同じように民主主義を普及させることに専念するだけでは足らない、とにかく経済が有効な機能を維持できるように何とかしなければならないと考えた。そのために必要なのは、国境を常に開放しておくこと、通貨を管理する機関を設置すること、国際連盟は持てなかった軍事的手段を整備することだ、と。

国際連盟は当時、ジュネーヴに残存していたが、悲惨な状態だった。一九四〇年以降、その事務総長の地位に就いたフランス人ジョゼフ・アヴノルが、ドイツに協力して、職員の大半、とくにイギリス人職員を全員解雇していたのだ。その後、アヴノルは辞職し、事務局次長だったアイルランド人ショーン・レスターがその後を継いだ。レスターは連盟の多くの部局を文書ともども北アメリカに送り出した。たとえば、国際労働機関はカナダのモントリオールに拠点を移し、その他の機関もアメリカのプリンストン［ニュージャージー州］に移転した。レスター自身はジュネーヴに残り、ドイツ軍に包囲されたスイスで、万策尽きた国際連盟の、勇気ある孤独な番人の役割を果たした。

第一次世界大戦の最中もそうだったが、今回はそれ以上に徹底的に、英米のあいだで戦後世界の再編に備える話し合いが重ねられた。アメリカは、四半世紀前に比べるとはるかに強大な国になっていた。アメリカは戦時経済体制によって一九二九年の大恐慌から脱出し、ヨーロッパでは連合国も敵対国も日に日に荒廃の度を深めていく一方で、アメリカは何の損害も受けることなく戦争をくぐり抜けつつ、全世界に対する、というのが言い過ぎなら、少なくとも当時まだ残存していた三つの全体主義に従わない範囲の世界に対する権力を固めていた。ボストンは、世界の「中心都市」の座を、アメリカのもう一つの「中心都市」に明け渡した。すなわちニューヨーク圏である。

フランクリン・ローズヴェルト大統領は、ウィルソンの夢を自分のものとして引き受けた。彼の過ちをくり返さないために、世界の将来に関する検討に最初から議会を参画させた。かつて議会が拒否した世界機関設立を、改めて提案するというリスクを冒すような真似はしなかった。一九四一年一月六日に、イギリスへの支援の正当性をアメリカ議会に訴えた演説では、自身が望む世界を巧みに表明している。それは「人間の四つの自由を礎《いしずえ》とする世界です。言論表現の自由、自分にふさわしいやり方で神に祈る自由、欠乏を免《まぬが》れて生きる権利、恐怖を免れて生きる権利の四つを基礎とする世界です。最後の権利は、世界的な視野から見れば、軍縮を意味しています。

ローズヴェルトの三人の顧問——ウィーンの法学者ハンス・ケルゼン（現オーストリア憲法の父）、国務次官サムナー・ウェルズ（国務省の大立者）、アメリカ陸軍参謀総長ジョージ・マーシャル——が起草した「大西洋憲章」が、一九四一年八月一四日、ニューファンドランド島沖に停泊したアメリカ軍巡洋艦オーガスタの船上で、ローズヴェルトとチャーチルの臨席のもとに発表された。この憲章は一月六日のローズヴェルトの演説を焼き直し、より詳しくしたうえ、彼の望みである国際機関建設についてもほんの少し触れていた。この憲章で二つの連合国の首脳は、戦後に領土拡大を求めないことと、諸民族の民族自決の環境整備を約束した。二つとも、国際連盟が欠いていたことであった。

一九一九年と同じ過ちをくり返すまいという決意は、憲章の次のくだりにも表われていた。「両国は現存する義務を適法に尊重し、大国小国、戦勝国敗戦国を問わず、いっさいの国がその経済的繁栄に必要な、世界の通商および原料を平等な条件において利用することができるよう促すために努力する。両国は、いっさいの国の安全保障、労働基準の改善、経済的進歩、社会保障のために、経済的分野において、いっさいの国のあいだに完全な協力が促進されることを望む。ナチの暴虐の最終的破壊ののちに、両国は、いっさいの国民がその国境内においてまったき安全のうちに生きる手段を提供してくれ、またどこに生きる者であってもいっさいの人類が恐怖および欠乏を免れて生を全うすることを確実にしてくれるものとして、平和が確立されることを希望する」。憲章は最後に、「自国国境外への侵略の脅威を与える国、または与える可能性がある国」の武装解除を説いている。一九四二年には、ニューヨークに国際人権連盟が設立される。この組織は、アメリカ自由人権協会の創設者ロジャー・ナッシュ・ボールドウィンの発案で、ドレフュス事件を受けて一八九八年にフランスに創設された「人権同盟」から着想を得てつくられたものである。

一九四二年にアメリカが参戦し、ヒトラーに対する勝利の可能性が見えてきて以降は、アメリカに世界秩序の「中心都市」がとどまり続けるであろうことは明白になった。しかし同時に、スターリングラード攻防戦◆を経たのちは、ソビエト連邦を抜きに世界規模とは言えなくなったことも、また明白になった。そうしたなか国際会議が盛んに開かれるようになり、国際連盟の改編準備、国際収支を管理するためのまた別の組織の設置、保護主義撤廃のためのさらに別の組織の設置などが話し合われた。またさらに、植民地化された国々が悲惨な状況から脱出するための援助をすることを目的とした機関の設置も議題に上った。アメリカにとって重要だったのは、金と同等という英ポンドの地位を、米ドルに移行させることだった。

これらの交渉の舵取り役を担ったのは、アメリカ側ばかりだった。当初は国務次官サムナー・ウェルズがその任に当たり、イギリス側も申しわけ程度に参画していた。しかしイギリスの代表団がアメリカの要求を受け入れることを渋るので、アメリカは、イギリスに補給するために武器を輸送していた、大西洋横断中の自国の船団の速度を遅らせるという戦法に出たのである。

ソ連はドイツ軍の前進を目前にして、戦争以外のことに心を砕く余裕がまったくなかった。ただし必要に応じて、自らの影響圏を拡大することだけは怠らなかったが。しかし資本主義世界が自分のために構築しようとしている制度機関などは、関心の対象にならなかったのである。

一九四三年になってスターリンは、アメリカとイギリスの懸念を取り除くために、第三インターナショナルに終止符を打ち、ヨーロッパの国境を越えて世界規模で創設されるべき国際組織について、話し合いの席に着くことを承認した。

一九四五年二月三日〜一一日、ヤルタで会談を持った三人は、安全保障理事会での投票方式について合

◆**スターリングラード攻防戦**　一九四二〜三年に、独ソ間に展開された戦いで、両軍に史上稀なほど大規模な犠牲者を出して独軍の降伏に終わり、独ソ戦のみならず第二次大戦全体の勝敗を決した戦いと言われる。

意できず、暗礁に乗り上げてしまった。ソビエト連邦は、総会がアメリカとイギリスの連合国によって支配されるのではないかと心配していたのだ。それで英米の二国は、安全保障理事会に拒否権の制度を導入することが重要であると、認めなければならなくなった。

一九四四年二月、アメリカ法学会が招集した専門家委員会で、人間の基本的権利に関する報告書が作成された。これは世界人権宣言の最初の素案となった。一九四四年四月一九日、ローズヴェルトは改めてこう宣言した。「持続的な平和の条件は、経済に関する制度が健全に組織され、人間的な労働、社会的地位の向上、正規雇用、しかるべき生活の保障によってそれが強化されない限り、確保されない」。彼にとって、平和のなかでも経済的次元は、アメリカ流のひな形のグローバル化を意味した。なかでも世界中で、労働と賃金の条件を契約化することを重視していた。不当競争を避けるために、世界の賃金を、アメリカのフォード流のやり方を模範にして、上昇させなければならないと彼は考えた。ローズヴェルトは地球規模でマクロ経済政策を連携させることも検討していた。そしてそのための枠組は国際労働機関にしても良いと考えていた。ヴェルサイユ条約によって生まれた機関としては、彼の目から見て唯一眼鏡にかなう組織だったのだ。一九四四年五月、モントリオールに退却していたこの組織がフィラデルフィアで会議を開催すると、連合国の四一ヶ国の労働組合、経営者団体、政府から派遣された混成の代表団は、「社会的正義なくして持続的な平和はあり得ない」と宣言した［フィラデルフィア宣言］。

同じ頃、ニューハンプシャー州の小さな町ブレトンウッズで、大西洋憲章で予告された国際金融機関設置に関する交渉が、ソビエト連邦も巻き込んで開始された。アメリカ代表の財務次官補ハリー・デクスター・ホワイトは、ドル本位制を認めさせたいと考えていた。ブレトンウッズに派遣されたイギリス代表団を率いていたのは、ヴェルサイユ条約の交渉の際に、やはりイギリス代表団に参加していたジョン・メイナード・ケインズだった。ケインズは自身で〝バンコール〟と名付けた世界唯一の通貨創設を夢見ていた。この通貨は通商用で、各国通貨とは固定相場で結びつけられるとされた。またバンコールは、これもケインズ自身の提案で「国際清算同盟」と命名された国際中央銀行が発行し、この国際中央銀行は、各国中央銀行が国内の民間銀行に対してするのと同じように、各国中央銀行に対して振る舞う、すなわちお金の流れを調節するのだという。そして毎年の決算で赤字超過した場合も、黒字超過した場合も、その国にはペナルティが科される（利子を支払わなければならない）［これにより各国は貿易収支均衡に向けて調整を促される］。アメリカ代表団はこれにはっきりと反対を表明した。アメリカ財務長官ヘンリー・モーゲンソー・ジュニアは、また別の世界通貨〝ユニタス〟を提唱していたが、その後、提案を撤回し、ドル支持に戻った。

最終的に、国際通貨基金（ＩＭＦ）の設立が決定された。この基金の使命としては、世界レベルで貿易収支の均衡を促すこと、通貨に関して国際的な協働関係をつくること、為替相場の安定を図ること、多国間決済制度創設を援助すること、収支悪化に苦しんでいる国に融資すること、とされた。すべてが国際為替取引における基軸通貨の地位を、米ドルが英ポンドから奪い取るための方策であり、そのために準備されたことであった。世界中央銀行は、国際復興開発銀行（世界銀行）◆のほかは一つも設立されなかった。国際通貨基金と国際復興開発銀行は、本部をワシントンの、ホワイトハウスからほんの数メートルの位置に構えた。アメリカはどちらにおいても、重要案件に関する拒否権を有している。

一九四四年八月二一日、連合国軍によるパリ解放作戦が進行しているさなか、ワシントンのダンバートンオークスという名の邸宅では、アメリカ、イギリス、ソビエト連邦、中国（当時は蔣介石が率いていた。国内では国共内戦の萌芽が散発していた）のあいだで国際連合設立のための会合が開かれていた。アメリカの望みは大西洋憲章の原則が適用されること、国際連盟には備わっていなかった手段を国連には整備すること、国際連盟が大部分はヨーロッパ列強によって支配されたのに対して国連には普遍的参加を得ることなど

◆世界銀行　世銀。一九六〇年に国際開発協会（第二世界銀行）が設置されて以降は、「世銀」と言えば通常、国際復興開発銀行と国際開発協会の両方を含む。

だった。同時に国連の制裁手段のなかに軍事行動も選択肢として用意し、実際にそこまで活用することができるようにしたいとも考えていた。そのためには、加盟国が参加し、国連が自由に采配を振ることができる軍隊によって平和維持活動を推進すること、その軍隊は国際的な参謀委員会を頂点とする常備軍とすることが必要である、としていた。さらにアメリカは、国際労働機関のように古くからある組織についても、世銀やＩＭＦのように新しく設置される組織についても、国連の支配下に置くことを望んだ。最後にこの新設の国際組織が十分な効力を持つよう、総会よりも上位に安全保障理事会を置き、その決議だけが法的拘束力を持つようにすることを求めた。そのうえで、手中に握っている世界統治が別の国に逃げ去っていかないようにするために、自らは安全保障理事会に拒否権を持つようにしようとした。ただし、これについては、ダンバートンオークスに集った他の三ヶ国にも分け与えることを承認することになる。一つの事務局、一つの司法裁判所という要素も確保されることになった。

やはりこのときに起草された国連憲章の前文は、善意の塊だった。「われら連合国の人民は、われらの一生のうちに二度まで言語に絶する悲哀を人類に与えた戦争の惨害から将来の世代を救い、基本的人権と人間の尊厳および価値と男女および大小各国の同権とに関する信念を改めて確認し、正義と条約その他の国際法の源泉から生ずる義務の尊重とを維持することができる条件を確立し、一層大きな自由のなかで社会的進歩と生活水準の向上とを促進すること、ならびに、このため、寛容を実行し、かつ、善良な隣人として互に平和に生活し、〔……〕」〔外務省公式訳〕。

一九四五年四月二五日、連合国の枢軸国に対する勝利がはっきりしてくるなか、ローズヴェルトはサンフランシスコに四八ヶ国の代表――ソビエト連邦を構成するウクライナとベラルーシの代表も参加したので、それも加えれば五〇ヶ国――を招集した。その目的は、前年のダンバートンオークス会議の決議に基づき、国連憲章を採択することだった。四つの委員会が設置され、それがさらに一二の小委員会に分けられた。ダンバートンオークス提案が議論の叩き台の役を果たした。この会議の決議はきわめて長文でくり返しも多かった。どの委員会も自分たちの寄与をそこに含めることに固執したからだ。国連憲章は、国際連盟規約に比べてはるかに詳細にわたるものになった（国連憲章は一一一ヶ条、国際連盟規約は二六ヶ条）。

八月九日のアメリカの核兵器使用［九日は長崎の日付。広島は六日］と、その後に発見されたドイツによる死の収容所は、地球全体に衝撃を与えた。ロンドンでは、ナチの主要な指導者を裁くためのニュルンベルク国際軍事法廷を設立することが、連合国内で合意された。それが史上初の超国家的法廷となった。

一九四五年一〇月二四日、五一ヶ国に署名された国連憲章が発効する。すべてが決められたダンバートンオークス会議の参加四ヶ国に加えて、フランスも何とか常任理事国にすべり込むことに成功した。イギリスが、ソビエト連邦に対抗してヨーロッパ大陸の安全を確保するためには、フランスが必要だと判断したのだ。憲章批准を獲得するために、ハリー・トルーマン大統領は、上院で、かつて議会の賛同を得られなかったウィルソン大統領に触れてこのように述べた。重要なのは、「一世代前のあの大政治家の理想を具現化することなのです。この最後のチャンスを逃すことなく、世界の至るところに理性の支配を行き渡らせ、神のご指示である持続的平和を創造しようではありませんか」。

しかし新しくできたこの国際連合も、実際は国際連盟と同じように力のないものになった。決議を適用させるに足る現実的な手段は何も持たなかったし、制裁を科すための確たる手段も何もなかった。財政的な独立性は皆無だった。加盟国から支払われる、わずかな分担金に頼って生きながらえることになったのだ。今回もやはり、外交官が集うための広場《フォーラム》にしかなれなかった。本当の決定は別の場所で下されることになった。決定を下すのは戦勝国、とりわけ二つの超大国すなわちアメリカと、それから新たに軍事的勝利を得て栄光に包まれたソビエト連邦だった。

アルベルト・アインシュタインは、世界政府設立のための四〇年来の闘いを諦めていなかった。共同で署名した『ニューヨーク・タイムズ』紙への書簡で、次のように説いている。「国連憲章は互いに敵対する国民国家の絶対的統治権を維持してしまっているため、効力あるシステムの創設が妨げられてしまっています。国連憲章は、アメリカ合衆国の起源となった最初の一三邦の連合規約と同じくらい脆弱です。しかし、連邦制度が必ずしも力を持たないわけではないことは、わかっています。もしも核戦争を防ぐことを望むなら、連邦制に基づく世界憲法を制定し、世界法が世界を支配するような方向へ向かわねばなりません」。アインシュタインは、シカゴ大学学長ロバート・メイナード・ハッチンズが提唱していた連邦制に基づく世界憲法の制定を支持していたのだ。彼自身もまた、『アトランティック・マンスリー』誌上に発表した記事で、アメリカ、イギリス、ソ連が率先して、そうした世界政府を創設すべきだと提唱している。

一九四六年一月二四日、パリで開かれた国連総会は史上初の決議として、「原子力の発見によって生じた問題を検討する」ための委員会〔原子力委員会〕を創設し、恐るべき力をまざまざと思い知ったばかりのこの新兵器を管理することを決めた。実際は、ソビエト連邦がその製造にこぎ着けることを妨害したいというアメリカの思惑があった。この委員会には安全保障理事会の理事国とカナダが参加することになった。

この委員会のアメリカ代表バーナード・バルークは、原子力開発の責任を、唯一「国際原子力開発機関」という新設国際組織にだけ委ねる、この組織にはウラン鉱山の所有権も与えられる、という提案をして皆を驚かせた。各加盟国は核兵器を持たず、それを国際的な視察団が監視するのだという。

これはかなり大胆な提案である。というのも、史上初めて一国の、しかもそのとき世界を支配していた大国の政府が、世界的共有財産を創設し、それを超国家機関に帰属させるという提案をしたことになるからだ。

独自に核兵器を製造する計画を放棄したくないソビエト連邦は、これを拒否した。バルーク・プランはたちまち忘れ去られた。それ以降、核兵器廃絶問題は国連の枠組で取り扱われることはもはやなくなり、この頃から姿を見せ始めていた米ソ間の冷戦の枠組のなかで話題にされることになる。

クラレンス・ストライトの指揮の下、主にアメリカで、民主主義勢力のみで世界連邦を建設する夢がまだ語られていた。要するにこれは、アメリカとその同盟国だけの連邦ということであり、ここには再び「自由の帝国」の精神が見て取れるのである。それとは別に、よりソ連に近い者たちが、「核兵器の破壊から人類を防衛するため」世界連邦を創設することを求めていた。ソ連はこの時点でまだ核兵器を開発できていなかった。最後に、「大陸別」連邦の創設から始めようという者もいた。手始めにはヨーロッパ連邦を、というのが彼らの主張だった。

一九四六年、最後の種類の世界連邦主義者が一連の会合を開き、ルクセンブルクに「世界連邦政府のための世界運動」を組織することが決定された。これはのちに「世界連邦運動」（ＷＦＭ）となる。ルクセンブルクでは「ルクセンブルク宣言」が採択された。「われわれ世界各地から参加した世界連邦主義者は、〔……〕世界連邦政府創設のために奮闘するあらゆる組織を糾合する国際連合体を創設することを決議する」。またこの宣言には、「われらのうち複数者が、この目的への一段階として、地域別連邦、とくにヨーロッパ合衆国の創設を提唱する」とも謳《うた》われている。

一九四六年四月、すでに誰もが忘れていたが、ジュネーヴにはまだ四三ヶ国が加盟したまま国際連盟が存続し、ショーン・レスターが変わることなく指揮していた。その国際連盟がついに国際連合にそのすべての権限を移譲した。

国際連合の創設に続いて、他にもいくつか国際組織が生まれた。一九四六年にはフランス人が推進して、一九一四年創設の国際刑事警察機構（ＩＣＰＯ）が灰のなかから甦り、インターポールという略称も採用された。同じく一九四六年の四月には、常設の国際司法裁判所（ＩＣＪ）が創設され、国連加盟国から一五人の判事が任期九年で選ばれた。ＩＣＪは「当事国が委任するいかなる事件も」管轄する。しかし当事国の同意なしに介入することはできない。同じ年、エレノア・ローズヴェルト〔フランクリン・ローズヴェルト大統領の妻〕が委員長を務め、フランス人ルネ・カサンがそれを補佐する国連人権委員会〔経済社会理事会傘下の委員会〕は、世界人権宣言の起草に骨を折っていた。完成した草案は、次のことを暗黙の既定事実としていた。すなわち、個々の人間は誰もが一つの動物種、世界中で優勢を誇る「人類」［日本語公式訳は「人類社会」］、ホモ・サピエンスの一員であるということ、そしてこの生物学的事実の当然の結果として人間に道徳が備わっていること、である。カサンは、この宣言が「国連の法的措置」の一つであるべきだと考えた。したがって総会で採択され、各国はそれを適用し、国連憲章にも統合されるべきだ、と。国連憲章への統合という願望は無理があった。なぜなら憲章の改正には総会で構成国の三分の二以上の賛成を得る必要があるが、もはやそれは不可能になっていたからだ。すでに「東側」が少しずつ形成されつつあり、そこでは人権の考え方が大いに異なっていたからである。

一九四七年、スターリンがコミンテルンの後身としてコミンフォルム［共産党・労働者党情報局］を新設すると、国連国際法委員会では「人類の平和と安全に対する罪の法典」◆の起草に着手する。また国連教育科学文化機関［UNESCO、ユネスコ］が、科学は文化に含まれるのか否かという問題をめぐる長きにわたる論争を経たうえで設立されたほか、国連食糧農業機関（FAO）、万国郵便連合（UPU）、国際民間航空機関（ICAO）なども誕生した。これらは国連の専門機関である。戦間期に設立された国際労働機関（ILO）も同じ位置づけとなった。しかしアメリカは、自分たちが最も「重大」と見なす組織（IMF、世銀、GATT［ガット、関税と貿易に関する一般協定］——保護主義に向かう傾向を制限するための制度——など）については、国連総会の支配下に置かないように細心の注意を払い、それらの組織の中枢に特殊な内部統制機能を残したままにして、自分たちがその中枢の権力を完全に手中に収めた。

一九四七年一一月二九日、国連総会決議一八一号でパレスチナ分割が決まり、その翌年、イスラエルが独立を宣言し、さらに四九年に国連の後援の下にイスラエルとエジプトが休戦協定に署名した［第一次中東戦争の終結］。これらの出来事は、国連という新設組織を強固にしたかのように見えた。

世界連邦運動は順風満帆のようであった。一九四八年にそれは二八ヶ国に二五万人の会員を擁していた。同じ年、元ブロードウェイの喜劇役者で戦時中に空軍パイロットとして従軍したゲリー・デイヴィスが、「世界市民」運動を起こす。五月二五日に、パリのアメリカ大使館に出頭して、「最初の世界市民」であるからという理由で、パスポートを返納したのである。そして自ら「世界パスポート」を作成し、当時、国連の本部が暫定的に置かれていたトロカデロ宮の庭にテントを張って、そこに居座った。デイヴィスは、アルベール・カミュ、アンドレ・ブルトン、クロード・ブールデ、エマニュエル・ムニエ、ピエール神父らの支持を得た。一一月一九日、彼は国連総会の会議に割り込み、演説を行なった。この演説は、『ペスト』を書いたカミュの生地にちなんで「オラン宣言」という名で知られることになる。デイヴィスはそのなかで、世界政府の創設と、世界憲法制定議会をただちに招集することを要請した。「この場に代表者を持たない世界中の人民の名において、私はあなた方の会議を中断します。私の言葉はあなた方にとって、おそらく意味をなさないでしょう。しかし世界の秩序の必要性を、もうこれ以上、無視することはできません。われわれ人民は、ただ一つの世界政府のみがもたらすことのできる平和を望んでいます。あなた方が、今この場で代表している主権国家は、私たちを分割し、私たちを戦争の淵に導くのです。あなた方には政治的権威があると、われわれに思い込ませるのはもうやめてくださいと、私はあなた方に訴えます。そして、ただちに世界憲法制定議会を招集してくださいと、私はあなた方に訴えます。その議会が掲げる旗のまわりに、われわれ人間は集結することができるでしょう。それは、ただ一つの世界のただ一つの政府の主権を表わす旗なのです」。

その直後に、国連総会が開かれている建物の正面に位置するカフェに陣取っていたアルベール・カミュが記者会見を開き、デイヴィスの行動の重要性と意味を説明して支持を表明した。

同じ年、インド独立闘争の最終段階にあった〝偉大なる魂《マハートマー》〟ガンディーは、できたばかりの文化教育

◆**人類の平和と安全に対する罪の法典**　平和に対する罪および人道に対する罪を定義する国際刑事法。その後一九五四年に、この法典の草案が国連総会に提出されるが、総会は検討を先送りにし、一九九六年に国際法委員会で採択された。

専門機関であるユネスコの最初の事務総長宛てに書簡を送り、世界人権宣言を修正するよう書き送った。「生存する権利は、世界市民としての義務を果たす場合に限り与えられる」。

一九四八年には、国際航空運送協会（IATA）、国際標準化機構（ISO）、国際移住機構（IOM）、世界税関機構（WCO）が設立された。一九四八年一二月一〇日、ルネ・カサンの手になる世界人権宣言の最終案が、パリで開かれた国連総会で単純多数決で採択された。宣言は次のように言明している。「人類社会のすべての構成員の固有の尊厳と、平等で譲ることのできない権利とを承認することは、世界における自由、正義および平和の基礎であるので、〔……〕言論および信仰の自由が受けられ、恐怖および欠乏のない世界の到来が、一般の人びとの最高の願望として宣言された〔……〕。人間が専制と圧迫とに対する最後の手段として反逆に訴えることがないようにするためには、法の支配によって人権保護することが肝要である〔……〕。加盟国は、国際連合と協力して、人権および基本的自由の普遍的な尊重および遵守の促進を達成することを誓約した〔……〕」〔外務省仮訳〕。この宣言は「共通の理想」に過ぎないし、強制力を何も持たないが、それでもなお今日まで、すべての人間の基本的権利を定義する草案としては最もよくできたものであり続けている。

一九四九年には、人道法に関するジュネーヴ四条約が調印され、審理を終えたニュルンベルク裁判の原則が国連で承認される。この原則とはすなわち、個人に対して国際的な刑事責任を問い得ること、外交官特権を考慮しないこと、ヒエラルキーの上位にある者はそれだけの責任があると認識すること、などである。

まだ世界政府からほど遠かったにもかかわらず、突然、人びとは世界の再編が成功裏に終わったという夢を見始めた。

一九四九年、ソビエト連邦が核保有国になったこの年、核によって人類が自滅に至る恐れがあるという考えに取り憑かれたアメリカの知識人たちが、アルベルト・アインシュタインを中心にシカゴに集まり、このような事態を甘んじて受け入れることはできないと表明する。彼らは、核兵器を管理する役割を担う世界政府の創設と、「平和」と「正義」の確立を訴えた。イタリア人ジュゼッペ・アントーニオ・ボルジェーゼとその妻エリザベス・マン＝ボルジェーゼ（トマス・マンの末娘）が中心になっていた雑誌『コモン・コーズ』◆には、世界憲法準備草案が掲載された〔一九四八年。シカゴ草案。第9章で詳述される〕。

同じ年、「世界連邦政府のための世界運動」は、イギリスの国会議員フィリップ・アズバーンを財政面で支援し、その提案を実現させた。アズバーンの提案は「世界人民憲法制定議会」と名付けられた世界代議員会議に、世界憲法起草の役割を負わせる、というものだった。アズバーンはまた、この会議の代議員を選ぶために非公式の普通選挙を組織することも提案していて、それをインド国民会議◆に範を取るとしていた。一九五〇年秋、「憲法制定議会のための委員会」がジュネーヴに招集された。しかしこの試みは惨めな失敗に終わる。ジュネーヴには、テネシー州から選出された三名（しかものちにその選挙が無効であったことが判明する）と、ナイジェリアからの代表一名しか集まらなかったのだ。

第二のG2——アメリカとソ連

二つの世界のあいだの「冷戦」は苛烈なまでに進展していく。二つの世界はそれぞれ固有の政府を持っていた。一方はワシントンに、一方はモスクワに。両者は角を突き合わせ、できたばかりの国際組織は身動きが取れなくなった。北大西洋条約機構（NATO）とワルシャワ条約機構のことである。地球を二つ

◆『コモン・コーズ』　シカゴ大学学長のロバート・メイナード・ハッチンズがシカゴ大学に設置した世界憲法起草委員会の機関誌。

◆**インド国民会議**　一八八五年に、イギリスがインドで開催した会議。のちにインド独立の中心を担う政党「インド国民会議派」に発展したが、そもそもはイギリス政府が植民地統治への不満のはけ口にする意図で設置したもので、参加者も選挙で選ばれたわけでなく、イギリスが一方的に選んだインドの名士だった。

に分け合っていたNATOすなわちアメリカと、ワルシャワ条約機構すなわちソ連は、旧植民地が独立を達成するたびにそれを奪い合った。ヨーロッパも、「鉄のカーテン」によって二つの世界に分断された。

　モスクワでは、世界連邦主義者と言えば、素朴すぎると怪しまれた。西側では、平和主義者と見なされた。それはつまり親ソ派と見なされるということだった。

　飛躍的に発展していた「世界連邦政府のための世界運動」も、一九五一年には勢いを失っていた。もはや「世界安全保障当局」の設立しか要求しなくなったのだ。これは国連の枠組み内で平和維持を監督する役割を担う新しい組織だという。世界連邦主義の立場に立つさまざまな発行物も、読者が減り、財政難に陥って、次々に廃刊していった（『世界人民』『ヒューマニティ』『コモン・コーズ』『世界政府ニュース』など）。

　一九五二年、「世界連邦政府のための世界運動」と「世界政府を目指す国会議員団」（イギリスの組織）の共催で二つの会議がロンドンで開かれ、「世界連邦政府を目指す世界議員協会」（のちに「地球行動のための議員たち」に再編）が誕生した。

　一九五三年にスターリンが亡くなり、集団指導体制に移行すると、アメリカはもはや自分のこと以外に関心がなくなったようになった。ヨーロッパ諸国は、二〇〇〇年以上お互いに戦ってきた歴史の果てに、一九二九年のアリスティド・ブリアンとグスタフ・シュトレーゼマンの構想の衣鉢を継ぎ、共通の政府をつくろうとしていた。ドイツの悪魔の恐怖、フランスの怠惰、ソ連の強大な力、アメリカの引きこもり……。こういった事態をヨーロッパ諸国は一度に払拭したいと強く望んでいたのだ。ジャン・モネとロベール・シューマンの発議に基づき、まず初めに、欧州石炭鉄鋼共同体（ECSC）が設立された◆［一九五七］が、その一方で、ヨーロッパ軍、欧州防衛共同体（EDC）の創設は座礁した。

　アルベルト・アインシュタインとバートランド・ラッセルは、あらためて各国政府に核兵器廃絶を訴えた。一九五五年、二人は、他の九人の科学者とともに［湯川秀樹も含まれる］署名した宣言を発表し、人類滅亡の危険を警告し、大量破壊兵器の管理と国家主権の制限を求めたのである［発表の三ケ月ほど前に、アインシュタインは亡くなっていた］。

“南側”が世界統治に加わる

世界連邦主義者のなかでも親米派と見なされていた人びとは、社会主義陣営や非同盟運動に属する国々との対話を再開しようと努力していた。それは、とりわけバンドン会議［アジア・アフリカ会議］の際に目についた動きだった。バンドン会議は、一九五五年四月一八日から二四日にかけて、二九の独立国がアフリカとアジアから集った史上初めての会議で、ガマール・アブドゥル・ナーセル（エジプト）、ジャワハルラール・ネルー（インド）、スカルノ（インドネシア）、周恩来（中華人民共和国）などが出席した。

「南」側は、こうして国連に支援を求めたのである。バンドン会議参加国が最終コミュニケで要請したのは、経済開発のための特別基金を国連に創設すること、アジア・アフリカ諸国への世銀による追加資金援助、公正な投資を促進する役割を担う国際的な金融機関の設置、主要国すべての国連加入である。最後のこの項目は、中華人民共和国を意識したことだった。当時はまだ、国民党の台湾亡命政府が、国連で中国を代表していたのである。

貿易と開発の関係や、自由貿易という大義に南側諸国が参加するための条件について地球規模での合意をつくりあげるために、貿易および開発促進のための会議が、国連で何度も開かれた。

「世界連邦政府のための世界運動」は、一九五七年、会長にガーナのある大臣を選出した。しかし同じ年に、ヨーロッパではローマ条約◆が調印され、ヨーロッパの世界連邦主義運動は、まずはこれを布石として、その後、世界連邦を目指すことになった。同じ年にはまた、科学と世界の諸問題に関するパグウォッシュ

◆ジャン・モネと……設立された　フランスと西ドイツの石炭・鉄鋼産業の共同管理を提唱したもので、欧州石炭鉄鋼共同体（ECSC）は、初めての欧州における共同体となり、のちの欧州連合（EU）につながった。

◆ローマ条約　欧州経済共同体（ECC）と欧州原子力共同体（EAEC）の二つの共同体設立を決めた条約。一九六七年、欧州石炭鉄鋼共同体（ECSC）とともに、欧州共同体（EC）に統合された。

会議が設立された。これは、武力紛争の削減、および地球規模で進行中の脅威に対する闘いに共同で取り組むために、世界中の科学者を糾合した国際組織である。同年にはさらに、世界連邦主義者のなかでも国連憲章を拠り所としているグループが、国連の委員会として任命され、国連憲章の改正に関する報告を提出する役割を委託された。しかしこの委員会の設置は、初め一〇年延期され、のちに無期限に延期された。

ヨーロッパでは、一九五八年に欧州経済共同体（EEC）が設立され、より緊密な連携が図られていくことになり、南側諸国でも大きな変化が起きてはいたが、世界的な重要問題については、あいかわらず米ソが舵を握っていた。

南側の動きとしては、実際に同じ一九五八年に脱植民地の波が始まっている。独立した国々は次々に国連に加盟していき、国連は当初の参加国五一ヶ国から徐々に増えて一九〇ヶ国を擁するまでになった。

一九六二年一〇月、ソ連がキューバに核ミサイルを配備したことで、核による人類滅亡というカタストロフを迎える瀬戸際を人びとは味わった［キューバ危機］。米ソ両超大国の首脳間に効率の良いコミュニケーション手段がなかったことが原因で、危うく悲劇を招くところだったので、このあと両国間には電話による「ホットライン」が整備された。このときが米ソというG2体制の極限だった。同じ年、アメリカの生物学者レイチェル・カーソンが、ベストセラーとなった著書『沈黙の春』で、農薬を始めとする工業的化学物質による汚染が環境にもたらしている甚大な影響を警告し、地球生態系には限界があり、人類の活動がその限界を超えようとしていると説いた。

一九六五年、バンドン会議から長い時を経て、国連開発計画の創設という成果が実を結んだ。これは、国連事務総長の直接の指揮の下で、世銀の活動を補足する機関で、既存の他の国連のプログラムもここに再編された。

一九六六年には、超国家法を創設しようというユートピア的試みが新たに発足する。バートランド・ラッセルが、ヴェトナムにおける米軍の犯罪を予審するために、国際戦争犯罪法廷を設立したのである。

同じ一九六六年には、偉大なる第一歩も踏み出された。イタリアの実業家アウレリオ・ペッチェイが、ワシントンで国務省に連絡をとり、「世界で最も裕福な国」は、まだ地球が失っていない「生活手段」をリストアップする義務があると説得しようと試みたのである。ペッチェイは丁重に追い返された。

一九六八年、戦争犯罪および人道に反する罪に対して時効をなくす条約が国連で採択され、また核拡散防止条約〔核不拡散条約とも、ＮＰＴ〕が調印された。この条約の文言によれば、原子力兵器を保有している国々、すなわち安全保障理事会の常任理事国は、現在それを保有していない国がそれを入手することを援助しないこと、非保有国は入手することを求めないことを、それぞれ約束したことになる。そして、この約束の遵守状況を監視するための専門機関として、国際原子力機関（ＩＡＥＡ）が設立された。条約は二五年の期限付きで発効した〔一九九五年に無期限延長〕。

一九六九年には、アウレリオ・ペッチェイが、ローマのファルネーゼ宮に国際的な学術関係者を三〇人ほど集めて会合を開いた。ここから「ローマ・クラブ」が発足し、マサチューセッツ工科大学（ＭＩＴ）の教授らに、地球資源の将来に関する報告書作成を委託することになった。

非公式の「世界統治」の登場――Ｇ５・Ｇ７

アメリカの「中心都市」は、新たな危機、一九世紀末に権力の座に就いてから二度目の危機に直面していた。巨大企業は、官僚主義と「ホワイトカラー」の余剰人員で身動きが取れなくなっていたのである。しかも、軍事支出、とりわけヴェトナム戦争関連の支出が、この国の活力を壊してしまっていた。収支はしだいに赤字が膨らんでいき、世界中にドルが溢《あふ》れ、ドルの価値は崩れ落ちた。ドルが金と直接結びついているという虚構《フィクション》は破綻した。ドルは弱い通貨となったが、それが世界で唯一の基軸通貨であり続けた。基軸通貨は、他からの信用がない限り存在できない。西側の列強五ヶ国（アメリカ、イギリス、フランス、ドイツ連邦共和国、日本）の財務相は、為替相場の進展について話し合うために、定期的に非公式の会合を持つようになる。

同じ頃、文字通り地球規模のテーマに関して、量的な考察が初めて発表される。一九七二年に、ローマ・クラブが報告書を公にしたのである〔『成長の限界』〕。この報告書は、五つの要素〔人口・農業生産・工業生産・天然資源・汚染〕が世界の経済成長を決定し、また限度を画定すると結論づけた。「現在のペースで天然資源の消費が続き、おそらくこのペースは増していくことを考えれば、今後一世紀経たないうちに再生不能な天然資源のうち最も重要なものの大半が、到底手の出せない価格にはね上がるだろう」。この報告書は大きな反響を呼んだ。提示されている複数の指標が、憂慮すべき結果を指し示していたからである。すなわち、ロサンゼルス盆地の廃熱〔熱汚染〕、アメリカにおける核廃棄物の増大、オンタリオ湖の水の化学成分の変化、バルト海の水の溶解酸素量、グリーランドの氷の鉛含有率といった指標である。この報告書は、全体を俯瞰する数字を欠いていたため、決定的な結論を出すことができていないが、個々の警告が示している可能性から導かれる概要だけでも、資源の希少性に関して議論を巻き起こすに十分であった。

これは史上初めて、地球が総体として理解され研究される機会となった。ほかにも、ニコラス・ジョージェスク=レーゲンやルネ・デュボスといった学者たちが、食糧不足の危機について語り始めた。当時すでに三〇億を超えていた世界人口のさらなる増加が、その脅威の源である。

一九七三年一〇月、産油国が石油価格が大幅に引き上げることを決定した〔オイルショック〕。これは、ローマ・クラブが世界の資源の希少性について示した事実の、最初の具体的な解釈だった。全能のアメリカも、これには脅威を感じたようだった。

これを機に、産油国と石油消費国との対話の体制が確立され、あるべき「新国際経済秩序」のすりあわせが始まった。しかし参加国はそれぞれまったく異なる事柄を、この言葉に読み取っていた。

同じ一九七三年、ズビグネフ・ブレジンスキーとデイヴィッド・ロックフェラーが、北側の複数の国から影響力を持つ人びとを集めて「三極委員会」〔日本では当初「日米欧委員会」と呼ばれた〕を設立し、この「新秩序」に関する報告を出版した。そこでは初めて「グローバル・ガバナンス」という言葉が使われている。この委員会のメンバーが考えていたのは、アメリカという超大国を承認するために、アメリカと主要民主主義国との協調が必要だということだった。

一九七四年五月、いくつもの国際的なルールにすべて違反するかたちで、インドが核保有国になった。誰も望んでいない事態だったが、誰も止められなかった。

同じく一九七四年、フランスとドイツ（両国の財務相はそれまでも定期的に会合を持っていたが、ちょうどこの年、それぞれ［ヴァレリー・ジスカール・デスタンとヘルムート・シュミット］が仏大統領、西独首相に就任した）の発案で、西側の五大国［日・米・英・西独・仏］の首脳が毎年非公式に会合を持つことが決まった［サミット、先進国首脳会議］。基本的には、経済問題だけを議題にするとされた。このG5にはさらに、カナダとイタリアが招かれ、すぐにG7となった。その会合は初めからアメリカの有利になるよう展開した。依然としてこの国は世界の「中心都市」だったのだ。そこでは石油の節約や為替相場が話題になったが、そのほかにも、軍縮や東西関係、南北関係についての話も出た。アメリカはその会合の場で、たいていの場合、その時点での関心事をめぐる要求を出してきた。それはときには、直前にソ連が起こした行動に真っ向から反対するためのものだったりもした。またアメリカはこの会合を、テーマにかかわらず自分たちの立場を同盟国に承認させる良い機会だと、だんだん考えるようになっていった。ただし「新国際経済秩序」をめぐる検討は続けられていた。

世銀総裁ロバート・マクナマラの提案で設置されたブラント委員会［委員長の西独元首相ヴィリー・ブラントに由来する名称で正式には「国際開発問題に関する独立委員会」］が、一九八〇年に報告書を提出し、国際的な金融組織に南側諸国の意思がもっと反映されるようにするよう訴えた。一九八一年一〇月にはこの報告を受け、オーストリアとメキシコの発議によって初の南北サミットが、二四ヶ国を集めてカンクン［メキシコ南東部］で開かれた。この会議は、先進国と開発途上国の関係を何でも扱うとされたが、とりわけ目指されていたのは、国際金融組織を国連総会の傘下に移すことを目標とする「地球規模の交渉」を軌道に乗せることだった。この目標が実現すれば、根本的な変化が訪れるはずだった。しかし南北サミットに向けて準備をしていたアメリカ大統領ジミー・カーターは、再選されなかった。新たに大統領になったロナルド・レーガンは、この目標に反対を表明し、投票なしの単なる討議であれば、ＩＭＦと世銀の活動について国連総会の枠組で話し合っても良いとするのみだった。カンクン・サミットは失敗のうちに閉幕した。

太平洋岸へ移行した中心都市

当時、日本のことを未来の超大国と語る者が多数存在していた。たしかに日本列島は追い風に乗っていた。大きな成長、黒字収支、未来のテクノロジーの支配、世界有数の港を日本は備えていた。しかしながら、まったくそうはならなかった。アメリカの方が、日本よりも、海外の有能な人材を惹きつける術をよく心得ていて、また時代遅れになった企業を閉鎖することに躊躇がなかった。そしてマイクロプロセッサーによって「ホワイトカラー」の業務を自動化し、産業システムの収益性を大幅に改善することについても、日出ずる帝国よりアメリカが優っていたのである。

世界経済の「中心都市」はニューヨークから東京に移る可能性もあったが、実際にはカリフォルニアに移った。大西洋が太平洋に、その座を譲ったのである。太平洋沿岸の国々には、今や、世界最大級の港がいくつも存在するようになっていた。それでもアメリカが依然として世界を、少なくとも西側世界の支配を続けた。

国連は相変わらず、冷戦によって麻痺状態が続いていた。両超大国の片方が何かを発案すれば、もう一方がすぐさまそれに反対するのが常だった。一九八〇年代初頭、戦略核兵器が数を増し、また洗練もされていった。「戦略的」ということは、すなわち長距離射程を持つことを意味する。これに対し、射程の短い核兵器は、ヨーロッパの〝鉄のカーテン〟の両側に配備されていた。

一九八五年三月に、ミハイル・ゴルバチョフがソ連の権力の座に就くと、状況は根本的に一変する。米ソ関係は、G2体制を残したまま雪解けしたのだ。一九八七年一二月には、レーガンとゴルバチョフは、史上初めて真の意味での軍縮条約に署名した。この条約は、両国がヨーロッパに配備した中距離核戦力を全廃することをその内容としていたのである。

一九八九年七月、東欧で大改革が加速し、中国できわめて大きな経済成長が始まると同時に、天安門広場でデモをしていた群衆が野蛮なやり方で弾圧された直後、パリではG7の会合が開かれ、史上初めて環境と犯罪金融に関心が向けられて、地球全体にとっての利益が考慮の対象になり始めた。

同じ時期に世銀は、「ガバナンス」の代わりに「良きガバナンス」という、より規範性の強い概念に言い換えるようになり、このテーマに関する二つの報告に助成した。また世銀とIMFは、「ワシントン・コンセンサス」と称するきわめて厳しい要求項目を列挙し、累積債務にあえぐ開発途上国に対して、たいして大きくもない援助を与える条件として、全市場の開放を課そうとした。

グローバリゼーションの再開

一九八九年一一月九日のベルリンの壁の撤去に象徴される、ソ連陣営の崩壊によって、冷戦に終止符が打たれる。かくして第一次世界大戦とともに始まった停滞期間も終了した。この間、それまで数百年にわたって進行していたグローバリゼーションへの歩みが、突然、そして無理矢理ストップされていたのだった。

一九八九年一二月、ミハイル・ゴルバチョフは、G7との協力体制を呼びかけた。一九九〇年四月には、ヨーロッパ復興開発銀行（EBRD）が設置される［初代総裁は本書著者ジャック・アタリ］。これは東欧およびソ連の市場経済および民主体制への移行を援助することを目的としていた。そして、融資対象国の民主化の進展という活動領域に限定した、史上初めての国際金融機関でもあった。

一九九一年七月、オランダのノールトウェイケルハウトで開かれた世界連邦主義者の世界会議で、改めて国連およびその付属機関とその他の政府間機関の民主化が提起された。カナダの世界連邦主義者ディーター・ヘンリックは、「国連議会会議」創設の構想を発表した。

同じく一九九一年七月には、ゴルバチョフが不幸にも、何の配慮もなくロンドンでのG7サミットに招かれるということがあり、モスクワにおいて彼の信用が失墜した。そのことが保守派分子によるクーデタを促し、さらにソ連邦の解体を招くことになる。同じ年、「グローバル・ガバナンス」という表現が、史上初めて国際機関に登場した。ヴィリー・ブラントによって国連に「グローバル・ガバナンス委員会」が設置されたのである。翌一九九二年、ミュンヘンにおけるG7サミットに、ソ連の後身であるロシアが正式に招待され対話の場が設けられた。

アメリカは今や唯一の超大国となり、並ぶもののない世界の主となった。もはやG2は存在しない。アメリカは、冷戦後の世界を「新世界秩序」として語るようになる。この概念は、「冷戦後の世界の新たな秩序」という本来の意味だけでなく、「新世界による秩序」と読み替えることもできる。アメリカがあいかわらず「自由の帝国」という考え方を中心に、この概念を理論化しているからだ。アメリカの自由とは、何よりも自国の企業がそのビジネスを展開するための自由を意味するのだが。その後の二人の大統領、ジョージ・ブッシュ（父）およびビル・クリントンは、短い統治期間にアメリカ史上最も多くの軍事介入を行なった。すなわち、ソマリア、ハイチ、ボスニア、イラク、コソヴォである。

もはやアメリカに競合するものはなくなっていた。西洋世界では日本が危機に陥り、東側ではロシアが過渡期を乗り切るので精一杯で、ヨーロッパではEUが組織を何とかしてまとめようとしている状態だったからだ。この頃、フランシス・フクヤマは「歴史の終わり」について語り、サミュエル・ハンティントンが「文明の衝突」を警告した。

ソ連とアメリカの軍拡競争は存在意義を失った。一九九一年に調印された第一次戦略兵器削減条約（START I）は、戦略核弾頭を六〇〇〇発に削減し、九三年調印［未発効］の第二次戦略兵器削減条約（S

TARTⅡ）は三五〇〇〜三〇〇〇発に、さらに二〇〇二年に調印された戦略攻撃能力削減条約（SORT、モスクワ条約）は二二〇〇〜一七〇〇発に削減することを定めている。

グローバル・ガバナンスのいくつかの成功例

この間、多国的世界統治に、非常に稀ながらいくつかの進展が見られた。一九八二年一二月一〇日、モンテゴ・ベイ［ジャマイカ］で、それまで広く慣習法に任されていた海洋法を法典化する条約［海洋法に関する国連条約］が署名された。この条約は実のところ「海のナショナリズム」を強化するものではあった。それまで三海里（つい最近まではこれが大砲の射程距離だった）だった領海を一二海里として、海域のなかでもとくに重要な部分に及ぼされる沿岸国の管轄権を拡大したし、二〇〇海里までを排他的経済水域として沿岸国に割り当て、その範囲の海洋資源開発をその国だけに認めるという規定になっていたからである。これによって排他的経済水域とされた部分は全海表面の三六％になり、海洋資源の九〇％がその海域に集中することになった。海の自由の原則（グロティウスが一六〇九年の『自由海論』で宣言した）が存続している公海は、全海表面の六四％に限定されることになった。しかし画期的だったのは、国際領域としての深海底が規定されたことで、そこに眠る資源（銅、コバルト、マンガンなど、さまざまな金属を含む団塊）は「人類の共同の財産」［第一三六条］であり、「人類全体の利益のために使う」［一四〇条一項］とされたのである。これを履行するための組織として国際海底機構が設置され、深海底の資源開発行為の組織・監督に当たると決まった。また、この条約の適用によって生じるあらゆる紛争を管轄する組織として、国際海洋法裁判所が設置された。

ほかには、「オゾン層」の消滅という事態に直面して、効果的な世界機関が設置されている。一九七〇年代半ば、クロロフルオロカーボン（CFC）その他の化学製品の放出によってオゾン層が破壊されていること、それによって皮膚癌が増加し、生物多様性や農漁業の生産性が低下することを、科学者たちが明らかにした。アメリカ政府はCFCの生産および消費を削減するための措置をただちに単独で講じた。カナダ、スウェーデン、ノルウェー、デンマーク、フィンランドも同様の政策を採用した。一九七七年には、できたばかりの国連環境計画（UNEP）がCFC使用を制限するための仕組みを地球規模で確立することを勧告した。

交渉が停滞していた一九八五年に、イギリスの科学者が南極上空のオゾン層に実際に「オゾン・ホール」ができていることを示すと、同年、「トロント・グループ」［規制推進派］と呼ばれるオーストラリア、ニュージーランド、アメリカ、ノルウェー、スウェーデン、スイスなどがウィーンに集まり、オゾン層の保護のためのウィーン条約に合意した。本当の意味で、世界規模で対策が前進した最初だった。この条約では、オゾン層の状態の研究と情報交換のための国際協力メカニズムが規定されている。アメリカの環境団体は、同じ立場に立つイギリスの団体の参加を得た。またアメリカの科学者の使節団が日本やソ連［規制消極派］に派遣され、参加を説得した。

冷戦の残滓が阻みはしたが、ソ連はこの条約を支持することに合意した。フランス、カナダ、オーストリア、デンマーク、エジプト、フィンランド、ニュージーランド、ノルウェーも参加した。こうした動きが、一九八七年、オゾン層を破壊する物質に関するモントリオール議定書の調印に結実する。この議定書は、先進国については、フロン類の生産・消費量を一九九三〜九四年までに二〇％、一九九八〜九九年までに五〇％削減するとしている。開発途上国については、一〇年間の履行猶予期間が設けられ、また技術的・財政的援助を求めることも可能であるとされた。

このあと数年のうちに、CFCを製造または消費していた大企業の多くが、それに代わる物質を開発した。世界第一のCFC生産企業であるデュポン社は、その生産を中止することを約束した。さらにCFCの生産・消費を全廃することも目標として定められた。削減対象とされる物質も、八種類から二〇種類に増やされた。また先進国四九ヶ国が拠金して、「モントリオール議定書の実施のための多国間基金」も設立された。

他の分野でも冷戦の最後を飾る成功例がいくつか見られた。一九九三年には旧ユーゴスラヴィア国際刑事裁判所が、九四年にはルワンダ国際刑事裁判所が〔いずれも国際戦犯法廷とも言う〕設立された。同じ年、GATTに代わる世界貿易機関（WTO）の設立が決まった。これは本当の意味で超国家的な国際機関の第一号となった。一九九五年には、一九六八年七月一日に調印され一九七〇年に二五年の期限付きで発効した核拡散防止条約（NPT）が無期限延長され、五年ごとに「条約運用検討会議」が開かれることも決定した。

これらは多国間主義《マルチラテラリズム》の最後の成功例となった。

G8からG20へ――五つの衝撃

東西の緊張関係は緩和されたが、世界は、それ以前の時期に支配的だった大国だけでコントロールしていくことができなくなりつつあった。世界人口は、一九三〇年に二〇億を超え、二〇一一年には七〇億に達した。新たな大国が次々に自由に目覚めていった。経済的な自由について言えば、今や中国が市場独裁大国になっていた。政治的自由について言えば、それはすべての大陸で勝利を収めつつあった。最も安定しているように見えた独裁国家すら、政治的自由に打ち負かされようとしていた。

アメリカが以前のように簡単に、その独断を他国に押しつけ得るような情勢ではもはやなくなっていた。一九九七年には、温室効果ガス排出削減を目指す協定〔京都議定書〕が京都で調印されたが、アメリカは署名しなかった。

同じ時期、アメリカがある世界協定を提案する。それは「世界投資協定」と呼ばれ、投資の自由化を目的とするもので、国内投資家に認めているのと同じ特権を海外投資家にも認めること、たとえば自国の映画に助成するのと同じようにアメリカ映画にも助成することを、あらゆる国に義務づけるという内容だった。アメリカが締結を強く望んだにもかかわらず、結局この協定は受け入れられなかった。

一九九八年には、国際刑事裁判所に関する規程〔ローマ規程、ICC条約〕がローマで締結されるが、このときもアメリカは合意しなかった。

二〇〇〇年にはアメリカの呼びかけで、「民主主義共同体」なるものを創設するということで、ワルシャワで会合が開かれた。そこには、チリ、チェコ共和国、インド、マリ、韓国、ポルトガルが参加し、その後すぐに、メキシコ、南アフリカ、フィリピン、モンゴル、エルサルバドル、カーボヴェルデ、モロッコ、イタリアが加わった。しかしこの共同体は実現しなかった。アメリカの役割が前面に出すぎたからである。二〇〇五年にそれは、国連民主主義基金に取って代わられた。

国連にとって、初めて本当の意味で成功を収めたと言える出来事がある。二〇〇〇年九月、すべての国連加盟国首脳がニューヨークに結集し〔ミレニアム・サミット〕、二〇一五年までに達成すべき八つの量的な開発目標〔ミレニアム開発目標〕に合意して、国連加盟国の存在意義がやっと見出されたのである。八つの目標とは、極度の貧困と飢餓の撲滅、普遍的初等教育の達成、ジェンダーの平等推進と女性の地位向上、幼児死亡率の削減、妊産婦の健康の改善、エイズ、マラリアその他疾病の撲滅、環境の持続可能性の確保、開発のためのグローバル・パートナーシップの推進、である。これらの目標《ゴール》について、さらに全部で二一の具体的目標《ターゲット》が定められ、計量可能な六〇の指標によってその達成度を評価することになっている。その後五年おきに（最初が二〇〇五年、次が二〇一〇年、次いで二〇一五年にも）、加盟国首脳がニューヨークの国連本部に集まってこの計画の達成状況を検証した。これは「世界サミット」という曖昧な名で呼ばれることもある。八つのミレニアム開発目標は、その選択に異議を唱えるべき面はあるけれども（GDPの増加も、民主主義の進展も含まれていない）、少なくとも存在意義はある。しかしまたしても、それを実現するだけの確かな財政手段が設置されていないし、極度の貧困撲滅を除いて、とくにアフリカ大陸では期限までに達成できる目標は一つもなさそうである。

その後、一つ目の衝撃が訪れる。二〇〇一年九月、すなわち二〇世紀の出口にあたって、世界の西洋化

――グローバリゼーションとはそういう意味である――は、けっして満場一致で決まった既定路線ではない、ということが、テロリズムによって思い知らされた。アルカーイダ（アラビア語で「基地」の意）という、一九八八年にパキスタンでアラブの有力者の階級に属するウサマ・ビン・ラーデンとアイマン・ザワヒリの二人が創設した組織が、「異教徒」および「悪しきムスリム」との戦いを自らの使命としたのである。この組織は「ユダヤ・十字軍に対する聖戦《ジハード》のための国際イスラーム戦線」［世界イスラーム戦線］というネットワークへの参加を呼びかけた。二人の創設者のまわりには、地球全体から根無し草《デラシネ》にされた者たちが集まった。たとえば、自称先導者《イマーム》、ムスリム世界連盟の活動家、浮き世離れした、若い、西洋の大学の学位取得者、サウジアラビアの公式の聖職者、アフガニスタンの伝統的学院《マドラサ》で教育を受けた者、などである。彼らは世界の無秩序を、アメリカとその同盟国が世界中の人民に対して企んでいる陰謀であると見た。アメリカ人はテロへの反応として、アフガニスタンまでテロリストを追い詰めることになる。また同時に、これをバグダードの支配者［サッダーム・フセイン］と決着をつける絶好の機会として利用もした。

　この間、中国とインドが大挙して、世界の政治経済の舞台に返り咲き始めた。一九八〇年には、中国の国内総生産（GDP）は世界全体の二％に届くか届かないかで、これはアメリカのGDPの八・九％に過ぎなかった。一人当たり所得で言えば、世界平均の一〇分の一以下、アメリカの水準の二％だった。それが二〇一一年には、GDPは一五倍にまで膨らみ、世界全体に占める割合は六倍（二％だったのが一二・八％）になった。中国人一人当たりの平均所得は、世界平均の三分の二に達し、アメリカ人の一五％にまでなった。そして中国は「市場独裁」体制となり、国際舞台で影響力を発揮したいと望み、またそうした役割を果たしていると認められたいと考えるようになった。

　インドは、ソビエト連邦に接近していた時期にも民主主義体制を維持し、核保有国にもなり、一九八〇年にはGDPでも一人当たり所得でも中国を上回っていた。二〇一一年には、インドのGDPが世界全体に占める割合は二倍の五・三％に、またアメリカのGDPの四分の一にまでなったが、一人当たり所得はまだ世界平均の三分の一に達していない。一人当たりＧＤＰは、アメリカの七・一%、中国の四〇%である。中国人一人当たりの平均所得は、インド人の二倍である。中国同様インドも、今や世界の舞台で完全に一人前の役割を担うことを望んでいる。

二つ目の衝撃。インターネット、検索エンジン、携帯電話、ソーシャルネットワークなどの登場、そして、その後の飛躍的できわめて急速な発展が、人類の成員どうしのつながりをすばらしく強化した。その一方で、各国政府は、このネットワークそのものと、そのコンテンツを管理しようとしたが、叶わなかった。

三つ目の衝撃。二〇〇八年、世界の経済成長――鈍化することはないと信じられていた――と、アメリカの絶対的権力――不死身だと思われていた――に対して、カリフォルニア州の財政危機およびその直後に地球規模に拡大した世界金融危機によって、疑問符が呈された。このとき誰もが、市場はグローバル化されたが、法の支配はグローバル化されていなかったこと、市場は法の支配などものともせず、気ままに振る舞うことを理解した。とりわけ金融市場の拡大による富の集中は、サラリーマンを犠牲にしたので、サラリーマンは銀行から借金せざるを得ない一方で、銀行はその利益を再投資するためにハイリスクな投資商品を仕立て上げて、ただ自らの利益のためだけにそれを地球全体にばらまいていたのである。

アメリカはこの世界金融危機という問題を、既存の国際機関に訴えることはしなかった。またそうした機関が、この問題に対処するための財政的・制度的・知的な援助をすることもなかった。さらには、とくに法的にこの問題を管轄する資格を持つ、ＩＭＦの国際通貨金融委員会に解決を委ねることもなかった。代わりにアメリカは、新たな非公式組織に各国を集めて危機管理を任せたのである。それがＧ20サミット［金融世界経済に関する首脳会合、金融サミット］である。ここにはＧ８参加国に加え、中国を始めとする他の国々も参加している。つまり米中という新たなG2体制が確立したのである。

ワシントン、ロンドン、ピッツバーグ、トロント、ソウル、カンヌ、二〇一九年は日本……と各地を転々としながら開催されるこの首脳キャラバンは、単に宣伝効果を狙っているだけで、強者の決定をさらに強固にする以外に何の力もなく、強者がそれぞれ最も自分の利益に即した決定を下すままに任せること以外、何一つしていない。まず第一にアメリカは、金融の絶対的支配者であるにもかかわらず、自国の銀行制度に秩序を取り戻す作業に取り組むことを拒絶している。次に中国が、自国の黒字削減に取り組むことを嫌がっている。さらにヨーロッパが、その負債の抑制に取り組むことに不満を鳴らしている。最後に全員が、決定的な問題を前に見て見ぬふりをしている。たとえば、貧困、飢餓、人権、民主主義、環境、犯罪経済といった、もはや本当の意味で地球規模となった問題のことである。


四つ目の衝撃。これまでの三つの衝撃の結果として起きたことである。一九八九年に東側で始まった自由化への動きが、二〇一〇年一二月にチュニジア［ジャスミン革命］、次いでエジプト［エジプト革命］で、クーデタというかたちをとって引き継がれたのだ［アラブの春］。両国の民主主義体制への移行については、どの国際機関も支援の役を担うことがなかった。バーレーン、アルジェリア、イエメンでは反乱が抑え込まれた。リビアについては、最終段階で、国連安全保障理事会が、独裁者による鎮圧行動を弱めることを狙った決議を採択した。

かつての世界の支配者である米ロ両国の核軍縮は、粛々と継続された。二〇一〇年四月八日に新START（戦略兵器削減条約）が合意され、戦略核弾頭の上限数をそれぞれ一五五〇発とすることが決定した。期限は条約発効から七年以内である。調印時点での両国には、まだ二二〇〇発ずつの核弾頭が存在していた。アメリカでは二〇一〇年一二月二三日に上院で、ロシアでは二〇一一年一月二六日に国会で、この条約は批准された。

最後の、五つ目の衝撃。二〇一一年三月一一日、日本でマグニチュード9・6の地震が発生し、そして津波が四〇〇キロにわたる海岸線を襲ったことによって、数万人の犠牲者が出ただけでなく、福島第一原発の複数の原子炉で炉心溶融と格納容器の損傷が引き起こされた。これにより放出された放射性物質は、数百万人の生命を脅かした。この大惨事が公衆衛生と経済に与えた影響は、数年間は払拭できないであろう。核の安全を世界規模で管理する必要性が、さらに一般化して言えばテクノロジーの脅威を世界規模で管理する必要性が、旧ソ連のチェルノブイリ原発の大惨事のときに増して意識された、初めての機会となった。

第7章　世界秩序の現状

これまで見てきたように、最初は宗教帝国だったものが、軍事帝国に引き継がれ、そして市場帝国となるに至るまでに、多くの前進と、また同じぐらい多くの後退を経ながらも、だんだんと帝国の権力の及ぶ範囲は拡大していき、ついに帝国は、きわめて複雑な一つの世界秩序を人類に授けたのだった。

この世界統治は、見かけ上は、宮廷も、大統領も、首都も、官庁も、警察も、軍隊も、裁判官も、戦略も、そして自らの存在を自覚する意識すら備えていないように見える。さらに、その世界統治は、自らがつくり上げてきた法の支配を、その一端すら尊重させる術を持っていない。

この世界統治は、実のところ多くの国々が、お互いに補完し合い、絡み合い、ときに対立し合いながら参加している権力の集合体に過ぎず、やっていることは各国政府の活動の延長、なかでもとりわけ、いまだに世界の第一の支配者であり続けているアメリカ合衆国政府の活動の延長で、しかもほとんどの場合、馬鹿馬鹿しいほどわずかなことしかしようとしない。

人類全体に対する意識

このように、厳密な意味では世界統治機関が存在しないということは、しかし、驚くべきことではない。人類が自らのことを意識していないのであれば、その運命に対して力を行使することなどできようはずもないからだ。

そもそも、人類の存在理由は、その誕生以来、今日にいたるまで、まったくの謎、哲学的神秘である。人類について、いつか誰かがそれが存在することを望んだと、はっきり断言できる者は一人もいないだろう。ある特定の人物について、ある企業について、ある国家について、というのであればいくらでも断言できるのに、である。人類が存在する理由があるかどうかについても、何も言えない。人類が存在する権利があるかどうかすら、わからないのだ。だからこそ、どんな宇宙誕生神話でも、そのことを大いに論じているわけだが、結局、目に見えない何者かがそれを望んだということに賭ける以外、どうしようもないのである。

しかしながら昨今では、「国際社会」という言葉がよく使われ、また「国際社会」ではこのように考えられている、という言い方もよく耳にする。そういう言葉で言い表わされているのは、各国の法務省の見解か、あるいは世界世論というあやふやなものか、そのどちらかである。しかし「国際社会」（独裁体制は除く）が今日、人権について同じ概念を共有しているという点は事実である。「国際社会」はまず、民主主義への権利を自明のものとして認めているものと思われる。司法の透明性への権利、不当に拘束されない権利、情報への権利もそうだ。生き方・文化・言語・幸せの基準の多様性への権利も認められている。他者の尊重への権利、寛容への権利、良心・信仰・表現・結社の自由への権利もそうだ。職業における尊厳への権利、知識への権利、信用取引への権利、健康への権利、水に対する権利、空気に対する権利も自明のものとして認められている。

しかし、そういったものを超えて、地球の現実や人類のアイデンティティに対する意識が、徐々に芽生えてきているのだ。

実際、今日ほど地球の住民がお互いに依存し合っている状態は、いまだかつてなかったことである。国境を越える経済活動は、世界の総生産の四分の一を超えている。世界貿易に参入している国は、ここ一五年で、世界の四分の一から三分の一に増えている。世界金融市場は、だんだんと統合されてきている。

サプライチェーンもまた、グローバルな統合を見せている。たとえば iPhone は「メイド・イン・チャイナ」ではない。文字通りの「メイド・イン・ザ・ワールド」だ。イギリスのヤングズ・シーフード社製冷凍ラングスティン［ヨーロッパアカザエビ］も同じである。漁獲はスコットランド、殻剝きはタイ、売り出されるのはヨーロッパ、という具合だ。Ｔｅｘブランドのジーンズは、ウズベキスタンで収穫された綿花がインドで糸になって織られ、中国・韓国・タイで製造されたその他のパーツ（リベット、ボタン、ラベル）と合わせてバングラデシュでジーンズになって、シンガポールからフランスに送られる。自動車部品サプライヤーのヴァレオ社もしかり。たとえば日本の自動車メーカーのために、新型のヘッドライトのデザインをセーヌ＝サン＝ドニ［パリ郊外］のデザイナーが手がけ、中国で事業計画が練られたあと、アメリカで試作品を作って、最終的に世界各地の工場で大量生産している。

情報伝達のコストが削減され、地球上で起きている出来事を瞬時に知ることができるようになるにつれ、人類の相互依存度も日に日に大きくなってきている。インターネットは、一九八〇年代末に登場して以来、世界秩序を一変させた。今日、世界には携帯電話端末が五〇億、テレビ視聴者が三〇億、インターネット利用者が二〇億、ブログが一億五五〇〇万、Facebook を積極的に利用している人が五億、Myspace は一億、LinkedIn も一億、Twitter は七〇〇〇万人いる。地球上の誰とでも無料でコミュニケーションできるのだ。したがって地球上のどこの出来事でも、ほとんどすべてを知ることができる。独裁者であろうと一般人であろうと、不正行為を隠すことはもはやできない。少なくとも目撃者全員を脅迫するか殺してしまわない限り無理なのだ。テクノロジーのこの劇的な変化は、個人主義を促進するすばらしい道具をもたらしたのと同時に、透明性、民主主義、そして人類の自分自身に対する意識をも大幅に加速した。

しかしそれでも人類は、いまだに確かな物差しを手にしていない。自身が何者であるか、何をしたか、何を建設し何を破壊したか、ということを量的に計る物差しのことである。だから人類の貸借対照表をつくるのは、おおざっぱなものですらきわめて困難だ。だがともかく、現時点で発表されているデータをもとに、人類の決算書をこれからつくってみよう。

世界人口はおおよそ七四億、そのうち四%が人口一〇〇〇万以上の巨大都市《メガロポリス》に暮らしている。平均余命は七一・四歳（男性六九・一歳に対して女性七三・八歳）。六五歳以上人口は五億に近い。一方、一五歳以下人口は一八億で、これは世界人口の二七・四%に当たる。二億以上の人が生まれた国とは別の国で暮らしている。三〇〇万の学生が海外で勉強している。二〇一〇年には一〇億人が旅行に出た。飛行機に乗って今まさに空を飛んでいる、という人が常時五〇万人はいる。

人類は一年に、一五万五〇〇〇件の特許を取得している。全世界の国内総生産（GDP）のおおよそ一%が研究に当てられている。人類の半数以上が読み書きができる一方で、七億七五〇〇万人の成人が読み書きができない。

人類のおおよそ半分が、民主主義体制のもとで暮らしている。八七ヶ国で自由が保証されている。これは世界一九四ヶ国の四五%に相当し、世界人口の四三%である。六〇ヶ国で部分的に自由が保証されている。一九四ヶ国中三一%、世界人口の二四%である。四七ヶ国で自由が保証されていない。一九四ヶ国中二四%、世界人口の三五%である。二五億の人びとがいまだに独裁体制のもとで暮らしている。

おおよそ八億の小火器が世界に流通している。そのうち三分の二が民間人に所有されている。核兵器は二万二〇〇〇あり、そのうち四五〇〇発が戦略核弾頭で、二〇〇〇発が警戒態勢にある。年間一兆五〇〇〇億ドルが軍事費に支出されている。

GDPは、犯罪経済は計算に入れないとして、世界全体で七〇兆ドル、すなわち一人当たり一万ドルである。世界の金融資産は一五〇兆ドルで、GDP世界総計の二倍。このうち七〇%が貸付に回っている。移住者による海外送金は五〇〇〇億ドルである。

食糧消費の平均は、一人一日当たり二九〇〇キロカロリーである。これを満たすためには毎年二〇億トンの小麦、二億五〇〇〇万トンの肉、一億一〇〇〇万トンの魚の生産が必要である。魚のこの生産量は一人当たり年間一六キロに当たる。また肉をこれだけ生産するためには、毎年四五〇〇億頭の陸上動物が産まれる必要がある。地球上には八億台の車が走っている。世界のエネルギー消費は石油換算で年間一三〇億トンで、このうち四〇%が産業消費である。エネルギーの九五%は化石燃料によってまかなわれていて、その世界埋蔵量は、はっきりしている量としては一兆二〇〇〇億バレル、すなわち今と同じように消費していくと四三年分で枯渇する計算である。世界中で四四二機の原子炉が稼働中で、世界の電力の一七%を発電している。天然ガスの世界埋蔵量は一八〇兆立方メートル以上で、現在と同じ消費が続くとして六三年で枯渇する量である。毎年三〇〇億トンの二酸化炭素が排出されている。金属では、鉄、銅、アルミが最もよく使われている。現在、重要原材料とされているのは、アンチモン、トリウム、ベリリウム、ホウ素、コバルト、フッ素、ガリウム、ゲルマニウム、インジウム、グラファイト、マグネシウム、ニオブ、プラチノイド、希土類、なかでもタンタルおよびタングステンである。

四〇億ヘクタールの森林が植林されている一方、毎年一三〇〇万ヘクタールの森林が消滅している。毎年四〇〇〇立方キロの淡水が使われている。これは一人当たり平均一三〇〇立方メートルに当たる。淡水利用の七〇%以上が農業部門、二〇%が工業部門、一〇%が家庭用である。

二三億人（世界人口の四一%）が十分に水を使えない。一年に一七〇〇立方メートル以下で生活している。二五億人が浄水システムの恩恵を受けられていない。一〇億人が極貧線以下で暮らし、飢えに苦しんでいる。最貧層ではさらに二五%貧困度が増す。非識字者の三分の二が女性である。世界の国々の大臣のうち女性は一七%しかいない。女性に対する暴力は、世界中のすべての国に広く蔓延した現象であり続けている。

個人所有のジェット機は、世界中で一万五〇〇〇機を数える。一〇億ドル以上の資産を持つ者は一〇一一人いる。

犯罪経済は、複数の情報源から世界経済の五〜二〇%を占めると考えられる。これは金額にすると、最も低く見積もって、おおよそ一兆八〇〇〇億ドルである（フランスのＧＤＰの三分の二に相当する）。ここには金融犯罪と、その他のすべての犯罪が含まれている。その他の犯罪は、金額の多いものから順に挙げると、医薬品の偽造（二〇〇〇億ドル）、売春（一九〇〇億ドル）、マリファナ（一四〇〇億ドル）、電気製品の偽造（一〇〇〇億ドル）、コカイン（八〇〇億ドル）、阿片およびヘロイン（六〇〇億ドル）、インターネット上の海賊版動画（六〇〇億ドル）、海賊版ソフトウェア（五〇〇億ドル）、タバコの密輸（五〇〇億ドル）、人身売買（三〇〇億ドル）、天然資源密売（二〇〇億ドル）、違法森林伐採（五〇億ドル）、美術品の不法取引（五〇億ドル）、小火器売買（一〇億ドル）となる。

この犯罪経済には、さらに非公認経済――税金を納めない――と不法経済――租税回避地《タックス・ヘイヴン》によって税を免れる――を加えるべきだろう。おおよそ一〇〇億ドルの資産がタックス・ヘイヴンで運用されている。国際貿易の五五%、資金フローの三五%がタックス・ヘイヴンを経由している。直接海外投資の三分の一はタックス・ヘイヴンを拠点にしている。

以上に挙げてきたデータをすべて統合する試みが、これまで何度かあった。国連は人間開発指数を算出している。これは、健康や教育などのレベルを考慮して社会開発のレベルを計るためのものだ。この指数によると、一九七〇年が〇・四八（一が満点）だったのに対し、二〇一〇年は〇・六八である。

「グローバル・ガバナンス指数」というものも存在する。これは平和と安全保障、法の支配、人権および政治参加、持続的発展、人間開発の五大指標からなり、それが一三の下位指標に分けられ、さらにそれが三七の指数からできている。五大指標の二〇〇八年の数値は、平和と安全保障が八・四〇（一〇が満点）、法の支配が五・三〇、人権と政治参加が五・七一、持続的発展が五・九一、人間開発が六・二七だった。

こうしたデータを統合することがこれほど難しく、また、こうしたデータの信頼性がこれほど不確かなのは、世界全体の統計をとる役目を担う者が誰もいなくて、ただ国別の統計を寄せ集めることしかできないからである。統計はアイデンティティを映す鏡であるのだから、それを欠いているということは、人類という種が制度的には何のリアリティもないことを意味しているわけである。

実際、人類に言及している国際条約はほとんどない。あったとしても、各人に認められるべきある権利を保護しようとするときに、付随的に、前置きとして語られるに過ぎない。たとえば、一九七八年一一月二七日に、第二〇回ユネスコ総会で採択された「人種および人種的偏見に関するユネスコ宣言」前文の第五段落は、次のように宣言している。「人類という種が本質的に一体であること、したがってあらゆる人間存在、あらゆる人民が生まれながらに平等であることは、哲学、道徳、宗教の最も崇高な表現によって認識されていることであり、今日の倫理と科学がこぞって目標としている理想を反映していると確信し……」。これは人類という種全体を保護しようというのではない。人類に属する個々人の権利が平等であると言っているだけだ。

同様に、欧州評議会で練り上げられ、一九九七年四月四日に調印された「生物学および医療の適用における人権および人間の尊厳の擁護のための条約」も、前文第一〇段落で「人類という種」に言及しているが、やはり個々人を保護しようという狙いしかない。「人間存在を個人として、また同時に人類という種に属する者として尊重することの必要性を確信し、またその尊厳を確保する重要性を認識し……」。

さらに悪いことに、「人権と生物医学に関する欧州条約」第一三条は、次のように規定している。「ヒトゲノムを改変することを目的とする措置は、疾病予防、診断、治療を目的とする場合だけ、また子孫のゲノムにその改変を遺伝させることを目的としない場合だけしか認められない……」。この条文に従うなら、言い方を換えるとゲノムの改変を受ける者の利益になることが明らかな場合は、それによって子孫のゲノムの変化、ということはすなわち人類という種のゲノムの変化が引き起こされても、わざとではないから合法、ということになってしまう。つまり将来世代の不可侵性《インテグリティ》すら否定しているのである。

フランスの国内法は、他のたとえばドイツの場合などと並んで、人類という種の保護について最も踏み込んだ規定を明文化している法の一つに数えられる。人体に関する一九九四年七月二九日の法は、民法第一六条四項第一段落となったが、そこには次のような規定がある。「何ものも人類という種の不可侵性《インテグリティ》を侵害してはならない」。この規定はさらにその後に続く条文で、補足として、とくに優生思想、生殖におけるクローン作成、人道に対する犯罪を禁じている。

世界の価値基準——西洋とブラジル

今日の世界の価値基準は、大部分が西洋起源のものである。西洋の価値基準は、これまで過去の長い歴史を見てきたように、ユダヤ＝ギリシア世界に端を発している。その本質は個人主義に要約され、すべてはそれに由来する（合理性、徹底した民主主義、人権、市場経済、私有財産）。そして西洋の価値基準が、今日いたるところで勝利を収め、あるいは追求されている。

今日、インド人、中国人、ナイジェリア人、エジプト人、チュニジア人、サウジアラビア人、イラン人の誰もが、物質的な恩恵に与《あずか》ることだけを望んでいるわけではない。物質的な恩恵とは、西洋人が五〇年も前から享受している家や自動車、洗濯機やテレビ、パソコンといった物のことだ。それだけではなく彼らは、移動の自由、思想の自由、自国を離れる自由、支配者を批判する自由、支配者を交代させる自由をも、求めている。

したがって人びとが今、目の当たりにしているのは、西洋の衰退ではまったくなく、むしろ世界の西洋化なのだ。コルネイユがその作品『セルトリウス』で「ローマはローマには存在しない。私の赴《おもむ》くところすべてにローマが存在する」とセルトリウス将軍に語らせたように、西洋はもはや西洋には存在しない。個人主義の夢が勝利を収めるところすべてに、西洋が存在するのだ。つまり地球の文化的アイデンティティが一本化されるということである。もちろん宗教や哲学やイデオロギーの分野では、特定の価値観がきわめて多様に存在してはいるのだが。

インターネットとソーシャル・ネットワークの出現にともなって、選択を同じくする者のコミュニティ形成が容易になると同時に、ナショナルなアイデンティティは弱くなり、世界は直接的になり、文化はグローバル化され、交雑が広く進む。個人は直接的に国際法の当事者になる。こうした事態が「国際社会」の統合を加速し、その結果懸案となっている問題の当事者は糾合し、地球上で唯一のヒエラルキーとして情報格差が生まれる。

しかし、印刷術が出現したとき、既存の権力がそれによって強化されるだろうと人は考えたけれども、実際はそうはならなかったように、インターネットによって、強国の価値基準はばらばらにされ、最後の帝国の一体性は破壊され、雑種の民主主義世界ができた。それは市場が支配する単一化された世界ではない。音楽を見ればそれがよくわかる。インターネットは音楽の利用や配布方法に関する西洋的な考え方を押しつけたけれども、その一方でインターネットによって、音楽のスタイルや実演の方法について無限の可能性が出現し、共有された。それが交雑や感情移入や他者の文化の発見を促し、またそれまでは思いもよらなかったようなかけ合わせ《ハイブリッド》から、まったく新しい予想外の文化が創造されたのだった。

ブラジルは、この雑種的な西洋化の試作品《プロトタイプ》である。この国は、西洋から物も価値観も急速に受け入れたが、他国に対して供給する製品・思想・音楽・祭り・連帯は、多様性を増すばかりであり、あいかわらず極度の貧困が目につく一方で、宗教的な面ではますます深みを増していて、それでいて暴力はほかと比較にならないほどの水準に達している。

ブラジルとは逆に、アジアではきわめて広範囲にわたって、たとえば中国からヴェトナムまで、また韓国から日本まで、生活様式としては西洋化を受け入れながら、他所者《よそ》が存在感を示すことを嫌い、他所者《よそ》が引き起こし得る交雑を拒絶する。しかし世界中を見渡せば、世界はなお大きな多様性を孕んでいて、それが人びと・言語・思想・文化・技術の交雑によって絶えず更新されていると言える。

現在の世界秩序――三番目の〝G2〟アメリカと中国

今日の世界は、誰が指揮しているのか。その国には物質的な豊かさと、軍事力と、力への意志が備わっていなければならない。

一世紀以上前からずっとそうだったように、アメリカは今日でも地球規模の秩序の中心であり続けている。冷戦後の新たな世界秩序は、いまだにアメリカのものである。アメリカの軍事予算（そのGDPに占める割合は、一九五〇年以来減り続けてはいるものの）はGDPの四・七％を占め、この数字に並ぶものは他にない。しかもそれは、他のすべての国の軍事予算を足した額を上回っている。アメリカ軍は、ヨーロッパ、中東、地中海、ペルシア湾、日本、太平洋の安全の大部分を保障している。またアメリカ軍はイラクとアフガニスタンで戦争中であり、またテロと麻薬取引に対してグローバルな戦争を遂行中であり、さらに各種軍事衛星を配備して、敵から発射されたミサイルを、発射された瞬間から追尾して撃ち落とすということに理論上なっている〝盾〟も設置している。

アメリカ英語はいまだに貿易の言語であり、科学の言語であり、テクノロジーの言語であり、外交の言語である。ハリウッドは世界中の想像世界を支配している。インターネットとそれを取り巻くもの、インテルからグーグルやFacebookにいたるまで、すべての事業がアメリカに支配され、またそれによってアメリカは、これまでとは性質の異なる権力を手にした。二〇〇九年、アメリカ国務省政策企画本部長アン＝マリー・スローターは、『フォーリン・アフェアーズ』誌にはっきりと問題提起した。「このネットワークの世界にあって重要なことは、相対的に強い力を手にすることではもはやなく、日に日に密度を増していくワールド・ワイド・ウェブの中心に立つことである」と。

世界の西洋化はしたがって、実はいまだに、そして今のところ、ほとんどの場合においてアメリカ化のことなのである。

しかし、このアメリカによる世界秩序は、ほんの少し前から新たに特権的な駆け引きによって補足されるようになった。駆け引きの相手はもはや、イギリスでもソ連でもなく、また過去の二つのG２の相手であるこの二国のまん中をとるようにEUというわけでもなく、中国である。

中華帝国は大国となった。現在、中国のGDPはアメリカの三分の二に達している。中国は日本の座を奪って、経済力で世界第二位になり、すでに日本の二倍以上に達した。研究開発に費やす費用の総額も、アメリカに次いで世界第二位となっている（ただしEU全体を合計すれば、EUが世界第一位となる）。中国は世界戦略を展開し、自国に必要な原材料を支配し、輸出相手国との関係を維持しようとしている。中国はアメリカ、ロシアに次いで世界第三位の軍事力を保有している。その軍事予算は年間八〇〇億ドルの大台に乗っている。初の空母が二〇一四年には就役することになっている。中国は希土類の九〇％、ゲルマニウムおよびタングステンの七五％を産出している。中国のGDPの半分は輸出に回っている。その国民所得の半分は貯蓄されている。そのおかげで中国の外貨保有高は、三兆ドルという額に達している。またこの富を源泉として、ドルの価値を決め、アフリカやヨーロッパの資産を購入し、とくにヨーロッパ諸国の公的債務の七％を握った。一〇〇〇万人の中国人がアフリカやアジアで働くために旅立ち、ヨーロッパやアメリカの古くからある中国人移民社会は巨大化した。

しかし中国は、いまだに貧困国のままである。中国人一人当たりの所得は、世界平均の三分の二、アメリカ人の一五％しかない。中国は社会的・政治的インフラが極端に不足している。唯一存在する党が行政を管理し、今でも広範囲にわたってあらゆる民主化の動きを敵視している。

EUは、地球規模の決定に対して発揮している影響力が中国よりも小さい。これまで見てきたように、昔も今も、富だけの問題ではないし、人口だけでもない。それらに加えて、「未来への欲望」が必要だし、わかりやすいかたちで統率力を発揮できなければならないし、世界に影響力を行使するという意思も必要だ。EUにはそのどれもまったくない。その経済力は、今日では世界一位である（二〇一七年のGDPは、五億という人口に対して約一八兆ドルで、世界総計の二四%ほどに相当する)。経済および金融の非常に多くの分野でトップに立ち、また、再生エネルギー生産でも世界一位である。毎年、アメリカより多くの医師を輩出している。しかしその予算は貧弱である。EU各国の軍事支出を合計しても——そのうち半分がフランスとイギリスによる——アメリカと肩を並べるにはほど遠い。世界の軍事支出総計の一五%以下しかない。しかもその大部分が、現代の紛争では役に立たない核兵器に費やされている。EUの通貨は世界の準備通貨になっていない。おまけにEUの名において、信頼できるやり方でものを語り、行動する人が一人もいないときている。したがってEUは、世界に権力を行使する状況にはないと言える。

インドも今は、世界に対する影響力を持つ状況にはない。そのGDPは、アメリカの四分の一しかないし、インド人の一人当たり所得はアメリカ人の七%で、世界平均の三分の一にまだ達していない。インドは大きな軍事力を保有しているが、国内に問題を数え切れないほど抱えているし、また南アジア地域にも問題は多いので、当面は世界の大問題について何か重要な役割を演じることを望みようがない。

日本は、将来的なテクノロジーの最重要部分を握っていて、科学と経済の分野では非常に大きな強国であり続けてはいるが、二〇一一年三月に悲劇的大惨事を経験し、巨大債務が重い負担としてのしかかり、隣の中国に圧倒され、きわめて低い出生率によって弱体化していて、三〇年前には中心都市が東京へと移る可能性もあったが、今は世界統治において、ほとんど何の役割も果たすことができないでいる。

ほかの国で特定の分野、とくに原材料の分野で戦略的な役割を演じている国があるが、だからと言って世界秩序において大きな影響力を振るっているというわけではない。地球的規模で見て非常に強力な大国であり続けているロシアと、中東諸国を合わせると、天然ガスの世界埋蔵量の三分の二、石油の半分以上を手にしていることになる。これらが影響力を発揮できるか否かは、中東諸国は調和して一つのガバナンスを確立できる力があるかどうかに、ロシアはガバナンスを維持する力があるかどうかに、かかっている。ブラジルも、とりわけ農産物の分野で将来的には強大国の一つになっているであろう。さらに今後、重要な原料となるニオブについては、その九〇％を産出している。南アフリカは世界の七七％のプラチナ、また他の重要原料を産出する。韓国は未来のテクノロジーの大部分をすでに手中に収め、高レベルの軍事力も保有している。インドネシアとオーストラリアもかなりの力を持っている。アフリカ大陸は世界の運命に影響力を持つ状態にはまだない。内部の対立と法の支配の弱さが深刻だからだ。それでも少なくとも、南アフリカ、エジプト、ナイジェリアは将来強国になるだろう。アラブ世界は、「アラブの春」によって大きな変化を経験したが、世界の主流的立場を確保するにはいまだに内部対立が深刻で、政治的に不安定すぎる。アラブ世界を合計しても、石油を除いたその輸出高はスウェーデン一国の輸出高を下回る。

一方、テロリストの組織やとくに犯罪経済の支配者たちは、しだいに目に見えるかたちで大きな役割を演じるようになってきてはいるが、しかし政治的にはいまだに周縁的な存在である。たしかにそれらは、すでにいくつかの政府、さまざまな機関を手中に収めているが、今のところは世界秩序に意味があるほどの影響力を振るうには至っていない。

要するに、世界的な議論は、今日では基本的に米中間で話し合われている、ということだ。アメリカが、イギリス、その次にソ連を相手に築いた体制に続いて、三番目のG2体制である。世界最大の債権者と世界最大の債務者というこの二国が、政治、金融、貨幣、生態系、戦略などの大問題のほとんどを、あらゆる国際機関を蚊帳の外に置き、両国のあいだで話し合って決定することが多くなっている。今のところ両国は、市場と原材料を分け合うことで満足し合っている。また両国の障害となり得るものに対しては、それを安全に回避するのに必要なだけの戦略的な影響力は確保している。しかし、いかなる分野においても、真の意味での法の支配を地球規模で確立することは、それが両国自身の利益に合致することであるにもかかわらず、両国とも望んでいないし、また仮に望んだとしてもその能力はない。

この三番目のG2のかたわらに、数え切れないほどの国際機関が存在し、行動し、奔走している。公式のものもあれば非公式のもののもあるが、どれもがグローバルな組織になりたいと思っている。しかしたいていの場合、その引き綱はアメリカに握られている。本章では、いくつかの主要な国際機関について、その重要性と欠点を示しておきたい。そうした機関がいまだに、世界の重大問題に関して信じがたいほど無力であることがわかるであろう。

国際機関は、政府間機関と民間機関の二つに分類することができる。政府間機関は、「超国家的」機関（参加国の利益に左右されることなく決定を下すことができる）と「多国間」機関（参加国の出会いの場であると同時に、各国の立場と利益の調整の場）に分けられる。民間機関は民間企業を糾合する同業組合的な機関と、非政府組織（NGO）に分けられる。

グローバルな法による統治──WTOと国際司法裁判システム

世界貿易機関（WTO）は、真の意味で超国家的と言える──少なくともその紛争解決手続について──史上初の、かつ唯一の機関である。これは関税と貿易に関する一般協定（GATT）に代わる組織として、一九九五年一月一日に発足した。一九世紀末に市場が本当の意味でグローバル化したとき、十分に予想されていたことではあったが、それがきちんと機能するために、信頼に足る地球規模の法に依拠する必要が出てきた。それで市場を円滑に機能させること、取引を簡素にすること、貿易の収益性を高めることを使命とする諸機関が、だんだんと設立されてきたことはすでに見たとおりである。WTOは、そうした試みの到達点であった。そこには一五三ヶ国が加盟している。WTOはその成り立ちから言って、市場を効果的に機能させることと、生産物や資本への自由なアクセスを保証することを、各国政府に義務づけるために存在すると言って良い。たとえ各国が文化や社会や環境を理由とする何らかの事情を抱えていることにより、競争を制限する権利を維持している場合であっても、である（WTOのこの方針を、二〇一一年に、時の事務局長パスカル・ラミーが「ジュネーヴ・コンセンサス」と名付けた）。これは待遇の平等化と言われているが、実際には富裕国を、そしてなかでもまずアメリカを利するものであることは明らかである。アメリカの企業が、南側諸国の企業を買収する資金を調達するチャンスは、南側の企業がアメリカの企業を買収するチャンスよりも多いのだから。しかもアメリカは、自分たちが発展の最初の段階にあったときには、国境を開放しないよう細心の注意を払っていたのである。

　超国家的というWTOの特殊性はここに由来する。WTOの紛争解決機関は、事案が発生するつど審判を担当する小委員会《パネル》を設置し、競争を阻害している、あるいは協定に違反していると訴えられた国が、自国のその措置の正当性の根拠として挙げた理由が、善意に基づくものか否かを裁定させる。この小委員会《パネル》は文字通り超国家的で、実際にアメリカを非難する裁定を下すこともあるのだが、それでも本質的に自由貿易に奉仕するものであり、自由貿易は強者を利する。しかもこの委員会は、あまり効率的とは言えない。付託された四一八件の紛争案件のうち、解決されたもの、あるいは解決済と見なされたものは八六件しかない。

　競争の平等性の管理というこの機能を除くと、WTOは脆弱である。その決議が満場一致《コンセンサス》方式で採択され、また新たな規則を生み出す術も持っていないからである。

　WTOとは異なる分野の国際法を行使するための、超国家的な法廷が他に存在する。まず国際連合と同時に設置された国際司法裁判所がある。これは紛争当事者として国家がどんなテーマについても提訴できる法廷で、これまで扱ってきた事件は二〇〇件未満である。その大部分は国境問題をめぐる紛争、海洋法をめぐる紛争、外交関係法をめぐる紛争である。次に、人権分野を扱う法廷がある。旧ユーゴスラヴィア国際刑事裁判所およびルワンダ国際刑事裁判所、一九七五〜七九年の期間の犯罪を裁くためにカンボジアに設置された、半ば国内的、半ば国際的な法廷［カンボジア特別法廷］、シエラレオネに設置された、混成の裁判官団——海外出身者の方がシエラレオネ出身者より数が多い——を擁する法廷［シエラレオネ特別法廷］、である。さらに最近、一九九八年にローマに国際刑事裁判所が設置された。これは、先に述べた専門的な法廷の活動を一般化し、戦争犯罪と人道に対する犯罪を広く扱う。これには一一二ヶ国が加盟しているが、アメリカ、中国、インド、ロシア、イスラエルは加盟していないので、告訴対象にできない。この裁判所はまた、人権関連の規範を適用し始めた。この裁判所が個人を裁くのは、国家がその人物を告訴しない場合、犯罪行為が加盟国内で遂行された場合、犯罪の容疑者の国籍が加盟国のものである場合、だけである。この裁判所はまた、個人にしか管轄権を持っていない。企業幹部の告訴は理論的には可能なようだが、検討されたことは一度もない。逆に、この裁判所に企業（とくに金融機関）を訴えることはできない。戦争犯罪や人道に対する犯罪に由来するものであっても、マネーロンダリングを訴因とすることはできない。経済犯罪、社会犯罪には管轄権が及ばない。

最後に、商品に関する国際法は、その自由な流通を保証し、どんなものであれ流通の限界を障壁を設けることを禁じているのに、人間に関する国際法は、理論上、移住する権利しか認めていない（世界人権宣言第一三条）。そしてこれまた理論上の話だが、海外に出稼ぎに行く権利、海外に保護を求める権利、海外の家族に合流する権利は認められていないのである。

多国間グローバル機関

その他の国際機関はどんな性質のものであれ、どれも大した働きを示せていないし、どれも加盟国の厳しい監督下に置かれている。その影響力を量的に示すなら、どのようなテーマにせよ国際機関が費やす額は、加盟各国の政府がそのテーマに費やす総額の〇・五％を超えたためしがない（またたとえば開発に関して言えば、国際機関の支出は加盟国のGDPの総計の〇・三％に過ぎない）。

国際連合は世界初かつ世界最重要の多国間国際機関であるが、今日では紛争解決にしても開発への努力にしても大した役割を演じられていないし、紛争終結後の状況に対して果たしている役割はさらに小さい。国連平和維持活動（ＰＫＯ）は、安全保障理事会、またはずっと稀だが、総会の発議によって設置され、事務総長によって指揮される。

ほとんどの場合、PKOの目的は仲裁であり、戦闘行為が目的とされるのはきわめて稀である。史上初のPKOは一九四八年のパレスチナで、以来六三件が遂行されてきた。その年間予算は七七億八〇〇〇万ドル、すなわち全世界の軍事支出の〇・五％でしかない。PKOが内戦に関与することが多くなってきたのにともなって、その内容は平和構築を目的とする人道的・経済的・財政的介入へと移行してきた。今日ではダルフール、コンゴ民主共和国、レバノン、ハイチ、南スーダン、コートジヴォワール、リベリアを始め、一四のPKOが遂行中で、さらに一二の平和構築ミッションがそこに加わる。それらに派遣されている一〇万人の〝ブルー・ヘルメット〟のうち、八万二〇〇〇人が軍事要員、一万四〇〇〇人が警察要員、二三〇〇人が軍事監視要員である。国連憲章には常設国連軍および軍事参謀委員会の規定があるが（それぞれ四三条、四七条）現実には存在しないので、PKOに派遣される部隊は加盟国によって供給される（一一五ヶ国の派遣国のうち上位四ヶ国はパキスタン、バングラデシュ、インド、ナイジェリアである）。

開発援助は国連開発計画（UNDP）を通じて実施されている。しかしその資金は一七二ヶ国での活動に対して年間五〇億ドルしかない。その活動は世界銀行、国連食糧農業機関（FAO）、国際農業開発基金（IFAD）、国連工業開発基金（UNIDO）、国連貿易開発会議（UNCTAD）、地域別開発銀行などと連携し、あるいは競合しつつ遂行されている。国連はついに、それ自体が機能するための財政能力すらおぼつかなくなってきている。たとえばその本部は、一九五〇年にアメリカ人の建築家ウォーラス・K・ハリソンによって建設されたが、最近のある報告によると「がまんできないほどの老朽化とセキュリティの問題」にあえいでいるとされている。国連は本部を修繕する財政手段にすら事欠くありさまなのである。

国連には、グローバルな領域を管轄する機関が二〇〇以上付属している。それによって必要な活動領域は網羅されているように見える。しかし各機関の資金は貧弱で、働いている職員は権限もあり献身的に努力もしているけれども、その時間の大部分を、加盟国との関係調整や、各国大使から舞い込んでくる数え切れないほどの陳情への対応、他の国際機関との対立の解決に費やしている。本来、国連付属の各機関やブレトンウッズ機関［IMFと世界銀行］、WTOなど相互の調整は、その幹部によって構成される国連システム事務局長調整委員会が基本的に担うとされているのである。

国連の付属機関のうち最も重要なものを以下に挙げる。

国連教育科学文化機関（ユネスコ、UNESCO）

ユネスコは、良質の教育が万人に確保されるよう支援すること、人生のどの時点においても学ぶ機会が持てるよう保障すること、「世界遺産」、文化の多様性、文化間対話、表現の自由、報道の自由を促進することをその使命としている。この組織は活動を遂行するための資力を絶対的に欠いている。その予算は六億五〇〇〇万ドルしかない。「世界遺産リスト」が進行中で、すでに一五一ヶ国にある九一一件の遺産が登録されている（このうち七〇四件が文化遺産、一八〇件が自然遺産、二七件が複合遺産）。これらは顕著な普遍的価値を有すると認められて登録される。また「危機にある世界遺産［危機遺産］リスト」もある。こちらは三四件が登録されている。ユネスコ関係の条約としては、以下のようなものがある。水中文化遺産保護に関する条約（二〇〇一年採択）、無形文化遺産の保護に関する条約（二〇〇三年採択）、文化的表現の多様性の保護および促進に関する条約（二〇〇五年採択）。ユネスコによる初のアフリカ史はついに書き上げられたが、資金不足のために、多くの国における教育戦略の策定支援の活動は、世界銀行に委任することになった。

国連食糧農業機関（FAO）

年間一〇億ドル以下の予算で運営されている。この組織の活動の主な対象である、世界の農村地帯に生きる三〇億の人びとの窮状から見れば、貧弱すぎる予算だ。二〇一〇年、FAOは象徴的な活動に終始した。パキスタンに出動し、洪水によって破壊された耕地再建のために、五〇万世帯に小麦の種子を配布し、見過ごしにされている世界の飢餓への関心を喚起する国際キャンペーンとして、「一〇億人飢餓プロジェクト」を展開したのである。

国連民主主義基金（UNDEF）

二〇〇五年に国連事務総長が設立。ここもやはり貧弱な資金（三九ヶ国による任意の拠出で一億一〇〇〇万ドルを集めた）で、市民社会の強化、公民教育、投票者登録、市民による情報へのアクセス、政治参加への権利、政治の透明性への権利、不可侵性《インテグリティ》への権利などに関するプロジェクトに助成する。

ユニットエイド（UNITAID）

エイズ撲滅のために設立された組織。一〇億ドルの資金を持ち、九四ヶ国で一六のプロジェクトを遂行中である。この組織は、規模の経済性《スケールメリット》を実現するために大量に治療薬を購入したり、子どものHIV感染者の治療プログラム（たとえば栄養補給プログラムなどを含む）を展開したりしている。その資金はたとえばアメリカ元大統領のビル・クリントンが立ち上げたHIV／AIDSイニシアティヴのような財団からの融資や、二〇〇五年九月一四日に五ヶ国で発足し、現在二八ヶ国［二〇一五年時点］で採用されている、航空券に課税する国際連帯税［日本未参加］によって提供されている。

以上のような国際機関の大部分は、国連総会への報告義務はあるものの、それぞれ自身の統治機関を備えていて、安保理事会や、ましてや総会の指示に従う義務はない。そのためこれらの国際機関どうしがしばしば互いに競合関係になる。

国際金融機関——国際通貨基金（IMF）、世界銀行、国際決済銀行（BIS）、地域別開発銀行——は、大部分がいまだにアメリカの手中に握られている。アメリカは資金力を背景にこれらの機関に自分たちの政策を押しつけているのである。中国とインドは、今やGDP世界総計のほぼ四分の一を占めているが、これらの機関の投票権の五％以下しか持っていない。こうした国際金融機関の責任者たちは、多くの場合きわめて質が高く、で私欲のまったくない人たちであるが、その時間のかなりの部分を、他機関との縄張り争いの解決と、各国からその機関に派遣されている行政官たちとの関係調整に費やしている。各国の行政官は、その機関の活動が自国の利益に合致しているか否かを検証することに、四六時中専念しているのである。

国際通貨基金（IMF）

その役割はきわめて限定されたままにとどまっている。収支改善という面での南側諸国への支援で中心的役割を演じてきたこの組織は、長いあいだ純粋に自由主義的な経済改革を各国に押しつけてきた。この方針は、アメリカ自身が経済発展の緒に就いた段階で採用していた方針とは大いに違うものだ。それは「ワシントン・コンセンサス」と名付けられ、今日ではだんだんと非難の的になってきている。IMFの資金は加盟国の分担金（二〇一〇年八月三一日時点で三二八〇億ドル）と、借入金でまかなっている。借入金は五九〇〇億ドルに達しようとしている。両者を合わせても、GDP世界総計の一％に満たない。こうした数字は理論上のものに過ぎないが、二〇一〇年八月三一日時点では、IMFの未回収貸付は二〇〇〇億ドルで、これは世界の貸出残高の〇・二％に満たない。IMFが創設した理論上の通貨である特別引出権（SDR）は、各国がその為替準備金を補完するためのものだが、その規模は総額でおおよそ三〇八〇億ドルしかない。これはGDP世界総計の一％にも満たない。こうした数字の貧弱さが、現代の巨大金融危機に対してIMFが果たす役割の慎み深さを物語っている。そのうえIMFは、加盟国に対していかなる規律も課すことができない。加盟国の方は、黒字も赤字もいくらでも蓄積し放題である。誰もそれらの国に調整を強制できないからだ。

IMFの準備資金の大部分は、ドル建てである。つまり自身のコントロールが及ばない通貨であり、毎年赤字を膨らませている国が発行している通貨、ひとたび信用が失われれば大規模な資本移動が引き起こされかねない通貨である。このことに由来する不安定化リスクは大きい。それはまずG2という二大支配国家のあいだの不均衡が逆転することに現われるであろう。IMFはこの両国のどちらも、同じくらいコントロールできない。しかもIMFは、世界金融システムの監視をいっさいしていないし、銀行の換金性と支払能力に関する、世界共通の基準を設定することにすら成功していない。さらにこの点に関しては、一九三〇年に創設された国際決済銀行、G20、また近年設立された金融安定理事会（FSB）などが、暫定委員会の名でIMF設立時から存在した委員会の後身である、IMF国際通貨金融委員会の曖昧な管轄権をめぐって異議を唱えているのだ。

世界銀行グループ

取り組んでいる課題からすれば、やはりきわめて脆弱だと言える。このグループは、次の五つの組織からなる。国際復興開発銀行（IBRD）、国際開発協会（IDA）、国際金融公社（IFC）、国際投資紛争解決センター（ICSID）、多国間投資保証機関（MIGA）。このグループの活動は、主に次の七つの分野に集中している。教育、HIV／AIDS撲滅、母子の健康、水の供給とその浄化、気候、貿易、生態系の持続性。このグループは資本市場から、とりわけ起債という方法で資金調達している。今日では、世界六九ヶ国——大部分はアフリカ大陸の国——がIDAの活動の恩恵に浴している。二〇〇九〜一一年には、四五ヶ国が四一六億ドルを拠出した。この額は、一年当たりでこれらの国のGDPの〇・〇二％足らずである。二〇一〇年にIFCは、開発途上国の民間セクターに対する一八〇億ドルを貸し付けた。二〇一〇年のグループ合計の貸付額は、かろうじて一〇年前を上回り、八七五件のプロジェクトに対してGDP世界総計の〇・〇八％となった。うち四四二億ドルがIBRD、一四五億ドルがIDAの管轄である。グループ総計のうち四五億ドルが教育に費やされている。また自然災害に関連する特別資金の貸付も行なわれている（パキスタンの洪水を受けて一〇億ドルが貸し出された）。グループの資金はきわめて脆弱であるのに、その分配は古典的な基準に従って、非常に官僚的な複雑な過程を経て決定される。この過程でグループの各部門は、自分の縄張りを守ることと加盟国との関係のことしか考えていない。

国際決済銀行（BIS）

すでに見たように、一九三〇年、ヴェルサイユ条約でドイツに求めた賠償金の支払期限が延期された機会に設立された。国連からは独立していて、意思決定機関である総会には、世界中から主要な中央銀行総裁が結集する。BISは地球上の銀行すべてに適用される規制と適正化比率◆を設定している。その最初が一九八八年発表のバーゼルI、次が二〇〇四〜〇八年に適用されたバーゼルII、最新の規制であるバーゼルIIIは、二〇一二〜一九年に段階的に適用される。しかし実際には、アメリカの銀行はこの規制を適用していない。ヨーロッパの銀行にはそれを適用することを強いているのに、である。そうやってライバルの競争力を殺《そ》いでいるわけである。

国際原子力機関（IAEA）

この組織の設立条約で、核兵器保有国として想定されているのは五ヶ国だが、それ以上に増えることを制限することができなかった。今日では、公式非公式を問わず核兵器を自由に使える状態にあるとされる国は一五ヶ国近くある。民間の原子力施設の安全に関しては、いっさい管轄権を持たない。

実効性が高いと言える国際機関は、稀ながら存在する。国際電気通信連合（ITU）は最も古くからある国際機関で、今日では、情報社会、サイバースペースの安全保障、情報格差《デジタル・ディバイド》の解消、気候変動対策への情報通信技術（ICT）の利用、電気通信へのアクセスを保証するための機能の標準化などをめぐる議論の中心となっている。アイキャン（ICANN）はアメリカ商務省から直接派生した組織で、一九九八年にこれもアメリカ国防省から直接派生したアイアナ（IANA）を管理下に置いて再編され、インターネット上のドメイン名の供給管理や、現行のインターネットプロトコルIPv4からIPv6への移行の管理などをその業務としている。インターネットプロトコルの移行は、インターネット上のグローバルアドレスをより多く供給するための施策で、日常生活で接するあらゆる物をインターネットに接続しようという、いわゆる「物のインターネット（IoT）」によって、物の数だけインターネットアドレスが必要になってきたことがその背景にある。ICANNは五人の執行役員を、地球規模の直接選挙で選出しようと試みたが、参加者はさほど多くなかった。同じ分野で最近、デジタル経済グローバル理事会といったものを立ち上げる試みがあるが、既存の組織がすでにカオス状態であるのにそれを増長し、インターネットにおけるアメリカの権力を強化する結果にしかならないだろう。

世界動物保健機関は、国際獣疫事務局から名称変更された組織で、一七四ヶ国の加盟国を擁し、人獣共通感染症すなわち動物から人間に、あるいはその逆方向に感染する疾病に関する情報の収集と伝達に大きな成果をあげている。

国際民間航空機関（ICAO）は、空の交通に関する基準を細かく策定している。たとえば窒素酸化物の排出基準を一九九三年比で二〇％抑制した。

合計すると約二〇〇ヶ国となる世界中の国々の首脳は、首脳レベルが参加するものだけで四〇〇〇もの年次会議に出席することが可能だ。一九世紀には平均して一年に二回だったのである。

しかし扱っている国際機関が一つもないという分野が、まだ非常に多く残されている。そのことは近年の出来事ではっきりと露呈した。民主主義の促進を担当する組織は一つもないし、民間核施設の安全保障もしかり。いかなる国際機関も持続的なものとしては、次に挙げるものを何も創ってこなかった。大規模な科学的ないし工業的プロジェクト、地球規模の大学や病院、法体系、自分たちの本部が収まる建物以外の建物すら。国際機関がしていることは、ほとんど加盟国間の力関係の調整だけである。加盟国は徐々に

◆**適正化比率**　金融機関の支払能力を示す各種比率で、とりわけ現金化率を意味する。

国際機関を支配し、国際機関の存在意義を空っぽにしてしまっている。

統治機関なき国際条約

他の分野では今日、グローバルな法規制でありながら、それを遵守させる役割を担う国際組織が何もない場合がある。

たとえば「細菌兵器（生物兵器）および毒素兵器の開発、生産および貯蔵の禁止ならびに廃棄に関する条約」（生物兵器禁止条約）は、今日では署名国一六三ヶ国を擁しているが、加盟国の義務遂行状況を国際的に確認する仕組みは何もない。同じく、「化学兵器の開発、生産、貯蔵および使用の禁止ならびに廃棄に関する条約」（化学兵器禁止条約）は、二〇一二年四月までに化学兵器を廃棄すると定めていたが、これまたその適用を管理する組織はなく、期限までに廃棄されるのは貯蔵量の三〇%に過ぎないだろうと考えられている。

モントリオール議定書は、全国連加盟国が批准していて、今日では環境分野の一つの基準と見なされている。それは、オゾン層の破壊の原因物質であるとされるクロロフルオロカーボン（CFC）の生産と消費を禁じている。しかしこの議定書も、それを遵守させるための組織を持っていない。ただ、その適用を確認する役を担う、独立の評価グループがあるだけである。しかしそれでも、この議定書は高い実効性を示したのである。この物質の禁止は現実に、今日までに九五%近く達成されているのだ。オゾン・ホールは縮みつつあり、これによって温暖化の進行が抑制されている。ただし決算書は完璧からは、ほど遠い。中国やインドなどいくつかの国が、オゾン層破壊の原因となるガスをいまだに使用しているのだ。CFCの闇市場は、ヨーロッパ、台湾、韓国、香港に存在する。またハイドロフルオロカーボン（HFC）廃絶のためには何もなされていない。これはフロンに代わるものとされた合成物質［代替フロン］で、CFCよりはオゾン層破壊係数が低いものの、温室効果ガスであるため温暖化を促進する原因となる。

生物多様性条約は、一九九二年のリオにおける国連環境開発会議（UNCED、地球サミット）で調印された。一九三ヶ国の締約国を擁し、生物多様性へのあらゆる脅威の根絶を目的としている。これも条約の勧告を履行させるための組織を持たない。その代わりに、科学的助言を活用し、道具、奨励策、および環境に良い影響を与える技術や慣行の移転プロセスの開発を促進するとされている。

二〇一〇年六月に韓国に集まった九〇ヶ国の代表が、「生物多様性および生態系サービスに関する政府間科学政策プラットフォーム」（IPBES）設立を決定した。この機関は、各国代表、専門家、企業、財界人を結集して、生物多様性条約の適用を管理すること、また各国が生物多様性に関連する脅威にあらかじめ備えることができるよう、同機関に参加する研究組織によって告知された傾向の推移を見守ることを使命とする。またこの機関は、設立以来数多くの報告を、各国に提供している。報告のテーマはたとえば、森林資源、動物の遺伝資源、『地球規模生物多様性概況』［生物多様性条約の達成状況をまとめた報告書］、国際自然保護連合（IUCN）の『レッドデータブック』などである。なお『レッドデータブック』とは、絶滅の恐れのある生物種の保護状況に関する最もよくできた地球規模の目録のことである。

非公式の公的機関

他方で、グローバルな使命を持つ非公式の公的機関が数多く設立され、定期的に会合を持っている。たとえばG8やG20がそうだ。G8はG20が登場したときに実質的な存在意義を失った。G20は、世界統治機関に向けての確かな前進だと見る向きもある。しかし実際には、G20の役割は本来IMFの国際通貨金融委員会が果たすべきものだ。この委員会は首脳級会合を招集することができると規定されているのである。

そのうえG20（実際にはG34）は基本的に毎年サミットを開いているが、議長は回り持ちで恒久的な事務局もなく、それなのに官僚主義だけは驚くべきほどに発揮して、それでいて国際金融危機に当たってはそれを解決する実効性のある決定を何一つなし得なかった。ただ沈黙によって、民間の負債を公的な負債、ということはつまり未来の納税者の負債に繰り越すことを黙認しただけである。今のところG20の達成したことは、英米系でも中国系でもないタックス・ヘイヴンの規制強化だけである。この規制はたしかに有効ではあるが、金融危機の根本的な原因やその性質とはいっさい何の関係もない。G20はまた、銀行自身の自己資本についても、主要な国々の公的債務についても、格付け機関についても、投機筋のあからさまな行動についても、「影の銀行《シャドーバンキング》」部門《セクター》〔証券会社やヘッジファンドなど〕についても、何一つ決定を下してこなかった。シャドーバンキング・セクターは、全体で一六兆ドルの資産を運用している。G20には、自身の宣言の履行状況を監視する仕組みがいっさいないし、まして決定と呼ばれているものが遵守されなくても制裁を科す手段がない。要するにそれは、アメリカという絶対権力と中国という新興権力の仮面、この史上三番目のG2による自作自演に過ぎない。それなのにどの国のどの大臣も、どんなテーマについてであれ、G20に参加したがるのである。

　G20とは逆に、比較的良い成果をあげている組織の例としては、半公式的公的機関である気候変動に関する政府間パネル（IPCC）を挙げることができる。この組織は一九八八年に、G7の発議で設立された、今までになかった新しいタイプの政府間機関である。その役割は、気候変動とそれが生物圏および社会経済システムに与える影響、生態系が適応する／傷つく可能性に関して世界中で行なわれている科学的研究によって得られた、互いに矛盾したり他から疑義を呈されていることも多いさまざまな知見を、評価、総括することである。

　このパネルを構成する専門家は、科学者として議論し、政治家として投票する。そうやってさまざまな科学的知見のなかから、科学的にも政治的にもコンセンサスを得られるものを選択しようとしているのである。テーマ別の専門家部会の幹部たちは、科学的な基準に基づくだけでなく、地域に偏りがないように選出される。各国はほぼ五年おきに発行される『評価報告書』に対して、等しく一票ずつ持っている。I

ＰＣＣの有効性には疑問の声があるものの、それが科学の成果を共同利用する仕組みとして一歩進んだものであることは間違いない。

比較的良い成果をあげている他の例として、非公式の超国家的機関である、アデン湾とインド洋の安全保障に関する組織を挙げることができる。この海域は、海上貿易の一二％、世界の原油の三〇％が通過する。この重要な海上通商路が海賊によってひどく危険な状況に陥ると、それまでソマリア国内のカオスについては黙認していた大国が、すわ許すまじと勢ぞろいした。アメリカ、インド、ロシア、中国などの海軍が、あらかじめ決まった計画もなく、完全に非公式的な枠組で、世界中からこぞってこの海域に駆けつけたのである。その後ＥＵからは八ヶ国が、六隻の軍艦と兵士一〇〇〇人ほどの陣容で乗り出してくる。この部隊は、モンテゴ・ベイ条約［海洋法に関する国連条約］の枠組内で作戦を遂行するとして、イギリスの海軍将官の指揮のもとに編成された部隊であり、その作戦は「アタランタ作戦」と名付けられた。ＥＵの部隊が目的として掲げたのは、国連世界食糧計画（ＷＦＰ）によるソマリア援助物資の輸送船舶の護衛だった。

しかし彼らにとって本当に重要だったのは、巨大コンテナ船と巨大タンカーを護衛することだった。ひとたび自国が害を被るような深刻な事態が発生すれば、大国はすぐさま必要な、率先した行動をとるものだということを証明する出来事である。

別の成功例としては、マネーロンダリングに関する金融活動作業部会（ＦＡＴＦ）がある。この組織は一九八九年に設立され、マネーロンダリングをめぐる各国警察の活動の調整に一定の成果をあげている。

国際宇宙ステーション（ＩＳＳ）は、成果をあげている世界的プロジェクトのもう一つの具体例である。これは乗組員が常駐する地球周回軌道上の常設ステーションである。ＩＳＳを構成する一五のモジュールのうち、九機をアメリカ、五機をロシア、二機を日本、一機をヨーロッパが担当している。最初のモジュールが打ち上げられたのは一九九八年、最後のモジュールは二〇一一年に打ち上げられ、組立が完了した。今日に至るまで五〇ヶ国の宇宙飛行士がＩＳＳに滞在している。ＩＳＳは地球から二七〇キロから四五〇キロの高度のあいだを周回する。最大で六名の常勤乗組員を収容することができる。ISSの船上では、主に天文学、気象学、宇宙物理学のほか、宇宙での長期滞在が生体とりわけ人体に与える影響などが研究されている。

ISSは、冷戦時代に誕生した複数の宇宙計画を統合した成果である。ロシアはすでに「サリュート」と「ミール」という二つの常設宇宙ステーションを打ち上げていた。アメリカには「フリーダム」という名のステーションの打ち上げ計画があったが、資金不足のために具体化されることはついになかった。「ミール2」も、実現しなかった。最初の合意は一九九二年になされた。ジョージ・ブッシュ（父）とボリス・エリツィンが、宇宙協力協定の締結に合意したのである。その後、日本、カナダ、欧州宇宙機関（ESA）加盟国がこの冒険に参加し、協力してISSを打ち上げるという決定に至ったのである。一九九八年には、国際宇宙ステーション協定が、日本、ロシア、カナダ、アメリカ、ESA加盟国のあいだで調印された。ISSの利用に関する規則もこの協定によって定められている。二〇〇九年には韓国、インド両国の宇宙プログラムの責任者がISSへの参加を希望した。中国も何度か関心を示しているが、アメリカが中国の参加を望んでいない。ブラジルはアメリカ航空宇宙局（NASA）と合同するかたちで補給物資の一部を担当する見返りに、ISS利用の権利を獲得している。これもまた、アメリカが大部分を支配する国際機関の一つではある。ISS利用の権利は投資金額に比例して割り当てられているのだが、NASAは全体の七六％を握り、ESAが八％、日本の組織［宇宙開発事業団（NASDA）、のちに宇宙航空研究開発機構（JAXA）］が一二％である。ISSが完成するまでに四〇回余りの打ち上げが必要だった。一回の打ち上げコストは、一〇〇〇億ユーロを超える。

最後に成功例をもう一つ挙げるとすれば、津波および地震に関する情報センターが挙げられる。これは二〇〇四年［スマトラ島沖地震］以降、グローバル化された。二〇一一年三月に日本で発生した地震・津波は、地球全体を分析・監視・警戒するグローバルなネットワークの有効性を高めることが、喫緊の課題であることをまざまざと見せつけた。

公式の民間機関

宗教にも、地球規模の機関を公式に備えているものがある。ヴァチカンは、支配者として一〇〇〇年以上君臨した、キリスト教会という帝国の、長い歴史の後継者である。今日それは、一つの国家であると同時に、一二億近くの人びとの精神に影響を持つ超国家機関でもある。それは一五〇ヶ国と外交関係を結んでいる。教皇は、国務省と二〇人ほどの枢機卿団を含む教皇庁、および世界の隅々にいる司教たち四五〇〇人に支えられている。国連のオブザーバーとしてのヴァチカンは、外交活動の基本を「人間の尊厳」の追求に置くと言っている。また堕胎反対や家族という単位の維持など、その価値観を擁護するための活動も行なう。もはや世界統治機関を標榜することはないが、地域の問題にもグローバルな問題にも数多く介入している。

世界改革協会連盟は、世界一〇六ヶ国の二一四の改革派教会を糾合する組織で、七五〇〇万近い信徒を擁している。

世界ユダヤ人会議は、一九三六年、ナチスに対抗するために国際社会の結集を呼びかけて、ジュネーヴに設立された。今日、世界中に離散しているすべてのユダヤ人コミュニティを代表すると言っている複数の組織のうちの一つ。

イスラーム協力機構(旧イスラーム諸国会議機構)は、宗教上の組織としてはイスラームで唯一の公式国際組織で、国民の大多数がムスリムである五七ヶ国を代表している。

世界宗教議会は宗教横断的な会議で、一八九三年、万博開催にあわせてシカゴに集ったのが最初である。一九九九年以降は毎年会議を開催している。

社会主義インターナショナルは、専《もっぱ》ら、加盟政党の諮問機関的役割にとどまっている。加盟政党は、

「自身の党員と、自身に投票する有権者に対して、それぞれが責任を持つ」とされている。今日この組織は、正会員として一一〇ヶ国以上、協議会員としておおよそ三〇、オブザーバー会員として一ダースほどを擁している。それらのなかに、「社会主義インターナショナル倫理委員会」が一度も難癖をつけたことのない、他から抜きん出た党がいくつか存在する。しかもこの委員会は一度も集まったことがない。だからこの組織は、国際的な信用がまったくない。自由主義インターナショナルについてもまったく同じことを言い得る。こちらはサルバドール・デ・マダリアガが一九四七年に設立した組織で、一〇四ヶ国の加盟政党を擁しているが、その参加基準は曖昧である。

国際労働組合総連合（ITUC）は、労働組合の主要な国際連合組織がいくつか集まって、それらを一本化するために合併してできた組織である。二〇〇六年、国際自由労連と国際労連が合併し、さらにたとえばフランスの労働総同盟のように、それまでどちらにも加盟していなかった組織も加わって、ウィーンで設立された、世界中の一億七〇〇〇万以上の労働者を代表する組織である。ITUCは、多国籍企業とのあいだにグローバルな協定を結んでいる。その最初が二〇一〇年一一月に、労働組合の複数の連合組織（化学・エネルギー・鉱山・各種産業労働者連盟、建設および木材労働者連盟、公務員連盟）が集合して、スエズ社グループと締結した協定だった。この協定は「基本的権利、社会的対話、持続的開発」を重視し、「この協定が締結されたときから、国際的な社会的対話が続けて開始される」としている。

スポーツ機関――国際オリンピック委員会（IOC）と各スポーツの国際連盟――は、グローバルな競技会を組織したり、それぞれのルールを確立したりするだけでなく、道徳、倫理、環境への配慮を誇っている。たとえば国際サッカー連盟（FIFA）は、「児童労働にNo！レッドカードアクション」キャンペーンの先頭に立ち、男女平等促進と女子サッカー普及のために「Goals for Girls――女の子に教育の機会を！」キャンペーンを、ユニセフと共同で立ち上げた。

このカテゴリーには、赤十字社と赤新月社も入れておくべきであろう。これらはもともとは民間機関だったが、グローバルな規模でその外交上の役割が認知され、今では人道援助の無視できない勢力となっている。赤十字国際委員会（ＩＣＲＣ）は、少なくとも八〇ヶ国で活動している。これには一万一〇〇〇人近い職員が携わっているが、その大部分が活動を展開している国の国民である。また職員の半数は技術者、医者、通訳、農業技師などである。ＩＣＲＣの年間予算は五億五〇〇〇万ユーロである。二〇一一年時点で最も重要な活動が遂行されているのは、アフガニスタン、イラク、スーダン、パキスタン、イスラエル、パレスチナ自治区、コンゴ民主共和国、ソマリア、イエメン、コロンビア、ニジェールおよびマリ北部である。

国際自然保護連合（ＩＵＣＮ）は、一九四八年に創設された、世界初のグローバルな環境団体である。現在、一四〇ヶ国に一〇〇〇以上の加盟組織を擁する。そのうち二〇〇が政府そのもの、あるいは政府直属の組織であり、八〇〇が非政府組織である。一万一〇〇〇人近いボランティアの科学者および専門家が、六つの委員会に名を連ねている。世界中にある六〇の事務所では、一〇〇〇人以上のプロフェッショナルが働いている。ＩＵＣＮの資金源は、政府、二国間ないし多国間組織、加盟組織、各種団体である。

そのほかに、民間企業の国内業界団体が国際的に団結して、法の支配を確立し、国際機関および各国政府の意思決定に影響を与えている。

会計は、グローバル経済が正常に機能するために絶対に欠かせないものである。会計専門職の組織として、一九七七年に設立された国際会計士連盟（ＩＦＡＣ）は、一二五ヶ国の二五〇万近い会計士の代表である。その使命は、「質の高い職業実践の遂行を、世界中の会計士に奨励することによって、一般の利益を保護すること」にあるとされている。ここにこの組織の重要な役割がある。というのもＩＦＡＣは、企業会計の実施および比較の方式の決定を担っているからである。またＩＦＡＣは、その使命を果たすために、傘下組織の国際会計士倫理基準審議会（ＩＥＳＢＡ）を通じて職業会計士の倫理規定を、国際監査・保証基準審議会（ＩＡＡＳＢ）を通じて企業会計の国際監査基準を、国際会計教育基準審議会（ＩＡＥＳＢ）を通じて会計士の国際教育基準を、国際公会計基準審議会（ＩＰＳＡＳＢ）を通じて国際公会計基準を、それぞれ制定する作業に携わっている。しかしこの組織と競合する国際会計基準審議会（ＩＡＳＢ）が、一〇ヶ国（オーストラリア、カナダ、フランス、ドイツ、日本、メキシコ、オランダ、イギリス、アイルランド、アメリカ）の、職業会計専門家の国内連合組織の代表によって二〇〇一年に設立されたが、こちらは実際には、アメリカの手に握られている組織である。ＩＡＳＢは、会計の国際基準策定に関しては優位に立っていて、それが指示する国際財務報告基準（ＩＦＲＳ）は、ＩＦＡＣの基準よりも採用数が多い。欠かすことのできないこの分野でまたしても、英米の絶対的権力があからさまに見て取れる事例である。

ほかの職業でも、基準策定やラベル規定を国際機関が行なわない場合に、自らそれを実行するために集まって組織をつくった例がたくさんある。たとえば、広告業規制委員会、世界広告主連盟、国際ブドウ・ワイン機構（ＯＩＶ）、国際コーヒー機関、国際砂糖機構などである。こうした組織がその基準に従わない者に科すことのできる制裁は、組織からの排除である。こうした国際的職能組織は、旅行業界、料理業界、医療業界その他に広く存在している。

職能団体の国際的な連合組織のなかには、加盟団体の権利を認めさせるために闘っている組織もある。たとえば、国際経済学商学学生協会（アイセック、ＡＩＥＳＥＣ、世界最大の学生団体）、国際ジャーナリスト連盟、国際農業生産者連盟、世界医師会、国際建築家連合、国際弁護士連合などである。

こうした組織はグローバルなコーポラティズムの様相を呈しているが、地球規模の法の支配の端緒にはなっている。

一方、世界経済フォーラム［ダボス会議］のような組織は、指導者たちの出会いの場は提供するが、だからと言って自分たちがグローバル・ガバナンスのプロセスにおいて自律的な役割を演じるというわけではない。

国際的な職能組織のなかには、非政府組織（ＮＧＯ）という地位しか持っていないものもある。

非公式のグローバル機関――NGO

非常に多くのNGOが、営利を目的としない団体として、地球規模のミッションを買って出ている。その多くは「国境なき」とか「グローバル」といった言葉が入った名を持っている。それらの組織は一般的に、グローバルな公的機関がやり残した隙間を埋める活動をしていて、超国家的であることをそういうかたちで標榜しているのである。そしてそういう立場から、公的国際機関にも参加しているのである。そのうち完全に職能団体のカテゴリーに入ると思われる組織は、すでに前節で紹介した。

こうした団体が多くの場合携わっているのは、権利の承認を獲得するための闘い（人権、女性の権利、尊厳ある死への権利、産児制限への権利、子どもの権利、保健管理および教育を無償で受ける権利、結社への権利などである）、またはそうした権利を具体的に実現するために必要な、グローバルな公共財の創出（緊急援助、保健衛生、教育、貧困撲滅、開発、信用供与を受ける権利〔経済的に信用される、すなわち融資を受ける権利〕、緊急食糧援助、対人地雷の撤去、フェアトレード、環境保護など）である。

権利承認を求める前者のタイプのなかには、今日、大きな影響力を持つ組織もあって、扱うテーマもきわめて多様である。たとえば、アムネスティ・インターナショナル、国境なき記者団、世界拷問防止機構、土地なし農民運動、ヒューマン・ライツ・ウォッチ、世界自然保護基金（WWF）、グリーンピース、エクパット（旧「アジア観光における児童買春根絶国際キャンペーン」、現在の正式名称は「子ども買春・子どもポルノ・性的目的での子ども人身売買根絶」）、ワールド・ビジョン・インターナショナル、アクシオン・イノサンス、反奴隷制インターナショナル、サバイバル・インターナショナル、国際インターセックス機構、トランスペアレンシー・インターナショナル、パグウォッシュ会議、エマージェンシー、電子フロンティア財団、フリーソフトウェア財団、イスラミック・リリーフ・ワールドワイド、ムスリム世界連盟などである。

過去五〇年のあいだに起きた大きな変化は、たとえば国際法の制定、国民どうしの関係改善、民主主義の進展、経済対策などに介入したり仲立ちしたりした、こうしたNGOの活動の賜物である。これらの組織は、表現の自由、女性や子どもの保護、死刑廃止、労働への権利、信用供与を受ける権利、住居への権利など、民主主義の基本的要素をきちんと機能させるための闘いも担っている。また持続的開発のための闘いの重要性を見出したのもこれらの組織である。そもそも持続的開発という概念を考案したのがNGOだった。さらには、多様性の保全のための闘いの先頭にも立っている。たとえば言語、文化、動植物の種、気候の多様性、希少資源などである。

こうした組織が国際機関に与える影響力は、一九九二年にリオで開催された国連環境開発会議（UNCED、地球サミット）以降、目立ってきた。その後、一九九四年にカイロで開かれた国際人口開発会議（ICPD）、女性の権利に関して一九九五年に北京で開かれた世界女性会議などを経て、それは顕著なものとなる。環境NGOの戦闘的活動は、温室効果ガスの排出削減について規定した京都議定書（気候変動に関する国連枠組条約の京都議定書）という成果に結実した。ハンディキャップ・インターナショナルの奮闘は、対人地雷禁止を規定したオタワ条約（対人地雷の使用、貯蔵、生産および移譲の禁止ならびに廃棄に関する条約、対人地雷全面禁止条約）という結果を生みだした。アムネスティ・インターナショナルや国際人権連盟は、国際刑事裁判所（ICC）の設置に寄与した。

グローバルな公共財創出に取り組むNGOとしては、オックスファム・インターナショナル、ケア・インターナショナル、セーブ・ザ・チルドレン、マーシー・コープス、アクチオン・インターナショナル、国境なき医師団、世界の医療団、アクション・アゲインスト・ハンガー、ポジティブ・プラネット（旧プラネット・ファイナンス）、アクショネイド、グラミン銀行、女性のための世界銀行、ハンディキャップ・インターナショナル、マックス・ハーフェラールなどがある。

NGOのなかには、戦闘的な権利要求活動と公共財の創出の両方を同時に進めている組織もある。また資金源も、一般大衆から動員したり、国際機関から助成を得たり、企業や、企業主宰の財団、また民間の財団から調達するなどさまざまである。

そうした民間財団や企業財団について言えば、最近では自国内だけでなく、地球規模の問題に介入してその活動の幅を拡大するようになってきている。世界秩序の重要なアクターになろうとしているのだ。たとえばフォード財団は、ヘンリー・フォードの息子によって一九三六年に設立されたのだが、実にさまざまな領域で計画を遂行している。たとえば経済援助、民主主義、人権、教育、持続的開発、などである。この財団は創設以来これまでに一六〇億ドル以上を供与してきたが、現在も一〇〇億ドルの資産を保有していると見られている。事務所は一一ヶ国にある（アメリカ、メキシコ、ブラジル、チリ、ナイジェリア、ケニア、南アフリカ、エジプト、インド、中国、インドネシア）。ジョージ・ソロスが設立したオープン・ソサエティ財団は、世界中で民主主義の普及促進のための活動を展開している。ジミー・カーター財団も同じだが、こちらはとくに選挙監視と民主化支援に重点を置いて活動している。ビル&メリンダ・ゲイツ財団は、三三〇億ドルの資産を保有し、一九九四年の創設以来、二三〇億ドルを供与してきた。この財団には大富豪のウォーレン・バフェットが、その財産の九九%を寄付することになっていて、これは四七〇億ドルに上る。このことがきっかけで「寄付誓約宣言《ギヴィング・プレッジ》」プロジェクトが始まった。このプロジェクトは、四〇〇人の億万長者を集めて六〇〇〇億ドルの寄付を誓約させようという活動で、これによって年間三〇〇〇億ドルを供与することが可能になる。これは世界銀行の半分の規模に達する。寄付誓約者のなかには、チャールズ・F・フィーニー（空港の免税店DFSグループの創始者）もいる。彼は一九八二年に大西洋慈善財団を設立、以来五四億ドルを援助プログラムに費やしている。対象となるテーマは、保健衛生から教育、人権、高齢者支援と多岐にわたる。彼は寄付の残り（四〇億ドルに上ると見られている）を、財団を閉鎖する期限である二〇二〇年までに使い切るつもりだと言っている。

企業収益の一部を直接NGOの資金として利用しようという考え方も、広がってきている。たとえば、子どもへの投資基金財団は、その名の由来になった投資基金から、利益のかなりの割合を受け取り、それを世界中の子どもたちの将来を改善するために費やしている。

公共財の創出を使命とするNGOはどれも、バランスがとれた財政状態にすること、基金の出資者に会計報告をすることという二点を、必ず履行するようにしなければならない。

闇の世界統治組織は存在するのか？

多かれ少なかれ成果をあげている活動が、これほど多岐にわたって展開されていて、しかもその活動は互いに独立していて、しばしば競合する、あるいは相反する関係にあるというのに、いまだに多くの人たちが、秘密の世界統治組織が、口に出すのもおぞましいような目的を達成するために、陰謀を企んでいるのだ、という非常に古くからある妄想を信じてしまっている。

かくして今日では、陰謀を企んでいると言って告発されるものが後を絶たない。たとえば今日の金融危機は、アメリカの全銀行がその損失を納税者に転嫁するために、それらが構成する世界秩序の頂点に立つ者が、長いあいだ望み、練りあげ、組織し、指揮した出来事であると、まるで反論の余地はないという口調で語られる。

あるいはその目的は、アメリカの銀行の一部がそのライバルを蹴落とすことだ、と。あるいはまた、景気を落ち込ませて投資を中断させ、それによって原油価格が高騰することを狙った石油会社の陰謀だ、と。または銀の保有者が金に取って代わることを狙ったのだ、と。アメリカの民主党が共和党と縁を切るためにしたのだ、共和党が民主党に汚れ仕事をさせるためにしたのだ、中国がアメリカの地位を奪うために、金利を下げさせアメリカ人に借金をさせようとしたのだ、アメリカが、準備金の大部分をドル建てにしている中国を滅ぼすためにしたのだ、欧州中央銀行がドルにひざまずかそうとしたのだ、イスラーム主義者がツインタワーを破壊したのに続いて、金融資本主義を土台からひっくり返すためにしたのだ、等々。

環境問題が発生したのも、そうした秘密の世界統治組織が存在する「証拠」だということになる。パキスタンには、かの国が洪水に見舞われたのは、インドとアメリカが合同で遂行した作戦の結果であるという考えを披瀝するメディアもあった。二〇〇四年に東南アジアを襲った津波の責任も、アメリカにあると非難された。地球温暖化の理論に反対する者にとって、それは科学者と政治家の一部による、人民を指揮下に置くことを狙った捏造だということになる。エイズウィルスは米ソの研究者のあいだの生物兵器戦争によってもたらされたと言う者もいれば、CIAがつくりだしたのだという者もいる。

さらにはまた、神学上の世界の支配者をやり玉に挙げる者もいる。イエズス会、ユダヤ人、フリーメーソン、イルミナティなどが、それぞれのやり方で見えない世界統治組織をつくっていることになっている。イルミナティは、非常に古い勢力の末裔で、その起源はシュメール文明または「蛇修道会」にあり、自称エリートたちを世界中から集めて人間を支配しようとしている。イルミナティに言わせれば、人間は生来無知で愚かで潜在的に暴力的だという。

世界を秘密裏に支配しているのは、ビルダーバーグ・グループ〔欧米の政財界・産業界・王族が集う非公開会議〕だと言う者もいるし、三極委員会だと言う者もいる。二〇〇一年9・11の同時多発テロは、アメリカのシークレット・サービスの〝やらせ〟であると言われ、イスラエルは地球上最強の国家になるという野心を持っていると言われる。ほかの陰謀論者としては、地球外生物が遠く離れたところからわれわれの惑星を統治していると確信している者もいる。ウォシャウスキー兄弟〔二人とも性別適合手術によるMTF〕の『マトリックス』三部作は、人間が操り人形になっているパラレルワールドの存在をめぐって数々の伝説を生みだした。

新しい世界秩序が世界中の生活様式を均質化しようとしているのは、人間を、グローバル金融機関による寡頭支配の奴隷にしようとしているからだと、確信をもって告発する者もいる。世界新秩序は、その支配を加速するために金融危機を利用しているのだという。

こうした説を唱えている者たちは、誰もが証拠はあると主張する。資料による完璧な裏付けがあり、確かに証明され、最も確かな情報に基づく証拠であり、それが世界を支配する権力を握ろうとする陰謀が進行中であることを示しているのだと。

実際どんな権力でも、どんな圧力団体でも、どんな犯行集団でも、たとえそれが瀕死の状態にあっても、いや瀕死の状態にあるからこそ、存続のためには、説明できない出来事が起きたときに、その出来事の意味を語る必要があるのであり、そのために秘密の権力や陰謀を告発する必要が出てきて、さらにはその陰謀の首謀者を指名して犯人に仕立て上げなければならなくなるのだ。出来事の原因を探る代わりに、出来事の責任者を求めるのである。

グローバリゼーションの枠組内にあっては、どんな権力もそれぞれなりに瀕死の状態である。

これまで問題にしてきたようないかなる権力、いかなる対抗勢力、いかなる制度機関も、さまざまな出来事の推移に対して有効な影響力を与えることが、もはや少しもできないのである。人類は、自身の創造したシステムに超えられるがままにしてきた。まず手始めに、市場というシステムが人類を超えた。世界統治機関が存在しないからこそ発生する、そのような事態を目の当たりにした者は、誰かが陰謀によって世界統治組織を手中に収めたのだ、と想像する。

しかし世界統治組織は存在しない。陰謀論はただ、自らの運命に直面した人類の無力さをまざまざと見せつけているに過ぎない。

今日必要なことは、ゲームのプレイヤーを攻撃するのではなく、ゲームを律するルールづくりに取り組む勇気を持つことだ。もしもパーティが殺戮に終わることを避けたいというのなら。

第Ⅳ部

21世紀の新世界秩序はどうなるのか？

民主主義や人権を
独裁体制よりも尊いものと見なしている国はすべて、
すでにコスモポリタン的世界国家への道を
歩んでいるのだ。

ウルリッヒ・ベック
（ドイツの哲学者）

第8章 無政府化・カオス化する世界——迫るグローバル・システミック・リスク

アメリカは、世界一の大国の地位を、今後も長期にわたって維持する力がありそうにも見える。多国間機関は、今日ではその総体として、一貫性のある一つの地球統治機関のようになってきていて、人類の主要な問題に対処する能力を備えているようにも見える。そして、すべての国家がこの地球規模の統治機関を強化する方向に進んでいるようにも見える。

しかしよく見てみれば、それが見かけでしかないことがわかる。崩壊に向かって突き進んでいる国家が山ほどある。アメリカは早々に、相対的に力の強い一大国でしかなくなる。しばらくのあいだは、世界一巨大な兵力、基軸通貨、世界一の経済力を持ち続けるであろう。しかしながら、あまりに人口が増えすぎ、あまりに複雑になりすぎ、誰であろうとコントロールできなくなる世界に対して、その支配者でい続けることはもはやできないだろう。過去の帝国がそうだったように、アメリカ帝国はライバルたちとの競争において、自国を脅かすものしか重要と見なさず、人類全体を脅かす可能性のあるものに、本気になって取り組もうとはしてこなかった。

しかも、いかなる同盟関係を築こうとも、地球に害をなす問題の数々は、ますます深刻化して山積みとなり、とうていそのすべてを征服することはできないであろう。たとえば、人口はますます巨大化するだろう。世界の画一化が耐えがたいほどに進むだろう。金融システムはますますコントロールできなくなるだろう。法の支配はますます頼りにならなくなるだろう。武器はますます拡散するだろう。環境汚染はますます拡大するだろう。資源はますます希少になるだろう。進化するテクノロジーはますます制御するのが難しくなるだろう。非国家勢力はますます影響力を強めるだろう。犯罪勢力はますます大きな力を持つだろう。こうした問題が総体として、システミック・リスクとなるのだ。このリスクに対して、いかなる帝国も、いかなるグローバル機関も、備えていないのである。

しかも、こうした諸問題に対処することを想定して、数え切れないほどの国際条約が発効してきたし、また無数の国際機関が設置されてきたけれども、そうやって制定された規則を遵守させるための実効性のある手段が、一つも存在しないのである。

それでは世界は、どのように統治されることになるのだろうか。おそらく誰も統治することはできないであろう。しかしそれは最悪のシナリオだ。

一〇番目の「中心都市」はどこに？

もしも歴史が、今日、地球全体を覆っている商業的秩序の枠組内で、これで一〇回目となる資本主義のサイクルが新たに始まろうとしているというのなら、長い危機の時期が去った後に新たな「中心都市」が出現し、そのまわりにグローバル・システムが構築されるであろう。

では、その「中心都市」はどこになるのだろうか。一九八〇年代に盛んに言われたように、アメリカの落日を予言することができるだろうか。しかし今回は、それで誰が得をするのだろうか。誰が新たな超大国になる可能性を持っているのだろうか。新しいその超大国が存在するとして、それは世界を統治するのに必要な経済的・軍事的・金融的・文化的・イデオロギー的手段を持ち合わせているのだろうか。われこそはそうなりたいと望む可能性を持っているのは誰だろうか。われこそはそうであると主張する可能性を持っているのは誰だろうか。これらの問いにわれわれが、少なくとも今後三〇年間を見通して答えを出すに当たって、過去三〇〇〇年間の歴史は何を示唆してくれるだろうか。

アメリカが転落する日は近いか？

これまでの章で見てきたことからわかるのは、帝国には、その時代で最も重要なコミュニケーション・ネットワークを支配する手段が備わっていなければならないということ、その手段は軍事的なものであっても、商業的なものであってもよい、ということである。この基準からすると、アメリカは今後もまだ世界一の大国であり続ける。三〇〇〇万人の兵士とロボット、飛行機・船・戦車・情報ネットワークからなる世界最大の軍事力を保持し続けるし、他国がこれに匹敵することはないだろう。アメリカが発行するドルは、世界の主たる準備通貨であり続ける。また世界中の最も才能ある人びとを惹きつけ、また因習を破壊する者、異端者、社会の周辺に疎外されている者、抵抗する者も、世界中からアメリカに集まり続けるだろう。アメリカは、テクノロジーの革新、高等教育、研究開発、芸術的創造、影響力を持つメディアの、第一等のステージの一つであり続ける。そしてまた、今後ますます密度を増していくであろうデジタル・ネットワークの中心でもあり続ける。

したがってアメリカは存続するだろう。それは、カエサルの死後、五世紀も生き延びた西ローマ帝国に似ているかもしれない。あるいは西ローマ帝国の崩壊後も、一〇〇〇年間生きながらえた東ローマ帝国か。あるいはまた、西ローマ帝国よりも三世紀も長く生き残った神聖ローマ帝国に似ているかもしれない。いや、アメリカは新しいテクノロジー——おそらくナノテクノロジー——を中心に、力強く成長し続ける

◆**システミック・リスク**　個別の問題が他に波及し、さらにシステム全体を脅かすことを言う。エリザベス女王が、スクール・オブ・エコノミクスの世界に冠たる経済学者たちに、なぜ世界金融危機を察知できなかったかと問うた際、彼らは六ヶ月もの研究のすえに、システミック・リスクの可能性を見逃し、むしろ見ることを避けてしまったためだと報告したことは有名。

道を再び歩むことすらあり得るだろう。そしてボストン、ニューヨーク、ロサンゼルスに続く四つ目の、世界史上では一〇番目の「中心都市」を、アメリカ国内のどこかに持つこともあり得るだろう。また防衛力の点でも、ミサイル防衛システムを配備し、「深い安全保障《ディープ・セキュリティ》」［ジョシュア・クーパー・ラモの言葉で生体の免疫機構のように柔軟に機能する安全保障システム］を構築し、対反乱作戦を進化させて、世界に対する優位性を維持することもできるだろう。

しかし、こうしたことはどれも、少なくとも長期的視野に立った場合、アメリカの衰退を防ぐのに役立つとは言えない。まず最初に、相対的に見るなら、他国の経済成長がアメリカを上回るからである。二〇三〇年、アメリカの人口は地球人口の六％以下となる。ＧＤＰは世界計の二〇％に。今日それは、二六％をわずかに上回っている。次の理由としては、アメリカが国内外に持っている公的債務が原因となって、過去に「中心都市」の座にいられなくなった他のどの都市もそうだったように、コミュニケーション・ネットワークの支配と、通貨の地位を維持するだけの資力がだんだん減っていくからである。独裁者の出現に対抗したり、テロリストの活動を抑制したり、ライバルや敵の出現を未然に防いだりする資力もなくなっていく。アメリカの防衛予算が、少なくとも相対的に見て削減されていくのは避けられない。二〇二〇年には、対ＧＤＰ比で三％以下になっていくだろう。そして二〇三〇年にはさらに減少する（二〇一六年は四・三％）。このように資力が不足していくと、とりわけ新しいテクノロジーへの投資を犠牲にしなければならなくなる。このことがアメリカ経済のさらなる弱体化を招くだろう。

最後に挙げるべきアメリカの衰退の理由は、失業や不平等の増大、インフラの老朽化、社会福祉システムの機能不全によって、世界中の多くの人びとが、もはやアメリカを理想のひな形と考えなくなるからである。アメリカ国内でも、自国が推進してきた社会形態を批判し、また自国が世界を支配し続けることを拒否して、自由の帝国の孤立主義に回帰しようというアメリカ人が非常に多くなるだろう。

過去のどの「中心都市」でもそうだったように、衰退はまず、「中心都市」の中心における運動、とくにそこから排除された者たちの運動に顕在化し始める。その後、アメリカ人の若者を外国に送り、その前線で死なせることを拒否する動きになって顕われるだろう。さらにその後は、市民権と引き替えに、アメリカの軍服を着て死んでくれる傭兵を見つけることができなくなるという事態から、アメリカの衰退が明らかになるだろう。

中国——「中心都市」は太平洋を渡るか？

いつになるかはまだわからないが、いつの日か、アメリカがこのゲームから退場する日が来るのなら、世界一の大国の座に名乗りをあげるに最もふさわしいのは、中国であろう。この国の理論的指導者はすでに、古代中国に範を採り、道教思想で言う「和」をもって世界を一つにすると語っている。世界全体を一つの中国帝国に作り替えるとまでは言わないが、既存の世界を古代中国のやり方で運営するというのだ。この国が、いまだかつて想定されたことがないほどの軍事力を持つだけの成長を続けることは確かだ。中国は早晩、核兵器と中長距離射程のミサイルの技術をすべて手に入れるだろうし、西洋列国の衛星や通信の能力を凌駕する技術も手中に収めるだろう。今後、二〇三〇年までのあいだに、中国は空軍・海軍の現代化を終えるだろう。空母「遼寧」(ウクライナから購入したソ連製空母ヴァリャーグを現代化した)も就役し、第五世代のステルス機も運用され始めた。この空母を中心とする海軍実戦部隊が編成され、巡航ミサイルを一〇〇機ほど、短距離弾道ミサイルを数千発ほど備えたものになる。現代化された軍事力によって、中国は、全世界にアピールするだけの力と、自国の原材料調達の安全を確保する能力を手に入れることになる。この点が重要なのは、原材料分野での中国の需要は膨大なものになるはずだからだ。いつか中国の国民全員が、今日、アメリカ人が消費しているのと同じだけの石油を消費する日が来るとすれば、中国は、現在の世界生産量の一三〇%を手中に収める必要がある。また今日のアメリカ人と同じだけの食糧を消費するなら、世界の穀物生産量の三分の二、食肉生産量の五分の四を独占する必要があるのだ。

しかし以上は、不確かな仮説に過ぎない。というのも、今後二〇年間、中国が現在のペースで成長し続けるとしても、その生産量の総計は、やっとアメリカと肩を並べるところまでにしかならない。また中国人一人当たりの所得は、まだアメリカ人の半分にしかならない。それでもこのペースはきわめて速いのだが、それを維持するという前提で、中国のGDPが、一八〇〇年に世界に占めていた割合に再び追いつくのは、何と二一〇〇年のことになる。

しかも、中国の歴史に実例が豊富にあるように、この国は膨大な国内問題に改めて本気で取り組む必要がある。汚染は災害レベル目前になるし、貧困はまだかなり広範に蔓延しているだろうし、農村は遅れたままだろう。高齢化が大幅に進み、二〇二〇年には高齢者（六〇歳以上）人口が約二億五〇〇〇万にも達し、二〇五〇年には全人口の三分の一が六〇歳以上になる。今日では、財政的な力を準備金形成に振り向けているが、それを国内のインフラ、とくに教育・保健衛生・年金・家族政策のインフラ構築に費やす必要が、徐々に大きくなっていく。軍事部門においても、アメリカに対するテクノロジーの遅れを今後三〇年間で挽回することはなさそうである。中国は、膨大な数の武装した兵士（二三〇〇万人）を、最良の状態に管理しなければならなくなる。この国がだんだん民主主義に変化していくとすれば、社会対立や動揺が引き起こされ、中国の一体性に疑問符が呈されるまでいかないとしても、少なくともその成長を遅らせることにはなる。最後に、そしてたぶん他の何よりも、中国はいまだかつて普遍主義的な資質を発揮したことがない。以上のようなことから、中国は今後もまだしばらくは地域的な大国でしかないだろうし、その軍事力は専《もっぱ》ら国境の保全、自国民の抑制、自国の政治制度の進化、経済的利益の擁護、アジア、アフリカ、中東における原材料の調達のためにしか行使されないであろうし、ライバルの軍事力を政治的に抑え込もうとはしないだろうと予想されるのである。

しかし、それでもいつの日か、中国が世界第一の大国になる日が来ると仮定するなら、それでもやはり、この地球を統治するに足るだけの手段を持つには、ほど遠いだろうと言わねばならない。なぜなら中国自身が抱える問題がすでにかなりの規模であるのに、そこにさらに地球が抱える膨大な問題が加わるのであるから、到底、手に負えるものではないからである。

インドの経済力は、二〇四〇年、アメリカを超える

インドは、帝国的な拡張の傾向が中国よりはっきりと伝統のなかに刻まれていて、周辺地域の支配を望んでいることは明らかである。そして、少なくとも中央アジアや東アフリカについては、そこで起きていることについて口を挟みたがっている。そのためにインドは、軍隊や産業や文化を拡大して、その影響力と威光を増幅させてきた。二〇三〇年には人口が一四億五〇〇〇万に達し、中国を抜く。しかしインドがいつの日か、世界第一の大国になる日はあるだろうか。答えはたぶん否である。

インドはその時点で、世界で最も若い労働力を持っている。人口の半数が二五歳以下になるのだ。二〇三〇年前後にその経済力は日本を超え、アメリカ、中国に次ぐ世界第三位となるだろう。二〇四〇年前後に、アメリカすら追い越すであろう。

しかしインドもまた、その時点でなお解決すべき国内問題を数多く抱えているだろう。官僚主義、汚職、貧弱なインフラ、農村地帯に暮らす大勢《おおぜい》の人びとの貧困などだ。実際、インドは大量の人口の度を過ぎた都市集中や、あまりにも貧弱すぎる農業の生産性、きわめて深刻な貧困、求心力のなさ、大きな暴力を伴うテロリストの活動などに直面しなければならない。二〇三〇年には、今日の二倍のインド人（五億九〇〇〇万）が都市に暮らしているだろう。そして、政治体制の民主主義的性格から言って、中国が実行しているような、都市再開発のために複数の地区を丸ごと立ち退かせるようなことはできないであろう。インドはまだ数十年間は、近隣諸国との関係を安定的に保つことで満足しなければならないだろう。それだけでもすでに大仕事である。こうしたことから、インドが一世紀以内に超大国を自認するようになるとは考えられない。そして、それが世界秩序の中心都市の候補になるには、さらに多くの時間がかかることだろう。

以上述べたことは、中国とインドが一緒になって新しいタイプのG2を形成しない限りでの話だ。もしそれが実現したなら、その場合には二〇三〇年にはもう、両国を合わせたGDPが世界の残りの合計に肩を並べるまでになる。これは、一九〇〇年に両国が占めていた割合に追いつくということである。そしてその場合には、両国はその地域において、ロシア、日本、ムスリムの勢力をひと呑みにするであろう。ただし、だからと言って、必ずしも西洋を支配することができるとは限らない。

しかし、両国が手を結ぶという仮説は、ほとんど説得力がない。なぜなら中国とインドは、歴史が始まって以来、対立を避けるために最大限の努力を払ってきたとは言うものの、どちらか一方が同盟を申し出たことは一度もないのである。それを提案することは、自らの弱さを告白しているも同然と思われかねないからであろう。では、ロシアと中国が、あるいはロシアとインド、パキスタンと中国が、世界の他の部分に対抗して同盟を結ぶことがあり得るかと言えば、それも同じくらいありそうもない話である。

アフリカ、ラテンアメリカの連邦づくり

アフリカ大陸は、今後、二〇四〇年までに人口が二倍になり、将来的には間違いなく大きな勢力になるだろう。しかし世界に存在感を示すためには、連邦を形成することを考え始めなければならなくなる。これは、ラテンアメリカも同じことだ。しかしそれが実現するには、さらに少なくとも半世紀がかかるだろう。

EU——中心都市は再び大西洋を渡るか?

欧州連合（EU）がもしも解体されなければ、非常に大きな政治勢力になると主張し得る。その歴史を見ても、またその普遍主義的な資質を見ても、アメリカに対抗して自ら世界統治のアクターになることを求める可能性があるのは、唯一、EUだけかもしれない。そうなるためには、まずその前段として、EU

が連邦制を採用し、真に一つの政府、真に一つの予算を持ち、公債を発行する力と欧州統合軍を備えなければならない。そして、ほとんどありそうにない話だが、それがたとえ達成されたとしても、乗り越えなければならない問題は、まだたくさん残っているだろう。たとえば、高齢化がおそらく続くだろう。人口が四〇〇〇万人は減るだろう。存続するためには、移民を同化させる必要があるが、その成功は難しいだろう。しかしそれを望まない限り、アメリカに張り合うほどの軍事的手段を持てなくなるまで、さほど長くはかからないだろう。その場合は、かなり長いあいだ、ほぼフランスの軍事力のみに頼らなければならないことにすらなる。また、これもありそうにないことだが、ロシアに接近しない限り、意味があるほどの政治的影響力を保持することは難しいだろう。

では、どの国が?

要するに二〇三〇年において、経済・軍事・政治のどの面でも、世界一の強国は、やはりアメリカであるだろう。そのはるか後方にEUが続き、中国やインドはEUと同等で、さらに後から日本が続く。日本は大地震の惨事に見舞われたが、それでもこの時点ではなお大国であり続けているだろう。アメリカの軍事テクノロジーは相変わらず市場を席巻している。そのことがヨーロッパの、また潜在的にはロシアの孤立の原因となるだろう。ブラジルは、フランスと同じぐらいの影響力を手にしているだろう。メキシコは、ロシアやスペインより大きな影響力を持っているだろう。インドは世界一人口の多い国になる。イタリア、ドイツ、日本、ロシア、韓国を始めとする国々は、人口減少を経験するだろう。G7各国は、早く対処しないと、その公的債務がGDP比二〇〇%に達するだろう。アフリカは、その全体でインドより人口が多くなる。しかし国どうしの関係が分断されたままでは、世界に大きな影響力を持つことはないだろう。

エネルギー資源と鉱物資源へのアクセスが、未来の同盟関係において大きな戦略的役割を演じるだろう。なぜなら鉱物資源の多く(チタン、レニウム、クロム、コバルトなど)は、武器とその輸送手段を製造するのに欠かせなくなるからである。

結局、こうした国々のどれ一つをとっても、他のすべての国に自らの意志を押しつけることができるほど、はっきり差のある力を持つことはないだろう。まして地球のグローバルな問題に取り組むだけの力など、持てるはずがない。市場がますます国家の地政学的な支配力を蹴散らしていくから、なおさらである。

市場による世界統治——国家のグローバル化なき市場のグローバル化

市場は、ますますグローバル化していく。その一方で、民主主義は——それが現に存在し、また将来も存在するエリアでの話だが——ローカルなものであり続けるだろう。これによって、いわゆる国家権力は、ますます無力なものになっていく。それは最も強力な大国の権力でも同じである。

このことが具体的に意味しているのは、企業の資本も経営も戦略も、国家と結びついたあらゆる基盤からだんだんと離脱していくということである。企業の本社は、法的規制が最も緩く、税が最も軽い場所に絶えず移動する。企業の管理職も研究開発者も、好きなところで暮らすようになるので、地域どうしが常に彼らの獲得を競い合うようになる。労働と資本のこの可動性によって、企業はあらゆるルールから逃れ、税金を払わなくても済む場所を選ぶことができるようになる。テクノロジーの進化が、現実空間とヴァーチャル空間と、両方で発生しているこのノマド化を加速する。

国家の主権は、資本と管理職のこの絶えざる背信に抵抗することができない。税源は減り、あらゆる権威への拒絶、あらゆるエリートへの不信、あらゆる権力に対する憤慨が増す。二一世紀の各国政府は脆弱になり、侮りに堪えなければならなくなる。そのうえ二〇世紀の権威主義的な政府によって喚起された憎しみが、まだ残っているため政府を苛《さいな》む。

そのとき世界は、二〇世紀末にそうだったように、並置され、お互いに統合・合併される途上にあったいくつかの市場経済の総体ではもはやなくなり、ほとんど純粋で完璧な市場経済がただ一つだけ存在し、国家は存在しないという様相になる。かくして世界は、古典的な経済学者が描いたとおりになる。たとえば、レオン・ワルラスからヴィルフレード・パレート、ジェラール・ドブルー、ケネス・ジョゼフ・アローその他を経て、ミルトン・フリードマンに至るまで、国家なき市場経済のモデルについて、そのような経済が均衡を見出すのは、不完全雇用のレベルでの均衡しかないと結論づけているのだ。言い換えれば、国家のグローバル化なき市場のグローバル化は、需要の不足を生みだして大量の失業を招き、産業の独占が進むばかりなのだ。そして次第に、リスクマネジメント企業が、国家に代わって救い主の役割を演じるようになっていく。なかでも保険業者は世界の支配者になったような気がするだろう。なぜなら、望ましい企業行動はどのようなものか、容認されるのは、拒否されるのは、というように、企業の行動規範をすべて決める役割を担うからだ。エンタテイメント企業の提供するサービスが、消費者の自由時間のほとんどを占領することによって、世界の支配者になったような気がするのとまったく同じである。

この不均衡を補正するために、市場は人びとにもっと借金させることによって、人工的に需要を創出することをやめないだろう。どの市場にも金融バブルが生じ、それは次第に増えていく。とくに原材料市場でそれが著しいだろう。世界の富から金融経済が受け入れる割合は増していく。貧しい国では特定の社会集団だけがとくに豊かになり、豊かな国では特定の社会集団だけがとくに貧しくなる。しかも、グローバル国家なきグローバル市場は、法の支配なき市場でしかあり得ない。所有権そのものですら、保護するのが難しくなる。非公式経済、偽造、海賊行為、犯罪経済が拡大する。

国家はだんだん脆弱になっていき、法の支配を確保することが、よくても自国領内のみしかできなくなる。その結果、法の支配を免れた広大な空間が数多く、ぱっくりと口を開けたままになる。今日以上に、武器や麻薬、性、生体組織が売買される。南側の貧しい若者が、北側の金持ちの老人の食い物にされる。犯罪経済は武器を持ち、影響力ある外交手段も備えた国家なみの政治勢力となる。

世界はだんだん、巨大なソマリアと言うべき無政府状態の様相を呈するようになるだろう。ソマリアでは、二〇年以上前から内戦状態で、安定統治できる国家が存在せず、戦争の指導者と海賊と民兵が入り乱れて殺し合っている。ソマリランドやプントランドなどの地域が、独立を自称する。人口の三分の一が人道援助に依存し、唯一安定した勢力は、アフリカ連合によって派遣された貧弱な徴集兵部隊である。

世界の運命は、地元住民の呼称で「世界のへそ」、ヨーロッパ人の命名ではイースター島とされた島の運命に似てしまう危険すらある。かつてこの島は、数世紀ものあいだ豊かな楽園だったが、力を持つ諸勢力が増長して内戦を招き、天然資源は破壊され、最終的には貴重な文明が消滅して終わったのだ。

かくして明日の世界は、さまざまな脅威があまねくグローバル化されている状態と、小さな勢力がそれぞれに分立している状態とのあいだで引き裂かれているだろう。

したがって、たとえ一国が世界を支配することがあったとしても——あるとは思えないが——、あるいはさまざまな同盟関係によってどの国もその立場を維持することができたとしても、今日すでに存在しているようないかなる国家、いかなる地域、いかなる連合国家、いかなるG7、いかなるG20、いかなる国際機関も、世界を統治することはできないだろう。ますます虚しくなっていくばかりの首脳会議で、何をうやうやしく祈ろうとも、それを地球規模で現実に実行できるような決定に移すことができる者は誰もいないだろう。

地域的な問題を解決する手段を持つ者も、誰もいなくなるだろう。そうして抑制されることも解決されることもない諸問題が、地球全体に蔓延するようになるだろう。ましてや問題がもともと地球規模の性質を持つものであれば、誰が解決できるだろう。

この二つのカテゴリーの問題が一緒になって、地球全体を脅かす〝グローバル・システミック・リスク〟となる。

まず初めに、グローバルな破局となり得る地域的なリスクを検討していこう。

コラム

個人の自由、市場の権力、そして新世界秩序

メディアは情報を次から次へと発信しているが、情報相互の関係を見ようとはしない。仮想通貨のブロックチェーンのめざましい発達、スペインのカタルーニャの独立をめぐる衝突、アメリカの映画プロデューサーのハーヴェイ・ワインスタインのセクハラ事件、オーストリアやチェコの選挙での右派の台頭、朝鮮半島の危機、クルド民族の独立の試行錯誤、習近平体制の任期撤廃、そして今週世界中の新聞――少なくとも自国内の問題のみに全面的に特化しているわけではない新聞、および細かな検閲によって過剰な統制を受けているわけではない新聞――のすべてに見出しとして取り上げられた、その他のあらゆる問題相互のあいだには、アプリオリには何の関係もない。

しかしながら、規制されたメディアから自由度の高いメディアまで、一つの同じ論理に従っているので、同じ解読格子を使って理解することが可能だ。この解読格子が世界に意味を付与するのである。

先にあげた問題のすべてが、大きな一つの同じ流れ、および、その流れに対する反動に属している。その流れとは、一方で、グローバル化によって人びとの個人化が進み、個人はますます自立し、自らの人生についての自己決定権が強まり、個人がますます尊重されなければならなくなる結果として、国家の弱体化が進むというものだ。

この流れはその一方で、同じ強さの逆向きの流れを反動として引き起こしている。秩序なき画一化への反発から、アイデンティティが過度に強調され、他のアイデンティティとの緊張をもたらしている。原理主義や独裁的なポピュリズムが世界各地に台頭し、差別主義や排外主義が高まっている。市場の専横は、自由主義的な個人主義のもう一つの顔だと見なされている。

この事態を例証しているのが、私が読んでいる新聞の大きな見出しとなっている、一見、何の関係もないいくつかの記事だ。

金融取引の安全確保のための技術であるブロックチェーンは、中央銀行なしに通貨を立ち上げられるほど画期的である。その一つである〝ビットコイン〟は、高値の記録を更新し続けている。何よりもこれは、国家権力の破壊、そして弱者を保護するという国家の機能の破壊につながる。この技術が描く自由と自律の世界では、誰もが他人と同じだけ尊重と配慮を受ける権利を持つ。しかしその世界は、孤立の世界でもある。いかなる連帯関係も成立しない世界だ。そうやって失われる連帯の一つが、一つの領域における共通の通貨によって組織される最低限の連帯である。ビットコインを始めとするブロックチェーンの技術を使った仮想通貨によって、最も極端な形態のノマド化が勝利を得るのである。

この流れに対する反動として、さまざまな領域が自衛に動いている。自分自身の将来のコントロールを失うことに耐えられないからである。その反対に、自身の将来をつかみ直す、あるいは初めてつかむ機会としたのである。カタルーニャとクルディスタンで起きている独立への志向がこれである。また、オーストリア、チェコ、イタリアで起きている右派の台頭がこれである。さらにこの動きを、テクノロジーが支えていくことにもなるだろう。たとえば、中国が金融監督部門を統合し、中国銀行・保険監督管理委員会が新設されることは、国民の債務を監視して過剰債務に陥らないようするということ以外にもさまざまなことに活用され、習近平政権の権力をいっそう強化するであろう。

これまでの歴史から未来を予測してみることができるなら、われわれは、多かれ少なかれ無秩序な個人の自由と、多かれ少なかれナショナリズムの色合いを持つ市場の独裁との、激しい対立に向かって突き進んでいることになる。最初のうちは、独裁が席捲するだろう。その後、独裁権力が相互に対立するだろう。最後に、われわれは思慮分別を取り戻し、国家の権利と個人の権利をうまく調和させるような世界統治について、再検討することになるだろう。

しかし現在のわれわれにもなお、この二つの世界の衝突を回避し、それらを深い理解のもとに結びつけるような、調和と緊張緩和に向けた世界統治について構想していく術は残されているはずである。

（二〇一七年一〇月）

新たな世界金融危機

グローバル・システミック・リスクの最初は、くすぶっていた燠火がどこかで大火事の火種となり、地球規模の巨大インフレが発生するリスクである。すでに総額六兆ドルという巨額の現金が各国中央銀行から発行されているうえ、公的な赤字は増大し、原材料価格は上昇する。それがある日実際に、大規模なインフレの亢進に行き着く可能性があるのだ。この可能性への対策を、今日のところアメリカも、Ｇ７も、ＩＭＦも、Ｇ20も、何も準備していない状態である。人類は、各国中央銀行、とりわけアメリカの中央銀行［連邦準備銀行］によって発行される巨額の通貨を、地球規模で制御する手段を持ち合わせていない。しかもアメリカの中央銀行は、貸し手から信頼されなくなれば倒産する可能性がある。その結果は人類全体にとっての悲劇となるだろう。しかしそれに対して、誰も何もなす術がない。準備通貨を握っているアメリカの通貨政策は、地球全体に大きな影響を及ぼすけれども、その政策に外部から介入する干渉権を、誰も持っていないのだ。

民間金融機関（銀行、「影の銀行《シャドーバンキング》」セクター、その他の投資ファンド）は今日すでに統制を免れているのだから、このまま発展し続けることは想像に難くない。その増殖を抑えることは、どの国の政府も国際機関もできないだろう。そのような民間金融機関は、無法地帯に拠点を置くことを選択し、組織だった国では禁じられているような、あらゆる取引を展開する可能性がある。そうなれば金融システムが、さらなる利益を確保しようとしてリスクを冒すようになっていく一方で、国家のにせよ国際的なものにせよ、規制当局でそういった地球の現実を感知する手段を持ち合わせているところは稀、という事態が生じる可能性がある。このような金融システムが利益の大部分を自分のものにし、リスクは預金者と納税者に転嫁して、際限なく信用を膨らませることによって世界の成長はしばらくのあいだ保たれるかもしれない。そのとき無法地帯では、おおもとの国で規制を受けている正規の金融機関の系列の金融機関と、犯罪に奉仕する金融機関とが並存していることだろう。しかし、それもいずれは、互いに融合していくことだろう。

そうなれば、すべての準備が整ったことになる。そして、実際に新たな金融危機が未曾有の規模で発生すれば、経済にも社会にも政治にも信じられないほどの影響をもたらすだろう。国家も、国際機関も、G2も、G7も、G20も、その危機を予防するための、あるいはその危機が地球全体を侵すことを防ぐための、手段を何も持ち合わせていないのである。

コラム

次なる世界金融危機——本当のオプティミストになるために

楽観主義者《オプティミスト》であるということは、問題が存在しないと考えることではない。問題には解決法があると考えることだ。実際、現時点で世界が直面している課題の大半に解決法がある。そうした課題は、どれもが重大な問題ばかりだが、それでもなお解決策はあるのだ。

この種の問題のなかでも、今日の時点でとくに語られることが少ないのが、次なる〝世界金融危機〟である。現在では、誰も再び世界金融危機が勃発するとは考えていないかのように、すべての物事が推移している。その危険は、徹底的に取り除かれたのだと思われているようだ。

事実、危機が迫っていることを示す指標は一つもない。世界中のいたるところで成長の傾向が復活しているように見える。国によって速度はまちまちだが、失業率も低下してきている。先の金融危機を教訓として、金融機関がリスクを取り過ぎて破綻しないようにプルーデンシャル規制が導入され、国際銀行には用心のために高い自己資本率を課すなど、その危機対応力《レジリエンス》を高める環境も整備された。さらに技術は日を追うごとに著しく進歩し、将来の黄金郷《エルドラド》を約束しているようにも見える。だがしかし、現在の野蛮なグローバル化のもとで、金融危機が二度と起こらないなどと夢想するなら、馬鹿げた話である。それどころか、次なる危機の兆しが実は見えているのだ。

(1) 公的・私的問わず債務が、かつてないほど増大している。これは、われわれ自身の生活水準の維持のために必要な資金を、次世代に頼っていることを意味する。世界で最も豊かな四四ヶ国の公的・私的負債の総額は、二〇〇七年にはGDPの一九〇%だったのが、現在では二三五%に達している。とくにアメリカの学生と中国の銀行の抱える負債は、もはや制御不能な規模になっている。やがて、大量の退職者が年金の受給資格を行使する日がやってきても、誰もそれに応えることができないであろうという問題も、言うまでもなく存在する。

(2) 企業活動が、度を超して保護されている。しかも最近では、企業の合併や買収が、それによって得られるであろう利益の水準を超える頻度で起きている。そのようなことが推奨されているのは完全に作為的で、それによって負債額について心配しなくてもよくなっているのだ。なぜなら、そうした吸収合併は負債のカウンターパートだからである。

(3) 二〇〇七年の金融危機後に施行された、銀行に関するアメリカの法制度が緩和され、アメリカの銀行が競争国の銀行よりも有利な立場に立とうとしている。しかしそれは、アメリカの銀行を新たなリスクに走らせる結果を招き、やがて全般的な負債状況がさらに深刻化するだろう。

(4) 世界的な経済成長も、インフレも、どちらもこれらの債務を吸収することはできないだろう。一ヶ月後、あるいは一年後、または一〇年後に、貸し手は自身に対する債務を履行させることは到底不可能であることを悟り、突然、恐怖に捕らえられる。こうした事態は、イタリアか、アメリカか、中国か、あるいは中東のどこかの、さほど大きくはないちょっとした出来事に端を発して発生する可能性がある。

各国の中央銀行は、合法的なマドフ◆として振る舞うのをやめ、現在、各銀行に無償で与えている貸付けを削減するだろう。各国政府および諸企業は、自らの借金が膨れ上がっていく現実を前にして、なかには破産を賭けた思い切った引き締め策を講じる必要が生じる場合もあるだろう。こうして危機は再来する。そのときには失業と購買力の低下も伴って生じるであろう。

◆**マドフ** バーナード・マドフ。アメリカの投資家。NASDAQの元会長。投資詐欺事件で有罪判決を受け、その規模は史上最大級とされるが、実行したことは集めた出資金を配当に回すという単純なものだった。

政府も、企業も、また個人も、誰もがこの事態に備えることは、まだ可能である。直ちにすべての債務を削減すること。その程度は場合によってさまざまであろうが、ともかく売るべきものをできるだけ高値で売ってしまうことだ。

しかし、こうした振る舞いが世界中で起きれば、危機を止めるどころか加速してしまうことになるだろう。出入口が一つしかないダンスホールで、全員がそこに殺到すれば大惨事を避けられないのと同じである。

したがって今は、組織的に対策を練る時である。債務の削減と、国際的に適用できる実効性のある金融法制を布くこと。この二つを集団で、冷静に検討すべき時だ。

G20の面々が、もしも次世代のことを本当に思っているのなら、話し合うべきはこの点であろうし、各国政府が真剣に取り組むべきはこの問題であろう。しかしもちろん、そんなことは実現しないに違いない。そして、本当の意味でのオプティミストだけが、次なる金融危機をなんとか切り抜けることだろう。

（二〇一七年七月）

制御不能の人口

人口は、地域的な問題がグローバルな問題にまで暴走し得る、二つ目の領域である。これが、二番目のグローバル・システミック・リスクだ。

世界人口は、ここ二世紀の大きな増加を経て、現在は基本的に抑制されているように見える。人類は二〇五〇年におおよそ九〇億という人口に達し、その後に再び下降に転じ、二一世紀末には、おおよそ八〇億になっているはずである。それでも地球の大地は、八〇億人全部を養うことができると見られている。

しかし南側諸国、とりわけアフリカおよび中東諸国の出生率の低下が続かず、女性一人につき子ども二人以下の水準まで下がらなかったなら、またとりわけ中国で、一人っ子政策が見直されたことにより、世界人口は二〇五〇年にはすでに一一〇億に達し、さらに二一〇〇年に一五〇億になる可能性もある。そうなれば、それだけの人口を養うだけの食糧を生産することも、水を調達することもできなくなる。最も手厳しい国になると、人口抑制を実行していない国々にはもはやその資源を分け与えないことを決定し、そういった国々から移民が押し寄せてきても拒否するだけでなく、自国の農業生産物を輸出することも拒むようになるかもしれない。最終的には戦争が避けられないだろう。とりわけ飲用水の支配をめぐる戦争である。

このような事態を避けるためには、人類は人口が国家の競争力の源ではもはやないということ、人口増加は一国だけの問題ではなく人類全体の問題であるということを自覚しなければならない。そうとなれば、人口推移を国ごとにかなり先まで予測・計画する作業に、すぐにも着手すべきである。そして必要とあればその計画を遵守しない国に、産児制限政策を課さねばならないだろう。しかし国際法の現状を見れば、主権国家にそのような政策を課すことを任されている国際機関など一つもないし、そうするための手段も、誰も持ち合わせていない。

人口に関連する他の地域的な問題で、地球規模の影響を持ちグローバル・システミック・リスクになり得るものとしては、伝染病の問題もある。

これもやはり、ただ一国の国内だけで起きたことが、人類全体に影響をもたらし得るのである。どこか一ヶ所ないし数ヶ所で起きた感染爆発《パンデミック》が、自由な交通に乗って、人類の存続そのものを脅かすような大きな危険となる恐れがあるのだ。最初はたぶん、衛生状態が悪く、病気を特定する医療システムも存在しないような貧しい地域で始まるだろう。それは、インフルエンザやマラリアや結核かもしれない。いずれにせよここでもまた、いくら大国やＷＨＯのような国際機関が周到に備えていると言っても、そのような大きな脅威をどうやって抑えることができるのか、また特定の国に干渉を受け入れさせて、公私にわたる衛生問題に関して拘束的な政策を押しつけることができるのか、まったく不明なのである。

最後に大きな問題として挙げておきたいのは、移住に関することである。あらゆる状況が示しているのは、生まれた国を離れる人の数が、一〇億人以上になるという事態である。そのうち三分の一は南側諸国のなかでの、三分の一は北側諸国のなかでの、最後の三分の一が南から北への移住である。全人口の三分の二が都市に集中するだろう。こうした移住を管理し、世界市民《グローバル・シチズン》という地位に実質的な意味を持たせることを使命とする国際的規則や国際機関は一つも存在しない。

コラム

難民・移民問題への対応は、その国の民主主義が問われる

難民や移民について語るとき、多くの人が、意識的に二つの問題をごっちゃにしている。一つは、移民なり難民なりをどう処遇するかという問題、もう一つは、受け入れる人数の問題である。処遇を良くすると、次々にまたやってきてしまう、そうなっても国外退去させるわけにはいかない、と信じているふりをしているのだ。

しかし、これは間違いである。まず第一に、フランスが受け入れている移民の数は、いまだに極端に少ない。OECDによれば、フランスは二〇一六年に七万八〇〇〇人の難民および亡命者を受け入れた。二〇一七年は一〇万人だった。つまり月平均で七〇〇〇～八〇〇〇というペースとなっている。ということは、フランスの人口一〇〇〇人につき一・五人という計算である。わずか〇・〇一五％！　これなら受け入れることができるに決まっている。一〇〇〇人当たり二、三人だって大丈夫だろう。

しかしフランスは、受け入れ政策の最前線に立とうとはしない。二〇一〇年にはヨーロッパへの亡命希望者の五人のうち一人を受け入れていたが、それが二〇一七年には一五人に一人と後退している。

しかも受け入れられた人びとが、尊厳をもって扱われるためには、多大な苦労を強いられることになる。国家の制度や手続き方法の不備を補う団体や、また仕事を山ほど抱えながら気配りを忘れない有能な公務員たちの並外れた働きがなかったら、PADA、GUDA、CAES、OFⅢ、OFPRAといった迷路のようなフランスの難民認定手続きを、無事に切り抜ける亡命希望者は誰一人いないだろう。

もっと悪いことに、彼らはただ歓迎されないだけでない。虐待を受けている。私はこの目ではっきりと見たのだが、日曜日の午後、カレー通りに面したバスターミナルの端を静かに歩いていた若者たちに対し

て、彼らを排除するためだけに、警官たちが大挙して襲いかかったのだ。私は憤りを感じた。マイノリティの若者たちの身の上を思って、というだけではない。その警官たちが、自らの制服と、自らが防衛するとされている道徳の名に値しない職務を遂行していることにも怒りを感じたのだ。

目の前にいる人びとを正当に扱うことが、最優先されなくてはならない。そのためには、亡命の権利を有しているか否かを、最大限に迅速に判断しなくてはならない。そして、その権利を有すると判断されたなら、完全な権利をすべて認めなければならない。法的にフランス領内に滞在する権利を有する者が、勉強したり働いたりする権利はないとか、たとえ臨時の仕事であっても認められないなどということが、正常であるはずがない。それはつまり、受け入れてくれた国に積極的に貢献することを認めないという意味だ。

ただ運が悪いために他国に助けを求める羽目に陥った人びとをひどく扱うことによって、われわれは心を失い、魂をむしばむことに馴れてしまう。これは、国であっても個人であっても同じである。歴史上のあの教訓を忘れないようにしよう。すなわち、異邦人に対するひどい扱いを黙認していると、次には、ひどい扱いをしてやりたいと思う人がいるときに、その者を異邦人だと決めつけるようになる、という教訓だ。

（二〇一八年一月）

地域紛争の多発

地域的な問題で、地球規模になり得るものとしては、ほかに戦争がある。たしかにグローバルな紛争の脅威は、現在はないように見える。たしかに地球規模で言えばここ六〇年間は比較的平和であったけれども、だからと言ってその可能性を排除することはできない。

その理由はまず第一に、地域的な小競り合いは数を増していて、それが紛争にまで進展する可能性があるからである。ただしこれは地域限定の紛争である。最もありそうな紛争としては、朝鮮半島、イスラエルとイラン、インドとパキスタンである。他にも、ウガンダとコンゴ民主共和国の可能性もある。ロシアとカナダは北極圏の管理をめぐって紛争になる可能性がある。さらに内戦や部族間紛争は数えきれないほどである。それらは、人工的な国境によって民族が分断されたり共存を強いられたりした地域なら、どこでも起こり得る。さらにはまた、宇宙空間の支配をめぐる紛争もあるだろうし、地下や海底をめぐる紛争、原材料や水をめぐる紛争もあり得る。

戦争の可能性の第二の理由は、市場が求める民主主義が成立するための、単なる条件に過ぎない存在になっていく国家と、画一的な消費者になっていく個人とが、どちらも「模倣競争」［ルネ・ジラールの概念で、互いが競争相手であると同時に、模範でもあるという状態］の状態に置かれるようになっていくからだ。そうなると同じ資源へのアクセス、同じ欲望の満足を求めて争い、暴力が顕在化する可能性があるのだ。

さらなる理由としては、戦争というものは常に、攻撃兵器が防衛手段より優位に立ったときに頻発するものであり、今日がまさにそれに当たるからだ。地球上に一万機の核兵器が存在するという状況を前にしても、ミサイル迎撃の〝盾〟を配備することで防衛できるということになっているが、民間の安価なテクノロジー（バイオテクノロジーやナノテクノロジー）を用いた殺傷力の高い攻撃兵器が、今もうすでに、そして今後も、増殖しているのである。それはどんな防御盾も、やすやすと乗り越える能力を持っているのだ。

最後の理由は、両大戦のときのように地域紛争が変質して、地球規模の戦争が生じるのだとすれば、同盟と同盟のあいだの駆け引きからそれが生じる、あるいは攻撃的なイスラーム勢力が同盟して西洋諸国に対立したり、中国が西洋諸国に対立することからそれが生じる、という可能性があるからだ。

もしも両大戦が、通常兵器による地域的なものにとどまっていたなら、人類全体に影響を及ぼすことにはなっていなかったかもしれない。現在進行中のさまざまな対立がこれに当たる。しかし逆に、たとえ地域紛争であっても、そのうちの一つでも核兵器、化学兵器、細菌兵器を用いた戦争に変質していたなら、人類は消滅していたかもしれない。ところが現在の法の支配の状況下では、こうした連鎖を阻止するための国際機関が存在しないのである。

たとえば、もしもインドとパキスタン間に通常兵器による戦争が勃発していたとしたらどうであろうか。合計一五キロトン（ヒロシマ型原爆に相当）にも達する爆弾を互いに撃ち込み合っていた可能性は十二分にある。そうなれば、おおよそ二〇〇〇万人が直接的に犠牲になっていただろう。しかも、この悲劇が両国のなかだけにとどまっていたとは思えない。二週間経たないうちに塵と煙でできた雲が地球全体を覆い、一〇年間は消えなかったはずだし、それによって地球全体の気温が下がり、降雨量が減って、一年のうち植物を栽培できる期間は短くなり、地球規模の飢餓が後に続いていたはずだ。そして一〇億という人間が死んでいたかもしれないのである。

もう一つ例を挙げよう。もしも——こちらはほとんどありそうにない話だが——米ロ間に戦争が起き、今日でも配備されているミサイルが使われるようなことになっていたらどうだろうか。まずどちらかの国の最初の攻撃だけで、地球上のどこにも農業を営める耕地がなくなっていただろう。大規模な飢餓が引き起こされ、地球は生命の住めない惑星になっていただろう。そのような核戦争が起きたのが、米ソ間の戦略攻撃能力削減条約（ＳＯＲＴ）で予定されたとおり、二二〇〇発まで戦略核弾頭が削減された後だったとしても、なお七億七〇〇〇万人が直接の犠牲になっていただろうし、その後、地球上の人口の半数が消滅していたことだろう。

生物兵器もまた、人類に大損害を与えることができる。遺伝学やバイオテクノロジー、ナノテクノロジーによって、何をもってしても抑えられない抵抗性と毒性を備えた病原体を創りだすことも可能になるかもしれない。たとえば、砂糖の一袋分と同じ量の炭疽菌をばらまいただけで、三〇〇万人を十分に殺傷し得るのだ。今日、どこかの大国で核弾頭を搭載するために使われているミサイル一機に、もしも炭疽菌が装填されて発射されていたとしたら、それだけで二〇〇〇万人を絶滅させていただろう。これについてもやはり、いかなる機関のいかなる統制も機能していない。しかももっと悪いことには、こうした新兵器はすぐにも非国家犯罪集団の手に落ちる可能性がある。こうした犯罪集団、とくに麻薬カルテルは、国家と同じ武器を使用して、テロ活動と犯罪活動を大規模に展開しているのだ。どんなに力のある政府や、国連や国際原子力機関（IAEA）のような国際機関が何かを命じようと、彼らは聞きはしないだろう。

地域的な問題として始まって、地球規模に進展する可能性のあるものとしては、他にはテクノロジーの問題が挙げられる。たとえば、フクシマのような核惨事は、人間にも経済にも政治にも莫大な影響をもたらすだろう。コンピューターウィルスも、地球全体が感染する可能性がある。

他に、これまで挙げてきたような、地域的な問題に端を発して連鎖反応を起こした結果として地球規模の問題になるようなものではなく、直ちに地球規模の影響をもたらす問題がある。たとえば原材料の希少性、自然破壊、隕石による危機などである。これらはシステミック・リスクの二つ目のカテゴリーで、もともとグローバルな性質のリスクである。

コラム

ユーロの真実——嘘つきは国民戦線のはじまり

アラブの諺《ことわざ》に、「嘘つきは、その家をつきとめなければいけない」というものがある。この教えは、私生活だけでなく、政治家に対しても大いに役立つ。

たとえば、フランスの国民戦線［二〇一八年六月より「国民連合」と改名］の政策である。党首のマリーヌ・ル・ペンは、理性をもとにした実現可能な政策を掲げる政党として、富裕層から特権を奪い、恵まれない人びとを救済し、さらにグローバル化からフランスを守り、とりわけ移民がフランス人の生活と文化を破壊するものをやめさせる、などと主張している。

この主張に含まれている一切が〝嘘〟である。彼らの鎖国的政策は、一ミリも効果がない。ここでは、一つの嘘だけを検証するが、無限に例証することもできる。

長いあいだ国民戦線は、国家通貨の廃止に反対し、フランの維持を求めてきた。これは彼らの孤立主義と完全に一致している。彼らの言い分はこうだ。単一通貨など創設していなければ、「単一」市場の加盟国は、すぐにこの市場が「単一」などではないことを悟っていただろう。なぜなら各国は、自国通貨の価値を切り下げることによって競い合っていたはずだからだ、と。しかしそうなっていたら、デノミに次ぐデノミで、ヨーロッパという体制そのものが崩壊していただろう。そうなればナショナリストは大喜びしただろうが、それによってフランスは、世界最大の市場から得ている利益を得られなかったことになる。

その後、国民戦線は、ユーロ廃止・フラン復活を、政策綱領の一つに掲げた。しかし、それがもたらす影響が計り知れないことにおののいたのか、マリーヌ・ル・ペンは、ユーロは「共通通貨」として存続する、フランは「国家通貨」として復活する、と言い出した。そして、人びとをさらに安心させようと思ったのか、心配することなど何もない、なぜなら「一フラン＝一ユーロのレートは維持されるから」と説いたのだ。

そうであるなら、フランの利点がどこにあるのか。もしも、フラン対ユーロが永遠に同価であるというなら、そのフランは、ユーロの別名に過ぎない。それで何が変わるというのだろう？

追い詰められたマリーヌ・ル・ペンは、今ではこんなふうに言っている。ユーロは過大評価されているから、それよりも価値を低く見積もられるフラン建てで値付けされれば、生産品が今よりもっと顧客に歓迎されることだろう。しかも、わが国が独自通貨を持てば、赤字を出すなという欧州委員会の指示など拒否できるはずだ、と。

二重の意味で馬鹿げた理屈だ。一つ目は、ブリュッセルの欧州委員会から押しつけられた決定など、ずっと前から誰も尊重していないということ。もう一つは、フランが復活すれば、必然的かつ直ちに、フランの対ユーロ相場は下落するということ。

その結果起こることを具体的に言うなら、フランス人の銀行口座がすべて自動的に、価値の下がったフラン建てに書き換えられるということだ。そうなればフランス人の貯蓄は、即座にその価値が下落する。それを避けるためには、海外の銀行にユーロ建ての口座を開くしかないが、それは全フランス人にできることではない。要するに、ユーロに疑義を呈するのは、最富裕層を喜ばせるだけということだ。

さらに公的債務の問題がある。債務のユーロ建てのものは、相対的に額が上昇し、利率も増えることになる。それを返済するためには、欧州委員会が現在言ってきているよりも、はるかに厳しい緊縮財政で臨む必要が出てくるだろう。

つまり消費者も、預金者も、サラリーマンも、ユーロから離脱して良いことなど一つもないのだ。EU体制は一つの進歩である。これを誇りにし、次世代の利益を考えて、擁護しなければならない。

もちろん、現状に甘んじていてはいけない。ヨーロッパのさらなる安定を求めるなら、とくにドイツに対しては、その黒字を削減するよう求めなければならない。われわれには、そのための説得材料がある。われわれは今こそ、この件について議論すべきなのだ。

（二〇一七年二月）

地球環境の破壊――史上六番目の種の大量絶滅

人類に直接影響を与えるグローバル・システミック・リスクとしてまず挙げられるのは、気候変化である。これについても、人類はほとんど備えをしていない。

気候が影響して、地球上の生命の大部分が絶滅するようなことなどあり得ないと思われるかもしれない。しかし、これまで五億五〇〇〇万年のあいだに、地球環境の激変によって生物の種の半分以上が絶滅したことが、五度もあるのだ。しかしそのときは、生物が非常に多様であったことから、一部の生物が変化に耐え、生命全体が再出発することができた。しかし今日の状況は、それが当てはまらない可能性がある。

とりわけ規模が大きかった五大大量絶滅事件の最初は、今から四億五〇〇〇万年～四億四〇〇〇万年前のオルドビス紀末で、珊瑚、筆石、腕足類が絶滅した。二番目は、デボン紀後期、三億七〇〇〇万年前で、このとき海生動物の一九％の科、三五～五〇％の属が絶滅したと言われる。これらの絶滅を引き起こした環境変動の原因としては、氷河の発達や海水準低下などが挙げられている。

三番目は、二億五〇〇〇万年前のペルム紀末。このときの絶滅は地球史上最大規模で、海生動物約七〇％の属、約五〇％の科、全生物の約九〇％の種が消滅したという。たとえば三葉虫、紡錘虫などが完全に絶滅した。環境変動の要因としては、小天体の衝突という説のほかに、シベリアにおける大噴火によって玄武岩質溶岩の大量噴出［洪水玄武岩］が一〇〇〇年にわたって続き［シベリアトラップ］、平均気温が一五度上昇したことにより、海底プレートからメタンが大量に放出され、これが原因で気温がさらに一五度上昇したという説もある。生き残ったわずかな種のなかに、リストロサウルスがいた。これが、すべての哺乳類の、ということはつまり人間という種の祖先である。

四番目が二億一〇〇〇万年前の三畳紀後期、五番目が六五〇〇万年前の白亜紀末である。どちらも小天体の衝突が原因と考えられている。後者では、海陸に大量絶滅が発生、海洋でアンモナイトなど全体の約五〇％の属が消滅したほか、陸上でも恐竜類が絶滅した。

以上のような大惨事が再び発生する事態は、人類の活動の影響によってもあり得るし、それとはまったく関係なく起こることもあり得る。

六番目の大量絶滅は、すでに始まっていると言う者もいる。その原因は、人類の活動によって生態系が破壊されたこと、微生物やウィルスが拡散されたこと、偶然あるいは人間の無分別により外来生物が導入されたこと、気候の温暖化などだという。過去五〇〇年のあいだに、既知の哺乳類だけでも五五七〇種中の八〇種が絶滅している。これに対して、それ以前の一〇〇万年間に絶滅したのはたったの二種だけなのである。このペースが維持されれば、哺乳類の種の四分の三は三五〇年以内に、両生類の四分の三は二五〇年以内に消滅する。

二〇三〇年には、温室効果ガスの排出量が、現在より三七％増える。もしもそれを世界人口一人当たり平均で二・五トンにまで減らすことができなければ（現在は、フランス人平均が九トン、アメリカ人平均が二三トンである）、地球の平均気温が一・七〜二・四度上昇する。そうなれば嵐や旱魃、洪水が発生し、人口の大移動が引き起こされるだろう。この現象がさらに続けば、平均気温はさらに五度上昇し、人類はもはやそれに耐えられないだろう。

そのように致命的な変化を待つまでもなく、大気中の二酸化炭素の割合がほんの少し変化しただけでも、ほとんどすべての生物種が絶滅する可能性がある。

生物多様性がしだいに白紙に戻されつつある。多様性こそが、生態学的復元力（酸素を供給し、水の浄化と循環、生物地球化学的大循環、気候調整に寄与している）の源泉であるのに、だ。もっと具体的に言うなら、二〇二〇年代半ば以降にある特定の生物種の破壊が加速されることが予想される。珊瑚のことだ。原因は、海水の酸性化と海洋温度の上昇である。そしてそのどちらもが、炭酸ガスの排出に関係している。ところが珊瑚は、人類という種の存続に欠かせない役割を果たしているのだ。現にそれは海洋生物の種の三分の一の住処《すみか》としてそれを保護し、海岸線を津波から守り、ガンビエルディィセウス・トクシクスという有毒な渦鞭毛藻《べんもうそう》の一種の繁殖を抑える。この藻類は、それを食べた魚を毒化する〔人間が食べるとシガテラ食中毒を発症する〕。珊瑚の破壊はすでに始まっている。珊瑚礁の四〇％が、とりわけインド洋とカリブ海で、程度はまちまちだがすでに損害を受け、一〇％が失われてもはや取り返しがつかない。オーストラリアのグレートバリアリーフは、今後一〇年間で広範囲にわたって深刻な損害を受け、今後二〇年間で死に絶える可能性がある。世界中のすべての珊瑚礁が、今から今世紀半ばまでのあいだに絶滅の脅威にさらされる。その結果、海の生命の絶滅が引き起こされるかもしれない。そして最終的に、人類が存続する条件がどんどん厳しくなっていく。

この点でもまた、世界のどんな超大国も、あるいはG8、G20、世界銀行、国連環境計画（UNEP）、気候変動に関する政府間パネル（IPCC）その他といった既存のどんな国際機関も、このような変化の進行を阻止することができないだろう。

小天体衝突の可能性

グローバル・システミック・リスクの最後は、地球に衝突する小天体である。これは過去にもあったし、これからもあり得る。ここでもまた、既存のどの政府も国際機関も、そういった脅威に立ち向かえるとは思えない。真面目にそれに備えてもいない。

しかしこの脅威は仮定の話ではない。人類はすでにかなりの大きさの小天体衝突を二度経験している。もしもそれが今起きれば、数十億の住人が命を失う規模である。今から三億七〇〇〇万年前、隕石の衝突が気温低下を引き起こし、海生動物の消滅が発生した。しかし地上植物への影響は比較的小さかった（デボン紀後期大量絶滅）。六五〇〇万年前には隕石がユカタン半島に落下してきて、地球上の生物の種の八五％を消滅させた。恐竜の種もすべて絶滅した。白亜紀末のこの大量絶滅を免れて生き残ったのは、小型哺乳類、鳥類、カメの仲間、両生類だけだった。災禍は甚大でしかも長く続いた。このとき消滅した珊瑚礁は、再生するまで一〇〇〇万年以上かかった。

他にも隕石衝突はあったが、影響はもっと小さいものだった。二五〇〇万年前の、ベリングスハウゼン海（南極半島の西側で、アレクサンダー島とサーストン島のあいだ）への隕石落下は、エルタニン衝突と名付けられている。このときは巨大な津波が引き起こされ、海岸線を襲った。四〇〇〇年前にエジプトに落下した五五トンの隕石◆はホバと名付けられている。ヒエログリフにも「天から鉄が落ちてきた」ようだと記録されている。九六一年〔八六一年説と一七四九年説がある〕には、日本の九州にある須賀神社を隕石が破壊した。コロンブスが西インド諸島に上陸した一四九二年、アルザス地方のエンシスハイム〔仏語アンシサイム〕に一二七キロの隕石が落下した。一九〇八年にはシベリアのツングースカに直径四五メートルの長さを持つ隕石が落下、ＴＮＴ火薬換算で五メガトンに相当する爆発を引き起こし、二〇〇〇平方キロの森林をなぎ倒した。

今後数年のうちに、別の隕石が地球に落ちてくる可能性がある。なぜなら、直径五〇メートル以上の隕石が地球に衝突するのは一〇〇〜三〇〇年に一度、直径一キロの天体が落ちてくるのは、数千年に一度、ツングースカと同じ規模の隕石が落ちてきて大気中で砕け散るのは一〇〇〇年に二〜三度、さらに大きな隕石であれば大型の生物種はすべて存在を脅かされるが、それが落ちてくるのは平均して一億年に一度のペースである。

地球の近くを通過する天体が、今日ではリストアップされている。その数七七〇〇個で、今のところこのうち八二三個が直径一キロ以上である。最も早くやってくる脅威は、小惑星９９９４２アポフィスである。これは直径三五〇メートルで、現在の計算では二〇三六年に四万五〇〇〇分の一の確率で地球に衝突する。トリノスケールは０に分類されている。トリノスケールとは、天体が地球に衝突する確率を計るた

◆**四〇〇〇年前にエジプトに落下した五五トンの隕石**　ヒエログリフ云々も含め不詳。ナミビアに落下した隕石で、やはりホバと名付けられ、重さが六六トン、発見された隕石のなかでは世界最大のものがある。こちらが落下した時期は最も古くて八万年前とされる。

めの尺度であり、レベル0は「危険なし」を意味する。しかしながら、もしもこれがどこかの大陸に接触したなら、その衝撃はTNT換算で五〇〇メガトンの爆薬に相当する。すなわち、世界地図からフランスと同じ大きさの国を一つ消滅させるという規模である。

ここでもまた既存の国際機関のなかで、明示的に権限を付与されているものはどれ一つなく、これほどの影響に対して準備を整え、回避するか、あるいは切り抜ける方法を見つけることができるとは到底思えないのである。

二〇三〇年の世界はどうなっているか?

以上に述べてきたようなグローバル・システミック・リスクによる破局が、地球に訪れることがなく、現在の傾向がこのまま続くとしたなら、二〇三〇年に世界がどのようになっているか、以下にそのおおよその姿を描いてみよう。

GDPの世界計は、今日の二倍になっているだろう。これに対して、世界人口は一五%増え、八五億に達しているだろう。平均余命は七二・八歳になる。二〇億人以上が二〇歳以下、一〇億人以上が六五歳以上になるだろう。七〇億人が携帯電話を一台持ち、それを支払い手段としても利用する。四〇億人以上がインターネットにアクセスする。二〇億人以上がブログを開設している。五〇億人近くがソーシャルネットワークに、あるいはそのときそれに取って代わっているものに、登録しているだろう。一〇億近くの人が、生まれた国とは違う国に暮らしている。世界人口の六〇%は、アフリカおよびアジアの都市に暮らし、そのうち半数はスラム街で生きている。エネルギー需要のうちいまだに七五%という大きな割合が、化石燃料(とりわけ石炭)によってまかなわれている。石油やシェールガスの年間消費量は一億バレルを超え、その価格は現在よりも大幅に高騰しているだろう。食糧消費を現在の水準に保つために、年間で一人当たり魚二〇キロ、食肉五〇キロを生産しなければならない。そのためには、食糧生産の工業化が必要になるだろう。人類の半数は、一日二ドル以下で生き延びている。アジアでは貧困層が半減する（六〇％から三〇％に）一方、アフリカではそれが大幅に増加しているだろう。二〇ヶ国の、世界人口の四八％に当たる三五億の人びとが、水不足に苦しめられているだろう。その正反対に、富は数万人という少数の者の手に集中する。プライベートジェットは三万機を数えるだろう。地球人口の一％が、世界の財産の三五％を所有しているだろう。

禁止事項が大幅に縮小されない限り、つまり麻薬の使用・生産・配布、および売春が合法化されない限り、犯罪経済はGDP世界計の一五％以上になっているだろう。これはほぼEUのGDPに相当する額である。多くの国でマフィアが権力を握っているだろう。そしてかなりの規模の軍事的手段も手にしているだろう。幸いなことにマフィアはいくつかの勢力に分裂して、市場支配をめぐる情け無用の戦いをくり広げているだろうが、同時に一般人も、盗み、襲撃、誘拐の標的にされているだろう。

国際機関は、各国機関やNGOもまったく同じことだが、グローバルな不正行為や残虐行為を、許容されるべきものに見せかけるために利用される単なる、アリバイにもなる。なかには資金不足で破綻するものもあるだろうが、犯罪経済勢力からの投資を仰ぐ機関も出てくるだろう。犯罪経済勢力は、資金洗浄のために自分たちに奉仕する国際機関やNGO、果ては国家までも、無から作りあげるに至る可能性すらある。これはSFではない。そのような国家やNGOはすでに存在している。

大国は長期的には自身に降りかかる火の粉を振り払うことと、ライバルを圧倒することにしか気が回らず、人類全体に襲いかかる脅威を取り除くことになど関心を示さないだろう。アメリカと中国は世界に対する大したことのない影響力をさらに分け合いながら、ますます自分の利益のためだけに立ち回っていることだろう。ヨーロッパはアメリカの力を強化するための格好の餌食になる。そのあとはG2すなわち米中両国のあいだで引き裂かれ、最後に、世界の分裂に引きずり込まれる。

以上に述べてきたような状況になれば、あらゆる国家に起きていることが、人類全体に起こるだろう。

すなわち、全員避難の号令のなか、最も強い者は離島や隠れ家など、隔離された場所に避難しようとするだろう。その他の者は、国家の代わりに保護してくれるものとして、最初は保険に頼ろうとするだろう。しかし保険は何の役にも立たないことを理解したとき、それでももはや逃げることもできないことを悟ったとき、残るはさまざまな形態の娯楽だけだ。保険と娯楽というこの二種類の企業が、グローバル市場の支配者になっているだろう。

原理主義と全体主義

新たな脅威の責任、そしてその脅威を逸らすことができない全面的な無能さの責任が、市場と民主主義に対して追及されるようになる。保険と娯楽は人びとを安心させるには十分でない。カオスは人びとを新たな秩序の要求へと向かわせるだろう。たとえ全体主義的なものであっても、人びとに安定を約束し、国境を再建強化し、民主主義を否定するような、アイデンティティを看板に掲げる運動が勝利を収めるだろう。たぶんその勝利は一時的なものになるだろうが。

一九二〇年代に全体主義的なイデオロギーが勃興したように、また別のイデオロギーが登場して、脅威をかわすために新たな生活規範を課そうとするだろう。

グローバル・システミック・リスクへの反応として、地球エコロジーのイデオロギーの出現がとくに目につくようになるだろう。このイデオロギーは、エネルギー消費を減らし、汚染のリスクを緩和するために、生産の削減を奨励し、質素を金科玉条として、長期にわたって制限を課そうとするだろう。

他には宗教イデオロギーも一つならず出現するだろう。そしてやはり規則を課そうとしてくるだろう。いわく、救いへの唯一の希望はこの世にはない、あの世にしかない、と。そして、そのあの世にまします存在の御心に叶うよう、その規則に従わねばならぬ、と。

エコロジーと宗教というこの二つの原理主義的イデオロギーは、同じところに向かっている。どちらもが、人間の運命はあらかじめ決められていて、世界の本当の支配者は人間ではない、自然／神であると言う。またどちらもが、純粋であることを求め、西洋を告発する。そしてどちらもが、人類の長期にわたる幸福を目指している。

さらにはある日、この二つの主張を合わせた一つのイデオロギーが出現する可能性もある。「宗教エコ原理主義」である。この言葉の撞着ぶりは、「国家社会主義」なみである。

それはすでにブラジルで、現に飛躍的な発展を示している。かの地では、環境保護に大いに気を配った福音派原理主義が伸びているのだ。また、アルカーイダのウサマ・ビン・ラーデンも、二〇〇二年に著わした『アメリカ人への手紙』のなかで、アメリカが他のどの国にもまして、温室効果ガスの排出と産業廃棄物の生産によって自然破壊をしていると非難していた。二〇一〇年一月には、「すべての西洋諸国」が気候変動の罪で有罪であると言った。同年一〇月には、気候変動の犠牲者は戦争の犠牲者よりも数が多いとし、「すべての堰や橋の安全指針の見直し」を図るべきだと促していたのである。

以上が、予測される世界の様相だ。生きることのできない世界である。だからわれわれは今すぐ、この世界とはまったく異なる世界を夢見なければならないというわけだ。

しかし実際には、この世界には未来へのすばらしい切り札が備わっているのだ。もしも世界が一つに結

◆**保険と娯楽というこの二種類の企業が……**　二つの産業はある種の補完関係にあり、すでに世界経済を支配しているが、今後、さらに躍進する。国家が衰退すると、個人は生活のリスクを保険会社にカバーしてもらうようになる。さらに、保険会社（そして金融市場のリスクをカバーする機関）は、国家の社会保障の補完的役割を担っている。そして総売上高と経常利益の観点から、保険業は世界最大の産業となる。また保険会社は、リスクを最小限にするために、被保険者に対して個人データから割り出した差別的な保険料を適用することによって、次第に地球規模の規範を強制するにいたる。こうした息苦しい社会において、娯楽産業は人々に一瞬のやすらぎを販売する。

（アタリ『21世紀の歴史』より要約）

束するなら、生態環境的にも社会的にも持続可能な成長を、大きく成し遂げることが可能なはずなのだ。人類にはそのために必要な能力も、テクノロジーも、財源も、起業家も、クリエーターも、みなそろっているのだ。残るはただ、結束することだけなのである。

コラム

世界を覆う二つのネガティブな原理主義——ポジティブな世界の構想こそが必要

世界や歴史に対する考え方として、人類はいつの時代にも、ネガティブな見方とポジティブな見方のあいだで揺れてきた。ネガティブな見地に立って人類がやってきたことはすべて、現実のものであれ想像上のものであれ、何らかの脅威に対抗して力を誇示するということに要約される。一方、ポジティブな見方に基づいてやってきたことは、最終的にはユートピアの実現である。ネガティブなイデオロギーの行き着く先はいつも、敵の脅威を口実にして、人びとの自由を侵害することである。ポジティブな見方は、敵によって窮地に陥ったとき、一気にネガティブなものに転じることがある。

歴史の例を挙げるなら、国家社会主義というネガティブなイデオロギーは、ユダヤ人がもたらすという空想上の脅威を根拠にでっちあげられたものである。ポジティブなイデオロギーがネガティブなものに堕落した例としては、社会主義国が、階級の敵という多かれ少なかれ想像の産物である脅威への対抗手段として、全体主義国家になってしまった。ポジティブなイデオロギーの例としては、リベラリズムと社民主義を挙げられるが、これについては賛否が分かれるであろう。

今日では、二つの脅威への反応として、二つのネガティブなイデオロギーが誕生し、全体主義の萌芽となるような活動を行なっている。

一つは、原理主義の脅威である。不法難民の流入とあいまって、排他的なイデオロギーを生み出した。このイデオロギーは、制度的な障壁や物理的な壁を構築しようとしている。こうした事態は、地球上のいたるところで見て取れる。たとえば、ドナルド・トランプの言葉、ヨーロッパの極右政党の主張などだ。

もう一つは、気候変動の脅威である。これもやはり閉鎖的なイデオロギーを生み出した。こちらは、過度に生産や消費を抑制する、あるいは、いかなるリスクも冒してはならないという考え方からできている。これについても地球のいたるところで目にする。アメリカ、ヨーロッパの最もラジカルなエコロジストたちの言説などでだ。それは、非常に過激であると同時に、全体主義的でもある。

ポジティブなイデオロギーが存在しないため、この二つのネガティブなイデオロギーが、主要な政党にも影響を及ぼしている。極右が移民問題に関して提唱している内容が、右派の政策に引き写され、さらに社民主義政党も政権の座についたとき、それを引き継ぐ。過激なエコロジストのイデオロギーのうち、とりわけ狭量な、たとえば予防原則のような考え方は、左翼の政策綱領に取り入れられたのち、いわゆる政権右派もこれを採用した。

リベラルと社民主義を合体させる動きもあるが、そこに独自の考え方は存在しない。それは単に、あらゆる党派のあらゆる主張を並列しているに過ぎないのであって、最もラディカルなエコロジストの思想から、最も狭量な排外主義の思想まで、全部を取り込んでいるだけなのだ。したがって現在、フランスで主流になっているイデオロギーは、いわば「国民戦線派エコロジスト」とでも呼べるものである。フランスだけでなくどの国でも、いつの間にか、緑色（エコロジスト）と茶色（極右）が混じり合った、ある種の独裁が生まれていることだろう。

アメリカやヨーロッパで、政権政党が極端に全体主義的なドグマを体内に隠した「トロイの木馬」と化していくことを、黙って見ていることほど害のあることはないだろう。そうなったら民主主義など存続しない。これは机上の空論ではない。アメリカで起きていることはどうか。その条件がこれほど整っている状況はかつてなかったほどだ。

こうした事態に対して政権政党がとるべき態度は、過激主義を競うことではない。有権者はいつでも、コピーよりはオリジナルを好む。必要なのは、未来に向かって、新しいポジティブなイデオロギーを立ち上げることである。私自身の考えははっきりしている。次世代に奉仕することに尽きる。それは、私たち自身の幸福にもなる。次世代に対して、合理的利他主義に基づいて行動することである。そうすれば、気候変動やテロの脅威に対しても、はるかに魅力的な対応をすることができるだろう。必要なエネルギー転換を図るにも、全体主義的な政策など必要ではないはずだ。また、ヨーロッパに押し寄せて来ている人びと、これから来る人びとに対しては、来る必要がないように母国に援助すること。同時に受け入れる必要がある人びとは、しっかりと受け入れること。そうすれば、あちらでは侮辱されていると感じ、こちらでは侵入されていると感じるような、根拠のないフラストレーションの増幅は避けられるだろう。世界の公平かつ持続可能、民主的な、またあらゆる形態の生命を尊重する開発の条件が整えられていくであろう。

（二〇一六年二月）

第9章　新世界秩序の構想のために

古くからの伝統の多くで、理想の王は自ら統治したがる者ではなく、人びとから王であることを求められる者である。理想の世界秩序もそうであろう。人類が全会一致で望むことによって、その資格は認められるであろう。

この統治機関は、たった一つの国家の政府でも、たった一つの帝国の政府でも、たった一人の支配者の政府でもあり得ない。人類は、誰かの命令に恒久的に服すことをけっして是認しないだろう。そのうえ二〇五〇年には九〇億になろうという地球上の住人の、その安全と連帯とを保障するだけの財源を、いかに強力な国家であっても持ち合わせてはいないことは、すでに見たとおりである。もちろん第8章で問題にしたような課題のすべてを解決する手段も、自身の潜在的能力のすべてを推し量る手段も、同様に持ち合わせていない。

人類にとって、自分の運命を自分の手の内に握るために必要な道具をできるだけ早く持つべきときが、そしてそのために、民主主義的な世界秩序を確立すべきときが、やってきたのだ。民主主義的な、と言うのは、イデオロギー的な理由からではない。単純に、人類が持続的に生きながらえることを期待できる手段としては、これしかないのだ。なぜなら法の支配なくして効率的な市場もなく、正義もない。またグローバルな法律も、それを遵守させるための手段を持ち合わせたグローバル国家なくしては成り立たない。

また女も男も、もとからそこにいる者も、あとからやって来る者も、皆が同じ権利と同じ義務を持つような世界、地球の利益、あらゆる生活様式の利益、来たるべき世代の利益が考慮に入れられるような世界を構築する手段は、他に一つも存在しないのである。

その世界では、成長するためのあらゆる資源が、生態環境的にも社会的にも持続性があるようなやり方で、利用されるであろう。

この世界統治機関は、各国政府に取って代わるということはない。各国政府は、その力がある場合には、それぞれの国民の特定の権利、文化的アイデンティティを見守る役を担う。世界統治機関は、地球の全体的な利益を図ることを使命とする。地球全体の利益と各国の利益が矛盾することもあり得る。世界統治機関は、各国がすべての人類市民の権利を尊重しているかどうか検証し、グローバル・システミック・リスクが広がらないよう備える。また世界統治機関は、どこか一国が帝国になる事態も、すべての国が無政府状態のなかで乱立する事態も、どちらも回避するようにする。

この世界統治機関は、各大陸に置く中継機関に支えられる。個々の問題に離れたところから取り組む必要を避けるためである。世界統治機関は市場経済を受け入れなければならない。むしろそれを、民主主義のカウンターパートと見なして、そのすばらしい潜在能力を最大限活用するよう努めなければならない。

この世界統治機関は、一国が世界を征服したり超大国として君臨することでは実現しがたいだろう。そういうシナリオは、SF小説や映画で山ほど描かれてはいるけれども。また、一つのグローバルなイデオロギーの勝利の結果として誕生するものでもない。そのようなイデオロギーについては前章で問題にしたが、これもまた文学や映画でよく見る題材ではある。

それよりもっと現実的なのは、この世界統治機関が、戦争の結果として、二度と戦争が起こらないようにするための機関として生じることである。これは過去にもあったことである。一八一五年の「ヨーロッパ協調」がそうだったし、一九二〇年の国際連盟、一九四五年の国際連合もそうだった。しかしすでに見たように、どの試みも失敗に終わった。その理由は、「世界統治機関」を標榜したどの機関も、決断を下す手段も、その決断を遵守しない者に制裁を科す手段も、持ち合わせていなかったからである。

また、これも現実的であると思われるが、前章で見たようなシステミック・リスクが目前に迫ってきた結果として、この世界統治機関が求められるかもしれない。たとえば極度の生態系の乱れとか、巨大経済危機とか、犯罪経済が権力を掌握するとか、隕石衝突が迫るとか、テロリストの活動が一つに糾合される、などである。こうした事態を前にすれば、最終的に民主主義国家の各政府が、結束して力を合わせる気になるかもしれない。

そうなったとき人類は、かつていくつかの州《カントン》が集まってスイスを建国したように、破局がやってくる前に結束することが必要であると自覚するであろう。そして人類の存続を確保し、最大限の発展を可能にするための民主主義的な諸機関を設置することを、冷静に、理性的に進めていくに違いない。

この理想の世界統治機関がどういうものであり得るかということを、今すぐにでも考える必要があるのと同じように、この世界統治機関に属する諸機関がどうあるべきかということも考えなければならない。それがいつか到達すべき理想のモデルであってもかまわないのだ。

この思考実験は虚しくもないし無駄でもない。これまでの章でずっと見てきたように、歴史上には小説家の数よりもはるかに多くの空想が存在した。それに現実の方が、ユートピアよりもしばしば創造力に富んでいるものだ。

あらゆる時代に、世界統治機関について思考をめぐらせることに専念した思想家がいた。なかには、生きている時代に比べてあまりにも早すぎた者もいた。今から四、五世紀前の思想家が夢見ていたことは、あるものはすでに既定の事実となり、あるものは多かれ少なかれ現実離れしていて、いまだに計画段階にとどまっている。思想家たちの目的は、その多くが諸国家間の平和だった。しかし自身の所属する大国の現状維持を目的とする者もなかにはいた。

平和の維持はこれからも、新しい形態のあらゆる世界組織の第一の使命であり続けるであろう。しかしこれからはもはや、それだけが第一の使命ではない。これまで見てきたように人間は、戦争と平和以外の多くの手段によって、良きにつけ悪しきにつけ、互いに影響を与え合っているものだからだ。

ではしかし、どうやって世界統治機関を実現すればよいのだろうか。世界の情勢は、国民革命を起こすべき情勢を示してはいない。バスティーユ監獄があるわけではないし、打倒すべき君主もいない。占拠すべき庁舎や宮殿があるわけでもない。飛行機にパイロットがいないというだけでなく、操縦室そのものがないのだ。したがって、既存の権力装置の内部で権力を奪取する、というような言葉遣いで思考することはできない。まったく新しい構造を、一から構築しなければならないのだ。かつてスイスやアメリカがやったように。

今は困難であると同時に、良い機会でもある。思考するには良い機会だが、行動するには困難なのだ。新世界秩序の構築が是非とも必要ではあるものの、結局、絶対的権力を誇るいくつかの大国間の条約批准に終わるようなものであってはならない。またそれは、来たるべき世代のために、という台詞を金科玉条とする新しいタイプの全体主義を、万人に押しつけるようなものであってはならない。せっかく人類が、だんだんと国家の独裁から自由になってきたというのに、よりにもよってこのタイミングでそんなことをするわけにはいかない。

ここ数十年のあいだ、ユートピアンたちが新世界秩序について語るようになってきている。そして一見してありそうもない考えが、だんだんと大真面目に扱われるようになってきている。

その理論的考察の歴史

第二次世界大戦以降、新世界秩序に関する理論的議論が加速した。当時、それよりもっと声高に問題になっていた政治運動の活動とは別のところで、理論的考察が理想的な政府を思考するために役立つことがあった。

「世界市民」と自称することは、当初は、ある種の作家たちのポーズに過ぎなかった。ときにそれが行動しないことの正当化になることもあった。たとえばアルゼンチンの作家ホルヘ・ルイス・ボルヘスは、「国境とか国家といった考えは私には馬鹿げたものにしか見えない。われわれを救ってくれるのは、世界市民であることだけだ」と言っていたが、これも、当時、彼の国でわがもの顔に振る舞っていた独裁政権に対して、反対を表明しないことの言いわけだった。

しかし逆に、世界連邦樹立を本気で計画する好機ととらえた者もいた。国際連合の創設以来、それよりも良い世界統治機関を提案する試みはいくらでもあった。たとえば一九四五年にはすでに、カール・ポパーがその著『開かれた社会とその敵』のなかで世界統治機関について語っていて、これには武装した行政部門が備わっているとしていた。

一九四八年三月には、シカゴ大学に設置された世界憲法起草委員会が、その機関誌『コモン・コーズ』に、世界憲法準備草案を発表した。この草案は世界連邦共和国の創設を目指すもので、それは広範囲にわたる権限を有し、平和と国際的な安全保障だけでなく、正義をも確保するのだとされた。このことは前文にも謳《うた》われている。すなわち、「平和と正義とは、ともに興るものである」と。この世界共和国は、その機関として以下を備えている。

立法議会　九九人の「世界立法議会議員」によって構成される。立法議会議員は、「選挙人」(「連邦会議代議員」)によって選挙される。「連邦会議」代議員は、大きく九つの文明圏に分けられた地域区(おおよそ二二〇〇万の住人を擁する)の枠組で行なわれる選挙で選出される。

職能議院　労働者および企業の代表を糾合する。

大統領

大審院　世界統治機関が当事者となる紛争、たとえば構成国家とのあいだの、あるいは個人とのあいだの紛争などを管轄する。最高裁判所も設置される。
民族・国家議院　少数民族を代表し、かつこれを擁護する。
保安院　防衛を管轄する。
企画本部　経済発展を管轄する。
科学・教育・文化議院

また、世界共和国は連邦兵力を組織する。ほかにも各国軍の監督を始め、以下のような数々の事項を管轄する。

構成各国に対する変更の監視　新しい国家の創設、国境の変更〔……〕。
人権擁護　とくに権利と義務について述べている条文の遵守。
通信および運輸手段の監視、移民の流れの調整
商業の調整、通貨の管理、連邦税の賦課徴収

したがって、国民国家はアプリオリに廃棄する必要があるとされているわけではない。だが、論理的に言えば、それはだんだんと消滅していき、代わりに平等な人類全体で構成される世界共和国市民が主権を行使することになるだろう。

世界共和国の到来は、各国政府への「世界市民」の圧力という人民主導の結果でなければならない。ほかにも大勢《おおぜい》の書き手がいるが、なかでもとくに最近の人の例を以下に挙げておく。

ユルゲン・ハーバーマスは、一九九八年に『国家以後の集合体』のなかで次のように説いている。世界

市民共同体としての世界統治機関が必要なのは、人権という分野だけである。人権を著しく侵害する行為に対応するための軍事的手段も備えていなくてはいけない、と。

ハーバーマスは次のような提案をしている。「世界市民という政治的地位を創出すること。そして彼らが所属する国家という面からだけでなく、彼らが選挙で選んだ代表が議席を持つ世界議会を仲立ちにして、世界機構を立て直すこと。国際刑事裁判所を創設すること。安全保障理事会に、真の行政権限を持たせること」。

グローバルな決定の、民主主義という観点から見た正当性を担保するために、ハーバーマスは次の提案をする。「国際的な折衝機関の議論にNGOが参加する制度」を設けること（それによって決定の透明性も担保される）、「重要な主題に関する国民投票を組織するよう、いつでも加盟国に求めることのできる権利を、国連に与えること」。彼が重要な主題の例として挙げているのは、環境、男女平等、人権の解釈、貧困、である。

二〇〇〇年には、アントニオ・ネグリとマイケル・ハートが『〈帝国〉』で、国民国家の主権が次第に衰退していく、同時に新しい形態の、世界規模の主権が出現する、という二つの事態の確認から議論を始めている。この新たな形態の主権を、彼らは「〈帝国〉」と名付け、国家的なものから超国家なものまで一連の組織で構成されるとしている。それは資本主義とそれが伝播させるイデオロギーを中心に組織される世界――「外部なき全体」――である。この世界においては、アメリカの「君主制的」権力が、グローバル市場のさまざまなアクターの「貴族制的」権力と最貧層の「民主制的」権力とのあいだでバランスを保っている。ネグリとハートは「グローバル・マルチチュード［多様性を持った民衆］のための政治プログラムの最初の要素」として、世界市民権を制定することを提案している。そのためにEUに範を採るべきだといい、EUはこの世界市民権制定の原動力の一つになり得るとしている。

二〇〇三年には、北京にある中国社会科学院の政治哲学者の趙汀陽が、その著『世界観なき世界』（および『天下体系――世界制度の哲学』〔二〇〇五〕）で、非常に鋭い分析をして、次のように述べている。西洋人は世界統治機関を国際連合のような形態でしか思考できない。なぜならヨーロッパの歴史の制約から、西洋人は国民国家しか思考し得ないからだ。西洋は世界を一まとまりのものとして思考し得ない。ただ、多かれ少なかれ競争関係にある国家間の関係を通して思考するばかりである。そこからは、真の世界統治機関は生まれてこないだろう。だから「世界」を直接思考することが必要なのだと趙汀陽は言う。「世界は、われわれがその内部で生きているものとしては、政治的な一体性よりも地理的な一体性と言った方がしっくりとくる〔……〕」。というのも、万人から認められるグローバル機関に対応するようなグローバル社会は、現実の、一貫した社会としては存在しないからである」。西洋人の言う「国際性」という概念を、「世界性」の概念に代えなければならない。「世界性」の一貫性は、「多様性のなかの調和」によって維持される。この調和は、個々人の「儒教的改善」によって獲得され、それによって、世界全体の利益がそこに生きる者どうしの競争よりも、むしろ協力によって、よりよく実現されるような状況が生み出される。

趙によれば、この考え方は、中華帝国の建国概念である「天下」に通ずる（「天下」とは、「空の下にすべてが存在する」あるいは「全人民の調和」あるいは「世界政治体系」と訳すことができる）。天下は物理的な世界（「地」）であると同時に心理的な世界（人民の一般的感情）であり、また制度的世界（世界制度）でもある。天の下に生きる者はすべて、この「天下」、すなわち調和による世界統治機関を共有しなければならないと趙は言う。この中国流の世界帝国である天下は、ローマ帝国の過ちをくり返しはしないという。ローマ帝国は軍事的征服によって世界を支配した。またキリスト教的普遍主義の復刻版でもない、と。これは宗教によって世界を支配した。さらにはカントによる永遠平和の焼き直しでもない。これは一つの普遍的文化の帝国主義的な押しつけによる支配である。かつて中国の皇帝がしていたように、「天下」は世界を支配するのではなく、その代わりに世界に秩序を与えるのだという。

趙汀陽と同じ方向性であるが、もっとはっきりと帝国主義的であるのは、中国人の経済学者の盛洪（独立組織である北京天則経済研究所所長であり、儒教の牙城である山東大学の経済研究院教授）である。彼は天下主義の教義によって、中国は西洋文明を乗り越えられるし、世界平和への道を開くことができると語っている。天下主義は盛によれば、西洋のナショナリズムは集団の一体性を民族や文化という基準のうえに築くが、天下主義は「全人類に共通のアイデンティティをもたらす枠組」を提供してくれるという。

この二人の思想家にとって重要なのは、かつて中華帝国がやっていたように世界を運営することである。そしておそらくそれだけではなく、世界を一つの中華帝国にすることが重要なのである。

二〇〇三年、この二人とは逆に、アメリカの教授フランシス・フクヤマは『歴史の終わり』のなかで、アメリカの優越性を擁護した。そのためには、「正統性と実効性」を両立する「世界国家」を樹立する必要がある、と彼は想像した。フクヤマに言わせれば、世界統治機関について考えることから始めてはならない。今日では国際機関がありすぎる（「現在の世界にすでに重層的多国間主義《マルチマルチラテラリズム》が存在している」）。それらは実効性がないうえに改革することもできない。安全保障理事会に新しい常任理事国を加えることでそれを拡大するのは、障害を増やすことにしかならない。なぜなら、現在の常任理事国は、それぞれの拒否権を手放すことを認めるわけはない、とりわけアメリカは、と彼は考える。だからフクヤマは、むしろ地域的な組織の建設に集中すべきだと提案する。一つは環大西洋、いま一つは環太平洋の組織であるという。環大西洋は、ＮＡＴＯを強化することが示唆される。アメリカを含むすべての加盟国に対して、ＮＡＴＯの決定に従うことを義務づけるのだという。ただし評決は加重方式である。アジアについては、フクヤマは二つの組織を創設することを提案する。一つは、全欧安保協力機構（ＯＳＣＥ）と同じ精神でつくられる。すなわち中国も加盟し、各国間の紛争を解決するのを助けるのである。もう一つは、この地域の民主主義国家のみを糾合する組織で、経済統合地域（ある種のアジア共通市場）であるという。これはのちに締結する安全保障に関する協定（ＮＡＴＯのアジア版）を備えることになる。この二つの機関のうち前者は中国を満足させることを追求し、後者はもしも中国が攻撃的な姿勢を示した場合には反撃できるようにするための組織である。

フクヤマはそのあとで、グローバルな規模の組織について提案している。二〇〇〇年にワルシャワで結成され、それまで表舞台に出てきたことのない「民主主義共同体」を、もっと確かな組織にしようと言うのだ。これは、名目上は世界中のすべての民主主義国家を糾合する組織である。この共同体は、世界の至るところで民主主義を促進するため――たとえば選挙監視団の派遣や、民主的な政治活動の訓練・教育組織など――の資金を備えるようになるかもしれない。とくに、中東諸国の民主化には、一定の役割を演じるかもしれない、と。そしてかつてアメリカによって練り上げられたものの、その後、先導するのがアメリカであるということで信用を失っていた、「大《グレーター》中東」計画を再開することもできるかもしれない、と。この計画の名前自体は「より大いなる《グレーター》ブリテン」の概念を思い出させる。しかし実際は、自由のための自由の帝国という、いつものトマス・ジェファソン思想なのである。◆

二〇〇六年には、『コスモポリタン的視野』という著書のなかで、当初、移民問題に関心を持っていたドイツの哲学者ウルリッヒ・ベックが、「コスモポリタン的世界国家」の創設を呼びかけている。そこでは人びとがお互いに、世界への忠誠と国家への忠誠という二重の忠誠心で結びついていると感じるのだという。世界《コスモス》と国家《ポリス》の二重国籍が、人びとを普遍的であると同時に個別的な存在にする、と。もしも世界国家が、寛容を宗《むね》とし、国家間の違いを乗り越えて形成されるなら、これは実現可能である。ベックはこの「コスモポリタニズム」を次のように定義する。「政治やアイデンティティや社会がグローバル化される際の、その様態をめぐる、今後主流となるべき新しい概念である〔……〕。ナショナリズムは区別と排他的忠誠心の問題だった。コスモポリタニズムは、区別と包括的忠誠心の問題である〔……〕。したがって翼と根をまったく同時に持つことが可能になる。またさまざまな方向性を豊かに派生させていきながら、だからと言ってその根源的な方針を放棄することもない」。コスモポリタニズムは、「中央集権的世界国家の考え方と混同してはならない」。ベックにとってコスモポリタニズムは、今日の現実からそれほどかけ離れているものではない。「民主主義や人権を独裁体制よりも尊いものと見なしている国はすべて、すでにコスモポリタン的世界国家への道を歩んでいるのだ」。近くコスモポリタン的世界国家が出現するというのは、彼に言わせれば歴史の論理にあらかじめ書き込まれていることなのだ。「一六〜一七世紀の宗教戦争に終止符を打ったウェストファリア条約による和平が、国家と宗教を分離したように、まもなく国家と民族が分離して、二〇〜二一世紀の戦争に回答がもたらされるであろう。非宗教国家がさまざまな宗教の実践を可能にしたように、コスモポリタン的国家は複数の民族的アイデンティティが一つに共存することを保障するだろう。〔……〕一七世紀半ばには非宗教国家など思いもよらなかった。それは世界の果ての同義語ですらあった。われわれの時代に非民族的〔世界〕国家が思いもよらないのは、それとほとんど同じなのだ」。だからその思いもよらないものを実現するためには、「〝野蛮な〟資本主義にグローバルなルールを課すこと」、「国民国家にはコスモポリタニズムに向けて自らを開放することを義務づけること」が必要だという。

これまでの議論から導かれる新世界秩序のモデル

歴史的・地政学的制約はいっさい考慮に入れないとすれば、先行するすべての議論を踏まえて、最良の新世界秩序はどうあるべきか、構想することができる。それは必然的に連邦制で、分権的で、透明性が高く、民主主義的なものであろう。引き受けるテーマは地球規模のものに絞り、長期的な課題に専念する。そして、先に見たような二種類のリスクに対応できるだけの能力を備えていなければいけない。二種類とは、統制の行き届かない地球上の一地点に端を発した暴力が地球全体に波及するリスクと、直接地球全体

◆……なのである　以上二段落で紹介されているフランシス・フクヤマの見解は、*America at the Crossroads: Democracy, Power, and the Neoconservative Legacy*, 2006（邦訳、『アメリカの終わり』会田弘継訳、講談社、二〇〇六）で展開されている。

に影響を及ぼすリスクである。第一のリスクに対しては、各国に干渉する手段が求められるし、第二のリスクに対しては、地球規模の行動を起こす手段が求められる。またそれは、世界の潜在力のすべてを活用する能力もなければいけない。そうした対応能力を備えた世界統治機関であれば、アメリカ憲法の定める三権分立も、経済と社会に関する北欧諸国の取組みも、中国の長期的な方針も、すべてを取り込んで理想的な組み合わせに調整することもできるだろう。

この世界統治が具体的に構想できるか否か見極めることは、今はしないでおく。手遅れになる前に、どうすればこの目標に近づくことができるか、その具体的方策については次章で見ることにしよう。

この世界統治機関は、地球と人類の全体的な利益を考慮するのであるから、単純に多数国が参加していれば良いというものではない。それはある種の超国家的次元を備えていなければならない。しかしだからと言って、中央集権的であってはならない。そこから連邦主義が出てくるのである。

もっと精確に言うなら、最良の世界統治機関は、諸国が大陸ごとにまとまりをつくって糾合し、各国の役割を十全に果たすことができる体制としての連邦制を採用した民主制ということになろう。

連邦主義は三つの原則に従う。分離。これは連邦政府と連邦を構成する各政府の立法に関する管轄を振り分けることで実現する。自治。どのレベルの政府であっても、その管轄領域に対する唯一の責任主体である。帰属。連邦を構成する各主体は、連邦諸機関にその代表を派遣し、連邦法の採択に参与することによって、連邦という共同体とその規則への帰属意識を持ち、多様性を維持し仲裁するセンターとしての連邦の能力を信頼することができる。

連邦のシステムは、連邦を構成するすべての単位が同じ地位を占める「対称的」システム（ドイツやスイスの場合）もあり得るし、特定の地域により大きな主権を認める「非対称的」システム（スペインやインドの場合）もあり得る。

連邦はその組織の隅々に至るまで、システムの定期的な見直しのために必要な道具立てを備えていなければならない。
以上が、先行するすべての議論から導かれる新世界秩序の理想のモデルである（言うまでもなく私はここで指導原理を示しただけで、その適用の詳細にはあえて踏み込んでいない）。

世界市民の権利と義務

人類自身が人類を尊重するためには、自分たちが何者であるかということについて明確な思想を持っていなければならない。自身の運命を自身の手に握るためである。

人類とは、過去、現在、未来にわたる人間の総体と定義されるべきである。三〇〇〇万年前からわれわれ以外の種のヒトは存在していないから、その定義は難しくない。ホモ・サピエンス・サピエンスという名称で呼んだり、ヒトと呼ばれる存在である。

次に、ヒトというこの種の権利と義務を定義しておくべきだろう。ヒトすなわち人類の権利と義務は、他の生物種のそれとも、地球自体のそれともはっきり区別される、特殊な面がある。人類は生存を望む権利を有し、人類生存のために必要なのであれば、他の種の生命の利益に反して自衛することもゆるされる。

ヒトという種としての権利と義務を、個々の人間の権利と義務と混同してはならない。過去と未来の人間の権利が、現在の人間の義務にもなるからである。

個々の人間は、グローバルな共有財全体への権利を有している。グローバルな共有財とは、たとえば空気、水、食糧、住居、医療、教育、雇用、信用供与、文化、情報、公平な所得、病気や身体に障害を持つ場合の保護など。また生き方の多様性、プライバシー、透明性、正義、移住する権利、自国を離れない権利。良心の自由、信教の自由、表現の自由、結社の自由。友愛。他者の尊重、寛容、好奇心、利他主義、他者を喜ばせることで得る喜び、他者を幸福にすることで得る幸福、文化の多様性、幸福に関するさまざまな考え方、などである。

これらの共有財に対する権利のなかには、すでに国際基準のなかで少なくとも原理的には認められているものもある。その種の国際基準としては、とくに世界人権宣言、市民的および政治的権利に関する国際規約（自由権規約）、経済的、社会的および文化的権利に関する国際規約（社会権規約）が挙げられる。しかしその他の権利の多くは、世界人権宣言にも、またあってしかるべき社会権規約のなかにも言及がない。それだけでなく、そのほとんどがいまだに理論上、提唱されているだけにとどまっている。

権利と引き替えに、個々の人間は他の人間に対して、また後に続く世代に対して、さらには他の生物種や地球に対して、義務を負っている。とくに種として見た場合、人類は来たるべき世代に対して、また自身の生存にとって必要な他の種に対して、わがことのように共感を示す義務を負う。したがって人類は、次世代の人間と他の生物種がその権利を行使できるような条件を整えることを義務として自覚しなければならない。人類はまた、その全資源へのアクセス、とりわけこれまでに蓄積されてきた知識へのアクセスを認められるべきである。

地球規模の法規や国際条約のうち既存のものは、総体として「世界法典」に再編される。世界法典は法的に、各国の憲法より上位に位置づけられる。

世界共同体――その補完性原則と内政干渉

この世界法典を遵守させる手段を備えた、世界共同体を構想しなければならない。

世界共同体を組織するに当たっては、過去一〇〇〇年にわたって憲法をめぐる考察によって実現してきたものすべてを基礎としなければならない。とりわけ、可能な限り補完性原則を尊重すること、内政干渉は必要なときのみにとどめることが必要である。

補完性原則を言い換えればこういうことである。世界共同体はそれより下位の、ということはつまり、より市民に近いレベルの機関すなわち大陸の、国家の、地方の機関がどれも、世界共同体ほどよく事をなし得ない、という場合に限って手を下す。また内政干渉については、世界共同体が、ある国の内政に干渉するのは、その国の振る舞いが他者の権利を脅かし得る領域に限る、ということである。その領域とは、前章で検討したグローバル・システミック・リスクの領域である。

世界法典による法の支配を、民主主義の枠組のなかで実効性のあるものにするためには、世界議会が必要な法律を票決し、世界統治機関がそれを施行し、世界司法当局がその侵害を罰する体制が必要である。

これらの機関はすべて一つの世界憲法に規定される。また、現行の世界人権宣言が、この世界憲法の前文となる。

意思決定機関——三院制世界議会

現在の各国議会が、同時代に生きている者に絶対的な権力を授けているのとは異なり、世界議会は長期的な要請も考慮に入れる必要がある。一般的にそうした要請は、民主主義の行使と相容れないと考えられるけれども。この目標を実現するために、世界議会を三院構成とする。「世界市民議会」は、今日の個々の世界市民の利益を代表する。「国家代議院」は、各国の利益を代表する。「長期企画院」は、将来世代、および人類以外の生物界を代表する。

世界市民議会の主たる使命は、世界法を票決することと、とくに重要なのは予算の審議である。予算は、前章で見たグローバル・システミック・リスクへの対策として遂行される地球規模の作戦と、地球の成長のためにあらゆる潜在力を具体化するための財源に振り向けられる。世界市民議会の議員定数は一〇〇〇人で、同一規模の選挙区に再編された世界市民によって、五段階にわたる間接普通選挙で、世界政党が提出する名簿の順位に従って選出される。議院の任期は五年である。議員一人に一つずつ、市民からなる諮問委員会が設置されて議院の活動を支える。世界市民議会は政府首班として首相を指名する。首相は各大臣を選定する。また首相は議会に対してその方針を提示する。グローバル共有財を生産する企業を公営とするか民営とするか決定するのも世界議会の役割である。

国家代議院の主たる使命は、領土紛争を管理すること、地政学的均衡が守られているかどうか見守ること、地球政策による領土再編が、資源の地理的分配の点で真に公平になるよう図ること、である。また国家代議院は、世界法の起草に参与する。また現在の国連総会を先行モデルとし、それと同じ規則に従う。また国家代議院は各国二人ずつ選出される議員によって構成される。この割り当て数は、国の人口にかかわらず一律二人とする。

長期企画院の主たる使命は、以下の点について監視することである。長期的視野から見た大均衡の尊重、開発の持続可能性、テクノロジーおよび財政資源の有効活用、世界共同体の安定、世界行政府の独立性と能力など。長期企画院の議員定数は三〇〇で、議員は選抜試験合格者、およびノーベル賞を始めとする国際的に認められた褒賞を受けるなど、能力を量る客観的な基準による選抜者から構成される。長期企画院はまず初めに超長期的計画を起案し、人類および地球の向こう一世紀間のありようを、人口統計、経済学、生態学などあらゆる次元から提示する。長期企画院はまた、とくに以下のような超長期的計画について検討する。利他性や無償性の促進、人間活動による気候変動の阻止、海底あるいは極限的な気温下で飲み、食べ、呼吸し、生きるための新たな方法の案出、宇宙植民、根本的に異なる環境にも立ち向かえるよう遺伝子レベルで自己改造してでも生きながらえること、など。長期企画院は、超長期的計画から向こう二〇年間の「世界計画」を導き出す。もちろんこの計画は指針としてのもので、五年おきに見直される。さらに長期企画院は、世界市民議会に法案を提出し、またいくつかの独立機関の責任者を任命する。この機関についてはまた後で触れる。長期企画院議員の任期は一〇年で、再選は認められない。また議員は、専門家として発揮するその能力の水準を維持できる場合を除き、他の役職との兼任を禁じられる。

長期企画院に関連する機関として、経済社会評議会、テクノロジー専門評議会、倫理局が、テクノロジーに関してなされる選択が人類および地球に与える影響について調査する役割を担う。

いかなる法律も、その採択には三院の一致が必要である。ただし予算については、世界市民議会に独占的管轄権がある。

その他には、市民は誰もが、またグローバルな重要性を持つテーマであれば何についてであれ、グローバルな住民投票の開催を提案することができる。世界中の有権者の五％の賛同を得て請求することで発議が有効になる。住民投票によって承認されたテーマは、三院で議論される。

世界執行機関

七人委員会は、任期七年再選不可の七人のメンバーからなる評議会で、世界の一体性を象徴し、世界憲法を遵守させるために必要な道徳的権限を行使する。評議員は人類の利益を保証すると同時に全体の利益の代表者でもある。三院のそれぞれがこの評議会の評議員を二名ずつ任命する。その六人が最後の七人目を選出する。七人委員会の議長職は一年ごとの回り持ちである。

世界統治機関は、世界予算の予算案を編成し、それを提案し票決させ、決定した予算を執行する。首相は世界市民議会によって選任され、任期は五年である。首相は各省大臣を選任する。各大臣は事務次官（イギリスに範を採る）と独立の顧問から補佐を受ける。世界統治機関は法案を提起し、世界法典の遵守を見守り、世界計画の目標実現に向けて必要な投資がなされているか監視する。グローバル共有財の質の高い生産と正しい分配を確保する。地球全体で一律の最低所得制度と世界社会保障制度を徐々に整備していく。また世界統治機関は、生態学、核、人口、金融など、前章で見たさまざまな分野のグローバル・システミック・リスクの脅威を斥けるために、内政干渉も含むあらゆる手段を行使する義務を負う。また文化の多様性保護のために、必要な法的財政的措置を講じることも、世界統治機関の義務である。

世界統治機関はその使命を果たすために、世界行政府の中枢がこれを支える。世界行政府はその職員の募集に当たって、長期企画院の監督の下、政治的干渉を廃してその方法と基準を独自に定める。

世界統治機関は、とくに世界法典の尊厳維持のための手段として警察力を保持し、経済犯罪撲滅、民主主義擁護、グローバル・システミック・リスクの除去を図る。警察力の長は世界統治機関によって指名され、世界市民議会と国家代議院の承認を得なければならない。地球規模の警察力がなければ、また仮にあったとしてもその実効性（あくまで民主主義的な）を担保する司法手段を欠いていたなら、これまで述べてきたことすべてが無駄になるであろう。

他には、防衛および隕石落下阻止のための軍隊が設置される。その隊員は、長期企画院の監督下に置かれる独立の高等機関による選抜試験を経て採用される。この軍は、小天体の分析、観察、破壊のための手段を備える。

公務員の職業的および道徳的な質を評価し、また世界統治機関の外部委託契約に倫理的問題がないか判断する独立の評価委員会を、やはり長期企画院の監督下に設置する。

知識を無償で、誰でも自由に手に入れられるようにし、またその交流を促すことを、世界統治機関の重点政策の一つにしなければならない。そのために知識活用世界機関を設置する。

執行機関と立法機関は、必ずしも同じ都市に設置されなくてもよいし、また一つの場所にとどまる必要もない。ホログラフィーを用いたビデオ会議によって定期会合を開催することも可能である。

各国には「世界統治機関省」を設置し、世界統治機関との連絡確保を図る。

司法制度

世界憲法および世界法典の全条項を遵守させるために、三院によって指名される最高法廷が、世界司法体系の頂点に立ってこれを統括する。最高法廷は、世界議会によって採択された法が、たしかに世界レベルの管轄にすべきものか、あるいは大陸法レベルあるいは国内法レベルのものとすべきかを判断する。またこの最高法廷は、各国の最高裁に対する破毀院としても機能する。

各国の裁判所は、この世界法体系を適用し、国内法体系が世界法典の原則と矛盾していないか確認する義務を負う。

世界公正取引庁が、独占を防止する機関として設置され、とりわけ公共財の独占を監視する。

民主主義を守るシステム

民主主義は、活発な政治参加を前提とする。したがって適格な政党の存在も必須である。世界政党の結成およびその政策綱領の開発のために特別な予算を割り当てる。

また地球民主主義を高い水準で維持するためには、情報の質の高さと中立性が不可欠である。それを確保するためには、情報供給を民間部門だけに頼っているわけにはいかない。政府からは独立した公的な世界情報機関が複数設置され、民間のメディアと競合している状態にすべきである。そうした公的機関は、国際世論の形成に役立ち、あらゆる文化のあいだの交流を促進しなければならない。またいかなる政治権力によっても閉鎖されることはない。その予算は、世界市民議会の会期が始まるごとに、五年間ずつ確保される。その財源は、あらゆる民間メディアからの特別税および寄付で賄《まかな》う。その責任者は長期企画院が指名する。

金融システム

理想の世界では市民が完全な移動の自由を享受しているはずであり、また民主的な理想の市場では、連邦制に基づく安定したシステムが稼働しているはずであるから、そこではケインズが提唱した〝バンコール〟に範を採った世界通貨こそが唯一あり得る、また必要な通貨ということになろう。この通貨を発行する世界中央銀行は、各国中央銀行が国内の民間銀行に対してするのと同じように、各国中央銀行に対して振る舞う、すなわちお金の流れを調節する。また毎年の会計年度の終わりに、過度の赤字超過ないし黒字超過の国にペナルティを科す（利子を支払わせる）ことによって、金融システムの国際的な均衡を創出することが可能となる。世界中央銀行は、この通貨の価値を維持し、金融システム全体を厳しく監視する。また金融システムに対する規制策として、融資業務と預金運用業務とを分離させる。

信用供与はグローバル共有財の一つと見なされなければならない。誰もそれから排除されず、また誰もがそのリスクを認識しなければならない。世界共同体所有の複数の世界投資銀行が競争して、世界債を通じて資金調達し、地球規模の巨大インフラ事業に競争的に融資する。だがそれ以上に、無償の活動や利他主義が寄与してこそ、このユートピアは最終的に繁栄を見るであろう。

＊　＊　＊

このような世界統治を構築することによって、前章で見たグローバル・システミック・リスクを斥けることができるだけでなく、人類のあらゆる潜在力を活用することも可能になる。しかしながら、こうした世界統治も、人間のつくるものである以上、道を誤る可能性もなきにしもあらずである。しかも、現在、連邦制を採っている国の政府を見ればわかるように、それが官僚主義や非効率、腐敗に陥る可能性も、またなきにしもあらずである。さらには内部の敵から攻撃を受けて、あるいは求心力が失われた結果として、またはグローバル・システミック・リスクを排除することができなくて、瓦解するかもしれない。

したがって新世界秩序は、実践的に、つねに進化するものとして、構想しなければならない。慎重さと大胆さの両方をもって、すべてを解体してはすべてを構築するという行動のなかで、それを構想する必要がある。

第10章　新世界秩序への戦略

深刻な危機がなければ、超国家的な世界統治機関はけっして設立されないだろう。アメリカも、中国も、インドも、ブラジルも、日本も、ヨーロッパも、また現在、世界を支配している帝国と肩を並べたいと望む可能性のある他のどの国も、その実現を支援することなどないであろう。

これまで見てきたように、いつの時代の強国も、既存の秩序を何か少しでも変えようとすることを、けっしてよしとしてはこなかった。たとえ仮に今日ではそれを望む強国があったとしても、そのために必要な力をだんだんと失いつつあるのが現状だ。

新興国は新興国で、求めることは既存の世界経済、既存の国際機関に自分たちがしかるべき位置を占めることばかりである。場合によってはあり得る超国家的政府など、新興国にとっては、衰退しつつある既存の強国がその優位性の維持を迷彩するための手段にしか見えず、信用などできないのである。

しかしながら、世界が自分の未来を自分の手の内に正しく握ることができるように導くための戦略を構想することは可能である。

これまでの試行錯誤

世界の秩序は絶え間なく崩壊に向かい、また第8章で見たグローバル・システミック・リスクはますますゆゆしい事態になって、未来に花開くかもしれない潜在的な力を闇に葬ろうと迫ってきていても、外交官たちはあいかわらず国際機関のマイナーチェンジについて議論を交わしているのだろう。

その種の改革案は、一九五五年の国連の各種規約見直しの失敗以来、すでに数多く提案されてきた。そうした改革案の大部分が目標としているのは、国連総会のさまざまな業務を〝見える化〟すること、国連総会にIMFおよび世銀の決定に対する監督権を授けることによって、ブレトンウッズ機関〔IMFと世界銀行〕をサンフランシスコ機関〔国連〕にもっと近づけること、軍事行動を成功に導くために事務総長が自由に用いることのできる手段を強化すること。この点については、二〇〇〇年に提出された「ブラヒミ報告」◆が、とりわけ以下の事項を勧告している。手段の拡充、行政部門の人員配置とその教育体制の改善、部隊の訓練、職務権限の明確化、国連行動と国家ないし地域当局による活動とのより明瞭な線引き、そして何よりも安全保障理事会に新たな常任理事国を加えること。

読者に、国際機関の改革が陥っている膠着状態を具体的にイメージしていただくために、安保理改革をめぐって対峙しているいくつかの立場を以下に挙げてみたい。

現在、安保理を構成しているのは一五ヶ国で、このうち五ヶ国が常任理事国である。ブラジル、インド、日本、ドイツが入らず、アフリカ大陸の国が一国もなく、他の国もいっさい入っていないという常任理事国は、もはや存在意義を失ってしまっている。

インド、ブラジル、日本、ドイツ（G4と呼ばれる）は、常任理事国を新たに六ヶ国（このうち四ヶ国がG4、二ヶ国はアフリカ大陸から）、非常任理事国を四ヶ国増やすことを提案している。インドとブラジルは、新規常任理事国も拒否権を持つことを望んでいる一方（ただし拒否権の与えられない暫定期間を設けることには同意するとしている）、ドイツと日本はこの点についてはあまり強く主張していない。

もう一つのグループとして、イタリア主導の「コンセンサス連合」あるいは「コーヒークラブ」がある。ここにはとくに、アルゼンチン、メキシコ、韓国、パキスタンが加わっている。このグループが提案しているのは、非常任理事国の数を二倍に（つまり現行一〇ヶ国を二〇ヶ国に）して、その任期もより長くすることである。このグループは地域別グループに再編される可能性もある。このグループの提案には、ヨーロッパの国々を中心に約四〇ヶ国が賛成を表明している。しかしそのなかでも、任期や再選の可否、また再選の条件などについては、さまざまな選択肢が提起されてまとまっていない。このグループの提案に対して、インド、ブラジル、ドイツ、日本の四ヶ国ははっきりとした敵対姿勢を示している。

アフリカ連合は、右の二つのグループの提案のどちらにも反対し、アフリカ大陸から新たに常任理事国に二ヶ国、非常任理事国に五ヶ国を加えることを提案している。

中国は、地理的・文化的・「文明的」均衡を図るために南側諸国からの代表を増やすことを要求している。またG4の提案には反対、コンセンサス連合の提案には好意を示している。後者が付随的なことながらインドの常任理事国入りに反対していることを、中国は利点だと見なしている。

ロシアはG4の提案には反対、安保理理事国の加増は場合によっては認めるという立場である。

アメリカはいかなる国であっても新規に理事国になるには、以下の基準を満たす必要があるとしている。すなわち、経済・人口・軍事それぞれの面での重要性、民主主義、人権尊重、国連およびその平和維持活動への財政的寄与、対テロ作戦および核拡散防止への取り組み、である。アメリカはインドの拒否権付き常任理事国入りを支持している。

フランスはG4の提案を支持し（ただし新規常任理事国の拒否権は認めない）、またアフリカ諸国からの常任理事国入りは一ヶ国としている。

イギリスはフランスと同じ立場だが、さらに非常任理事国の新たなカテゴリーを創出することを提案し

◆**ブラヒミ報告**　国連事務総長コフィー・アナンが招集した、国連平和活動検討パネルの報告書。議長を務めたアルジェリア前外相ラフダール・ブラヒミの名を冠して呼ばれる。アタリは「何よりも」安保理常任理事国増加を勧告したとしているが、この報告書自体にそうした記述は見当たらない。

ている。それは現行の非常任理事国よりも任期が長く、任期が終了したときに場合によってはそのまま常任理事国として残る可能性がある、というものである。

以上を要約すれば、お互いに相容れない立場ばかりが増殖して、道は一向に開けないという現状である。

二〇〇四年、翌年からWTO事務局長に就任するパスカル・ラミーがその著書『民主主義世界――もう一つのグローバル・ガバナンス』のなかで、「国家に代わる《オルタナショナル》」民主的権力の創出を提案している。それはグローバル共有財の生産、キャピタルゲインにグローバルな規模で課税することで財政的に裏打ちされた連帯の促進、「連帯を内側から蝕《むしば》む仕掛け」すなわち租税回避地《タックス・ヘイヴン》やオフショア銀行に対する異議申し立てを使命とする、経済的安全保障理事会を備えているという。またもっと最近では、ラミーはG20とIMFに対して、国連総会への活動報告提出を義務づけることを提案している。

二〇〇九年、ドイツ首相アンゲラ・メルケルは、「持続的経済活動のための憲章」をつくり上げることを提案した。その目的は、国際諸機関に課す「新たなグローバル経済協定」の確立（実際は、ドイツ流の「社会的市場経済」の正当化）であった。メルケルは非常に緻密なコミュニケを発表して、今日の国際的官僚主義の典型的な産物である、IMF、WTO、世銀、ILO、OECDをひとまとめにして、その計画がいかにすばらしいものであるかを説いたが、その内容は単に、そうした国際機関がすでにやっていることを強化しましょう、と言うだけに終わっていた。「われわれは諸国家および国際機構によって広く支持された枠組を必要としている。それは市場における傍若無人の振る舞いを防止する役割を担うものである。OECDの既存の道具立て、とりわけ企業統制、腐敗撲滅、税制に関する協力を目的としたそれが、持続的経済に基づくガバナンスのための新たな憲章の礎《いしずえ》として役立つであろう。ILOの『ディーセント・ワーク（働きがいのある人間らしい仕事）・アジェンダ』は、雇用、企業の成長、社会保障、人間的労働条件、健全な労使関係、労働への権利などに関して、補足的な要素になってくれるであろう。憲章は包括的なものであるから、他の国際機構が獲得した事項も取り込むことができる。またそれはG20諸国によって発議されるというかたちをとり得るが、他の国々の支持も歓迎する開かれたものでなければならない」。換言すれば、「すでにやってきたことに対するあなたがたの支持を強化してください。そうすればすべてが良くなるでしょう」ということだ。官僚主義の大作である。その後、欧州理事会で一度、Ｇ20で二度にわたってドイツ首相によるこの発議に対する賛意が丁重に表明されたが、これに続く展開はドイツ首相から何らもたらされていない。

他にも、グローバル金融システムを改革するため、グローバル通貨の新設のための計画が、いくつも提案された。一九八五年以降、とくにフランスで、ヨーロッパのユーロの前身〝ＥＣＵ《エキュ》〟に倣《なら》って、〝ＤＥＹ〟（ドル・ユーロ・円）をこの三通貨のバスケット通貨として創設し、三通貨の中央銀行にこれを調節させる提案があった。二〇〇九年には中国が、ＩＭＦの特別引出権（ＳＤＲ）をベースにしたグローバル準備通貨の創設を提案した。この通貨は、人民元ももちろん含めた経済大国のすべての通貨のバスケット通貨で、その発行はＩＭＦが監督するというものだった。ベルギーの経済学者は〝テラ〟（貿易基準通貨）を提案した。これは国際貿易で最重要の位置を占める九〜一二品目の生産物や商品からなるバスケット通貨である。さらにはまた、中央銀行の元高級管理職たちが、ＩＭＦをグローバル中央銀行に改組することを提案した。これこそまさに、彼らが現役だったときにはしようとしなかったことだ。最後に、今日流通している数多くのヴァーチャル通貨のうちの一つを国際通貨にしようと提案する者もいる。たとえばソーシャル・ネットワークのハブ・カルチャーで物やサービスの売買に使われている〝Ｖｅｎ〟という通貨である。その価値は複数の通貨、商品、石炭先物などのバスケットで決定される。

フランスはと言えば、原材料流通の安定化のためのグローバル機関の新設を提案している。その使命は、備蓄量について、また需給量の推移についての信頼できるデータを当事者に提供すること、市場の濫用や流通の操作を防ぐための規則を制定すること、適切な保険という財政手段によってヘッジ手段を強化すること、食糧危機について国際機関が対策を練るよう見守り、また新興国の農産物供給を発展させることによって、食糧危機の予防と対応の実効性を高めること、などである。

しかし以上のどれも、少なくとも短期的には実現されないだろう。一方、今まで分析してきたように、国際機関の改革に当たっては、今日とくにG8やG20、安保理などで議論されているよりも、はるかに大胆さが必要になってきているのだ。ということはやはり、完全なカオスの状況だということだ。では、どうやってそこから抜け出せばよいのだろう。

三つの戦略と一〇の方策

外交会議の楽しさにかまけることなく、効果的な改革を実現するために、三つの戦略を提案したい。

一つ目は、実践的な道を行くことで、それで十分な場合もある。たとえばモントリオール議定書やモンテゴ・ベイ条約は、この戦略の成功例である。その交渉過程が証明しているのは、グローバル共有財を保護するための、グローバルな、そして相対的に効果的な仕組みを設立することは可能であるということである。同様に、「アタランタ作戦」や国際宇宙ステーションのような、実践的かつ非公式の道を行くこともできるだろう。

しかし断乎として、ヨーロッパ統合構築と同じ道を、グローバルな規模で進まなければならない場合もある。これが二つ目の戦略である。まずは市場統合から始めること（すでにかなり進んでいる）。次に規範の統合（進行中である）。その次に通貨統合と税制の一本化に向けて進む。その後で――そしてそうなって初めて――政治的・制度的統合に関心を持つ。実際、EUが世界機構のモデルであるとしばしば考えられてきた。EUの創設者の一人であるジャン・モネはすでに次のように書いていた。「ヨーロッパ共同体は、来たるべき世界規模の組織形成に向かう一歩に過ぎない」。この戦略を採るなら、今日からグローバル通貨システムの構築を最優先にして取り組まなければならない。

三つ目の戦略として、既存の多国間機関を徐々に変化させるのがふさわしい場合もあろう。そうした機関のアイデンティティはそのままに、民主主義と超国家性という次元を付加するのである。別の言い方をするなら、そうした機関をパズルの一齣のように少しずつはめ合わせていくことによって、理想のモデルに向けて進化させるのである。

以上の三つの戦略のいずれにもせよ、理想のモデルへの進化を始動させるのはいかなる要因であるのか想像するのは難しい。グローバルな規模で植民者や征服者の役割を担うと主張することは誰にもできない。人類全員の意思が等しく一つの方向へ向かうことなど当てにできない。主な当事者だけでも足並みがそろわないのだ。しかし世界全体を巻き添えにするような大惨事を、飢餓を、インフレを、金融危機を、座して待つわけにはいかないのである。

システミック・リスクがはっきりと姿を現わすのを待つ代わりに、しっかりと前に進んでいくためには、今日からもう、以下の一〇の現場に手を着けなければならないのである。

(1) 既存の連邦の統合過程を実用主義的に利用すること

さまざまな人びと、共同体、言語、文化を糾合して連邦制に基づく政府を構成してきたこれまでの経験から、その方法を実用主義的に利用するところから始めなければならない。実際、世界中の国の半数近くは連邦制であり、それぞれが著しい多様性を組織して国をなしている。それらの国では連邦制を採ることによって、補完性原則が適用されている。すなわち連邦全体にかかわる問題でなければ、連邦より下のレベルで処理する、ということである。連邦制の利点として特筆すべきは、複数言語を連邦公用語にすることができ、さらに連邦構成国家が他の言語をそれに追加することも可能である、という点である。

これらの連邦国家は、一般的に一つの盟主が複数の連邦構成体を糾合して連邦を構成することが多い。連邦構成体は、その管轄権の一定部分を徐々に盟主に譲り渡していく。盟主は一つの国家であることも――ドイツ連邦に対するプロイセンがこれである――、一つの植民地宗主国であることも――インドに対する大英帝国がこれである——あり得る。

より稀ではあるが、一つの大きな脅威を前にした複数の構成体が、思いを等しくして連邦を構成することもあり得る。スイスの場合はこれである。すでに見たようにスイスは、一三世紀に神聖ローマ帝国の脅威に直面してつくられた連邦国家である。それは一八四八年に憲法が制定されて以降、自治権を留保した二六の州《カントン》および準州を擁している。そのうち一六州がドイツ語圏（うち九州がカトリック、七州がプロテスタント）、四州がフランス語圏（うち三州がプロテスタント、一州がカトリック）、一州がイタリア語圏（カトリック）である。スイスを運営するのは二院制の議会と七人のメンバーからなる連邦参事会である。連邦参事会の議長は回り持ちで、参事のなかから選ばれる［連邦大統領ないし連邦主席と呼ばれる］。市民は住民投票によって憲法を改正する権利を有する。スイスは、世界統治機関に進化させるための実用的なひな形として卓越している。

欧州連合も世界統治機関のひな形になる。こちらは四つの脅威に直面した国々が、自らの意思で集まり、形成された。四つの脅威とは、ドイツという悪魔、フランスの怠惰、ソ連の圧力、アメリカの無関心である。欧州連合はまず単なる共通市場の段階から唯一の市場へと移行し、その後通貨統合を経て、連邦制に基づく税制へと至り、これによって政治上の連邦制が可能になった。

しかし連邦は、諸国民をまとめる役を果たす恐怖という接着剤がなくなれば、解体してしまうこともあり得る（近年ではソ連、ユーゴスラヴィア、チェコスロヴァキアの例がある）。解体の理由は他にも、連邦のなかの最も豊かな構成体が最も貧しい構成体を養う理由を見出さなくなったり（ベルギーは間もなくそうなる可能性がある）、あるいはもっと一般的には構成体の関心が互いに隔たりすぎたり、外的な脅威が消え去ったり（EUがこれに該当することになるかもしれない）ということもある。

だからこそ、一つの共同体に帰属し、課題を共有し、統合する理由があるという感情があることが、何よりも重要になってくるのだ。

(2) 人類の存在理由の自覚

人類が自ら人類であるという自覚を持っていなかったら、あるいは自分自身の目から見てその存在理由が明確でなければ、自身に対していかなる尊敬も享受できないであろうし、人類としてまとまることもできないであろう。そうなれば、人類が人類の最悪の敵となる危険もある。すでに見たように、人類が最も簡単に滅びるのは、自分自身によって滅ぼされるとき、言わば無自覚な自殺によって滅ぼされるときである。

だから最初の闘いは、人類がその存在理由と、その存在を脅かす危険を自覚することを目的としなければならない。この闘いは、個人の権利のための闘いとはいっさい関係がない。個人の権利の擁護は、個々の人間に対する同胞による尊重を目指すものである。人類としての自覚を求める闘いは、個々人が、特定の生物種に所属していること、そしてこの生物種を保護する必要があることを自覚することを目指さなければいけない。

存続のためには、人類は「国際社会」というような、現在の曖昧な自覚よりもはるかに先へ進まなければならない。その運命が一体であることを自覚するために、まず人類という存在が一体であることを自覚しなければならない。人類は、ばらばらでいるよりも団結した方が多くを成し遂げられることを理解する必要がある。脅威を排除することができるだけではない。より早く、より良く発展することが可能なのだ。

この自覚は、世界の未来に関心を抱く者、私が別の本で「超ノマド」と名付けた人たちの活動から生じるだろう。超ノマドとは、地域社会活動の活動家《コミュニティ・アクティヴィスト》、ジャーナリスト、哲学者、歴史学者、国際公務員、外交官、国際主義運動の担い手、文芸庇護《メセナ》活動の主体、国際経済やヴァーチャル経済の行為者《アクター》、ソーシャル・ネットワークの仕掛け人、あらゆるジャンルのクリエーター、などのことである。これらの超ノマドは、数はきわめて少なく、その役割も些細なものに見えるかもしれない。しかし実際は非常に重要なのである。国民国家が封建制の狭間で成長したように、また資本主義がギルドの目の届かぬ自由な空間に入り込んでいったように、こうした新しい種類のグローバル・アクターが、国境を股にかけた活力を産み出すかもしれない。そしてその力は、いつの日か、市場の力よりもっと強力なものとして姿を現わすかもしれない。そうなれば、それ自体がグローバル公共財を体現していることになるだろう。

この流れを加速するためには、そうしたアクターの組織――国際NGOや組合連合、地球規模の社会的企業、ソーシャル・ネットワークなど――は、もっとプロフェッショナルに、もっと効果的に、また組織の執行部の任命手続きをもっと合理的に、資金調達をもっと透明にしなければならない。

(3) 脅威をもっと警戒すること

超ノマドはその活動をとおして、人類の存続にとって脅威になるもの、逆に人類の繁栄を可能にし得るものへの自覚を促さなければならない。長期的なスパンで人類に関わってくる問題への配慮を欠いているために、いかに人類が絶滅の危機にさらされているか示すだけでなく、人類が連帯することによって、いかにその運命を大幅に改善することができるかを示すことが重要になる。

超ノマドはとくに、第8章で見たグローバル・システミック・リスクを監視するための仕組みを整えなければならない。この使命は不可能ではない。脅威の前触れとなる徴《しる》しはつねに存在するからだ。人口、公衆衛生、食糧、金融、軍事のそれぞれに関連する危険、あるいは原材料に影響を及ぼす危険については、数多くのデータがすでに入手可能である。ただし現状では、健康問題に関してWHOが、食糧問題に関してはFAOがある以外には、データを公表し、それについて検討する役割を明示的に負っているグローバル機関はまだ存在していない。

生態環境の危機について言えば、人類がまだ存在すらしていなかったときに起きた、五度にわたる地球上の生命体の大量絶滅についてはすでに見たが、このときも、生物種の絶滅が始まるよりも前に、危険を告げる徴候——個々の数だけでなく群落単位での植物数の減少——が生態系の衰退を警告していた。この種の危機が新たに迫っていることを示す徴候が、実際に絶滅する種が加速度的に増えていること以外にも、すでに存在する。地震や津波に関しては、それを警戒する仕組みには、まだまだ発展の余地がある。民間の核施設の危険に関しては、フクシマの事故を機会に、きりがないほど微に入り細にわたる警戒が必要だということを自覚しなければならない。

隕石の脅威については、現在すでに、それを分析し予測することが十分に可能になっている。光学望遠鏡でも、地球に衝突する可能性のあるきわめて小さな隕石を、その半年から一ヶ月前には見つけ出すことができるし、数週間前には詳しい衝突地点も予測することが可能だ。そういった観測の実用性をもっと高めるために、グローバルな組織を設置することも可能である。そうすれば、五〇万もの小天体を追跡して、少なくとも衝突の一五年前にはその軌道を突き止めておくことができるはずだ。この組織を実現するには、二つの既存の自動観測システムを連携させる必要がある。一つはNASAが開発したセントリーで、もう一つはそれと同じようなシステムでイタリアが開発したNEODySだ。この二つを合わせれば、小天体の軌道と衝突地点を分析することに特化した望遠鏡を、地上設置のものから宇宙空間に置かれたものまで、かなりの数をそろえることができるはずである。

換言すれば、どんな脅威であれ、それに最大限の時間と手段を投じる用意さえあれば、それを探知し、その推移を予測することは可能だ、ということなのである。

もっと一般的な話として、人類は自分自身に関する監視体制を、今日にでも組織しなければならない。監視対象とするのは、人類の進化、原材料の備蓄、軍備、食糧生産、工業生産、他の生物種の状況などである。そして人類を破滅に導く可能性がある脅威を探り当て、それがどれほどの潜在的影響力を持っているか評価するのである。

とくに人類の生産物、人類による自然の消費、人類全体の物質的知的財産の状況、人類が引き起こし、脅威に変質する危険のある不均衡などを測定する、ある種の会計を確立しなければならない。

今日と二〇三〇年における世界の状況について、それを評価した数字を先に引用したが、手に入るデータはあまりに少なかった。そのようなデータを常時入手可能な状態にする必要がある。企業活動によって、そうした数字がどのように推移するか、見守るためである。その実現には、すでに評価作業を遂行している者たちを、あらゆる領域から、また方法論も統計に限らずに、広く糾合する必要がある。そうして集めた専門家の能力を総合するための技術として利用すべきと思われるのは、気候変動に関する政府間パネル（IPCC）が実施している技術である［第7章で詳述］。この組織は、膨大な数に上る気候の専門家たちの知見を常時収集している。IPCCのこの手続きにならって、さまざまな生物種、人口、健康、気候、金融、軍備、原材料、隕石等々に関する警戒指標と、実際の数値を示す計器パネルのようなものを作る必要がある。そうやって現状の自覚から、人類が一丸となって脅威に対応することが必要だと考えるよう促すのである。

(4) 既存の国際法を遵守させる——グローバル規準《コデックス》

人類の融和をもっと促進するために重要な第一歩として、既存の法規を変更することなく、地球全体に適用されることを想定して発効してきた数え切れないほどの条約類を、一つの「グローバル規準《コデックス》」に再編整理すべきである。たとえば、国連、IMF、世銀、WTO、WHO、ICAO、UNESCOなどの設立条約や、こうした機関による決議のすべて、また他の何よりも海洋法に関する諸条約、モントリオール議定書などを組み込むのである。

このグローバル規準《コデックス》の適用状況を組織的に評価する役割を担うのは、各機関がその決議を遵守させるために備えている特定の委員会をそのまま用いれば良い。そうすれば、この場合もやはり現行の国際法に手を加える必要がない。そのような委員会の例としては、欧州委員会——加盟国による欧州連合法の国内法への反映・適用を確認している——や、モントリオール議定書に基づく各種特別委員会がある。

またさらに踏み込んで、司法に特化した機関に警察力と制裁手段を授けることも必要である。たとえば、現在の国際刑事裁判所（ＩＣＣ）は、いかなる国、いかなる司法機関に対しても金融制裁を科す権限を有していると自ら解釈することは可能なはずである。欧州裁判所の実績を見れば、そうした制裁が効果を発揮し得ることがわかる。また、ＩＣＣ設置規程［ローマ規程］の改正作業が現在進行中だが、その一環としてＩＣＣの管轄権を拡大して、戦争犯罪および人道に対する犯罪で訴追された個人との関連で、企業を訴追できるようにすることも可能なはずである。

このグローバル規準《コデックス》を遵守させるための警察手段については、マネーロンダリングに関する金融活動作業部会（英語ＦＡＴＦ、仏語ＧＡＦＩ）が行なっているような、各国国内当局からの動員態勢を用いることもできるし、極端な場合には、国連平和維持活動の一環である文民警察を用いることもできるだろう。また創設時の使命はもはや意味を失ったＮＡＴＯを、このグローバル規準《コデックス》の遵守状況監視当局として国連の指揮下に置くこともできるはずだ。

さらに大胆な方法としては、新たな裁判所を創設することもできるだろう。たとえばエコロジー法廷、経済法廷、国際金融法廷などだ。またそうした法廷で、国内法廷で認められなかった損害について、その損害が世界のどこで発生したものであれ、またその原因が法人であれ個人であれ、グローバル規準《コデックス》で定められた法に基づいて、その民事責任を問う訴訟を扱うこともできるだろう。とくに、グローバル共有財の地球規模に及ぶ深刻な損壊や、グローバル・システミック・リスクを引き起こした責任を問う場合である。またそうした法廷は、グローバル税制に関する税務紛争を裁定する最終審としての権限を持つこともできるだろう。グローバル税制については後で触れる。

そのような法廷の活動は、現行のＩＣＣもそうであるように、抑止力になる。たとえば今日では、いかなる国の元首も、その政治犯罪を罰せられることを免れ得ない。それと同じ状況を、他の犯罪についてもつくりださなければならない。生態環境に関する犯罪、公衆衛生に関する犯罪、経済に関する犯罪、金融に関する犯罪など、とにかく何であれグローバル規準《コデックス》の重大な違反すべてについて、そうならなければいけない。

次の段階として、一次産品、とりわけ農業部門のそれへの投機を現状よりも厳しく規制する規則や、麻薬マネーの洗浄、合法金融の犯罪利用、人身売買・臓器売買、武器密輸、その他グローバル・システミック・リスクを引き起こすようなあらゆる違法行為を抑制するための規則を、このグローバル規準《コデックス》に取り入れるなら、それは完成されるだろう。またルネ・カサンが一九四六年の交渉の際に提案していたように、世界人権宣言をこのグローバル規準《コデックス》に含めて、その適用を義務化するならもっと良いだろう。

最終段階としてさらに大胆な改革に踏み込むなら、国連憲章を改正して、国連総会を始めとする国連システムに属する国際機関の決議が、直ちに各国国内法として適用されるようにすることもできるだろう。

(5) 計画を一つずつ先に進めること——ミニラテラリズム

社会的・文化的・地理的・生態環境的に持続可能な成長を促すためには、またグローバル・システミック・リスクを予防するためには、人類は法的規則を制定するだけで満足してはならない。いくつかの計画を共同で成功に導かなければならない。

その権限を持っている国際機関が計画を引き受けるのを待たず、関係する主要先進国は計画実現のための手段を効率重視で配置していかなければいけない。そして計画を推進するグループも、実効性を確保するために、モイセス・ナイム◆の巧みな表現を借りれば「ミニラテラル「少数国参加」」なグループであるべきだ。要するにその構成国を可変にしておくということである。計画を推進する最小限の国からなるこのグループに属さない国はどれも、このグループが達成した合意にいつでも参加することが認められる。

この少数国主義《ミニラテラリズム》に不可欠な第一の次元は、地域統合である。これはそれ自体が必要であるというだけでなく、より良い世界秩序を目指すためにも必要なのだ。とくに、ヨーロッパ、アフリカ、アラブ、ラテンアメリカの諸国は、その統合を強める必要がある。アジアは、いくつかの部分的な下位グループごとに統合されなければならない。ヨーロッパは、他の大陸に比べるとかなり進んでいるが、今日では求心力を失ってばらばらになる危機に直面している。それを見本とすれば、他の大陸が今後どのような困難に直面するか、推し量ることができるであろう。各国は、隣接する複数の地域グループに同時に参加することができるようにしなければいけない。たとえばトルコはヨーロッパの一員であると同時に中東の一員になり得るし、ロシアはヨーロッパの一員であると同時に極東の一員であり得る、というように。各地域はとくに、その内部の言語的・文化的多様性を保護する責任を負う。

また文化的なグループの一体性を推進する必要がある。これは必ずしも地理的な広がりと連動していなくても良い。たとえばある民族が、その離散したメンバーと法律上のつながりを持つことが可能であるようにしなければならない。たとえその離散メンバーが、他の国で完全な市民権を取得していようとも、である。また言語共同体をさらに発展させなければいけない。言語共同体は、国境がその意味を失っても、最後まで残る共同体であるし、また、グローバリゼーションによって引き起こされる画一化への対策として、欠かすことのできない要素である。

ミニラテラル型の計画の例が必要であろう。グローバル金融システムの制御計画を実行に移し、それに関連するグローバル・システミック・リスクを回避するために、GDPの世界計の八五%を占めるIMFは、その国際通貨金融委員会を通して、あらゆる金融機関に適用可能な自己資本の水準について、適切な決定を下し、グローバル通貨制度の改革に乗り出すこともできるはずである。

世銀の同種の委員会は、地球規模の成長をもたらす投資について決定を下すことができるはずである。

◆**モイセス・ナイム**　その著『権力の終焉』（加藤万里子訳、日経BP社、二〇一五）における定義は以下の通り。「ミニラテラリズムとは、ある特定の問題への世界の対処方法を大きく変える必要がある国々が参加国を最小限にとどめておこなう会合から成る」（邦訳二五六頁）。

世界の各地域間の文化的差異を捨象する画一化を避けるために、G8は、フランスの例を模範として、文化と言語の多様性を奨励するための資金と割当金《クオータ》を持つことができるはずである。

温室効果ガスについては、その排出量を削減し、それに伴うグローバル・システミック・リスクを制御するために、その排出量の七五%を占めるG20が、さまざまな行動を有効に進めることができるはずだ。たとえば、電気自動車を手ごろな価格で生産するために必要な、効率の良い電池を共同開発することもその一つだ。電気自動車が実際に採算が取れるようになれば、炭酸ガス排出問題への正真正銘の解決策の一つになり得よう。もしもこの領域の知見を共有化することができれば、人類は一〇年以上を稼ぐことが可能になるだろう。もっと長期的な視野に立つなら、再森林化による二酸化炭素吸収と、地球表面の反射率を高めることによって、太陽光の一部を逸らして温暖化を防止する計画を進めることも必要であろう。

原子力発電所の安全保障を強化するためには、原子力発電所を持っている三一ヶ国が集まって、安全規範と制御メカニズムを確立するための会議を一度開けば十分であろう。

核兵器廃絶の筋道を立てるためには、核を保有していることが公になっている五ヶ国と、密かに所有しているか、あるいは所有しようとしている一六ヶ国のG21が一度会合を開けば、必要な決定を下すのに十分なはずだ。

食糧供給を改善するためには、主要生産国のG15が集まって、備蓄管理の改善に取り組めば良い。

ミレニアム開発目標を、とりわけアフリカで達成するためには、主要出資国とアフリカの主要国からなるG12会合を開けば十分であろう。

エイズ撲滅のためには、この病気による死亡数の三分の二に相当する国々と、主要出資国で集まってG19会合を開けば良い。

最後に、隕石衝突の脅威を減らすためには、役に立つ科学的・人的・技術的手段を実際に保持している一五ヶ国が集まって、効率良く行動する必要があるだろう。もしも隕石衝突の可能性が探知されたら、このグループでグローバル・システミック・リスクのレベルを評価してトリノスケールで表わす。もしもそのリスクが深刻なレベルなら、二つの使命を遂行する必要がある。一つは、隕石の構造を観察すること、もう一つは必要があればその方向を逸らすことである。隕石が直径四〇〇メートル以上に達するなら、核爆弾による爆破が必要になるだろう。地球に接触する確率を分析して、確かな数字が得られるのを待たずに対応する必要もあるだろう。衝突が発生し、直径四〇メートル以上のクレーターができる確率が、少なくとも一〇分の一以上になったら、直ちに行動に移す方が良いだろう。この基準だと平均して一〇年に一度は決断を迫られることになる。そしてそのような決断を下すプロセスには、かなりの準備が要求される。宇宙探検家協会および小天体の脅威緩和のための国際委員会は、観察ネットワーク、意思決定の仕組み、行動に移すための手段を、一〇年前には稼働させておく必要があると見積もっている。

他のグローバル・システミック・リスク、たとえば麻薬や人身売買・臓器売買などに対しては、また別の組み合わせで別の国が結集する必要があるだろう。他にはたとえば食糧や住まいの増産を促す計画を立ち上げるのにも、また別のグループが結集する必要があるだろう。

このようなミニラテラルな計画は、各計画に参画する国々の市場に向けて、公債を大規模に発行することによって資金調達することができるだろう。その際には、そのテーマの最先端の企業どうしを結びつけることも必要である。それについては、大きな成果をあげている欧州先端技術共同研究計画（EUREKA、ユーレカ）を模範とすることができるだろう。この組織のおかげで、ヨーロッパでは地球規模の技術革新が日の目を見ている。

(6) 世界統治評議会

次は、国際機関改革として、それらを前章で述べた理想の世界統治機関に進化させる段階である。

国連の付属機関はとくに進化するのが難しいだろう。その改革には、安保理の全会一致、あるいは総会での三分の二の賛成が必要だからだ。ところがすでに見たように、遂行すべき計画のなかには互いに相容れないものが多く、それを調整することも不可能である。それでもそれらを改革することは必要だ。もしもそうした機関自体が改革を拒むなら、またそうした機関の権力を握っている国が進化に任せることを受け入れないなら、それらはしだいに信用を失っていき、周辺的な位置づけになって、世界の現実に何の影響力も与えられなくなってしまうだろう。逆に、進化が間に合えば、それらは世界統治機関の組織構成のなかで、一角を占めることができるだろう。

国連総会は、改革を経ずともそのまま前章で定義したような国家代議院に移行することができる。

安保理は、これもやはり前章で定義したような世界統治機関へと進化しなければならない。世界統治機関に先立って、その端緒となるものとして、欧州委員会のようなものを設立しようとしたり、また安保理を、欧州理事会に似たものにしようともし考えるなら、ヨーロッパの経験から言って失敗することは目に見えている。

安保理の進化を成功させるための簡単な解決策は、これをG20と融合させ、国家代議院すなわち国連総会の代表からなる執行機関「世界統治評議会」をつくれば良いのである。この新生の世界統治評議会は、すべての大陸の代表で構成される。たとえばアメリカ、EU、ロシア、中国、インドが拒否権を持つ常任理事国とする。日本、ブラジル、インドネシア、ナイジェリアは将来拒否権を付与される常任理事国とし、また韓国、メキシコ、オーストラリア、台湾との交代制とする。その他に非常任理事国が一〇ヶ国、地域ごとに指名される。世界統治評議会は国連総会に対する報告義務を負い、総会は、世界統治評議会の決議に異議を申し立てることができ、またその予算を票決する。

IMF、世銀、WTO、ILO、WHO、UNESCOは、直接この「世界統治評議会」の傘下に入る。世界統治評議会は、真の意味で超国家的な決定を下すことができるように、一人の「行政次官」から補佐を受ける。行政次官は、世界規模の政党によって提示された候補者のなかから、地球規模の普通選挙で選出する。この行政官が世界統治評議会の決定を確実に実行する役目を担う。そのために行政次官は、「世界行政評議会」を指揮する。世界行政評議会には現在の主要国際機関の幹部が席を占める。行政次官と世界行政評議会は一丸となって世界行政計画大綱を作成し、世界統治評議会に報告する。

各機関は、この図式のなかにしかるべく組み込まれる。IMFは、グローバルな金融省に相当するものになり、グローバル金融システムを設計し、その安定を図る。またそれは、各国の予算および金融政策の監視《サーベイランス》を実施し、為替相場の激しい変動を制御し、特別引出権（SDR）の発行と流動性を管理する。国際決済銀行は、グローバル中央銀行となり、ドル・ユーロ・人民元を三本柱とする統一通貨を発行する。世銀はグローバル共有財の出資者となり、また地球規模の成長の欠かせない行為主体《アクター》となる。他の国際機関も、民主主義的であると同時に超国家的でもあるこの力学のなかに、それぞれがしかるべく位置づけられる。

(7) 持続的開発のための長期企画院

長期的な視野に立つことは、グローバル・システミック・リスクから人類を保護する鍵となることは、すでに見たとおりである。そうした視野を否応なく持たざるを得なくするために、新たに長期企画院を設置して、この議院が、前章で見たように、リスクによって問題になっていること、また社会的・生態環境的に持続可能な開発のために争点になっていることを、はっきりと示す。長期企画院は、各国政府によって選抜された三〇〇人の人物によって構成される。選抜されるだけの正当性があると認められる人物でなければならない。たとえばノーベル賞受賞者や、民主主義世界で統治者を務め、その任期を終えた人物、国際機関の元責任者、哲学者、人類学者などである。また三〇〇人が多様な文化を公平に代表しているようにしなければならないし、また人類の運命についての懸念の持ちようも、多様になるようにしなければならない。その任務は、前章で詳述した通りである。

このような機関は非民主主義的であるという批判は免れないだろう。しかしそれは、この地球の来たるべき世代の利益を考慮に入れることを他の機関に強いるために、どうしても必要なのである。初期段階ではそれは諮問機関という位置づけになるだろう。

(8) 民主化同盟

政府理事会が独裁に変質しないように、また少数の支配者のみに資するものにならないように、むしろ民主主義の普及に貢献するように、新たな国際的行政機関を設置して、民主主義国家のみをそこに糾合する。名付けて「民主化同盟」である。この同盟は、独裁制国家に対する介入を義務として引き受け、独裁下の国民が民主化を達成するために、それを支援する手段を整備する。たとえば独裁国家における出版報道の自由、政党の設立とその活動、貧困撲滅や汚職撲滅のために活動するNGOなどを支えるために、財政的・技術的手段を提供するのだ。またこの組織は独自の衛星ネットワークとインターネットを備え、専《もっぱ》ら独裁政権が発信する情報を攪乱することを図り、たとえば、現地の人権擁護団体にビデオカメラを供与して、その映像を配信したりする。さらに民主化同盟は、民主的組織の強化、人権の普及促進、公民教育、投票者登録、市民による情報へのアクセス、政治参加の権利、政治に透明性を求める権利、不可侵性《インテグリティ》への権利などを目的とするプロジェクトに財政支援する。

民主化同盟は、すべての国が民主主義国家と見なせるようにならない限り、世界統治機関とは競合関係に、あるいはさらに対立関係にすらなり得るだろう。いつか世界が民主主義体制で一丸となり、それ以外の国が存在しなくなったら、民主化同盟は世界統治機関の一翼を担い、今度は民主主義の保護をその任務とする。

このような同盟の萌芽はすでに存在している。経済の分野では、市場民主主義国家が経済協力開発機構（OECD）に集結しているし、軍事分野ではNATOの枠組、警察分野では欧州安保協力機構（OSCE）

がある。より広く地球規模のもので言えば、民主主義共同体と国連民主主義基金が、すでに民主化同盟の下書き的存在である。以上の五つの組織の存在理由は、かつてはアメリカのヨーロッパに対する、また世界に対する支配を強化することだったが、今やこれを別の目的に利用することができるはずだ。これらの組織のガバナンスを変更して、南側の民主主義大国（インド、ブラジル、エジプト、インドネシア、ナイジェリア）をすべて加盟させれば、アメリカの支配から逃れることができるだろう。またこれらの組織は、独裁の犠牲になっている国々の民主主義を促進することを使命としている数多くのＮＧＯや財団とも、連携していかなければならない。

このような民主化同盟が設立されるまでのあいだの最小限の解決策として、以上の五つの組織が集まって討議する場《フォーラム》を設けるべきである。五組織はその場《フォーラム》で、各独裁国家の状況を検討し、その国民に対して、民主主義へ転換するための一貫した支援を連携して提供するのである。

(9) 世界統治機関のための資金を掘り起こす

以上述べたような行動を実行に移すための資金を、グローバルに掘り起こさなければならない。それは各国からの拠出金か、新たなグローバル税を設立することによって賄われ得る。

各国からの拠出は、超国家的段階への移行を妨げる。なぜならそれは、拠出国の利益に反することもできるということが大前提だからだ。したがってそのための税を新設することを優先するのが望ましい。この税は、既存の税から天引きするかたちをとることもあり得るし、新たな国際税の形態もあり得る。また、各国予算を通して徴収する場合（ＥＵ予算に対する各国の義務的拠出金がこれに当たる）もあり得るし、そうでない場合もあり得る。そうでない場合は、国際機関に直接支払われる形態もある。今日で言えばこれは、ユニットエイド（ＵＮＩＴＡＩＤ）によって徴収されている税がこれに当たる。世界予算は最低でもＧＤＰ世界計の二％に達している必要があり、これは一兆五〇〇〇億ドルに相当する。この最低額は、とくにミレニアム開発目標を達成するための額で、そのための予算が少なくとも年間一〇〇〇億ドル不足している。すぐに適用できる世界税として、少なくとも七つが想定できる。

(1) ファーストクラスおよびビジネスクラスの航空券から五％を天引きするシステムは、すでに存在していて、ユニットエイドの資金源となっている。これを世界規模に一般化することができていれば、およそ年間八〇億ドルを掘り起こすことが可能だったはずだ。

(2) 温室効果ガス排出に課税して、初めて「排出権」取引は完全なものになるだろう。それを国連の環境保護のための各種計画の資金とするのである。これは従量税とする。もしも二酸化炭素一トンにつき二〇～二五ドルに税額を定めるなら、年間三〇〇〇億ドルがもたらされるだろう。国際運輸（飛行機も船も）に課税するだけでも、年間四〇〇億ドルを生み出すことができる。

(3) 多国籍企業への国税に付加する税を設けることによって、タックス・ヘイヴンを排除する資金とすることができる。またそれによって、企業は国籍にかかわらず世界税納税者となる。この課税でおおよそ一〇〇〇億ドルが掘り起こせるだろう。

(4) 武器の売上（国内でも輸出でも）に対して課税する。売上額はおおよそ二〇〇〇億ドルなので、税額は難なく年間三〇〇億ドルに達する。

(5) キャピタルゲインへの課税は、それをすべてのタックス・ヘイヴンにまで一般化し、入念に監督できていれば、五〇〇億ドル前後に上っていただろう。

(6) 主要為替市場（ドル、ユーロ、ポンド、円）での為替取引に〇・〇〇五％の税率で課税すれば、少なくとも年間三三〇億ドルの税収となる。またそれによって為替取引が一四％減る可能性がある。金融取引全般に〇・一％の税率で課税すれば、年間一五〇〇～三〇〇〇億ドルがもたらされる。またこの税が投機を予防する道具としても有効であることは、チリやマレーシアで、一九九〇年代に実施された例からも明らかである。この種の税は、複数の国の政府および欧州議会などで賛同され始めている。

(7) タバコ一箱につき富裕国では〇・〇五ドル（貧困国では〇・〇一ドル）課税すると、年間七七億ドルがもたらされる。この税の対象となるのは、一三億人にも上る世界中の喫煙者で、このうち九億人がG20諸国の住人である。税率をもっと上げていれば、タバコ消費は減っていたであろう。アメリカ経済においては、タバコが原因の健康関連支出は一億ドルにも達し、エイズとマラリアによる死者の合計よりも、タバコが原因の死者数の方が多いのである。

上記のような税は、タックス・ヘイヴンも含めた地球上のすべての国に適用されることが、その計画の大前提である。これらの税の脱税を裁く権限は、国際経済法廷を設置してそこに付与すれば良い。またこれらの税に関する決定、また使い途に関する決定は、国選総会で票決する。

このような税制がもしも実現すれば、ミレニアム開発目標実現のために必要な年間一〇〇〇億ドルを超える部分を何に割り当てるか、ということで論争が始まるであろう。

ここにもやはり、集団行動の論理が見出される。すなわち、集団行動には資金が不可欠で、資金には合法性が不可欠で、合法性には国民の意思が不可欠で、国民の意思には課題の共有が不可欠である。そして今日では、この国民の意思が存在しないのである。それを創出するためには、世界全体会議を経る必要があるだろう。

⑽ 世界全体会議

世界全体会議は、どのように組織すれば良いだろうか。もちろん存在しない世界統治機関に何も期待することはできない。逆に、民衆デモにはあらゆることを期待できる。

まず、誰でも良いのだが誰かが、ある簡単な問題についての世界全体の意思を問いたくて、意思表示のための住民投票を実施しようとする場合を最初に想定できるだろう。問われる問題は、条約への加盟かもしれないし、何かの改革の原則かもしれないし、地球規模の巨大プロジェクトの立ち上げかもしれない。住民投票には、電子投票を用いることができるだろう。電子投票のなかでも、一ヶ所に固定した投票所でそれが利用される場合もあれば、好きな場所で投票できるノマド的電子投票もあり得るだろう。

電子投票はSF世界の話ではない。固定的投票所でのそれの利用はすでに、数多くの国で実施されている。たとえばインドでは一九八二年に初めて導入され、二〇〇四年には国全体に適用されて、六億人を超える有権者の投票が電子投票のおかげで可能になっている。電子投票端末は、ブラジル、カナダ、日本、カザフスタン、ペルー、ロシア、アメリカ、アラブ首長国連邦、ベネズエラなどで使用されている。ノマド的電子投票、すなわち投票所以外の場所での投票を可能にするためには、投票直前に投票者の本人証明を完璧に実施すること、投票直後からはその匿名性を最大限維持することが求められる。エストニアでは二〇〇五年から、ノートパソコンでも電子投票が可能になり、まもなく携帯電話にも拡大される予定である。二〇〇八年にはチューリヒで実施された。アメリカの軍人は、基地から国防省が安全な回線でつながっているので、二〇〇四年にはインターネットを通して投票した。国際宇宙ステーションに乗船中の宇宙飛行士は、安全が確保された電子メールを通じて投票する。テキサス州の法律で、その票を送信し記録することが明文化されているのである。カナダでは二〇〇三年に、オンタリオ州東部の一二の自治体で、一〇万の有権者がインターネットおよび電話を通じた投票を認められた。ノマド的電子投票システムが整備されれば、政治参加は全体で五五%も増加する。しかしそのためには、有権者に対する圧力や安全性の不備に対する厳重な警戒が前提となる。中期的には、暗号化通信と生体認証を用いることで、システムの有効性をきわめて広い範囲に拡大することが可能になるだろう。

次に想定し得るのは、もはや特定の問題のみに対する意思表明の問題ではなく、もっと開かれた動きである。すなわちグローバルな「ヴァーチャル・フォーラム」を訪れて意思表明をすることが夢想されるのだ。そうなれば示威行動としては十分に効果的で、人びとの声は聞き届けられるし、独裁者や犯罪者、金権政治家の一掃につながるような、決意や望み、怒りの表明が始まると期待されるのである。最初は誰もいなかった広場に集まる人の数がしだいに増えていき、ついには独裁者の転落を引き起こすという、最近でも目にした光景に少し似ているかもしれない。

この目的のために「世界全体会議ドットコム」とでも名付けたサイトを開設し、「eデモ参加者」がそこに来て変化への思いを投稿できるようにして、数百万、のちには数十億の意見を糾合することを目標とする。そしてそこから、もはやヴァーチャルのままであり続けることができないほどの多数派を形成するに至った意見を、共通のプロジェクトとして導き出すのである。数億という人びとが、たとえばある主義主張のために、あるいは暴君の追放のために、あるいは何かのプロジェクトを立ち上げるために、意思を表明するのである。

「世界全体会議」サイトを立ち上げ、ホスティングし、司会役を務め、資金も提供する主体は、完全な透明性を備えていなければならず、できればどこにも所属しない独立した立場であるべきだ。サイトの資金は寄付で確保すべきである。また複数言語に開かれていなければならない。「eデモ参加者」自身がそこに新たに言語を加えていっても良い。そのひな形になるのはFacebookのインターフェースで、これはすでに二〇ほどの言語で運用されていて、利用者自身がインターフェースの各要素の翻訳を提案したり、複数の提案のなかから最も良いものを投票で選んだり、また新たな言語を加えてサイトを充実させたりできるようになっている。バラク・オバマの大統領選キャンペーンや、チュニジアやエジプトで起こったこと、ジーン・シャープが民主化のために展開している仕事などが良き先例として道を開いてきたのである。

「eデモ参加者」は、ブログやFacebookやTwitterのアカウントでこのサイトに登録する。匿名は認められない。示威活動は偽名ではしないものだ。サイトのホスト役は、討論やデモ、抗議活動、あるいは行動のテーマや、キーワードなどをアップする。参加者はそれを叩き台にして、他のテーマや他のキーワードを加えたり提案したりする。変更はすべて「eデモ参加者」自身の手で施すのである。

記事、ビラ、草稿、アンケートなど需要の多いものは、本当に対外的に発表するまで何度でも他の「eデモ参加者」の手直しを受ける。YouTubeやFacebookやTwitterなどと同じだ。

総括を執筆する役割を担う編集チームが、常時待機する。その独立性は、自国に関わりのある件については総括しないというルールによって保証される。総括が発表されると、全員参加の投票に付される。

そうした「eデモ参加者」たちは、たとえばあるリーダーの追放であるとか、市場への異議申し立てであるとか、人類の義務と権利に関する憲章の草案であるとかについて呼びかけ、大きな要請のうねりを作りだし、数十億の署名を集めて為政者に突きつける。為政者はただただ仰天するばかりであろう。

以上に述べてきた一〇の現場の一〇の課題は、どれも不可能なことではない。

もしも、それに向かって今日から一歩を踏み出す者が誰もいないというなら、それは恐れているからではない。存在しない世界統治機関の想像上の警察を恐れる必要は何もない。まして少し自由にしゃべりすぎた者に対して、インターネット警察が報復に及ぶことなど、あり得ない。一歩を踏み出さないのは、われわれが、われわれの大部分が、諦め、敗北主義に陥り、ユートピアを夢見ることもできず、グローバルな反乱など不可能だと思い込んでしまっているからだ。反乱が不可能である理由は、反乱が不可能であると思い込んでいることだけにしかない。世界全体会議を実現するためには、世界全体会議が実現可能だと考えるだけで十分である。

新世界秩序について思いをめぐらせるのは、自分の最もそばにいる隣人のことに思いを致さない言いわけにも、アリバイにもなり得ない。むしろそれについて考えることを通じて、世界が隣人とともに、隣人のために始まることを、理解する良い機会となるだろう。

訳者あとがき

本書は、フランスで出版された *Jacques Attali, Demain, qui gouvernera le monde ?*, Fayard の日本語版である。

この本は、世界秩序の歴史的考察をもとに、今後の世界情勢の見通し、そして二一世紀の新世界秩序を大胆に構想したもので、久々のアタリの力作となっている。

「ヨーロッパ最高の知性」と称されるジャック・アタリは、古くは、ソ連崩壊、携帯電話やノートパソコンといった「オブジェ・ノマド」の登場、新たなテロの脅威、インターネットによる世界変化などを予測してきたことで有名だが、近年では、二〇〇八年の世界金融危機、さらに、かねてよりアメリカに孤立主義的・保護主義的な大統領が登場することを警告し、トランプ大統領の当選を予言したとして、その発言は常に世界的な注目を集め続けている。

また、アタリは、サルコジ、オランドと歴代のフランス大統領の懐刀としてアドバイザーを務め、フランス経済再生のための構造改革の提言を行なったきた。さらに、昨年（二〇一七年）のフランス大統領選では、史上最年少三九歳のエマニュエル・マクロンが当選したが、マクロンをスカウトし、大統領へ押し上げたのはアタリである。フランスの新聞は、アタリのことを「フランスの真の大統領」と書き立てた。

ジャック・アタリについて

アタリは、一九四三年に生まれ、フランスの超エリート校である国立行政学院（ＥＮＡ）を卒業している。三八歳の若さで、ミッテラン大統領の大統領特別補佐官となる。冷戦の終結とヨーロッパ統合という激動の時代に、ミッテランの右腕として、コール首相（西ドイツ）、サッチャー首相（イギリス）と渡りあいながら、ドイツ再統一（一九八九）、ＥＵ成立（一九九二）を実現させた影の立役者と言われる。アタリは、ミッテランも、コールも、サッチャーも、当初は本当にＥＵができるとは思っていなかったと語っているが、この経験こそが、不可能と思われる歴史を見通す目、固定観念に捕らわれず未来を構想していくダイナミズムの源泉になっているのかもしれない。その構想力は、本書でも存分に発揮されている。

一九九一から九三年には、ベルリンの壁崩壊後の東ヨーロッパ諸国の経済復興を目的として、自らが提唱した「ヨーロッパ復興開発銀行」の初代総裁に就任した。一九九八年には、ＮＧＯ「プラネット・ファイナンス」を創設している。これは、アタリの友人であるムハマド・ユヌス（二〇〇六年、ノーベル平和賞受賞）が提唱したソーシャル・ビジネス（社会調和のための利他的ビジネス）で、マイクロ・クレジット（小口無担保融資）によって途上国の人びとを支援することを目的とした組織である。世界の貧困層四〇億人を救うと同時に、彼らに消費者となってもらうことを目的とするソーシャル・ビジネスというコンセプトは、その後、大いに脚光を浴びることになるが、アタリはそれを、一〇年以上も前に先取りしていたのである。

二〇〇七年七月、アタリの『21世紀の歴史』を読んで感銘を受けたサルコジ大統領は、アタリを委員長として招き、「フランス経済成長解放委員会」（フランスでは「アタリ政策委員会」と通称されている）を設置した。アタリ政策委員会は、二度にわたってフランス経済再生のための構造改革を提言する報告書を提出した。またオランド大統領も、同様にアタリに政策提言を依頼し、二〇一三年、フランスが二一世紀をサバイバルするための「〝ポジティブ・エコノミー〟のための四五の提案」がまとめられた。どちらの報告書も、その内容がフランスでは大きく報道され、これらの政策提言はフランスの国家戦略の基盤となっている。

二〇〇九年に行なわれた初のEU大統領選挙では、有力国のパワー・バランスの結果、「無名」だったベルギー首相ヘルマン・ファン・ロンパイが初代EU大統領に選ばれたが、トニー・ブレア（前英首相）やメルケル（現ドイツ首相）と並んで、アタリはフランス側の最有力候補だった。

二〇一七年の史上最年少で大統領となったエマニュエル・マクロンに、そもそも政治家の第一歩を踏み出させたのも、アタリである。アタリは、前述したサルコジ政権に依頼され「アタリ政策委員会」を組織した際に、財政監査総局に勤務していたマクロンをスカウトして委員に加えた。これがマクロンの政治家としての出発点となったのである。さらに、マクロンはオランド政権で経産大臣に任命されたが、これはアタリの強い推薦によるものだった。フランスの新聞は、アタリのことを「フランスの真の大統領」と書き立て、またアタリ自身も「マクロンを見出し、つくり出したのは私だ」と語っている。アタリは、初めてマクロンに会った頃、「チャンスを引き付ける磁石のような若者で、いつか大統領になるかもしれない」と思ったという。しかし一方で、「自己愛が強く」「世界に対するヴィジョンがない」と手厳しい非難もしている。

これまでのアタリへの反響

日本におけるアタリへの反響について、かいつまんで紹介しておきたい。

アタリは、日本においてもすでに八〇年代初めから数多くの翻訳が出版されている著名な存在だったが、とくに『21世紀の歴史』（邦訳二〇〇八年）は反響を呼び、再びその発言が大きな注目を集めるようになった。この本は、二一世紀世界の政治・経済・社会の見通しを大胆に予測したもので、フランス版原著は二〇〇六年一〇月に刊行されたが、八ヶ月後の二〇〇七年夏頃になって表面化したサブプライムローン破綻、それによって一九二九年以来の世界恐慌が勃発することも書かれていて、ヨーロッパのみならず世界的な話題となった。当時のフランス大統領サルコジが、この本を読んで感銘を受け、「アタリ政策委員会」を設置したことは前述したとおりである。

日本でも刊行直後から、数多くの政財界関係者・ジャーナリストより反応が寄せられた。刊行数日後に、新党日本の田中康夫氏は、「〔アタリ氏の〕慧眼は素直に認めるべき。よそ者には言われたくない、と島国根性で排除する前に、かくなる心智を有する政治家も表現者も見当たらぬニッポンの惨状を、まずは憂うべきだよね」と書いた（『週刊SPA』二〇〇八年九月一三日号）。

当時、朝日新聞編集委員で、現在はTBSの報道番組「NEWS23」のメインキャスターを務める星浩氏は、『朝日新聞』政治面の解説記事で、次のように述べている。

「〔『21世紀の歴史』の〕原著は、〇六年秋の出版だが、翌年に表面化するサブプライムローン問題を予言している。〔……〕アタリ氏のような知恵者を抱える欧州や金融危機を乗り切った日本などが力をつけて、世界が多極化に向かうのか、それとも米国が復活するのか。その分岐点である。〔……〕／アタリ氏の本は、日本の先行きを悲観している。『人口の高齢化に歯止めがかからず、国の相対的価値は低下し続ける』『二〇二五年、日本の経済力は世界第五位ですらないかもしれない』。／そんな日本の将来像をどう描くのか。米国の一極支配から多極化に向かう世界で、日本はどんな役割を果たすべきか。国内では市場と政府の折り合いはどうつけるのか」（二〇〇八年一〇月二八日付）。

また、三菱UFJリサーチ&コンサルティング理事長の中谷巌氏は、「欲望の制御は可能か」と題するコラムで、以下のように記した（『東京新聞』二〇〇九年七月一八日付）。

「ジャック・アタリは近著『21世紀の歴史』の中で、グローバル資本主義の暴走がこれから数十年にわたって暴走を続ける結果、水やエネルギーの不足、食糧価格の高騰、地球環境破壊などを招き、それが人口の大移動や国際間の紛争を頻発させるだろうと予測している。〔……〕／アタリの主張するように、グローバル資本主義が適切に制御されないまま放置されれば、人類は壊滅的なダメージを受けるだろう。

〔……〕／そんな事態は何としても阻止しなければならないが、問題の糸口はどこにあるのか。それは『人間の際限ない欲望をどうすれば抑制できるか』という根本問題に世界が真剣に向き合うことであろう」。

さらに二〇〇九年、ゴールデンウィークの五月四日と五日、二日連続で午前一一時より、NHK総合で『ジャック・アタリ緊急インタヴュー』が放映された。これは『21世紀の歴史』を下敷きに企画されたもので、『シリーズ 危機の中で未来を考える』と題した特別番組として、第一回「危機の核心とは何か?」、第二回「世界を襲う五つの波」の二回に分け放映され大きな評判となった。

二〇一〇年一月三日付『読売新聞』は、一面トップで、アタリの大きな写真入りでインタヴュー記事を掲載している。「日本の進路 第1部 識者は語る」と題する連載記事の第一回として、アタリを選んだのだ。「未来は暗くない」と大見出しが踊るこの記事のなかで、アタリは、日本経済復活のカギを握るのは東アジア市場であること、人口減の克服が急務であることなどを指摘し、「日本はこうした課題を克服できるし、活力を取り戻す潜在力もあると信じている」と語り、一年の計にあたって希望を与えられた日本人も多かったであろう。

ちなみに、一月一一日には、当時の鳩山首相が都内の書店を訪れ、『21世紀の歴史』と『金融危機後の世界』を購入したことが報道された。なお、麻生太郎首相が在任期間中に二度も『21世紀の歴史』を購入したこと、菅直人首相は『国家債務危機』を購入したことが、新聞報道された。アタリの著書は、日本の歴代首相にも愛読されているらしい。

『国家債務危機――ソブリン・クライシスに、いかに対処すべきか?』の日本語版は、二〇一一年一月に刊行され、この出版にあわせてアタリは来日した。その時点で日本は一〇〇〇兆円（現在一一〇〇兆円）という史上最大の公的債務を抱えていたため、このテーマは最重要の政治課題の一つであり、アタリの発言は、再び日本の政治家やジャーナリストの注目を集めることになった。

刊行三日後にこの本を書店で購入した菅首相は、来日したアタリを首相官邸に招いて緊急会談を行なった。アタリ氏が「政治力を発揮すれば、国家債務や少子高齢化の問題は解決できる。国民に理解と努力を呼び掛けるには、一〇年後の国の在り方を示すことが最善で、有識者委員会を創設することも一案だ」とアドバイスしたところ、菅首相は「よいアイデアをいただいた」と語り、さっそく閣僚会議でアタリの言葉を紹介した（『読売新聞』一月一八日付）。

昨年（二〇一七年）には、『2030年ジャック・アタリの未来予測――不確実な世の中をサバイブせよ！』（プレジデント社）が刊行された。『21世紀の歴史』での未来の見通しを下敷きに、十数年後の近未来を予測したもので、アタリによる久々の未来予測であるため、大きな評判を読んでいるようだ。『プレジデント』はもちろんのこと、『ダイヤモンド』『東洋経済』などさまざまな雑誌が大きな記事を掲載している。

朝鮮半島での激動、トランプによる保護主義政策など、まさに世界の秩序が大きく転換し、日本の今後の戦略の問い直しが求められている現在、アタリの発言への注目は、ますます高まっていると言えるだろう。

＊　＊　＊

この本を日本語版で読む読者のために、アタリは特別に序文を寄せてくれた。多忙であるに違いないと思うのだが、ためらうところは一つも見せずに文字通りの〝快諾〟で、しかも〆切日当日にきっちりと原稿が送られてきた。この軽やかさ、仕事の確実さこそ、アタリの人柄をよく物語っていると思う。

なお日本語版の刊行にあたり、アタリの指示のもとに新たにコラムを加え、また一部の内容については最新のものに差し替えるなど変更を加えた箇所もあることをお断りしておきたい。

二〇一八年六月一〇日

第3刷への付記

二〇一八年八月二九日

幸いにも本書は、日本の読者にもたいへん好評をもって迎えられ、刊行後二ヶ月も経たず三刷となった。すでにいくつもの記事や書評で紹介されたので、その一端をご紹介したい。

本書の刊行直後、著者アタリが急遽来日し、本書の問題提起をめぐって、ジャーナリストの池上彰氏と対談され（『プレジデント』誌、九月三日号掲載）、『朝日新聞』のインタビュー（八月二五日付掲載）に答えた。

池上氏がまず、「アタリさんはこれまで、国際情勢からテクノロジーに至るまで、さまざまな未来予測を的中させてきました。その内容も、世界金融危機や戦争の可能性から、人口問題、気候変動、環境汚染まで、幅広い分野に及んでいます。現状分析や未来予測の力を、どうやって身につけてこられたのでしょうか」と問われたのに対して、アタリは「これまで身につけてきた〝予測の技術〟は、わりあい機能しているようです」。「〔その技術とは〕歴史から学ぶことです。これから先の五〇年は、私たちの後ろにある三〇〇〇年の歴史に比べると、何でもない長さだからです。したがって長い目で歴史を見て、そこから将来に対するレッスンを引き出すことが大切です」と、自らの未来予測がきわめてオーソドックスな方法によるものであることを述べた後で、「自分が犯した間違いからも多くを学びました。そのひとつは、日本について」です、と告白している。

思わず池上氏が「どんな間違いですか」と問うと、「私は一九八八年ごろに『日本がアメリカの競争相手になりうる』という予測をしました。これは大きな間違いでした。決して忘れていけない人口という問題を、疎かに考えたせいです」と答え、「年老いて人口が減っていく国は、世界の中で大きなパワーにはなりえません」と述べている。

また、朝日新聞の「二〇三〇年　未来予想図」と題されたインタビュー記事でも、この問題が取り上げられ、「最大の課題は人口問題です」。「日本は現在、公的債務がＧＤＰの二三〇％に達しています。この問題の深刻な点は、次世代の蓄えに依存して、現世代が生きていることです。経済も、環境問題も、年金も福祉も、課題が次世代に先送りされている。人口が減少すると、国民の負担は破局的に深刻化します。相続放棄の出来ない借金を次世代へ課すことになるのです」と、日本の将来に警鐘を鳴らした。

書評では、本書の大胆な未来予測について、根井雅弘教授（京都大・経済学）が、「世界が激動する最中、三〇年後の新世界秩序を正確に予測するのは、著者ほどの頭脳をもってしても簡単ではないだろう。グローバル化がもたらした欠陥が、不平等の拡大、環境破壊、宗教原理主義、ポピュリズムの台頭など目に見える形であらわになったいま、どのようにして『新秩序』が形成されるのか。著者は意外にまっとうな手法で予測している」。「問題の根は深く、広範囲なので、本書の提言を無視することは人類の将来にとって危険である。提言を批判的に検討し、グローバル化がもたらした欠陥に正面から対峙すべきだろう」（『日経新聞』八月二五日付）と評している。

また、本書で繰り広げられる歴史検証から未来予測への考察を、鈴木基史教授（京都大・政治学）は「圧巻」であるとして、次のように述べる。「本書は学問と実務の両方によって磨かれた洞察力を生かし、古代ギリシャ以降、二千数百年に及ぶ歴史をたどりつつ、世界秩序に影響を与えた大国の盛衰、中心都市の浮沈、秩序形成の鍵となった暴力、宗教、公益、情報技術という要因を洗い出す。欧米を中心に、アジアや中東の動向も網羅することによって、著者の幅広い世界観と説得力のある近未来の予測が披露される。世界史を国家や都市の興亡という視点で鳥瞰しながら、国際平和の思想と試みに光が当てられる。こうした狙いの下で繰り広げられる深遠な考察は圧巻である」。「混迷の時代だからこそ明確なビジョンが必要とされる」（『沖縄タイムス』八月一一日付ほか。共同通信配信）

さらに、アタリの新世界秩序への構想について、中尾茂夫教授（明学大・経済学）は、「『米国ファースト』のような自国最優先の風潮が強まる世界に抗って、国家を超えて人類の生き残りを懸け、民主主義の蘇生に智恵を絞る著者の発想に、欧州を代表する知性の意気込みが伝わってくる」（『北海道新聞』八月一九日付）と感嘆している。

アタリのこの意気込みが、世界と日本の未来のために広がっていくことを祈りたい。

第5刷への付記（二〇二〇年四月二〇日）

一〇年前にパンデミックを予見していたアタリ

――この世界的危機によって、世界はどう変わるか？

現在（二〇二〇年四月）、新型コロナウイルス禍により世界各地で都市封鎖が行なわれ、膨大な数の死者が発生し、人類は大きなチャレンジを突きつけられている。アタリは『21世紀の歴史』で、二〇〇七年に発生した「世界金融危機」を予測していたとして世界的な話題となったが、パンデミックについても、一〇年前から予見し警告を発していた。

NHKは、ETV特集『緊急対談 パンデミックが変える世界――海外の知性が語る展望』（四月一一日午後一一時～）で、自宅のアタリにインターネット経由でインタビューを行なった。そのなかで、「あなたはパンデミックが起きると、二〇〇九年に警告していました。今回のことは驚くにあたらない、予告した通りのことが起きたとお考えですか？」と問われ、「ええ、確かに私は、一〇年前にパンデミックの発生について書き、警告を発しました。確立が低いと思ったとしても、この警告には耳を傾けるべきでしたし、重大な危機になるわけですから対策を講じておくべきでした」と答えている。

一〇年前に書かれたものとは『危機とサバイバル』（原書刊行二〇〇九年）のことで、パンデミックの発生については数ヶ所にわたって記しているが、とくに「第2章 危機の歴史から、未来を考える」では、以下の一節を設けて展開している。

制御不能のパンデミック

グローバリゼーションが引き起こす市場のグローバル化や自由な流通により、今後一〇年で、破滅的なパンデミック（世界規模の伝染病流行）が発生する恐れがある。パンデミックは、多くの個人・企業・国家のサバイバルにとって非常に大きな脅威である。

人やモノの流通速度を減速させるパンデミックは、公衆衛生や経済の面でも、人類全体の危機である。例えば、一九六八年の香港風邪（世界でおよそ五〇万人の犠牲者が出た）では世界のGDPの〇・七%、一九一八年のスペイン風邪（五〇〇万人から一億人の犠牲者が出た）では四・八%の経済的コストがかかった。二〇〇九年には、新型インフルエンザH1N1が世界的に流行し、WHOはパンデミックであることを宣言、警戒水準をフェーズ6まで引き上げたが、最悪の事態には至らなかった。アメリカでは九万人の死亡、一八〇万人が入院し三〇万人が集中治療を受けるという予測すらなされていた。

さらに鳥インフルエンザといった、感染率や致死率の高いパンデミックが発生する恐れが、常に存在する。そのようなパンデミックは、すべて人口密度が高くて貧困な地域で発生する。それらの地域には、公衆衛生設備や医療体制がないため、インフルエンザ以外にもマラリアや結核の心配もある。後述するが、こうした脅威についてもサバイバル戦略が必要とされる。

（林昌宏訳、一二八～一二九頁）

アタリは、この『危機とサバイバル』に限らず、これまでの著書で、たびたびパンデミックの発生について書いている。本書『新世界秩序』でも、以下のように警告している。

地球規模の影響を持ちグローバル・システミック・リスクになり得るものとしては、伝染病の問題もある。これもやはり、ただ一国の国内だけで起きたことが、人類全体に影響をもたらし得るのである。どこか一ヶ所ないし数ヶ所で起きた感染爆発《パンデミック》が、自由な交通に乗って、人類の存続そのものを脅かすような大きな危険となる恐れがあるのだ。最初はたぶん、衛生状態が悪く、病気を特定する医療システムも存在しないような貧しい地域で始まるだろう。それは、インフルエンザやマラリアや結核かもしれない。いずれにせよここでもまた、いくら大国やWHOのような国際機関が周到に備えていると言っても、そのような大きな脅威をどうやって抑えることができるのか、また特定の国に干渉を受け入れさせて、公私にわたる衛生問題に関して拘束的な政策を押しつけることができるのか、まったく不明なのである。

（二七六頁）

アタリは、本書のなかで、パンデミックを始めとした「グローバル・システミック・リスク」に対応するために、「世界統治機関」の構築を求めているが、新型コロナウイルスのパンデミックの発生によって、同じ主旨の声が上がった。英紙『ガーディアン』(電子版、二〇二〇年三月二六日付)は、「ゴードン・ブラウンが、コロナウイルス対策のために、世界政府の創設を要求」との見出しを掲げた。

ブラウンは英元首相(在任二〇〇七〜一〇年)で、世界金融危機の際、各国の首脳に国際協力を訴え、ロンドンでのG20の会合を主催し、金融システムを救済した人物として知られている。この記事では、ブラウン英元首相が、パンデミックと戦うために、各国の首脳、医療関係者、そして経済専門家が集まり、臨時の「世界政府」の創設を提案したと報じた。

前述のNHK・ETV特集では、「[アタリさんは]『歴史を見ると、人類は恐怖を感じるときにのみ、大きく進化する』と、以前おっしゃっていました。私たちは、まさに今、進化するためにこれまでの生き方を見直すべきと思いますか？」と問われ、アタリは「まさしくそう思います。[……]良き方向に進むためには、今の状況をうまく活かすしかありません。利他的な経済や社会、つまり私が『ポジティブな社会』『共感のサービス』と呼ぶ方向に向かうために。[……]私たち全員が、次の世代の利益を大切にする必要があります。それがカギです。誰もが、親として、消費者として、労働者として、慈善家として、そしてまた一市民として、投票を行なう際も、次世代の利益となるよう行動を取ることができれば、それが希望となるでしょう」と答えている。

このETV特集で、インタビュアーは「アタリさんのブログをずっと読んでいます」と述べているが、アタリはブログで、パンデミックにどう対応すべきか、そして世界はどう変わるか、について、継続的に世界に発信している。そのなかからごく初期の三点を、以下に紹介したい。

＊　＊　＊

◆パンデミックによって、世界はどう変わるか？

2020年3月19日

今日、何よりも急を要するのは、全世界に襲いかかっている二種類の〝ツナミ(津波)〟を抑え込むことである。公衆衛生の分野における〝ツナミ〟と、経済分野の〝ツナミ〟だ。うまくいくかどうかはわからない。だが、もしも失敗すれば、その後われわれが過ごす年月は、とても暗いものとなるだろう。最悪の場合にどうなるか、ということも定かではない。しかし、とにかく最悪の事態を避けるために、今起きていることを理解しなければならない。そのためには、はるかな過去に遡って省察すると同時に、ずっと未来を見据えて備えることだ。

千年の昔から、疫病の大流行がある度に、各国の政治組織は根本的な変化をこうむってきた。そして政治組織を底から支えている文化の面も、本質的な変化を免れることはなかった。ひとつ例を挙げるなら（もちろん歴史の複雑さを捨象しようというつもりはない）、一四世紀のペストの大流行（このためにヨーロッパの人口が三分の二にまで減ったことが知られている）の際には、旧大陸における宗教者の政治的地位が根本的に問い直されることになり、人びとの生命を守るための唯一の効果的な方策として、治安組織が創設された。そして、公衆衛生という分野で発生したこの大惨事の結果として、あるいはその余波として、近代国家がこのとき誕生したのである。結果として生じたものは、だからどれも同じ一つの源に端を発していると言える。キリスト教会は、人びとの生命を救うことができず、さらには人びとの死の意味を説くこともできなかったとして、その宗教的・政治的権威が徹底的に疑問視された。それが源である。かくして、警察官が司祭に取って代わったのだ。

一八世紀末にも、同じことが起きた。このとき死に対する最良の防御として警察官に取って代わったのは、医師だった。

ここ数世紀のあいだに、信仰に基づく権威から武力に基づく権威を経て、もっと効率の良い、法の支配に基づく権威へ、という変化が起きたのである。

ほかにも例はいくつも挙げることができるだろう。だが、どれを取ってみても、起きたのは同じことだ。パンデミックが襲いかかったところでは、無数の人びとの死を食い止められなかった信仰と支配のシステムに対する信頼が失墜し、生き残った者たちは、そんな無能の権威に対する関係を引っくり返して、かつての主《あるじ》に腹いせをするのだ。

今日の状況も変わりはない。もしも西洋諸国の既成の権力者が、今始まりつつある惨事を抑え込むに当たって、無能を露呈してしまったなら、権力機構の全体、その権威を支えている観念的な基礎のすべてが疑問視されることになる。そして一定期間の暗い日々を経たあとには、まったく別の権威に基づき、まったく別の価値観に依拠する、新たなタイプの権力が出現するかもしれない。

別の言い方をするなら、個人の権利の保護を宗《むね》とする権威のシステムが崩壊する可能性がある、ということだ。このシステムが崩壊するということは、それに拠って立つ二つのメカニズムも崩壊するということだ。〝市場〟と〝民主主義〟である。市場も民主主義も、個人の権利を最大限尊重しながら、限られた資源をいかに配分するか、という問題を解決するために運用されているメカニズムであるからだ。

西洋のこのシステムが行き詰まることになれば、人工知能などのテクノロジーを最大限に活用した監視型の、そして資源の配分についても独断で決定するような、権威主義的な支配体制が現われるかもしれない（資源配分については、この事態への備えが最も薄かった地域、そして最も意外な地域ですでに始まっている。たとえば昨日、マンハッタンでは、コメを二袋までしか購入することができなくなった）。

幸いなことに、現在のこの危機からは、また別の教訓を引き出すことができる。生きるという欲求は、つねにほかの何よりも強いということ、そして結局、人類は、この世で過ごす限られた時間を享受することを妨げるようなものは、何であれ打倒せずにはいない、ということだ。

だから、このパンデミックが沈静化したあと（権威に対する根本的な問い直しの時期があり、一連の既成権力の維持を図る権威による反動形成の段階、そして弛緩の段階を経たあと）、まったく新しい正統性に基づく権威の出現を見ることになるかもしれない。そのとき政治権力は、他者への共感を示すことを最もよく心得ている者が握っているかもしれない。そして経済の中心を担っているのも、やはり他者への共感に基づく部門――健康、ホスピタリティ、食糧、教育、エコロジー――であるかもしれない。その際、エネルギーと情報については、必要とされる分を過不足なく産出し、流通させることのできる大きなネットワークが基盤となっていることだろう。

その暁には人びとは、無益な物を狂ったように購入するのを止め、人生の本質に回帰しているだろう。人生の本質とは、各人のこの世での限られた時間を最大限有益に使う、ということである。それこそが最も貴重なことだと、人びとは認識を改めていることだろう。われわれの役割は、この変化をできるだけ穏やかに成就させること、間違っても台無しにしてしまわないことだ。この作戦に一刻も早く着手すればするほど、このパンデミックから抜け出す日も早くやって来るし、またこのパンデミックに続けて起こるに違いない深刻な経済危機から脱する日が訪れるのも早まるはずだ。

◆ポジティブに考えて、ポジティブに生きよう

２０２０年3月24日

今日の危機が気付かせてくれたことがある。かれこれ、もうずいぶん長いあいだ、人類の多くが困難な時代に耐えて生きている、ということだ。このような時代には、忘れられた四つの感情を学び直す必要がある。四つとは、最前線に立っている人たちへの感謝、苦しんでいる人たちへの共感、対応策を見つける人たちへの賞賛、互いに支え合って行動するための利他主義、である。

行動するためには、恐怖に捕らえられて麻痺しているままになっていてはいけない。勇気と冷静さをもって、ポジティブに前進しなければならない。そして、私たちが進むべき道を見いだすためには、今起きているすべてのことが役に立つのだということを、わずかながらも確信すべきである。

このウイルスは、私たちに襲いかかっている脅威の一つに過ぎない。これを撲滅し、この戦いに勝利し、次なる脅威にも勝利できるよう備えるために、以下に一〇項目の、暫定的ではあるがポジティブな教訓を指摘しておこう。

(1) 自然のなかに出現し、人間によって悪化した脅威によって人類が脅かされるのは、これが初めてではない。そして、この脅威が予測されたものであったという点についても、これが初めてではない。現在の世代をこの脅威から守るために必要なことを、先立つ世代は十分にしていなかったのだ。

(2) 他の脅威の場合でもそうであろうが、この脅威に直面している今、少し前まで抱いていた欲望がとてもつまらないものに感じられる。

(3) 他の脅威の場合でもそうであろうが、この脅威に直面している今、愛する者とともに過ごす時と、各人が自分の人生に見いだす意義ほど価値のあるものは、ほかに何もないと多くの人が気付いている。

(4) 他のウイルス、他の脅威も、人類を現に脅かしているし、またこれからも脅かすに違いない。たとえば気候変動や貧困、紛争などだ。こうした脅威は、現在の脅威と相互作用し、さらにそれを悪化させる。

(5) こうした数々の〝ウイルス〟に直面している今、われわれは、断固として〝戦時経済体制〟に突入する必要がある。そして、必要不可欠のものだけに、力を注ぐべきである。

(6) 今日の戦いに従事している人びとは、目に見える形で従事している人（医療関連の専門職、警察官、教師、政治家、ジャーナリストその他）も、目に見えない形で貢献している人（ごみ収集、スーパーのレジ、果物・野菜・パン・新聞・肉の販売や輸送などに従事している人）も、社会全体の生存という点から見れば、ほかの職業に就いている人たちより重要である。ほかの職業が生み出しているものは、昨日までそれを求めていた顧客も、今回の事態によって突然、その必要性を感じなくなっている。

(7) もしも、戦う人びとのおかげで事態が沈静化するなら、春が到来したその幸福感のなかで、春がやってこない恐怖を忘れないようにしなくてはならない。このウイルスが再来することもあり得ること、また他の脅威はまだそこにあることを、決して忘れないようにしなくてはならない。

(8) もしも人類が、現在のこの戦いを引き起こした元凶たる類いの脅威に対して、その再来を防ぐための手立てを確立することに成功したとしても、それに満足してはならない。そもそもこの戦いは、現在なお戦いの真っ最中であり、そしてまだ勝つとは決まっていないのだ。この戦いから教訓を引き出さない限り、この戦いに勝利できないことだけは確かである。

(9) 今回のような事態を再び引き起こさないため、今回のウイルスだけでなく、ほかのウイルスにも備えるためには、次のことをはっきりと認める必要がある。社会は、その富を産出する活動の半分以上を、健康・食糧・衛生・教育・環境・文化に関連する産業およびサービスに振り向ける（テクノロジーに対しては必要な分だけ）ことで、完璧に機能するし、また幸福なものとなる、ということである。

⑽ 要するにどの国家も、また世界という単位でも、もっと共感や、思いやり、気遣い、親身になること、公正、人間的温かさをもって運営しなければいけないのだ。悪に苛まれている今、パニックのなかで、時にそうしたことが少しだけ実現している。

以上の教訓を決定的に活かさない限り、この敵に打ち勝つことも、そのあとに続くさまざまな脅威を乗り越えることもできないし、もっと言えば、将来世代が生き残れるように、できることならわれわれよりも良い人生を生きられるようにすることなど、到底できないであろう。

2020年3月26日

◆生命万歳！

現在の経済危機を、過去の経済危機と比較しようとして、人びとが躍起になっている。そのわりに、現在の疫病の大流行を、過去の流行と比較して考えようとする人は少ない。だが、疫病大流行の歴史を遡れば、今後たどるべき道筋を明らかにしてくれるような何かが、すぐに見つかる。経済危機も、疫病も、どちらをも乗り越えることのできる道だ。

過去数千年の疫病大流行に遡って見てみると、人間の生命があまり重視されていなかったことがわかる（権力者の生命は別である）。人生は短く、経済的な意味でも観念的な意味でも、大した価値はなかった。この災厄から身を守る治療手段などなかったから、疫病と共存するしかなかった。疫病を甘受していたのだ。そして、ほとんどの文明で、さまざまな宗教が定めているように、死後の世界だけが関心の的だった。

ワクチンの開発によって、疫病から身を守る手段を少しだけ手に入れられるようになっても、それでもなお多くの人びとは、時に大惨事になるほどの疫病の流行で生命を中断されながら、以前と同じように人生を生きていた。もちろん可能な限り治療には尽くしたが、それも経済的な制約から、かなり限られた範囲での話だった。

だが今日では、人類は根本的に新しい状況を目の前にしている。最も恵まれた国のなかでも、いくつかの特定の国では、人の生命が無限の価値を持つと見なされている。そのわけは、人の寿命が著しく伸びたから、というだけではない。人の生産力がかつてないほど大きくなったから、というだけでもない。何よりもその理由は、どんな人であれその生命の価値を、ただ経済的な基準からのみ量るということが、観念的にも倫理的にも、もはや許されないという考え方が生まれてきたからである。来世を約束されても、もはや満足することができなくなったからである。こうした国では、コストがかかり過ぎるという理由によって、治療が中止されることはあり得ない。それが許されるのは、もはや完全に快復の見込みがなくなったという場合だけだ。

しかしながらこのような国は稀である。もしかすると、夢のなかにしか存在しないかもしれない。

ほかの多くの国では、たとえ豊かな国であっても、治療が制限されている。あからさまな場合もあれば、暗黙のうちに、という場合もある。また多くの国で――必ずしも同じ国ではないが――、人びとの健康よりも、経済機能が断固として優先されている。スウェーデン、オランダ、ブラジルではそれが顕著だ。それほどはっきりしてはいないが、アメリカもそうだ。アメリカでは、株式市場に取り憑かれた大統領が、連邦制度の一部および州知事たちと対立している。そこで議論されていることは、やはりあからさまである。祖父母世代が、子どもや孫が職を得るためなら、自ら疫病にさらされて命の危険を冒すことも辞さない、と語っているのだ。なぜなら失業手当てが十分ではないからだ。別の言い方をすれば、そうした国では、健康を求めると経済が回らなくなる、という逆説的状況に陥っているのだ。

このような事態が、われわれに突き付けているのは、あからさまに問われることは滅多にない、めまいを覚えるような一つの問いだ。われわれは、社会が今後も機能していくようにするために、個人として、また集団として、今日、また将来、どれほどの危険に自らを甘んじてさらすべきか、という問いである。

答えは明らかだ。選択の余地がないから、危険に身をさらすのだ。だが逆に、他者の生命のために自らの身を危険にさらしている人びとを保護し、むくいるような社会であれば、また他者が職を失う危険から保護するような社会であれば、危険に満ちた環境で働くことに自らの生命を黙って賭ける者が多くなるであろう。

そのような社会が機能するためには、まず誰よりも、社会の機能に不可欠で、かつ在宅業務ではまかなえない仕事をしている人びとを、可能な限り完璧に保護しなければならないことは明らかだ。そして今すぐにも、また将来にも、そのような保護や予防に関わる部門で富を生み出すこと、雇用を創出することが、徐々にであれ、できるようにならなければならない。形はさまざまであろうが、とにかく生命を防衛することを使命とする部門のことである。健康、食糧、エコロジー、衛生、教育、研究、技術革新、安全、商業、情報、文化などだ。

ここまで考えてくると、危険にさらされるこの部門が、われわれの社会の存続に関わる機能を支えているにもかかわらず、現在、まったく不安定な状況にあることに気付く。つい最近まで、この部門に属するのはサービスばかりで、成長の可能性があるとは見なされず、成長するとすればサービスの産業化による生産力の向上によるしかないと考えられていたのである。

しかし今、改めて、この部門はサービスばかりではない、生産業もここに含まれるのだ、という現実を目の当たりにしていることは良い知らせである。そうであればこの部門は、自らの生産性を増進させることができるし、それによって自らの使命を遂行する能力を絶えず向上させることもできるはずだ。したがって、われわれが、国や、文明や、経済を救おうと思うなら、生命に関わる仕事に就いている人たちと、生命に関わる産業に対して、できる限りのことをすることだ。

そして、この戦略が実を結ぶまでのあいだ、危険にさらされない環境で仕事をする特権を持っている人びとに勧めたいことは、余暇の少しを割いて（余暇があれば、だが）、自分が自分の人生、そして他者の人生に対して、どのような関わりを持っているか考え直すこと、そしてとりわけ、危険に身をさらさなくても、自分の仕事において、または仕事以外でも、どうしたら危険に身をさらしている人たちの役に立てるか、自問してみることだ。そうやって、各人が控えめながらもこの大きな変化に備えることが、人類の生存の条件となるだろう。

＊　＊　＊

以上のように、目下、アタリのキーワードは「共感」「利他主義」「生命に関連する経済部門」の三つのようだ。これは理想主義だろうか。ＮＨＫ・ＥＴＶ特集でアタリがこう言っていた。「利他主義とは、最大限合理的な利己主義である」と。

パンデミックが沈静化する兆しすら見えない今、早くも経済活動再開を促す声が囂《かまびす》しく響いている。その拙速によって、逆に経済が決定的再起不能状態に陥ってしまう可能性は顧みられているのだろうか。

過去も現在も長い目で見て考えるアタリの流儀が、今こそ求められている。

本書刊行以来、さまざまな間違いのご指摘を多くの方からいただいた。こんなにたくさんあったのか、と冷や汗をかいた。まったく恥じ入るばかりである。ここに記し、その方々に心から御礼を申し上げる。

訳者識

第7刷への付記（二〇二二年六月一日）

ウクライナにおける危機をどう捉え、何をなすべきか

二〇二二年二月二四日、ロシアがウクライナに軍事侵攻を開始した。本書の著者ジャック・アタリが、五年以上前にこの侵攻を予言していたことは、『日本経済新聞』でも紹介されたので（3月9日付、23面「大機小機」）、ご存知の読者も多いかもしれない。「第5刷への付記」でご紹介したパンデミックに続いての、人類的危機の予言的中には、瞠目するばかりである。しかもただ侵攻を言い当てただけではない。その予測は、背景情勢への深い洞察に裏打ちされたものだった。せっかくだからそのくだりを、少しだけご紹介しておこう。

ロシアの人口は減少し、高齢化する。イスラーム系国民がロシア人口の一〇％に達し、極東地域では中国系国民が多数派になる。潜在的な敵に囲まれるロシアは、率先して、あるいは脅威を感じる反応として、孤立状態を打ち破り、この包囲網を突破しようとする。

［……］ロシアはクリミア（クリミアは電力供給をウクライナに依存している）とウクライナ東部の独立派の拠点地域を結ぶ細長い一帯を、またしても占領するだろう。アメリカとヨーロッパは、ロシアのこうした侵略を思いとどまらせるためにウクライナへの支援を強化する。ウクライナに武器を供与し、北大西洋条約機構（ＮＡＴＯ）にウクライナを加盟させることを検討する。アメリカとヨーロッパのこうした動きを開戦事由と解釈するロシア政府は、アメリカに向けて先制攻撃を仕掛ける。

（『2030年ジャック・アタリの未来予測』林昌宏訳、プレジデント社、二〇一七、一六八頁）

アメリカへの直接的な武力攻撃まではまだ至っていないとは言え、その他のことはまさにアタリの言う通り。先の『日経』の記事が驚きを隠さずに言うように、「アタリ氏のシナリオが1ページずつめく

られていくかのようだ」。恐るべき炯眼である。

ではアタリは、起きてしまったこの危機をどう捉え、今後どのように対応していくべきだと言っているだろうか。自身の公式サイト（www.attali.com/）に不定期に掲載しているブログ記事から紹介しよう。最初の記事は武力侵攻開始以前、ロシア／ウクライナ国境の緊張が高まっている状況下のもの、二つ目の記事は二月二三日付となっているが、攻撃が始まったばかりと言っているので二四日の誤りである可能性があることに留意されたい。

＊　＊　＊

◆あらゆる危険が待ち受ける月　2022年1月20日

ある特定の地政学的状況を理解し、今後のその進展を予測したいと思うなら、まずはその状況の当事者すべてがそこで取っている行動には、当事者なりの正当な理由があると仮定する必要がある。当事者たちがなぜそのような行為に及んでいるのかしっかりと把握し、その上で全当事者の利益になるようにするための最適解を導き出さない限り、とくにウクライナをめぐる対立状況の深刻さに対応することは不可能である。

まずロシア。民族の揺り籠たるウクライナが、自らに敵対する民主主義国家として西洋諸国の同盟に参加することなど、それがいかなる同盟であれ見過ごしにはできない。何しろロシアにしてみれば、自分たちがいつの日か、それがどんなに遠い将来であってもいつの日か、ヨーロッパ・クラブに参加するという見通しを持てたためしなど、過去三〇年間において一度たりともなかったのであるから。また何しろ、ソ連が解体したときにブッシュ（父）大統領が、ウクライナはロシアに敵対する同盟にけっして参加させないともったいぶって約束したのだから。

次にウクライナ。もちろんウクライナにしても、自分たちの立ち位置、自分たちの運命を誰かほかの者が決めるなどということがあってはならないと考えるのは至極当然である。またもしもウクライナが、EUなりNATOなりに加盟したいと思うなら、その是非を判断するのはウクライナ自身と、加盟先の同盟国以外にはいないと考えるのももっともなことである。しかもこれを目指すことが、ウクライナの憲法には明記されているのだ。

この二国は隣り合いながら、目指すところが相容れず、しかもどちらも過分な軍事力を備えているので、この数週間、あるいは数ヶ月のうちに、きわめて激烈な結果がもたらされる可能性がある。

ロシアは今、アメリカとその同盟者に対し、ウクライナをＮＡＴＯに加盟させないという昔の約束を改めて確約するよう求めている。またさらに、ロシアと国境を接するヨーロッパのいかなる国にも戦略核兵器を配備しないことも約束するよう求めている。しかしもちろんアメリカとその同盟者であるヨーロッパは、そのようなことを約束することは断固拒否する。

するとロシアは、外交では得ることができなかったものを軍事力によって入手する絶好の時が今だ、と考える可能性がある。一〇万人以上の熟練した兵士と非常に進んだハイテク兵器をウクライナ国境に集結させたのもその決意を誇示するためであるかもしれない。今のこの時期は地面が凍っている（それは長続きはしない）ため、全速力で電撃戦を敢行すれば最速で一週間でキエフに到達し、武力によって親露派政権を樹立し、ウクライナのかつての大統領の誰か、あるいはほかの有力者の誰かをそのトップに据えることができると考えるかもしれない。

今という時がロシアにとって絶好であるのは、ヨーロッパとアメリカには自分たちの邪魔をする手だてがあまりないからでもある。

ヨーロッパは、ロシアの天然ガスが手に入らなくなることを心配しているし、ロシアに対する制裁措置についても意見がばらばらである。ドイツの首相は就任したばかりでモスクワからまったく信用されていないし、フランスは向こう五ヶ月間は大統領選の真っ最中である。

アメリカも今は国内に膨大な問題を抱えているために身動きが取れず、対外的に強く出られない。アメリカの国内世論も、ウクライナの領土を守るために自国兵士の命が脅かされることを是としそうもない。またアメリカは、もしもウクライナに侵攻したら実行するとロシアに脅しをかけていた制裁のなかでも最も厳しいものであるはずの、ロシアの銀行をＳＷＩＦＴシステムから遮断するという措置を、実際に発動するつもりがないことが伝えられた（重要なニュースだったがあまり注目されなかったようだ。そんなはずはないと言う者もいるし、その通りだと言う者もいる）。発動しない理由としては、もしもＳＷＩＦＴのネットワークから遮断されれば、ロシア経済はグローバル金融システムから閉め出されることになるわけだが、それによってもたらされ得る結果のうちの二つが、西洋世界にとって受け容れがたいものとなるからだ。一つは、ロシアからヨーロッパへの天然ガス供給がストップすること。もう一つは、制裁に刺激されたロシアが、中国との同盟関係を強化して燃料を人民元決済で売り出す体制作りを急ぐことだ。そうなればドルはもはや化石燃料取引における唯一のグローバル基準通貨ではいられなくなり、急落することになる。

ロシアは、ほかの同盟関係が閉ざされれば、この中国との同盟に向かう可能性がなお一層高まる。だが中国は中国で、新型コロナウイルスによるエピデミックへのまずい対応や、自国製ワクチンの効きが悪いこと、一党独裁のために最も躍進していた企業も活気を殺がれたことなどによって弱気になり、ロシアとの同盟関係においても主導的立場をとることはできないかもしれない。

したがってウクライナで戦争が起こる可能性は低い。ロシアが実際に今後数週間以内にウクライナに侵攻するとすれば、そうするための尤もらしい理屈がいくらでもあるからではない。地政学的な問題は理屈には還元できないものなのだ。だがもしもそのような紛争が実際に起こるとすれば、もたらされる結果は軍事的にも経済的にも地政学的にも甚大なものになるに違いない。とくにヨーロッパにとっては。だからそれに備えることが急務なのだ。

2022年2月23日

◆真の戦い

独裁国家が長続きするためには、監視網を張りめぐらし、テロを行使するだけでは足らない。足下に抑え付けている国民に対して、たとえ自由な国家体制でも自分たちの未来はそれほど良くはならないだろう、わざわざ危険を冒して現体制に反乱するほどのことはないだろう、と思い込ませることが必要である。

だからこそ、どの時代のどんな独裁国家もこぞって、国民が自分の境遇を比較する対象となるような隣国社会を、何が何でもこき下ろすことに躍起になるのだ。たとえばナチス・ドイツが戦争を開始するまで専念していたのは、ヨーロッパやアメリカの民主主義の弱点を告発し、そのトップに立つ者を嘲笑することだった。ただしヨーロッパやアメリカの側も、ナチスがそうするだけの根拠を与えてしまっていたことは認めねばならない。ソ連も六〇年のあいだずっと同じようにしていた。アメリカ社会を当時も今も席捲している人種差別や不平等、貧困、汚職を戯画的なまでに描いてみせたのである。

今日では北京政府が、香港に手を加えてイギリス人が残した民主主義に似た体制を破壊することに躍起になり、台湾支配を取り戻したいという欲望を絶え間なく繰り返し誇示している。その熱心さ、その執拗さは、かつて国の一部だった領土と、その地に避難したままになっている歴史的な遺産とを奪還する、という強い意志だけでは説明がつかない。それはまた、中国の領土から民主主義体制を一掃するという意志でもあるのだ。なぜならそのような体制は、中華帝国のほかの地域の人びとが改革や反乱に向かうきっかけになりかねないからである。

ここ数年モスクワで起きていることも、そしてロシアが始めたばかりのこの戦争も、根本にはそれと同じような意志がある。確かにかつてソ連を構成していた共和国が、モスクワの支配を逃れることを認めまいとする意志もある（それを巧みにやってのけたのがアゼルバイジャンだった。同国は今やトルコ寄りの路線を歩んでいる）。しかし何よりも顕著なのは、旧ソ連を構成していた共和国が、民主主義にかぶれることを見過すまいとする意志だ。もし見過せば、自分たちロシアの国民が、民主主義思想を吹き込まれると思っているからである。ベラルーシとカザフスタンを再び乗っ取ったことも、この意志の表われと読み取ることができる。そして今回が、ウクライナの番というわけだ。未成熟とは言え本当に民主主義を実現しているけれども、文化的にはロシアに非常に近しいウクライナである。

現代の独裁政権はもはや、外国で何が起きているか自国民に知らせないようにすることは無理になってきている。また自国の中産階級が、隣の民主主義国の国民と同じように、消費したり所有したり財産を蓄えたり批判したり自由に発言したりする権利を持ちたいと願う希望を奪うことも無理になってきている。また民主主義体制下で生きることは良いことであり、民主主義国同士のあいだには戦争がないこと、民主主義にも欠陥があるにしても、自らの可能性を最大限実現できるのはやはり民主主義体制下であることを、自国民が悟ってしまわないようにしておくことももはや無理だ。だからこそ独裁政権は躍起になって、民主主義体制の信用を失墜させようとしたり、民主主義は完全雇用を実現することもそこに生きる者に幸せをもたらすこともできないと告発したり、さらには民主主義国と取引関係のある自国企業の経済活動がたとえ犠牲になったとしても民主主義的経済体制を破壊しようとしたりするのである。

このことはわれわれにも大いに関係がある。なぜなら民主的で調和的で自由であり、そこに生きる人の多くが幸福であるような集合体がこうした独裁国家にとって対抗モデルであるならば、それこそがEU（欧州連合）だからである。だからこそどんな独裁者も、EUの成功を受け容れるわけにはいかないのだ。そしてだからこそ、モスクワと北京はEUを絶対的な対抗モデルと位置づけてそれを第一の標的とし、EUの繁栄をけっして許すまじという意志を持っていると見なければならないわけである。

初期段階の今は、EUのなかにいるかぎりわれわれ自身が軍事攻撃に晒されることはないだろう。しかし現に軍事攻撃に晒されている国をわれわれが援助することは妨げようとされるだろう。そしてそのことによって、われわれの政治的経済的社会的モデルの信用を失墜させようとするだろう。この流れはすでに始まっている。そしてそのために取られる手段は、今後ますます大規模なものになっていくはずである。

ではわれわれはどうだろう。われわれは何をしているだろう。始まったばかりのこうした攻撃に直面して。われわれは何もしていない。煽動や破壊工作や噂やフェイクニュースに対抗するために、われわれは何を準備しているだろうか。今後数年間で、そういったものがどんどん増えていくのは間違いない。それなのにわれわれは、ほとんど何も準備していないのだ。経済の面でも、制度の面でも、文化の面でも、メディアの面でも、軍事の面でも、だ。言っておくがアメリカ人がわれわれを守ってくれると当てにすることなどできない。アメリカ人も同じ攻撃に晒され、彼らは彼らで自分たちを防衛するためにやらなければならないことを山ほど抱えるのだ。

民主主義はわれわれの最も貴重な財産である。われわれは民主主義を当たり前のものだと思っているが、それは間違いである。民主主義が既定のものであるなど、とんでもない。われわれの民主主義が失敗すれば得をする人間がたくさんいるのだ。目を覚まそう。団結しよう。

2022年3月11日

◆ロシア人よ、ようこそ

政治に当たっては、いやおよそ人間のすることであればそれが個人的なものにせよ公的なものにせよ、どんな事に当たるにしても肝要なのは、その場の感情に流されたり、熱狂に身を委ねたりすることなく、どんな決断でもそれを下す前にそれがもたらす長期的な結果をよく考えること、人生というチェス盤の上の駒をほんの一つ動かすにも、事前に何通りも可能性を検討することである。

たとえば今日であれば、ロシア人と聞けば誰であれ銀行口座を開設させないとか、ロシアからの留学生には奨学金をストップするとか、ロシア料理のレストランをボイコットするとか、オーケストラにロシア音楽を演奏することを禁じたり、劇団にロシア演劇を上演することを禁じたり、わが国の企業がロシアに持つ資産を安値で売り払ったりするようなことは、どれも現在の危機的状況に促されて、ヨーロッパやアメリカのリーダーたちが現時点で取っている最も阿呆らしく最も非生産的な決定である。

クレムリンが目下のところ下しているさまざまな指示がわれわれのなかに掻き立てる蔑みや怒り、憤り、腹立ちがどのようなものであれ、またこの犯罪的な政治行動による犠牲者を救いたい、あの犠牲者たちを苛む怪物たちに対する彼らの戦いを支援したい、という願いがどのようなものであれ、理性を失わないようにしなくてはならない。クレムリンの犯した大罪についてすべてのロシア人が有罪なわけではないのだ。すばらしいあのウクライナの人びとは、そのことをよくわかっている。彼らは爆撃が降り注ぐなか、自分たちの領土を一ミリも明け渡すことなく、それでも自分たちを攻撃する者に手を差し伸べているではないか。

歴史を振り返れば、理性を保つことの重要性をわれわれに思い出させる教訓には事欠かない。たとえばヴェルサイユ条約でドイツを侮辱したことが、やがて怪物を生み出す条件となったことを悔やみながらも、ナチス政権から逃れてきた者たちを受け入れ、より良い未来のために備えることができた民主主義国家はきわめて稀だった。そうすることは最大限、自分たちのためになったはずなのに。また私は過去数十年にわたって、ロシアを侮辱することが最悪の政策であることを口を酸っぱくして警告してきたのだが、今ここで繰り返し言っておきたいのは、今日、クレムリンを支配している怪物たちから逃れてきたロシア人を侮辱しないことが絶対に必要であるということだ。

なぜなら目下のところ起きている事態は、新たな暗黒時代の始まりではないからだ。これは前世紀の冷戦の最後の残滓であり、これまでも迫ってきてはいたが何とか回避することができた地球規模の自殺という究極の脅威である。

最悪の事態を避けるためには冷静を保たなければならない。そうすればこの危機を、再生の契機にすることができるだろう。そして最終的には、ヨーロッパのすべての人びとを、同じ民主主義という理想のもとに結集することができるだろう。それは自らの権力を正当化するために敵を必要とする者、自分たちの軍事産業に金を注ぎ込むために敵を必要とする者にとっては、最大の不満をもたらすだろう。

まるでロシア人は誰もがみなオリガルヒであるとか、戦争犯罪人であるとか、クレムリン支持者であるとでも言わんばかりに彼らを遇することは、イラク人なら誰でもテロリストである、アフガニスタン人なら誰でもフェミサイドの加害者である、アメリカ人なら誰でも帝国主義者である、というように扱うのと同じぐらい馬鹿げている。とりわけその人たちがある体制から逃れてきたときに、その人たちをその体制の代表であるように見ようとすることほど馬鹿げていることはない。

いや、馬鹿げているよりもっと悪い。なぜならそれは、ただわれわれと同盟関係を結ぶことしか求めていない人たちを遠ざけることであり、その人たちが進んで脱出してきた悪魔の陣営にその人たちを送り返すことになるからである。

もちろんお人好しであれということではない。逃げてきたと言いながらその体制の側に立ってわれわれの利益、われわれの道徳、われわれ自身の市民に害を与える可能性のある者たちは、誰も迎え入れてはいけない（少なくとも監視下に置かねばならない）。そしてまた、いくら偉大なロシアの芸術家やアスリートであっても、その政治的リーダーの犯罪的政策を非難することを拒むのであれば、しばらくのあいだは涙を呑んで、われわれの舞台やスタジアムからその人たちを遠ざけなければならない。

しかしロシア国内でクレムリンの政策に反対している人びとの陣営を支援することは、われわれのためにもなる。われわれは彼らがヨーロッパの一員になりたいと願う気持ちを強めるよう努めなければならない。彼らを迎え入れ、彼らもまたヨーロッパ人であることを思い出させることは、われわれ自身のためにもなるのだ。また彼らをわれらの共通の家に歓迎することは、ロシアに留まる市民に対して、われわれはあなた方をあなた方の暴君たちと混同することはないということ、そしてわれわれは平和と民主主義の未来のために喜んであなた方といっしょに準備を始めたいと思っているということを伝えるために、可能な限りの合図を送ることになるのだ。だからこそ私は、殺戮の場から逃れてくるウクライナ人と、幽閉の場から逃れてくるロシア人を、同じ熱でもって迎えるべきだと言いたい。どちらも犠牲者なのだ。どちらの人もまとめて援助することが、彼らの再生の条件を整えることになるだろう。

2022年4月28日

◆戦争と真実

世界大戦を、地球上の大部分の国から結集した兵士と武器からなる二つの陣営間の対立と定義するなら、第三次世界大戦はもうずいぶん前から始まっている。

実際ここ数十年間、東西の主要国は戦争をしてきた。多くの場合、同盟国のなかでも大国は、慎重に後方に控えながら自国のあらゆる軍事物資を提供して、現地の代理部隊同士がそれを使って戦う。しかしそれはいつもではない。ときには大国が前線に立ち、もう一方の陣営の地元の部隊と対峙することもある。いずれにせよ、どちらの陣営もおのおの最も進んだ兵器を用いることになる。そして大国の専門家が秘密裏に最前線に（実際に、あるいは仮想空間を通じて）現われて助言することもしばしばある。

世界中の兵器産業と軍隊のすべてが関わるこうした戦闘でも、超大国の軍隊同士が真っ向から角突き合わすという事態は、軽い接触や挑発の応酬などを除いて、いまだかつて起きたことがない。

二つの陣営間の対立は一九五〇年代の朝鮮半島で始まった。そしてそのあとインドシナ半島に引き継がれた。この二つの戦争では、東側の代理部隊が西側の超大国の部隊と戦った。その次がアフガニスタンである。このときは西側の代理部隊であるタリバンが、アメリカ製の最新兵器で武装し、ソ連軍を国外まで押し返した。そのあとがシリア。このときは対立はさらに深まり、フランスとアメリカの部隊がアサド政権支配地内のロシアの拠点を爆撃した。

ウクライナでの戦争もこの対立の範疇に収まる。過去のインドシナ半島やアフガニスタンでの戦争と同じように、ある国の人びとが、一方の超大国から武器の供与と助言を受けて、自らにのしかかっているもう一方の超大国の圧力を払いのけようとしているのだ。シリアでは、一方の超大国の部隊が占領した土地が、もう一方の超大国による爆撃の標的となったが、ウクライナではまだそれは見られない。だがまったくあり得ないわけではない。NATOはすでに、もしもロシアが非通常兵器を使えば、自らの航空機でウクライナ国内のロシア拠点を爆撃すると通告した。

ウクライナについて誰もが「第三次世界大戦の脅

威」のことを語り、そのような対立がずっと前から世界中であったことを主要国では誰も気付いていないとすれば、その理由は、作戦の舞台がヨーロッパではなかったからであり、またベルリンの壁が崩壊してからの十年間は、そのような対立は完全に終わったという希望が束の間持てたからである。

もしも今回の戦争が、代理部隊による世界大戦で終わらず、東西両陣営の軍隊同士が直接対峙する事態にまで悪化した場合、それは第三次世界大戦ではない。第四次世界大戦だ。すなわち核戦争である。

この第四次世界大戦を回避するための時間はまだある。回避のためには、残虐な者たちを追い出してウクライナ人の殺戮に終止符を打つための支援に尽力するだけでなく、全ロシア人に、自分たちのリーダーの振る舞いは自分たちの国を自殺に導くということを理解させることが不可欠である。

しかしそのためには、全ロシア人に話しかけ、彼らのリーダーが手を染めている残虐非道の行ないを知ってもらうことができなければならない。既存の方法ではそれができないのだ。だから何か別の方法を編み出さなければならない。新しい兵器システムの開発よりも、真実が全員に伝わるようにするほうが難しい世界を思い描かないといけない。

たとえば、Twitter（このすばらしい情報・交流ネットワークは、目下のところ、ウクライナで起きていることを詳しく伝えてくれているし、世界中がウクライナ人と私的にコミュニケーションを取る手段にもなっているし、また世界中がウクライナ人を支援するための手段にもなっている）の新しいオーナーには、幾重にも張りめぐらされたクレムリンの古風な検閲を回避する手段を追究するために、その無尽蔵の財産を少しだけ注ぎ込んでもらいたい。そうしてロシア人に、役所にいるロシア人にも、部隊にいるロシア人にも、学校にいるロシア人にも、企業にいるロシア人にも、家庭にいるロシア人にも、すべてのロシア人に、ロシア人の名の下に実行されている残虐非道の行ないを知らしめてもらいたい。

［以下略］

＊　＊　＊

現実にはアタリの言う「低い」可能性が実行されてしまい、今なお連日ウクライナの惨状が報じられているだけでなく、戦況はいよいよ長期化の様相を呈している。このような事態に、アタリ自身も少なからず衝撃を受けているのであろう、この危機への対応を促すアタリの口調は、いつにない熱を帯びる。

この事態が衝撃的なのは、右に引用したブログにあるように、民主主義が現実に脅かされているからにほかならない。そしてアタリの口調が激越なのは、この危機が民主主義の危機であることに無自覚な論調が目に余るからであろう。民主主義の下に各国が団結するというEUの理想が今回のウクライナ危機によって打ち壊されでもすれば、本書でアタリが唱えている〝新世界秩序〟の実現など到底おぼつかないということになる。だからアタリは、民主主義の防衛のためにヨーロッパ軍の創設を呼びかける。

本当の意味でのヨーロッパ軍を構築しなければならない。アメリカという同盟国に頼らずに、われわれだけで何とかすることができるようにならなければならない。このアメリカという同盟国は、ここのところどんどんと存在感を失いつつある。アメリカ自身が引いた線を越えて敵対勢力が侵攻してくる現在の事態に直面しても、まだそうなのだ。そしてヨーロッパ軍の構成国は、ヨーロッパの工場以外のところで生産された兵器を購入しないようにすることも必要だ。そういう自前の工場を、ヨーロッパが一緒になってつくらなければならない。（3月9日付ブログ）

そのためには、〝戦時経済〟に転換することが急務だとアタリは言う。

現在の危機的状況を〝戦時〟と捉え、生産資源を生命に関連する経済部門（〝命の経済〟）に優先的に振り向ける〝戦時体制〟に移行しなければならないと、Covid-19パンデミックが発生したときからアタリは唱えていた。実際その呼びかけに応じるように、たとえばLVMHグループが、「クリスチャン・ディオール」や「ジバンシー」の香水生産ラインを消毒用ジェル製造に転換したというニュースもあった（2020年3月17日付『朝日新聞』）。

同じことを、このウクライナ危機への対応としてもアタリは求める。

パンデミックが始まったとき、私はすぐに、わが国の生産資源を戦時体制に転換するよう呼びかけた。マスクや人工呼吸器を始めとする医療機器、ワクチンなど、当時わが国に圧倒的に不足していた物の増産のためである。しかしこの呼びかけが実現されることはなかった。そのためこの不足は、大量の（そしてコストのかかる）輸入によって何とか補われることになったが、マスクと消毒ジェルについては、かなり時間はかかったものの、繊維メーカーと高級ブランドメーカーが乗り出して、生産増強を軌道に乗せた。

［……］戦時経済への移行のためには、本当の意味での世論の動員と、きわめて強力な技術的手段が必要となる。またこの部門の賃金、とりわけ時間外労働の賃金を増やすことも必要だ。この分野に新規に乗り出すメーカーや、必要性の低い生産ラインをこの分野に転換するメーカーには、適切な計画があることを条件に、無制限の補助金付融資をすることも必要だろう。すでにこうした施策を実行している国もある。わが国はしていない。わが国は、対象となる企業のリストアップも、そうした企業に対する刺激策のリストアップもできていない。

今日、また別の部門で同じことをくり返し言わなくてはならなくなっている。わが国の軍隊も、ほかのヨーロッパのどの国の軍隊も、もしもこのままウクライナの最前線でわれわれヨーロッパの名の下に、独裁政権の侵攻に堪えている人びとに、自衛手段や反撃手段を供与することを自らの名誉として続けるなら、［……］不幸にも必要が生じた際に、わが軍は防衛力はもちろん、抑止力としてすら機能しない状態にすぐにも陥るだろう（もしかするとすでに陥っている）。

だからこそ、防衛産業部門の企業に生産増強させることが急がれるのだ。武器弾薬を一日二四時間、土日も休みなく生産すること、そのための費用は国が持つこと、それが「どれほどかかろうが」だ。さらにそれを補完するために、この新たな需要に応える能力を持つ既成企業あるいは少なくともその一部の工場を、一時的ないし恒久的に兵器生産へ転換するよう促す。たとえば自動車メーカーならどこも兵器を生産することが可能であろう。

（3月23日付ブログ）

生命を最優先すること、とりわけ将来世代の生命を最優先するということがアタリの一貫した命題であることがよくわかる。気候変動の危機にしても、パンデミックの危機にしても、民主主義を脅かす戦争の危機にしても、その対応の基準になるのはこの命題なのだ。

さて翻って日本のわれわれはどうするのか。アタリの呼びかけは、地政学的にも歴史的にもまったく異なる立ち位置にあるフランスに対するものだが、学ぶところは大きいはずである。

訳者識

■邦訳文献補遺

アウグスティヌス『神の国』服部英次郎ほか訳，岩波文庫，全5巻，1982-1991.

アリストテレス『政治学』田中美知太郎ほか訳，「世界の名著」8，中央公論社，1994.

イブン＝ハルドゥーン『歴史序説』森本公誠訳，岩波文庫，全4巻，2001.

ウェルギリウス『アエネーイス』岡道男，高橋宏幸訳，京都大学学術出版会，2001.

エウセビオス『コンスタンティヌスの生涯』秦剛平訳，京都大学学術出版会，2004.

エラスムス『平和の訴え』箕輪三郎訳，岩波文庫，1961.

カント，イマヌエル『永遠平和のために』中山元訳，光文社古典新訳文庫，2006.

――「世界公民的見地における一般史の構想」，『永遠平和のために』中山元訳，光文社古典新訳文庫，2006，所収.

『旧新約聖書――文語訳』日本聖書協会，2003.

シャトーブリアン『墓の彼方の回想』真下弘明訳，勁草出版サービスセンター，1983.

スタンダール『赤と黒』小林正訳，新潮文庫，上巻，1989.

『聖クルアーン――日亜対訳・注解』日本ムスリム協会，第6刷，http://islamjp.com/culture/koran_frame.html

「世界憲法準備草案」，田畑茂二郎『世界政府の思想』岩波新書，1950，所収.

セネカ「幸福な生について」，『生の短さについて――他2篇』大西英文訳，岩波文庫，2010，所収.

ダーウィン『人間の進化と性淘汰』長谷川眞理子訳，第1巻，1999.

ダンテ『帝政論』黒田正利訳，河出書房新社，1961.

ナイム，モイセス『権力の終焉』加藤万里子訳，日経BP社，2015.

ヒトラー，アドルフ『わが闘争』平野一郎，将積茂訳，角川文庫，第2巻，第18版，2013.

フクヤマ，フランシス『歴史の終わり』渡部昇一訳，三笠書房，全2巻，2005.

――『アメリカの終わり』会田弘継訳，講談社，2006.

ペイン，トマス，『人間の権利』西川正身訳，岩波文庫，1971.

ヘシオドス『神統記』廣川洋一訳，岩波文庫，1984.

ポパー，カール『開かれた社会とその敵』内田詔夫，小河原誠訳，未来社，全2巻，1980.

マルクス『共産党宣言』大内兵衛，向坂逸郎訳，岩波文庫，1971.

――「国際労働者協会創立宣言」および「国際労働者協会暫定規約」，村田陽一訳，『マルクス＝エンゲルス全集』第16巻，大月書店，1966，所収.

ミュッセ『世紀児の告白』小松清訳，岩波文庫，上巻，1953.

モンテーニュ『エセー』第2巻，宮下志朗訳，白水社，2007.

レリー，ジャン・ド「ブラジル旅行記」二宮敬訳，『フランスとアメリカ大陸』2，「大航海時代叢書」第II期第20巻，岩波書店，1987，所収.

ロラン，ロマン「精神の独立宣言」山口三夫訳，『ロマン・ロラン全集』第18巻「エセーI」，『先駆者たち』，みすず書房，1982，所収.

WATTS Ronald L., « Les principales tendances du fédéralisme au XXe siècle », *Revue internationale de politique comparée*, 2003/1, vol. 10, p. 11-18.

WEISSER Henry, *British Working-Class Movements and Europe : 1815-1848*, Manchester University Press, 1975.

WIARDA Howard J., « Cancún and after: The United States and the Developing World », *Political Science*, vol. 15, n° 1, hiver 1982, p. 40-48.

WIDMER Ted, *Ark of the Liberties, America and the World*, Hill and Wang, 2008.

WILL Pierre-Étienne, « Huit cents ans d'expansion », *L'Histoire*, n° 300, juillet 2005.

— « Les Ming, dynastie chinoise », *Encyclopædia Universalis*.

YARBROUGH Jean, « Rethinking the Federalist's View of Federalism », *Publius*, vol. 15, n° 1, hiver 1995.

ZORGBIBE Charles, « L'Internationale socialiste : structure et idéologie », *Politique étrangère*, n° 1, 1969.

■テレビドキュメンタリー

Le Vrai Pouvoir du Vatican, de Jean-Michel Meurice (2010).

■ウェブサイト

www.ledevoir.com/2007/03/31/137677.html

http://classiques.uqac.ca/classiques/Proudhon/PJ_proudhon_textes_choisis/5_mutuellisme_federalisme/mutuellisme_federalisme.pdf

www.hdr.undp.org/en/media/hdr_2004_slides_fr.ppt

www.cqpress.com/incontext/constitution/docs/bkgd_federalist.html

www.taurillon.org/Espagne-vers-une-Constelacion

www.tlfq.ulaval.ca/axl/Europe/espagnecatalognestatut-20 06.htm

www.ameriquebec.net/actualites/2008/03/16-le-400eme-anniversaire-de-quebec-ne-doit-pas-etre-un-evenement-comme-les-autres.qc

www.resistancequebecoise.org/militantetunr%E9sistant.php

www.eurosduvillage.com/spip.php?page=forum&id_article=170&id_forum=687

http://portfolio.lesoir.be/main.php?g2_itemId=128391

www.droit.org/jo/19990321/INTX9800159L.html

www.conseil-constitutionnel.fr/textes/constit.htm

www.bundestag.de/htdocs_f/parlement/fonctions/cadre/loi_fondamentale.pdf

www.linternaute.com/histoire/motcle/46/a/1/1/tour_du_ monde.shtml

www.esperanto-sat.info/article669.html

www.linternaute.com/histoire/motcle/46/a/1/1/tour_du_monde.shtml

www.bruno-latour.fr/poparticles/poparticle/p096.html

www.banquemondiale.org

www.un.org/fr

www.ilo.org

http://web.worldbank.org

www.imf.org

www.unesco.org

www.minefi.gouv.fr/fonds_documentaire/pole_ecofin/international/rap_multilateral.htm

www.assemblee-nationale.fr (pour les discours de Jean Jaurès)

www.interpol.int

www.cia.gov/library/publications/the-world-factbook/

www.liberal-international.org/editorial.asp?ia_id=508

www.dinosoria.com/maya_science.htm

■資料

CHAUVEAU Guy-Michel, LELLOUCHE Pierre et WARHOUVER Aloyse, Rapport d'information sur la prolifération des armes de destruction massive et de leurs vecteurs, Assemblée nationale, 2000.

Union of International Associations, *Yearbook of International Organizations*, Various Annuals, 1991

United Nations Treaty Series (www.un.org)

UN Centre of International Trade Law (www.un.org)

Stockholm International Peace Research Institute – Annual Yearbook and Other Publications

US Arms Control and Disarmament Agency – Arms Trade Statistics

International Institute for Strategic Studies – Annual Yearbook

National Defence Statistics Collections

UN Arms Trade Register

LALUMIÈRE Catherine et LANDAU Jean-Pierre (dir.), *Rapport sur les négociations commerciales multilatérales*, 1999.

LANDAU Jean-Pierre (dir.), *Les Nouvelles Contributions financières internationales*, La Documentation française, 2004.

Résolution 60/1 « 2005 World Summit Outcome » adoptée par l'Assemblée générale le 24 octobre 2005.

Résolution 62/277 adoptée par l'Assemblée générale le 7 octobre 2008.

Résolution 64/301 adoptée par l'Assemblée générale le 14 octobre 2010.

« Rapport du Groupe de haut niveau du Secrétaire général sur la cohérence de l'action du système des Nations unies dans les domaines du développement, de l'aide humanitaire et de la protection de l'environnement : unis dans l'action », 21 février 2007.

Report of the Secretary-General's High-level Advisory Group on Climate Change Financing, 5 novembre 2010.

SHARP A., *The Versailles Settlement*, Palgrave MacMillan, 2008 (2e éd.).

SHEEHAN Colleen A., « Madison v. Hamilton : The Battle over Republicanism and the Role of Public Opinion », *The American Political Science Review*, vol. 98, n° 3, août 2004.

SHIH-SHAN Henry Tsai, *Perpetual Happiness : The Ming Emperor Yongle*, University of Washington Press, 2001.

SLOTERDIJK Peter, *Si l'Europe s'éveille. Réflexions sur le programme d'une puissance mondiale à la fin de l'ère de son absence politique*, Mille et une nuits, 2003.

SMITH Adam, *Théorie des sentiments moraux*, PUF, 1999.

SOURDEL Janine et Dominique, *Dictionnaire historique de l'Islam*, PUF, 1996.

SPITZ Pierre, « Fondation Nobel », *Encyclopædia Universalis*.

SRI AUROBINDO, *Social and Political Thought : The Human Cycle – The Ideal of Human Unity – War and Self-Determination*, Birth Centenary Library, vol. 15, Pondichéry, 1971.

STARR Steven, « The Climatic Consequences of Nuclear War », *Bulletin of the Atomic Scientists*, 12 mars 2010.

STRAUSS Léon, « Guillaume II empereur d'Allemagne », *Encyclopædia Universalis*.

STRESEMANN Gustav, Discours devant la Xe session de l'Assemblée de la Société des Nations, Genève, Salle de la Réformation, le 5 septembre 1929.

SY-WONYU Aïssatou, « Construction nationale et construction impériale aux États-Unis au XIXe siècle. Les paradoxes de la république impériale », *Cités*, n° 20, avril 2004.

TALADOIRE Éric, « Mayas », *Encyclopædia Universalis*.

TAPIE Victor-Lucien, « Louis XIV roi de France », *Encyclopædia Universalis*.

THOMPSON E. A., « Attila roi des Huns », *Encyclopædia Universalis*.

THOMPSON John A., *Woodrow Wilson : Profiles in Power*, Pearson Education Limited, 2002.

THORNTON E.W., « The United Nations' Debt to the League of Nations », *Social Studies*, 47/5, mai 1956.

TINGYANG Zhao, « La philosophie du Tianxia », *Diogène*, n° 221, 2008/ 1, « Tendances actuelles de la philosophie politique en Chine ».

— *No World View for the World*, China People's University Press, 2003.

— *Studies of a Bad World, Political Philosophy as First Philosophy*, China People's University Press, 2009.

TOBIN J., entretien in *Der Spiegel*, 1er septembre 2001.

TOON Owen B. et ROBOCK Alan, « Local Nuclear War, Global Suffering », *Scientific American*, 2009.

TOON Owen B., ROBOCK Alan et TURCO Richard P., « Environmental Consequences of Nuclear War », *Physics Today*, décembre 2008.

TOULOUSE Anne, « Chroniques électorales américaines n° 15, La Défense », e-note de l'IFRI, avril 2009.

TRACHTENBERG Marc, « Versailles after Sixty Years », *Journal of Contemporary History*, vol. 17, n° 3, juillet 1982.

TROPER Michel, « Hans Kelsen », *Encyclopædia Universalis*.

TUCKER Robert, « The Triumph of Wilsonianism ? », *World Policy Journal*, hiver 1993-1994.

TULARD Jean, *Dictionnaire Napoléon*, Fayard, 1987.

— *Napoléon, le pouvoir, la nation, la légende*, Le Livre de poche, 1997.

— *Les Empires occidentaux de Rome à Berlin*, PUF, 1997.

— *La France de la Révolution et de l'Empire*, PUF, 2004.

VAISSE Justin, « Les États-Unis sans Wilson : l'internationalisme américain après la guerre froide », *Critique internationale*, n° 3, printemps 1999.

VAISSE Maurice, Les *Relations internationales depuis 1945*, Armand Colin, 2005. VAN PRAAG Nicholas, « Deadlock in the North-South Dialogue », *The World Today*, vol. 36, n° 12, décembre 1980.

VENAYRE Sylvain, « Abolition de l'esclavage dans le monde – (repères chronologiques) », *Encyclopædia Universalis*.

— « Abolition de l'esclavage dans les colonies françaises », *Encyclopædia Universalis*.

— « Victoria reine du Royaume-Uni de Grande-Bretagne et d'Irlande », *Encyclopædia Universalis*.

VERDOODT Albert, *Naissance et signification de la Déclaration universelle des droits de l'homme*, Éditions Nauwelaerts, 1963.

VERGNIOLLE DE CHANTAL François, *Fédéralisme et antifédéralisme*, PUF, 2005.

VERNE Jules, *Le Tour du monde en quatre-vingts jours* (avec un dossier de Simone Vierne), GF-Flammarion, 1978 [ジュール・ヴェルヌ『八十日間世界一周』鈴木啓二訳，岩波文庫，2001].

— *Le Tour du monde en quatre-vingts jours* (avec un dossier de Valérie Lagier et Françoise Spiess), Gallimard, coll. « Folioplus classiques », 2004.

VIEILLE BLANCHARD Élodie, « Croissance ou stabilité ? », in *Les Modèles du futur*, La Découverte, 2007, p. 19-43.

VINCENT Philippe, *Droit de la mer*, Larcier, 2008.

VINDT Gérard, « Quand la Chine s'endormait », *Alternatives économiques*, n° 263, 2007.

WAKEMAN Frederic Jr, « Voyages », *The American Historical Review*, vol. 98, 1993.

WALLSTEIN René, « Télécommunications : Histoire », *Encyclopædia Universalis*.

the Red Cross, HarperCollins, 1998.

MORIN Edgar et PIATTELLI-PALMARETTI Massimo, *L'Unité de l'homme, invariants biologiques et universaux culturels*, Seuil, 1974.

MOTLEY John Lothrop, *The Rise of the Dutch Republic*, Bickers & Son, 1883.

MOTT Tracy, « Kenneth Boulding, 1910-1993 », *The Economic Journal*, vol. 110, n° 464, Features, 2000.

MUSSO Pierre, *Saint-Simon et le saint-simonisme*, PUF, coll. « Que saisje ? », 1999.

— *Les Télécommunications*, La Découverte, coll. « Repères », 2008.

NAUDON Paul, *Histoire générale de la franc-maçonnerie*, Office du livre, 1987.

N'DIAYE Tidiane, *La Longue Marche des peuples noirs*, Publibook, 2007.

NEGRI T. et HARDT M., *Empire*, Harvard University Press, 2001.

NELIS Jan, « Constructing fascist identity: Benito Mussolini and the myth of romanita », *The Classical World*, vol. 100, n° 4.

NICOLET Claude, « César », *Encyclopædia Universalis*.

— *La Franc-Maçonnerie*, PUF, coll. « Que sais-je ? », 2002.

NIEROP T., *Systems and Regions in Global Politics : An Empirical Study of Diplomacy, International Organization and Trade 1950-1991*, John Wiley, 1994.

ORBAN Edmond, *Fédéralisme ? Super-État fédéral ? Association d'États souverains ?*, Hurtubise HMH, 1992.

ORWELL George, *1984*, Gallimard, 1950.

OSTROM Vincent, *The Meaning of American Federalism : Constituting a Self-Governing Society*, Institute for Contemporary Studies Press, 1991.

PACAUT Marcel, « Saint Empire Romain germanique », *Encyclopædia Universalis*.

PARLARD J., GAGNON A.-G. et GAGNON B. (dir.), *Diversité et identités au Québec et dans les régions d'Europe*, P.I.E.-Peter Lang/Presses de l'université de Laval, DL, 2006, p. 13-117.

PARRY C., *The Consolidated Treaty Series*, vol. 226, Oceana Publications, 1919.

PELZ S., « Present at the Misconception ? The Negotiation of the New World Order, 1942-1946 », *Reviews in American History*, vol. 19, n° 3, septembre 1991.

PENIN Marc, « Expéditions maritimes de Zheng He », *Encyclopædia Universalis*.

PETERSON W.J., TWITCHETT D.C. et FAIRBANK J.K., *The Cambridge History of China*, vol. 3 à 9, Cambridge University Press, 2002.

PETITEAU Natalie, *Napoléon de la mythologie à l'histoire*, Seuil, 1999.

PICQ Jean, *Une histoire de l'État en Europe. Pouvoir, justice et droit du Moyen Âge à nos jours*, Presses de Sciences Po, 2009.

PORTAL Roger, « Pierre Ier le Grand », *Encyclopaedia Universalis*.

PORTELLI Hugues, *L'Internationale socialiste*, Éditions ouvrières, 1983.

POTTER Pitman B., « The United Nations Charters and the Covenant of the League of Nations », *The American Journal of International Law*, vol. 39, n° 3, juillet 1945.

PRAT André, *L'Ordre maçonnique. Le droit humain*, PUF, 2003.

PRITHWINDRA Mukherjee, *Sri Aurobindo*, Desclée de Brouwer, 2000. (Contient une bibliographie en anglais et en traduction française.)

RAMEL Frédéric et JOUBERT Jean-Paul, *Rousseau et les relations internationales*, L'Harmattan, 2000.

RAMONET Ignacio « Espoirs écologiques », *Manière de voir*, 6/2005, n° 81.

RAWLS John, *The Law of Peoples*, Harvard University Press, 1999.

RÉBÉRIOUX Madeleine, « Jean Jaurès », *Encyclopædia Universalis*.

RENAUD F., « L'indice de gouvernance mondiale (IGM) : pourquoi évaluer la gouvernance mondiale, pour quoi faire ? », *Forum pour une nouvelle gouvernance mondiale*, coll. « Cahiers de propositions », octobre 2008.

RENUCCI Paul, « Dante Alighieri », *Encyclopædia Universalis*.

REQUEJO Ferran, « Diversité sociale et fédéralisme », *Revue internationale des sciences sociales*, 2001/1, n° 167, p. 43-51.

RICHARDOT Philippe, *Les Grands Empires : histoire et géopolitique*, Ellipses, 2003.

ROBERT Jean-Noël, *De Rome à la Chine. Sur les routes de la soie au temps des Césars*, Les Belles Lettres, 1997.

ROCKEFELLER Nelson, *The Future of Federalism*, Harvard University Press, 1962.

ROCLE Ronan, « Le GIEC, une institution d'expertise scientifique au service du politique », *Regards croisés sur l'économie*, 2009/2, n° 6.

ROHN P.H., *World Treaty Index*, V1-5, ABC Clio Information Services, 1975.

RUSSELL B., *Education and the Social Order*, Allen & Unwin, 1932.

— *In Praise of Idleness and Other Essays*, Allen & Unwin, 1935.

— *Has Man A Future ?*, Harmondsworth, 1961.

— *War Crimes in Vietnam*, Allen & Unwin, 1967.

SACHWALD F., *La Chine, puissance technologique émergente*, IFRI, 2007.

SAINT-PIERRE (abbé de), *Projet pour rendre la paix perpétuelle en Europe* [1713], Fayard, 1987.

SALLES Catherine, *L'Antiquité romaine*, Larousse, 2002.

SANDFRY Ralph, « China's military modernization: A look toward 2030 », Rand Corporation, Air War College, février 2008.

SAUVAGET Daniel, « George Orwell », *Encyclopædia Universalis*.

SCHIMDT Rodney, « The Currency Transaction Tax: Rate and Revenue Estimates », Institut Nord-Sud, octobre 2007.

LE BOHEC Yann, « Trajan », *Encyclopædia Universalis*.

LECOQ Patrice, « Incas », *Encyclopædia Universalis*.

LEACH Edmund, « L'unité de l'homme : histoire d'une idée », communication au colloque « Les origines et le maintien des systèmes d'égalité et d'inégalité dans la société humaine », Columbia University, mars 1976. Repris dans *L'Unité de l'homme et autres essais*, Gallimard, 1980.

LECOURS André, « Nationalisme et fédéralisme au Canada : le débat sur la dualité », *Fédéralisme Régionalisme*, vol. 1, 1999-2000, « Nationalisme et démocratie ».

LEFORY Jean, *L'Aventure cartographique*, Belin, 2004.

LÉGER Alexis, *Mémorandum sur l'organisation d'un régime d'Union fédérale européenne*, 1er mai 1930.

LE GLAY Marcel, LE BOHEC Yann et VOISIN Jean-Louis, *Histoire romaine*, PUF, 2005.

LEROY Claude, « Emmène-moi autour du monde !... Ou comment Phi-leas Fogg est devenu reporter », in *Littérature et reportage : colloque international de Limoges*, 26-28 avril 2000.

LEVILLAYER Amaury, « Quelques réflexions sur l'universalisme romanobyzantin (IVe-VIIe siècle) », *Hypothèses*, 2007.

LÉVI-STRAUSS Claude, *Race et histoire*, Denoël, coll. « Médiations », 1952.

— *Le Regard éloigné*, Plon, 1983.

LÉVY-LEBOYER Maurice et BAIROCH Paul, *Disparities in Economic Development Since the Industrial Revolution*, Palgrave MacMillan, 1981.

MACALOON John J., *This Great Symbol : Pierre de Coubertin and the Origins of the Modern Olympic Games*, Routledge, 2008.

MACGREW A., *Governing Globalization*, Polity, 2002.

MADDISON A., *Contours of the World Economy, 1-2030 AD. Essays in Macro-Economic History*, Oxford University Press, 2007.

MADDISON Angus, « La Chine dans l'économie mondiale de 1300 à 2030 », *Outre-Terre*, n° 15, février 2006.

MAIN Steven J., « The Mouse That Roared, or the Bear that Growled ? Russia's Lastest Military Doctrine (February 2010) », Defense Academy of the United Kingdom, septembre 2010.

MALLOY W.L., *Treaties, Conventions, International Acts, Protocols, and Agreements Between the United States and Other Powers, 1776-1919*, Governement Printing Office, 1910.

MANTRAN Robert, « Islam (Histoire) de Mahomet à la fin de l'Empire ottoman », *Encylopædia Universalis online*.

— « Soliman le Magnifique ou Sulayman », *Encyclopædia Universalis*.

— « Tamerlan, Timour ou Timur Leng dit », *Encyclopædia Universalis*.

MARCHAL Roland *et al.*, « Somalie – Bilans annuels de 1983 à 2011 », in *L'État du monde*, La Découverte, 2011.

MARIN Armel, « Georges Clemenceau », *Encyclopædia Universalis*.

MARITAIN Jacques, *Human Rights: Comments and Interpretations*, Wingate, 1949.

MARTINI E., « Restarting negotiations for the reform of the Security Council », Instituto Affari Internazionali, mai 2010.

MATHIEX Jean, *Civilisations impériales*, t. 1, Éditions du Félin, 2000.

MAULNY Jean-Pierre, « L'Union européenne et le défi de la réduction des budgets de défense », IRIS, septembre 2010.

MÉLANDRI Pierre, « Les États-Unis : "un empire qui n'ose pas dire son nom" ? », *Cités*, n° 20, avril 2004.

MÉNISSIER Thierry, « Concilier communauté des hommes et souveraineté mondiale : l'empire selon Dante », *Cités*, n° 20, 2004.

MERAND Jacques, « Alfred Nobel », *Encyclopædia Universalis*.

MERCKLÉ Pierre, « La "science sociale" de Charles Fourier », *Revue d'histoire des sciences humaines*, 2006, n° 15, p. 69-88.

MEUNIER S. et NICOLAIDIS S., « The European Union as a Trade power », in *The International Relations of the European Union*, Hill & Smith, 2005.

MICHEL H., *Les Fascismes*, PUF, 1979.

MILLAR T.B. et WARD R., *Current International Treaties*, New York University Press, 1984.

MILZA Pierre, *Les Relations internationales de 1918 à 1939*, Armand Colin, coll. « Cursus », 2006.

MIRANDA Lin, MORSON Adrian, MURAVSKA Julia et VERLI Dorina, « Russia and the G8: An overview of Russia's integration into the G8 », University of Toronto, juin 2006 (http://www.g7.utoronto.ca/evaluations/csed/cs_integration.pdf).

MITRA S., « Langue et fédéralisme : le défi de la multi-ethnicité », *Revue internationale des sciences sociales*, 2001/1, n° 167, p. 53-63.

MOATTI Sandra, « Le nouveau Bretton Woods attendra », *Alternatives économiques*, 5/2009, n° 280, p. 53-53.

MOEZZI Mohammed Ali Amir, *Dictionnaire du Coran*, Robert Laffont, 2007.

MOLINARI Gustave de, *L'Abbé de Saint-Pierre, sa vie et ses œuvres*, Guillaumin & Cie, 1857.

MOLINIE-BERTRAND Annie et DUVIOLS Jean-Paul (dir.), *Charles Quint et la monarchie universelle*, Presses de l'université Paris-Sorbonne, 2001.

MOLLAT DU JOURDIN Michel, « Navigation maritime », *Encyclopædia Universalis*.

MOLNAR Miklos, *Le Déclin de la Première Internationale: la Conférence de Londres de 1871*, Droz, 1963.

MOOREHEAD C., *Dunant's Dream: War, Switzerland and the History of*

JAEGER Gérard A., *Henry Dunant, l'homme qui inventa le droit humanitaire*, L'Archipel, 2009.

JAFFRELOT Christophe, POUCHEPADASS Jacques, « Inde (le territoire et les hommes) – Histoire », *Encyclopædia Universalis*.

JENNINGS Francis, *The Creation of America. Through Revolution to Empire*, Cambridge University Press, 2000.

JOANNES Francis, « La ville au centre du monde », *L'Histoire*, n° 301, septembre 2005.

JOQUIN Jacques, *Parlons esperanto. La langue internationale*, L'Harmattan, 2004.

KAGAN Frederick, « Wishful Thinking on War. The National Defense Panel Gets It Wrong », *The Weekly Standard*, 15 décembre 1997.

KAGAN Robert, « A Retreat From Power ? », *Commentary*, juillet 1995.

— *La Puissance et la Faiblesse. Les États-Unis et l'Europe dans le nouvel ordre mondial*, Hachette, 2003.

KAPLAN Michel et ZIMMERMANN Michel, « Les carolingiens, genèse et échec de l'unité chrétienne », in *Moyen Âge, IVe-Xe siècle*, Bréal, 1994.

KASPI André, « Thomas Jefferson », *Encyclopædia Universalis*.

— « Thomas Woodrow Wilson », *Encyclopædia Universalis*.

KAVASS I.I. et SPRUDZS A., *UST Cumulative Index 1950-1970 United States Treaties and Other International Agreements*, W.S. Hein, 1973.

KAYA A., *Global Inequality*, Polity, 2007.

— *Global Inequality*, Polity Forthcoming, 2006.

KERSHAW Ian, *Hitler*, Flammarion, 2010.

KESSLER Denis, « L'entreprise entre transparence et secret », *Pouvoirs*, n° 97, 2001.

KEYNES J.M., *Théorie générale de l'emploi, de l'intérêt de la monnaie*, Payot, 1963.

KISS Alexandre, « Isolationnisme », *Encyclopædia Universalis*.

KOCH H.W., « Hitler and the Origins of the Second World War : Second Thoughts on the Status of Some of the Documents », *The Historical Journal*, vol. 11, n° 1, 1968.

KRIEGEL Annie, *Les Internationales ouvrières (1864-1943)*, PUF, 1970.

KRISTOL William, cité *in* Gary SCHMITT, « Response to Asmus and Pollack », 24 juillet 2003.

LABORIE Léonard, « En chair et en normes. Les participants aux conférences de l'Union internationale des télécommunications, de sa fondation à sa refondation (1865-1947) », *Flux*, 4/2008, n° 74, p. 92-98.

— « Mondialisation postale. Territoires et innovations tarifaires dans la seconde moitié du XIXe siècle », *Histoire, Économie et Société*, 2007/2, p. 15-27.

LAGIER Raphaël, « Un outsider de la fondation de l'anthropologie : Georg Forster », *Revue d'histoire des sciences humaines*, n° 14, janvier 2006.

LAMOUROUX Christian, « Les Song : le grand essor », *L'Histoire*, n° 300, juillet 2005.

LAMY Pascal, *La Démocratie-Monde : pour une autre gouvernance globale*, Seuil, coll. « La République des idées », 2004.

— « Gouvernance globale : leçons d'Europe », discours devant la Commission économique des Nations unies pour l'Europe, pour la conférence Gunnar Myrdal, Genève, 22 février 2005.

— « Vers une gouvernance mondiale ? », Leçon inaugurale à l'Institut d'études politiques de Paris, 21 octobre 2005.

— discours à l'occasion de la cérémonie de remise du grade de Docteur Honoris Causa, au 450e anniversaire de l'université de Genève, 5 juin 2009.

— « The Role of the Multilateral Trading System in the Recent Economic Crisis », discours à l'université de Warwick, 15 juillet 2009.

— « La place du droit de l'OMC dans le droit international », conférence à l'École normale supérieure, 2 octobre 2009.

— « Gouverner l'interdépendance », intervention pour l'inauguration de l'année académique du Collège européen de Parme, 11 janvier 2010.

— « Globalizing Social-Democracy », discours à la Progressive Governance Conference on Jobs, Industry and Opportunities, Policy Network, Londres, 19 février 2010.

— « La gouvernance globale sur les pas de William Rappard », discours au club diplomatique de Genève, 15 mars 2010.

— Discours au Bahrain Global Forum, Manama, 16 mai 2010.

— « L'expérience européenne et la gouvernance mondiale », *Commentaire*, été 2010.

— « The Changing Patterns of World Trade », discours pour le dixième anniversaire du World Trade Institute de Berlin, 1er octobre 2010.

— « Global Governance: From Theory To Practice », intervention en clôture d'une conférence de l'European University Institute, Florence, 19 février 2011.

LANERY Cécile, « Du magistère au ministère : remarques sur le *De officiis* d'Ambroise de Milan », *L'Information littéraire*, 3/2006, vol. 58.

LAPEYRE Henri, « Charles Quint », *Encyclopædia Universalis*.

LAPORTE N., MORGAN K. et WORLEY M., *Bolshevism, Stalinism and the Comintern: Perspectives on Stalinization 1917-53*, Palgrave Mac-Millan, 2008.

LAURENT Éloi, « Écologie : de l'âge économique à l'âge social », *Les Grands Dossiers des sciences humaines*, 6/2010, n° 19.

LAVAU Georges, « 1984 (Nineteen Eighty-Four) de George Orwell », *Revue française de science politique*, vol. 59, 2009.

GROSDIDIER DE MATONS José, « Justinien Ier », *Encyclopædia Universalis.*

GRIAULE Marcel, *Dieu d'eau*, Fayard, 1966［グリオール『水の神――ドゴン族の神話的世界』坂井信三，竹沢尚一郎訳，せりか書房］.

GRIN François, *L'Enseignement des langues comme politique publique*, rapport au Haut Conseil à l'évaluation de l'école, France, septembre 2005.

— « Les enjeux financiers de l'hégémonie linguistique en Europe », in *Conseil supérieur de la langue française*, Bruxelles, Duculot, 2006.

GROUSSET René, *L'Empire des steppes. Attila, Gengis-Khan, Tamerlan*, Payot, 2001.

GRUNWALD Constantin de, « Ivan IV le Terrible », *Encyclopædia Universalis.*

GUÉRIN Jean-Yves, « 1984, livre de George Orwell », *Encyclopædia Universalis.*

GUIEU J.-M., « De la "paix armée" à la paix "tout court", la contribution des pacifistes français à une réforme du système international, 1871-1914 », *Bulletin de l'Institut Pierre-Renouvin*, 2/2010, n° 32, p. 81-109.

— « Léon Bourgeois (1851-1925) », *Guerres mondiales et conflits contemporains*, 2006/2, n° 222.

GUTTMANN Allen, *The Olympics: A History of the Modern Games*, University of Illinois Press, 1992.

HABERMAS Jürgen, *Après l'État-nation. Une nouvelle constellation politique*, Fayard, 2000.

HADOT Pierre, « Ambroise de Milan 339-397 », *Encyclopædia Universalis.*

HAMILTON Marci A., « The Elusive Safeguards of Federalism », *Annals of the American Academy of Political and Social Science*, vol. 574, « The Supreme Court's Federalism : Real or Imagined ? », mars 2001.

HAMPATE BA Amadou, *Aspects de la civilisation africaine*, Présence africaine, 1995.

HAROUEL Véronique, *Histoire de la Croix-Rouge*, PUF, 1999.

HARRIS D.J. et SHEPHERD J.A., *An Index of British Treaties*, vol. 4 : *1969-1988*, HMSO, 1991.

HART Marjolein T., « Cities and Statemaking in the Dutch Republic, 1580-1680 », *Theory and Society*, vol. 18, n° 5, *Special Issues on Cities and States in Europe, 1000-1800*, septembre 1989.

HEADLEY John M., *The Emperor and His Chancellor : A Study of the Imperial Chancellery Under Gattinara*, Cambridge University Press, 1983.

HEBERT J.-P., « L'Europe, vraie puissance militaire mondiale », *L'Économie politique*, n° 020, octobre 2003.

HEGEL G.W.F., *La Philosophie de l'histoire*, La Pochothèque, 2009［ヘーゲル『歴史哲学講義』長谷川宏訳，上下巻，岩波文庫，1994］.

— *Principes de la philosophie du droit*, Flammarion, 1999［ヘーゲル『法の哲学』藤野渉，赤沢正敏訳，中公クラッシックス，全2巻，2001］.

— *Phénoménologie de l'esprit*, Gallimard, 1993.

HELD David, *Democracy and the Global Order : From the Modern State to Cosmopolitan Governance*, Polity Press, 1995.

HELD David, MCGREW Anthony, GOLDBLATT David et PERRATON Jonathan, *Global Transformations : Politics, Economics and Culture*, Polity, 1999, chap. I.

HEMMER H. et LEJAY P., *Les Pères apostoliques*, Éditions du Cerf, 1926.

HENDRICKSON David C., *Union, Nation or Empire, The American Debate over International Relations, 1789-1941*, University Press of Kansas, 2009.

— *Histoire de l'Internationale : 1862-1872*, Éditions d'histoire sociale, 1968.

HOBSBAWM Eric, *Industry and Empire : From 1750 to the Present Day*, Penguin, 1999 (rééd.).

HOLSTI K.J., « Governance without Government, Polyarchy in 19th Century European International Politics », *in* J. ROSENAU et E. CZEMPIEL (dir.), *Governance Without Government*, Cambridge University Press, 1992, p. 30-57.

HOOPES Townsend et BRINKLEY Douglas, *FDR and the Creation of the U.N.*, Yale University Press, 1997.

HORNUNG Erik, *Les Dieux de l'Égypte*, Le Rocher, 1995.

HOURCADE Jean-Claude, « Des liens compliqués entre sciences et politique à propos du GIEC », *Projet*, 2009/6, n° 313.

HUGH-JONES E.M., *Woodrow Wilson and American Liberalism*, English Universities Press, 1947.

HUGO Victor, *Actes et paroles*, in *Œuvres complètes*, Robert Laffont, 2002［ユゴー『言行録』稲垣直樹訳，『ヴィクトル・ユゴー文学館』第9巻，潮出版社，2001，所収］.

HUXLEY Aldous, *Le Meilleur des mondes*, Plon, 1933.

IMMERMAN Richard H.I., *Empire for Liberty. A History of American Imperialism from Benjamin Franklin to Paul Wolfowitz*, Princeton University Press, 2010.

Institut international d'études stratégiques, *The Military Balance*, 2010.

IROKO ABIOLA Félix, *L'Homme et les Termitières en Afrique*, Karthala, 1996.

ISRAEL Jonathan, *The Dutch Republic: Its Rise, Greatness, and Fall, 1477-1806*, Clarendon Press, 1995.

JACQUET Pierre, PISANI-FERRY Jean, TUBIANA Laurence, *Gouvernance mondiale*, rapport au Conseil d'analyse économique, 23 mai 2002.

DILKE C.W., *Greater Britain. A Record of Travel in English-speaking Countries, during 1866 and 1867*, MacMillan, 1866-1867, 2 volumes.

DOYLE Michael W., « Stalemate in the North-South Debate: Strategies and the New International Economic Order », *World* Politics, vol. 35, n° 3, avril 1983.

DREYER Edward L., *Zheng He : China and the Oceans in the Early Ming Dynasty, 1405-1433*, Longman, 2006.

DUDDEN Arthur P. (dir.), *Woodrow Wilson and the World of Today*, University of Pennsylvania Press, 1957.

DUNANT H., *Un souvenir de Solferino*, Academische Bockhandel, Delsman et Xolthenius, 1902［デュナン，アンリ『赤十字の誕生——ソルフェリーノの思い出』木内利三郎訳，白水社，1959］.

— *Mémoires*, L'Âge d'homme, 1971.

DUNCAN Ewing, *The Calendar: The 5000-Year Struggle to Align the Clock and the Heavens, and What Happened to the Missing Ten Days*, Fourth Estate, 1998.

DUMEZIL Bruno, *Les Racines chrétiennes de l'Europe*, Fayard, 2005.

— *Pouvoirs, Église et société dans les royaumes de France, de Bourgogne et de Germanie aux Xe et XIe siècles*, Ellipses, 2008.

DUPUY Lionel, *Jules Verne espérantiste ! Une langue universelle pour une œuvre atemporelle*, SAT Amikaro Éd., 2009.

DUTA Promeet, « Mali : historical Empire », *Encyclopaedia Britannica*.

DUVERGER Christian, « La fin des Mayas : un mythe qui a la vie dure », *L'Histoire*, n° 316, 2007.

EAGLETON C., « The Charter adopted at San Francisco », *The American Political Science Review*, vol. 39, n° 5, octobre 1945.

EINAUDI Luca, *Money and Politics : European Monetary Unification and the International Gold Standard (1865-1873)*, Oxford University Press, 2001.

ELAZAR Daniel J., « Diversité religieuse et fédéralisme », *Revue internationale des sciences sociales*, 2001/1, n° 167, p. 65-69.

EPSTEIN Steven A., *Genoa and the Genoese. 958-1528*, The University of North Carolina Press, 1998.

ETIENNE Gilbert, « La Chine et les Chinois de l'extérieur », *Relations internationales*, n° 141, janvier 2010.

FABRE Thierry, « L'incroyable parcours des produits "made in monde" », *Capital*, n° 186, mars 2007.

FAY B., *Complocratie*, Éditions du Moment, 2011.

FELDMAN Jean-Philippe, *La Bataille américaine du fédéralisme*, PUF, 2004.

FICQUET Eloi, « Somalie », *Encyclopædia Universalis*.

FLEINER Thomas, « Gérer la diversité », *Revue internationale des sciences sociales*, 2001/1, n° 167, p. 35-42.

FOHLEN Claude, « Doctrine de Monroe », *Encyclopædia Universalis*.

FOLZ Robert, « Charlemagne », *Encyclopædia Universalis*.

FOMERAND Jacques, « Nations unies (O.N.U.) », *Encyclopædia Universalis*.

FONTENAY Elisabeth de, « Le propre de l'homme », *in* Pascal PICQ et Yves COPPENS (dir.), *Aux origines de l'humanité*, t. 2, Fayard, 2001.

FORBES MANZ Beatrice, « Tamerlane and the Symbolism of Sovereignty », *Iranian Studies*, vol. 21, 1988.

FOURIER C., *Œuvres complètes, 1841-1845*, Anthopos, 1966-1968.

FRAYSSE Olivier, « Le coût de la "guerre contre la terreur" : Afghanistan, Irak, États-Unis », *Outre-Terre*, n° 13, 2005.

FREIESLEBEN John, *Managing Change at the United Nations*, Center for UN Reform Education, 2008.

FROMKIN David, « What is Wilsonianism ? », *World Policy Journal*, printemps 1994.

GAINOT Bernard, « L'abbé Grégoire et la place des Noirs dans l'histoire universelle », *Gradhiva*, n° 10, février 2009.

GAUCREAULT-DESBIENS J.-F. et GELINAS F. (dir.), *Le Fédéralisme dans tous ses états : gouvernance, identité et méthodologie*, textes issus du colloque international sur le fédéralisme tenu à la faculté de droit de l'université McGill à Montréal, Bruxelles, Bruylant, Cowansville (Québec), Y. Blais, DL, 2005, p. 3-191.

GHEORGHIU Virgil, *La Vie de Mahomet*, Éditions du Rocher, 2002.

GIBB Hamilton Alexander Rosskeen, *The New Encyclopaedia of Islam*, Brill, 1960.

GILCHRIST H., « Political Disputes : Dumbarton Oaks and the Experience of the League of Nations », *Proceedings of the Academy of Political Science*, vol. 21, n° 3, mai 1945.

GODECHOT Jacques, « Napoléon Ier Bonaparte empereur des Français », *Encyclopædia Universalis*.

GOODRICH Leland M. et HAMBRO E., *Charter of the United Nations: commentary and Documents*, World Peace Foundations, 1946.

GOUILLARD Jean et MESLIN Michel, « Césaropapisme », *Encyclopædia Universalis*.

GOUKOWSKY Paul, « Alexandre le Grand », *Encyclopædia Universalis*.

GOURDON Vincent, « Naissance de la Société des Nations », *Encyclopædia Universalis*.

GRANET Marcel, *La Pensée chinoise*, Albin Michel, 1980, chapitre 3.

— *La Civilisation chinoise*, Albin Michel, 1994.

GREEN P., *Alexander the Great and the Hellenistic Age*, Weidenfeld & Nicolson, 2008.

GREENE Francis R., « Madison's View of Federalism in "The Federalist" », *Publius*, vol. 24, n° 1, hiver 1994.

GRIEVE Ann Daphné, « Aldous Huxley », *Encyclopædia Universalis*.

Encyclopædia Universalis.

CHAPONIÈRE Corinne, *Henry Dunant, la croix d'un homme*, Perrin, 2010.

CHARLE Christophe, « Le monde britannique, une société impériale (1815-1919) ? », *Cultures et Conflits* (en ligne : http://conflits.revues.org/index17849.html).

CHENU Lucie, « Isaac Asimov », *Encyclopaedia Universalis*.

CHESNE Dora, « République populaire de Chine – Bilans annuels de 1981 à 2011 », in *L'État du monde*, La Découverte, 2011.

CHESNEAUX Jean, « Chine, histoire jusqu'en 1949 », *Encyclopædia Universalis*.

CHONGGUO C., *Chine : l'envers de la puissance*, Mango, 2005.

CHUA Amy, *Day of Empire. How Hyperpowers Rise to Global Dominance – And Why They Fall*, Doubleday, 2007.

CLASTRES Patrick, « La renaissance des Jeux olympiques, une invention diplomatique », *Outre-Terre*, 2004/3, n° 8.

— « Le Comité international olympique : allié ou rival de l'ONU ? », *Outre-Terre*, 2004/3, n° 8.

— « Playing with Greece. Pierre de Coubertin and the Motherland of Humanities and Olympics », *Politique, culture, société*, n° 12, septembredécembre 2010.

CLINGINGSMITH David et WILLIAMSON Jeffrey G., « Deindustrialization in 18th and 19th century India : Mughal decline, climate shocks and British industrial ascent », *Explorations in Economic History*, 45 (2008), p. 209-234.

CLOVER Frank M., « Geiseric and Attila », *Historia : Zeitschrift für alte Geschichte*, vol. 22, n° 1, 1973.

COMBE Jean-Marc, « Traction ferroviaire (France) – (repères chronologiques) », *Encyclopædia Universalis*.

CONSTANT Fred, *La Citoyenneté*, Montchrestien, coll. « Clefs », 2000.

CORDESMAN Anthony H., HAMMOND Robert et D'AMATO Jordan, « The Macroeconomics of US Defense Spending, Problems in Federal Spending, and Their Impact on National Security », Center for Strategic and International Studies, novembre 2010.

COUFFIGNAL Georges, « Amérique latine – Évolution géopolitique », *Encyclopædia Universalis*.

COULMAS Peter, *Les Citoyens du monde. Histoire du cosmopolitisme*, Albin Michel, coll. « Idées », 1995.

COUTANSAIS Cyrille P., « La Chine au miroir de la mer », *Revue internationale et stratégique*, n° 78, février 2010.

CRANE Keith, « Forecasting China Military Spending Through 2025 », Research Brief, 2005.

CROISAT Maurice, *Le Fédéralisme dans les démocraties contemporaines*, Montchrestien, 1999.

CROZIER Michel, HUNTINGTON Samuel P. et WATANUKI Joji, *The Crisis of Democracy : Report on the Governability of Democracies to the Trilateral Commission*, New York University Press, 1975.

DAILLIER Patrick et PELLET Alain, *Droit international public*, LGDJ, 2002.

DALE Frederic, *The Muslim Empires of the Ottomans, Safavids, and Mughals*, Cambridge University Press, 2010.

DALMEDICO Amy Dahan, *Les Modèles du futur*, La Découverte, 2007, chap. V.

DAUMAS François, « Égypte antique (histoire) – L'Égypte pharaonique », *Encyclopædia Universalis*.

DAVIS G., *My Country is the World*, Nwo Pubns, 1984.

DEBOUZY Marianne, « Franklin Delano Roosevelt », *Encyclopædia Universalis*.

DEGENHARDT H.W., *Treaties and Alliances of the World*, Cartermill International, 1981 (3e éd.).

DELPECH Thérèse, « Le biologique, arme du XXIe siècle », *Politique étrangère*, 2005.

DELPERÉE Francis, *Le Fédéralisme en Europe*, PUF, 2000.

DENT Martin J., *Identity Politics : Filling the Gap Between Federalism and Independence*, Ashgate Publishing, 2004.

DERAISON Max, *La Franc-Maçonnerie dans tous ses états*, L'Harmattan, 2007.

DESCHAMPS Hubert, « Formation des empires africains », *Encyclopædia Universalis*.

DESQUILBET Jean-Baptiste et NENOVSKY Nikolay, « Confiance et ajustement dans les régimes d'étalon-or et de caisse d'émission », *Mondes en développement*, 2/2005, n° 130.

DEVIN Guillaume, *L'Internationale socialiste*, Presses de la Fondation nationale des sciences politiques, 1993.

DEVINE Michael J., « Welles, Sumner », in *American National Biography*, Oxford University Press, 1999, v. 23.

DEVRIES Jan, « On the Modernity of the Dutch Republic », *The Journal of Economic History*, vol. 33, n° 1, mars 1973.

D'HOMBRES E., « Pour la Paix par la Société des Nations : la laborieuse organisation d'un mouvement français de soutien à la Société des Nations (1915-1920) », *Revue d'éthique et de théologie morale*, 2010/ 3, n° 260.

DIAMOND William, *The Economic Thought of Woodrow Wilson*, The Johns Hopkins University Press, 1943.

DIENG Bassirou et KESTELOOT Lilyan, *Les Épopées d'Afrique noire*, Karthala, 2009.

DIESBACH Ghislain de, « Thomas Paine ou Payne », *Encyclopædia Universalis*.

XXe siècle, De Boeck, 2008.

BERNARD Jean-Philippe et BRUN Daniel, « Chemins de fer », *Encyclopædia Universalis*.

BERNASCONI Gabriel, « De l'universalisme au transnational : le Comité international olympique, acteur atypique des relations internationales », *Bulletin de l'Institut Pierre-Renouvin*, n° 31, printemps 2010.

BERSTEIN Serge et MILZA Pierre, *Histoire du XXe siècle*, Hatier, coll. « Initial », 1996.

— *Histoire du XIXe siècle*, Hatier, 2004.

BERTEAU David J., « Resourcing the National Defense Strategy: Implications of Long Term Defense Budget Trends », Statement before the House Armed Services Committee, 18 novembre 2009.

BERTHE Jean-Pierre, « Esclavage », *Encyclopædia Universalis*.

BERTRAND Maurice, *L'ONU*, La Découverte, 2006.

BHOURASKAR Digambar, *United Nations Development Aid: A Study in History and Politics*, Academic Foundation, 2007.

BLACHER Philippe, *Droit des relations internationales*, Lexis Nexis Litec, 2008.

BLOOM Oliver, « Nuclear Weapons and the Nation's Long Term Fiscal Future », Center for Strategic and International Studies, mai 2010.

BOEMECKE M. F., FELDMAN G. D. et GLASER E. (dir.), *The Treaty of Versailles. A Reassessment After 75 Years*, Cambridge University Press, 1998.

BOLI J. et THOMAS G. M. (dir.), *Constructing World Culture, INGOs since 1875*, Stanford University Press, 1999.

BONIFACE Pascal, « Les États-Unis pris dans l'engrenage militaire », *Challenges*, 14 février 2008.

BORGEAUD P., « Propositions pour une lecture conjointe des mythes bibliques et classiques », *Le Français aujourd'hui*, 4/2006, n° 155, p. 21-28.

BOSCO David L., *Five to Rule Them All: The UN Security Council and the Making of the Modern World*, Oxford University Press, 2009.

BOUDON Jacques-Olivier, *Histoire du Consulat et de l'Empire, 1799-1815*, Perrin, coll. « Tempus », 2003.

BOULAIRE Alain, « Maîtrise de la navigation (repères chronologiques) », *Encyclopædia Universalis*.

BOURGEOIS Léon, *Pour la Société des Nations*, Fasquelle, 1910.

— *Solidarité*, Presses universitaires du Septentrion, 1998.

BOURGEOIS Nicolas, *Les Théories du droit international chez Proudhon, le fédéralisme et la paix*, Librairie des sciences politiques et sociales, 1927.

BOURLONTON E., ROBERT A. et COUGNY G., biographie de Félix Esquirou de Parieu, accessible en ligne sur le site de l'Assemblée nationale, *Dictionnaire des parlementaires français de 1789 à 1889*, Bourloton Éditeur, 1891.

BOUWSMA William J., *Concordia Mundi: The Career and Thought of Guillaume Postel (1510-1581)*, Harvard University Press, 1957.

BOWMAN M.J. et HARRIS D.J. (dir.), *Multilateral Treaties : Index and Current States*, Butterworths, 1984.

BRAUDEL Fernand, « Charles Quint, témoin de son temps 15001558 », in *Écrits sur l'Histoire*, t. II, Flammarion, coll. « Champs », 1994 ［ブローデル「カール五世」,『ブローデル歴史集成』Ⅰ「地中海をめぐって」浜名優美監訳, 藤原書店, 2004, 所収］.

— *Civilisation matérielle, économie et capitalisme, XVe-XVIIIe siècle*, t. 1 : *Les structures du quotidien*, t. 2 : *Les jeux de l'échange*, t. 3 : *Le temps du monde*, Le Livre de poche, 1993 ［ブローデル『物質文明・経済・資本主義 15-18 世紀』, 第 1 巻「日常性の構造」村上光彦訳, 第 2 巻「交換のはたらき」山本淳一訳, 第 3 巻「世界時間」村上光彦訳, みすず書房, 1985-96］.

BREDIN Jean-Denis, « Secret, transparence et démocratie », *Pouvoirs*, n° 97, 2001.

BRIAND Aristide, Discours devant la Xe session de l'Assemblée de la Société des Nations, Genève, Salle de la Réformation, le 5 septembre 1929.

BRINKLEY Douglas et FACEY-CROWTHER David R. (dir.), *The Atlantic Charter*, MacMillan, 1994.

BROUE Pierre, BOIS Jacqueline, BROHM Jean-Marie, STREIFF Andréas, *Du Premier au Deuxième Congrès de l'Internationale communiste : mars 1919-juillet 1920*, Études et documentation internationales, 1979.

BURRIN Philippe, « Adolf Hitler », *Encyclopædia Universalis*.

BUSKE A. et MUNCH I., *International Law : The Essential Treaties and Other Relevant Documents*, Walter de Gruyter, 1985.

CAHEN Claude, *L'Islam : des origines au début de l'empire ottoman*, Bordas, coll. « Histoire universelle », 1970.

CAIRE Guy, « Léon Bourgeois », *Encyclopædia Universalis*.

CAMELOT Pierre Thomas, « Gélase Ier, saint, pape », *Encyclopædia Universalis*.

CARCASSONNE Guy, « Le trouble de la transparence », *Pouvoirs*, n° 97, 2001.

CARROUE Laurent, COLLET Didier et RUIZ Claude, *Les Mutations de l'économie mondiale du début du XXe siècle aux années 1970*, Bréal, 2005.

CHABALIER Lucas, *Les Néoconservateurs et la question irakienne de la guerre du Golfe à 2005*, chapitre 2 : « Le néoconservatisme de troisième âge », n. p.

CHABOUD Jack, *La Franc-Maçonnerie : histoire, mythes et réalités*, Librio, 2004.

CHAMPION Jean-Marcel, « Jules Sébastien Dumont d'Urville »,

参考文献

◆翻訳に当たって参照した邦訳文献を、該当箇所に［　］で挿入した。原書のリストに挙げられていない文献については、末尾に「邦訳文献補遺」としてまとめて掲げた（訳者）。

ACOSTA R., « Aztèques », *Encyclopædia Universalis.*

ADOLPH R. et COUGNY G., *Dictionnaire des parlementaires français de 1789 à 1899*, Bourloton Éditeur, 1899.

AGI Marc, *René Cassin, Prix Nobel de la paix (1887-1976)*, Perrin, 1998.

AGLIETTA Michel, « La régulation des systèmes monétaires dans l'histoire du capitalisme », *in* BEAUJARD Philippe, BERGER Laurent et NOREL Philippe, *Histoire globale, mondialisations et capitalisme*, La Découverte, 2009.

AIGLE Denise, « Le grand jasaq de Gengis-Khan, l'empire, la culture mongole et la shari'a », *Journal of the Economic and Social History of the Orient*, vol. 47, 2004.

AMALRIC Jacques, « Pékin hausse le ton », *Alternatives internationales*, 3/2010, n° 46, p. 6.

AMBROSIUS Lloyd E., *Wilsonianism. Woodrow Wilson and His Legacy in American Foreign Relations*, Palgrave MacMillan, 2002.

— *Woodrow Wilson and the American Diplomatic Tradition: The Treaty Fight in Perspective*, Cambridge University Press, 1987.

AMIEL Olivier, « Le solidarisme, une doctrine juridique et politique française de Léon Bourgeois à la Ve République », *Revue d'histoire politique*, 2009/1.

ANDRÉANI Gilles, « Gouvernance globale : origines d'une idée », *Politique étrangère*, n° 3, juillet-septembre 2001.

ARCHIBUGI D., *Cosmopolitan Democracy : An Agenda for a New World Order*, Polity and Blackwell Publishers, 1995.

ARCHIBUGI D. et KÖHLER M., *Re-Imagining Political Community*, Polity and Blackwell Publishers, 1998.

ARON Raymond, *République impériale. Les États-Unis dans le monde, 1945-1972*, Calmann-Lévy, 1973.

ASIMOV Isaac, *Le Cycle de fondation*, Gallimard Jeunesse, 2000, 5 tomes.

— *Quand les ténèbres viendront*, Denoël, 1999. AUDI Paul, « La pitié est-elle une vertu ? », *Dix-huitième siècle*, n° 38, 2006.

AUDIER Serge, *Léon Bourgeois : fonder la solidarité*, Michalon, 2007.

— « Léon Bourgeois (1851-1925), juriste et ange de la paix », *Revue du MAUSS*, 2009/1, n° 33.

AUDOUIN-ROUZEAU Stéphane, AZÉMA Jean-Pierre *et al.*, *Naissance et mort des empires*, Perrin, coll. « Tempus », 2007.

AUERBACK Jeffrey A., *The Great Exhibition of 1851: A Nation on Display*, Yale University Press, 1999.

BAHA'U'LLAH, *The Kitab-I-Aqdas: The Most Holy Book*, Bahai Pub Trust, 1992.

BAIROCH Paul et LEVY-LEBOYER Maurice, *Disparities in Economic Development Since the Industrial Revolution*, Palgrave MacMillan, 1981.

BALARD Michel, GUILLERME Jacques et ROUX Michel, « Gênes », *Encyclopædia Universalis.*

BANCAL Jean, « Pierre Joseph Proudhon », *Encyclopædia Universalis.*

BARATTA Josep Preston, *The Politics of World Federation : From World Federalism to Global Governance*, Library of Congress, 2004.

BARNETT A. et HENDERSON C., *Debating Globalization*, Polity Press, 2005.

BARTHALAY Bernard, *Le Fédéralisme*, PUF, 1981.

BAUCHAMP Suzanne (dir.), *Le Fédéralisme : les réalités européennes, l'expérience canadienne : actes du débat de Paris*, 11 juin 2002, vol. IV, Les Canadiens en Europe, 2003.

BAUDOU Jacques, *La Science-Fiction*, PUF, 2003.

BAUER Alain, « Les secrets maçonniques », *Pouvoirs*, 2001/2, n° 97.

— « Relations internationales et franc-maçonnerie », *Revue internationale et stratégique*, 2004/2, n° 54.

BEAUJARD Philippe, BERGER Laurent et NOREL Philippe, *Histoire globale, mondialisations et capitalisme*, La Découverte, 2009.

BECK Ulrich, *La Société du risque : sur la voie d'une autre modernité*, Flammarion, 2003.

— « La société du risque globalisé revue sous l'angle de la menace terroriste », *Cahiers internationaux de sociologie* 1/2003, n° 114, p. 27-33.

— « Redéfinir le pouvoir à l'âge de la mondialisation : huit thèses », *Le Débat*, 3/2003, n° 125, p. 75-84, article initialement paru dans la revue *Dissent*, automne 2001.

— *Pouvoirs et contre-pouvoirs à l'heure de la mondialisation*, Flammarion, 2005.

BEN KHEMIS Anne, « Électeurs d'Empire », *Encyclopædia Universalis online.*

BERCHE Patrick, « Vers des armes biologiques de nouvelle génération », *Politique étrangère*, 2005.

BEREND I., NGUYEN T. et SERVAIS P., *Histoire économique de l'Europe du*

［著者紹介］

ジャック・アタリ（Jacques Attali）

1943年生まれ。仏国立行政学院（ENA）卒業。わずか38歳で、フランスのミッテラン政権の大統領特別補佐官を務め注目を浴び、1991年、自らが提唱した「ヨーロッパ復興開発銀行」の初代総裁を務めた。1992年のEU成立の“影の立役者”と言われている。2009年、初のEU大統領選挙では、フランス側の有力候補となった。

政界・経済界で重責を担う一方で、経済学者・思想家としても幅広く活躍し、まさに“ヨーロッパを代表する知性”として、その発言は常に世界の注目を浴びている。とくに『21世紀の歴史』（2006年刊）が、翌年発生した「サブプライム問題」や「世界金融危機」を予見していたために、世界的な大反響を呼んだ。

また、サルコジ、オランドと歴代の仏大統領のアドバイザーを務め、アタリが提言した基本政策が、フランスの国家戦略の基盤となっている。現大統領マクロンに政治家の道を歩ませたのもアタリであり、大統領当選時には、フランスの新聞は、アタリのことを「フランスの真の大統領」と書き立てた。

著書は、経済分析、歴史書、哲学書、文化論、小説にまでおよび、邦訳書は以下である。

La Parole et L'Outil（『情報とエネルギーの人間科学——言葉と道具』日本評論社、1983年）
L'ordre cannibale, vie et mort de la médecine（『カニバリスムの秩序』みすず書房、1984年）
Histoires du Temps（『時間の歴史』原書房、1986年）
L'anti-économique（『アンチ・エコノミクス』法政大学出版局、1986年）
Au propre et au figuré: une histoire de la propriété（『所有の歴史』法政大学出版局、1994年）
Bruits: Essai sur l'économie politique de la musique（『ノイズ——音楽・貨幣・雑音』みすず書房、1995年）
Europe(s)（『ヨーロッパ　未来の選択』原書房、1995年）
Économie et apocalypse. Trafic et prolifération nucléaires（『核という幻想』原書房、1996年）
Au-delà de nulle part（『まぼろしのインターネット』丸山学芸図書、1998年）
Dictionnaire du XXIe siècle（『21世紀事典』産業図書、1999年）
Fraternités（『反グローバリズム』彩流社、2001年）
Une brève histoire de l'avenir（『21世紀の歴史——未来の人類から見た世界』作品社、2008年）
La Crise, et Après?（『金融危機後の世界』作品社、2009年）
1492（『1492 西欧文明の世界支配』ちくま学芸文庫、2009年）
Amours（『図説「愛」の歴史』原書房、2009年）
Tous ruinés dans dix ans?（『国家債務危機』作品社、2011年）
Survivre aux crises（『危機とサバイバル——21世紀を生き抜くための〈7つの原則〉』作品社、2014年）
Karl Marx ou l'esprit du Monde（『世界精神マルクス』藤原書店、2014年）
Les Juifs, le monde et l'argent（『ユダヤ人、世界と貨幣——一神教と経済の4000年史』作品社、2015年）
Peut-on prévoir l'avenir?（『アタリ文明論講義——未来は予測できるか』(ちくま学芸文庫、2016年）
Vivement après-demain（『2030年ジャック・アタリの未来予測』プレジデント社、2017）

［訳者紹介］

山本規雄（やまもと・のりお）

1967年生まれ。出版社等勤務を経て、現在、翻訳業・編集業に携わる。主な訳書に、ヴァンダナ・シヴァ『アース・デモクラシー——地球と生命の多様性に根ざした民主主義』（明石書店、2007年）、クリストファー・ライアンほか『性の進化論』（作品社、2014年）など。

マクロン大統領とジャック・アタリ（右）

新世界秩序

21世紀の"帝国の攻防"と"世界統治"

2018年 7 月20日 第 1 刷発行
2022年 7 月20日 第 7 刷発行

著者――ジャック・アタリ
訳者――山本 規雄

発行者――福田隆雄
発行所――株式会社作品社
102 - 0072 東京都千代田区飯田橋 2 - 7 - 4
Tel 03 - 3262 - 9753　Fax 03 - 3262 - 9757
振替口座 00160 - 3 - 27183
https://sakuhinsha.com

編集担当――内田眞人
装丁――伊勢功治
本文組版――ことふね企画
印刷・製本―シナノ印刷(株)

ISBN978-4-86182-702-0 C0033